嘉兴文杰

第三集

嘉兴市政协文化文史和学习委员会　编

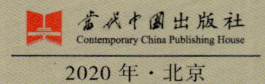

2020年·北京

图书在版编目(CIP)数据

嘉兴文杰. 第三集/嘉兴市政协文化文史和学习委员会编. —北京：当代中国出版社，2020.12
ISBN 978-7-5154-1103-3

Ⅰ.①嘉… Ⅱ.①嘉… Ⅲ.①文化-名人-生平事迹-嘉兴 Ⅳ.①K825.4

中国版本图书馆CIP数据核字(2020)第264447号

出 版 人	曹宏举
责任编辑	姜楷杰
责任校对	康 莹
封面设计	钟 诚
版式设计	杭州美迪图文设计有限公司
出版发行	当代中国出版社
地　　址	北京市地安门西大街旌勇里8号
网　　址	http://www.ddzg.net 邮箱：ddzgcbs@sina.com
邮政编码	100009
编 辑 部	(010)66572264　66572154　66572132　66572180
市 场 部	(010)66572281　66572161　66572157　83221785
印　　刷	浙江海虹彩色印务有限公司
开　　本	889毫米×1194毫米　1/32
印　　张	18.5印张　428千字
版　　次	2020年12月第1版
印　　次	2020年12月第1次印刷
定　　价	98.00元

版权所有，翻版必究；如有印装质量问题，请拨打(010)66572159转出版部。

《嘉兴文杰》第三集
编辑委员会

主　任　马玉华
副主任　周　军　胡　翚
委　员　（按姓氏笔画排列）
　　　　　朱掌兴　周少勤　范晓梅　查鹤贤
　　　　　夏洁弘

专家指导委员会

（按姓氏笔画排列）
李瑞明　杨自强　徐志平　崔泉森

编　辑　（按姓氏笔画排列）
　　　　　方忠明　陈慧毓　范晓梅　高玉其
　　　　　颜磊强

目　录

朱希祖……………………………… 朱元曙　朱乐川（ 1 ）
　耕读世家…………………………………………（ 1 ）
　师出名门…………………………………………（ 6 ）
　辛亥前后…………………………………………（12）
　读音统一会………………………………………（16）
　初入北大…………………………………………（20）
　新文化运动………………………………………（24）
　执掌史学系………………………………………（29）
　整理明清档案……………………………………（34）
　女师大风潮………………………………………（36）
　暂离北大…………………………………………（39）
　重返北大…………………………………………（44）
　告别北大…………………………………………（46）
　出居广州…………………………………………（52）
　金陵考古…………………………………………（58）
　苏州助讲…………………………………………（63）
　迁书皖南…………………………………………（65）
　避难重庆…………………………………………（68）
朱希祖年表…………………………… 朱元曙　朱乐川（81）

名作欣赏
  建立总档案库筹设国史馆议 ……………………………… （ 98 ）
  《晚明史籍考》序 ……………………………………… （104）

胡小石 ……………………………………… 谢建华（109）
  入两江师范学堂　遇恩师李瑞清 ……………… （111）
  浸染于遗老之间　学问与书法精进 …………… （117）
  南北任教　蜚声学坛 …………………………… （127）
  漂泊西南　困厄耕耘 …………………………… （148）
  承前启后　褒然独出 …………………………… （160）
胡小石年表 ………………………………… 谢建华（180）
名作欣赏
  书艺略论 ………………………………………… （208）
  屈原与古神话 …………………………………… （222）

宋云彬 ……………………………………… 殷明华（242）
  青少年求学 ……………………………………… （242）
  跻身报界 ………………………………………… （252）
  东山会议 ………………………………………… （259）
  主编《黄埔日刊》 ……………………………… （265）
  校雠《辞通》 …………………………………… （269）
  在桂林"文供"任职 …………………………… （275）
  从重庆到香港 …………………………………… （283）
  风雨同舟共商国是 ……………………………… （288）
  躬耕文教园地 …………………………………… （295）
  保护古籍和文物 ………………………………… （299）

校勘《史记》擎大旗…………………………………………（307）
　　文人风骨……………………………………………………（313）
宋云彬年表……………………………………………虞坤林（321）
名作欣赏
　　怎样认识孔子………………………………………………（340）
　　康有为和严复………………………………………………（344）

钱南扬…………………………………………………邓中肯（354）
　　汉上孤儿　北大才子………………………………………（355）
　　辗转浙地　拓荒寻觅………………………………………（366）
　　辑佚钩沉　搜求考证………………………………………（377）
　　碧湖南田　空对残月………………………………………（388）
　　葛林影疏　夜深踟蹰………………………………………（397）
　　桃李不言　下自成蹊………………………………………（407）
钱南扬年表……………………………………………邓中肯（441）
名作欣赏
　　宋金元戏剧搬演考…………………………………………（471）
　　海盐腔到昆山腔……………………………………………（482）

钱君匋…………………………………………………钟桂松（487）
　　故乡故家　求学求职………………………………………（487）
　　风云际会　一炮而红………………………………………（501）
　　创办万叶书店　涉足收藏…………………………………（528）
　　公私合营　浮浮沉沉………………………………………（544）
　　苦尽甘来　情寄故乡………………………………………（554）
钱君匋年表……………………………………………钟桂松（563）

名作欣赏
 装帧琐谈……………………………………………………（577）
 印章和绘画…………………………………………………（583）
后记……………………………………………………………（585）

朱希祖

■朱元曙　朱乐川

朱希祖,字逖先,又作遏先,浙江海盐人,我国著名历史学家、历史教育学家、南明史专家和藏书家。

耕读世家

光绪五年己卯正月十一(1879年2月1日),朱希祖出生于海盐县城西南七里的胥溪尚胥里上水村得月楼。

上水村因一条小河弯曲成"上"字从村庄流过而得名,得月楼临水而建于"上"字短横的北边,风景十分优美。朱希祖长女朱倩在14岁时写过

一篇小文,文曰:

> 得月楼在海盐城西南上水村,南有长桥,北有胥桥。其楼七楹,临水,东向。先王父子庄公因唐诗有"近水楼台先得月"之句,遂以名焉……登楼远望,目极丰山。三春之日,则红英夹岸,绿树参天;九秋之月,则霜林红叶,灿然如锦。春鸟秋虫,鸣声相续,实是胜地。先王父性爱恬静,不慕荣利,家无儋石,陶然自得。喜花木,爱修洁,楼北有园,手自锄理,芳卉嘉树,遍满其中。赐砚斋峙其北,青锁朱栏,与棱峥石笋掩映期间,令人悠然神往。①

朱氏家族是当地的望族,在朱希祖曾祖一代出过一个状元,这也是海盐历史上唯一的状元,名朱昌颐;在高祖一代出过一个翰林,后升任内阁学士,二品顶戴,名朱方增。据朱希祖亲手绘制的上水村图,家中分别有状元第、翰林第,其实这状元第、翰林第,也

上水村长木桥(朱偰摄于1937年3月)

---

① 朱元曙、朱乐川编:《朱希祖日记》中册,中华书局2012年版,第757页。

不过就是他们曾经住过的地方,谈不上什么豪门大宅。朱方增在学林颇负名望,属于京城宣南诗社成员,而且颇重实学,尤对治河有独到见解。清代著名学者包世臣《中衢一勺》中《宣南问答》一文,就是听朱方增谈"治河之策",称其为"有心世事者也";有《从政观法录》《求闻过斋诗文集》等著作传世。状元朱昌颐写得一手好字,据说他被点中状元大大得益于他的书法。他曾任山西道监察御史、吏科给事中、云南会试副主考等职,一生以讲学为主,先后游历全国十四省,主讲各地书院,有《鹤天鲸海焚余稿》传世。

朱家的祖籍是徽州婺源,宋朝末年,婺源朱氏中有一个叫朱顺的,被任命为海盐县主簿,遂占籍海盐,至朱希祖出生时已六百多年了。尚胥里朱氏世代耕读传家,出过不少名人。如明代监察御史、万历四十四年(1616)进士朱泰祯;明代著名棋谱《橘中秘》的作者朱晋祯;我国第一部陶瓷史《陶说》的作者、乾隆三十一年(1766)进士朱琰;同治四年(1865)进士,历任广州、琼州、潮州知府的朱丙寿;光绪二十四年(1898)进士,官至内阁中书的朱彭寿等,都出自这个家族。当然还有上文提到的:嘉庆六年(1801)进士,道光四年(1824)翰林院大考一等第一名,内阁学士朱方增;道光六年状元朱昌颐。这个家族,明清两代共出了13个进士,35个举人,入学为庠生、廪生者400余人,太学生250人,拔贡者50余人。

尚胥里朱氏,因晚清战乱,几遭灭顶,比如家族中有一位叫朱运和的,家有一园,名一径园,虽不甚大,但颇清幽,地在海盐县城东北隅。朱运和是个贡生,一生不问外事,只是闭门课子,他有五个儿子,除第四子早殇,其余四个均读书有成。战乱期间,一径园俱成瓦砾,父子五人,除第三子外,皆相继而亡。再如后来考中进士当了广州、潮州等地知府的朱丙寿,当年也逃难乡间,后流落上海,靠当家庭教师度日。而朱昌颐、朱方增在尚胥里的老宅,也被焚掠一空。

闻琴桥始迁祖宅基（朱偰摄于1937年3月）

朱希祖出生时，离战乱发生已十八年，家道早已式微，而且读书似乎也久不见效，朱希祖的祖父、父亲也只是个庠生，靠在乡间教书糊口。朱希祖兄弟六人，他行次第二，长兄、三弟、季弟早夭，故于诸弟中实居长。

其实朱希祖出生时的名和字并不是希祖和逖先，而是名同祖，字吉甫。同祖幼承庭训，6岁入学，聪颖早慧，家中长辈对其期望颇深。朱家始迁祖坟前有两棵松树，同祖8岁那年，叔祖紫仙公绘此双松于扇，赐予同祖，并题诗曰："努力诗书正少年，愿伊早着祖生鞭。勉为大器成松柏，期望真心画里传。"此诗用东晋祖逖"先吾着鞭"的典故为激励，于是父亲遂改同祖之名为希祖，字逖先。

那首诗对朱希祖一生的影响很大。1928年夏，家乡祖坟上的那两棵松树被大风摧折，朱希祖的一位堂弟绘了一幅《双松图》，朱希祖在上题诗曰："吾侪幸努力，各着祖生鞭。勉成栋梁材，摧折愈贞坚。孙枝各挺出，森秀竞参天。他年证此图，补我祖德篇。"到了1941年，朱希祖任国史馆总干事，诸事掣肘，他作《咏松》二首。其一:"凌云只作争天想,布阴全无夺地思。多谢主人勤剪我,苍然独剩最高枝。"其二:"不与栋梁争效用,宁同桃李斗芳菲?深山自有千秋意,肯学虬龙孟浪飞。"并请同为章太炎弟子的汪东绘《双松图》,请曾经的北大故友沈尹默题诗。

朱希祖14岁那年,跟随父亲读《左传》,但就在这年阴历七月,父亲去世。46年后,1938年,朱希祖60岁,因抗战而避居重庆,回忆儿时随父亲读书的往事,仍不胜忧伤,他在日记中写道:

> 记余十四岁上半年,先君授余《左传》,详细讲解,甚有趣味。其年夏,先君得病,至七月末竟弃养,以致余不克卒业《左传》,抱恨终天,常不忍温读《左传》。今录《左传·襄公十年》,以前幼时所读如旧相识。每联忆旧日家庭状况,及乡里故人情好,汉高祖所谓"吾魂魄犹思故乡",诚至情之语也。①

也正因为这14岁时的隐痛,朱希祖在后来的日子里,也从不教授自己的子女读《左传》。

父亲逝世后,朱希祖为了父亲及长辈们的期望,更加发奋读书,18岁中秀才。为抚养诸弟,19岁就馆他乡,奔走衣食。23岁为廪生。次年,24岁,母亲沈太夫人逝世。为照顾两个弟弟,他从地方风俗,提早结婚,娶张氏女玉瑱为妻,张玉瑱正是张元济的本家堂妹。

海盐张氏也是浙西望族,世代读书藏书,家有涉园,涉园藏书名动天下。朱张两家是百年以上的世交,张家的《涉园题咏》中就有朱希祖先祖朱琰的诗作。张元济比朱希祖大12岁,当朱希祖14岁随父读《左传》时,张元济已进士及第;当朱希祖考中秀才时,

---

① 朱元曙、朱乐川编:《朱希祖日记》中册,中华书局2012年版,第872页。

张元济已是名动京师的"新党"。但这种年龄上的差距,并不妨碍他们成为学术上的挚友,这除了亲戚关系外,更重要的是他们的学术兴趣相近,他们俩留下的一百数十封往来论学书札,2012年由中华书局出版。

张玉瑱后改名张维,是一位具有新思想的女子,她创办了海盐历史上第一所女学——婴英女学,还编印过一本《汉魏六朝女子文选》。该书张元济藏有一本,当他确认此书的编者张维就是自己本家堂妹张玉瑱时,乃致信朱希祖说:"《汉魏六朝女子文选》乃必为吾妹所辑,吾家道韫于家乘中可添一段佳话矣。"

师出名门

1905年,朱希祖考取官费,留学日本,就读于早稻田大学师范科,研习历史地理。

清末,在日本聚集着一大批革命党,朱希祖与他们多有交往,如光复会首领陶成章、龚宝铨,嘉兴革命志士陈仲权、邹宏宾等。而在这批革命党中,对朱希祖影响最大的则是他的老师章太炎。

章太炎与朱希祖还是有些渊源的。朱希祖的曾叔祖朱有虔是章太炎的外公。朱有虔是一位具有民族主义思想的老儒,章太炎从十一二岁起,由他亲自课读,前后四年时间,章太炎接受了系统的中国传统文化的教育,同时也接受了民族主义的启蒙。后来章太炎曾亲口对朱希祖说过这段经历:

> 余十一二岁,外祖朱左卿(章太炎外公字左卿)授余读经,偶讲蒋氏《东华录》曾静案,外祖谓夷夏之防同于君臣之义。余问前人有谈此语否?外祖曰:"王船山、顾亭林已言之,尤以王氏之言为甚。谓历代亡国,无足轻重,

惟南宋之亡,则衣冠文物亦与之俱亡。"余曰:"明亡于清,反不如亡于李闯?"外祖曰:"今不必做此论。若果李闯得明天下,闯虽不善,其子孙未必皆不善。惟今不必做此论。"余之革命思想即伏根于此。依外祖言观之,可见种族革命思想原在汉人心中,惟隐忍而不显耳。①

章太炎因《苏报》案入狱,1906年出狱,应孙中山之请,东渡日本,主《民报》笔政,并应留学生之请,开国学讲习会。就现有资料看,有明确记载的,朱希祖第一次见到章太炎是在1906年12月2日,他在这天的日记中说:"至神田锦辉馆观章炳麟及孙文演说。"②但正式成为章太炎的弟子,则是在1908年的4月,先是在大成中学上大课,听讲人员较多。到7月份,章太炎又应鲁迅、许寿裳等人之请,在《民报》社为朱希祖、钱玄同、朱宗莱、龚宝铨、鲁迅、周作人、许寿裳、钱家治八人开特别班讲授小学。许寿裳先生在《亡友鲁迅印象记》中记叙了听课时的情形:

> 每星期日清晨,我们前往受业,在一间陋室之内,师生环绕一张矮矮的小桌,席地而坐。先生讲段氏《说文解字注》、郝氏《尔雅义疏》等,神解聪察,精力过人,逐字讲解,滔滔不绝,或则阐明语原,或则推见本字,或则旁证以各处方言。自八时至正午,历四小时毫无倦意,真所谓"诲人不倦"。
>
> ……
>
> 我们同班听讲的,是朱蓬仙(名宗莱)、龚未生、钱玄

---

① 朱希祖:《本师章太炎先生口授少年事迹笔记》,《制言(半月刊)》第25期,1936年9月。

② 朱元曙、朱乐川编:《朱希祖日记》上册,中华书局2012年版,第39页。

同(夏)、朱逷先(希祖)、周豫才(树人,即鲁迅)、周启明(作人)、钱均夫(家治)和我共八人。……听讲时,以逷先笔记为最勤;谈天时以玄同说话为最多,而且在席上爬来爬去,所以鲁迅给玄同的绰号曰"爬来爬去"。①

当年朱希祖他们八人听章太炎讲《说文段注》的听课笔记,2008年已由中华书局出版,书名曰《章太炎说文解字授课笔记》,所采用的底本,分别是朱希祖、钱玄同、鲁迅当年的课堂笔记,其中朱希祖笔记三套共485页,钱玄同笔记两套共413页,鲁迅笔记两套共43页②。许寿裳所说"逷先笔记为最勤"确非虚语。

朱希祖住在东京牛込区鹤卷町早稻田大学清国留学生宿舍,与章太炎的寓所牛込区二丁目八番地《民报》社相距不远。寓所是

---

① 陈平原、杜玲玲编:《追忆章太炎》,中国广播电视出版社1997年版,第57—58页。

② 《章太炎说文解字授课笔记》,共有3家7种。朱希祖的笔记三套,第一套223页,第二套227页,第三套35页。钱玄同的笔记两套,第一套336页,第二套77页。鲁迅的笔记两套,第一套16页,第二套27页。其实还有许寿裳的笔记一套,没有编入笔记。该笔记现藏于北京鲁迅博物馆,有《说文转注考》7页,《说文部首》6页,正文第一篇上至第十四篇下149页,共6册。许寿裳在《纪念先师太炎先生》中记道:"我听讲时间既短,所得又极微,次年三月,便因事告归耳。"1990年,北京师范大学王宁先生拿到钱玄同笔记的复印件和鲁迅笔记的影印本,开始着手整理,后又得到北京鲁迅博物馆所藏朱希祖笔记的复印件。三人当中以朱希祖的笔记最为详细,共计三次,而且非常完整,这也基本框定了《笔记》一书的体例。需要说明的是,鲁迅博物馆所藏十册朱希祖所记《说文》笔记,是朱希祖赠予钱玄同的,因朱希祖治学方向为中国古代历史,而钱玄同则专治小学,故有是赠。20世纪"文革"初期,钱玄同长子钱秉雄为防红卫兵抄家使笔记散失,故将其悉数捐与北京鲁迅博物馆。1998年《笔记》初稿完成,但出版并不顺利,拖了整整十年时间,直到2008年末,此书才在中华书局正式出版。

一套典型的日式居所,进门脱鞋,盘腿坐于榻榻米上,坐长了双腿麻木难忍,更何况章太炎一讲就是四个小时,所以谈天时钱玄同才会"爬来爬去"。不过这倒与当年孔夫子盘腿席地而坐的授徒情形相仿,许寿裳的描述也令人想见《论语》中"四子侍座"的情景。除此共同听课的几人外,朱希祖还结识了许多日后在中国学界举足轻重的章门弟子,如黄侃、汪东、马裕藻、沈兼士等,并且结下终生的友谊。

在诸多同学中,朱希祖似乎与钱玄同关系最近。据《钱玄同日记》载,他们两人第一次见面是1906年9月7日,地点是在同赴日本的船上。他们都是第二次赴日本,所不同的是,朱希祖是作为早稻田大学的留学生回国过暑假后再次赴日,而钱玄同则是刚开始留学。他们同在早稻田大学,最初朱希祖住在学生宿舍,后来,最迟在1908年初,他们两人就同住在校外的中村馆,至1909年7月15日朱希祖回国,他们两人朝夕相处至少有一年半。

他们两人,除了听章太炎讲课外,还一道听了不少其他的讲演。如参加社会主义讲习会,听山川筠讲"代议政治与革命",宫崎寅藏讲社会主义及无政府主义派别,听刘师培讲法律出于宗教,章太炎讲人之根性。当时同盟会内部产生矛盾,张继、章太炎、刘师培等人受日本幸德秋水的影响,成立了"社会主义讲习会",宣扬"无政府主义"。当时所谓的"社会主义""无政府主义"均与我们现在通常所理解的不是一回事。那时朱希祖、钱玄同恐怕也不明白什么是"社会主义""无政府主义",在他们的日记中,把社会主义讲习会简称为"社会学讲习会"或"社会讲习会"就是一例。

他们两人在日记中,记录下了他们朝夕相处的许多趣事,最有趣的是一次躲避地震。

1909年4月,日本盛传将要发生大地震,且可能伴随着火山爆发。住在中村馆中的朱希祖、钱玄同几个留学生,群议避震之策,徐冕伯(海盐人)等主张看看再说,而钱玄同、朱希祖则主张"早避为是"。第二天,4月2日,他们两人决定离开东京,到成田附近一处名叫佐原的地方去躲避,因为那儿"离火山稍远"。4月3日到了那儿,4月4日一早,两人带上几本书,水和食物,至郊外田间避震,那天天气很热,但直到晚间,也没有震。钱玄同在那天日记中说:"日间与逖先出,至郊外田间避震……晚间热甚,竟不震。"①两天后,他们回到了东京,4月8日,又到章太炎那去听《文心雕龙》,这一天,章太炎恰好把《文心雕龙》讲完。

　　两人有时也会辩论争吵。有一次为大同世界应是怎样,是精神文明,还是物质文明,争得不可开交,钱玄同在其1909年3月19日日记中说:"晚间与逖先谈论大同时之情形,逖先总以物质文明发达为词,甚矣。"一个"甚矣",可见钱玄同心中之不满。当然更多的时候还是谈得很畅快。朱希祖1908年1月18日日记载:"灯下与钱君德潜论世界大势及中国前途,颇畅快。"②

　　朱希祖、钱玄同两人之间的友谊,一直维持到钱玄同生命的最后。钱玄同是1939年1月17日逝世的,但在1938年7月28日重庆报纸误传其病逝,朱希祖闻知,在当天的日记中写道:

　　　　报载七月十五日吾友钱玄同卒于北平。玄同与余,于逊清光绪三十年(1904)同留学日本早稻田大学,又同在日本受业于余杭章先生。回国后,又同为嘉兴浙江第二中学教员。光复后,又在浙江教育厅同事。民国二年

---

① 杨天石主编:《钱玄同日记》上册,北京大学出版社2014年版,第151页。
② 朱元曙、朱乐川编:《朱希祖日记》上册,中华书局2012年版,第45页。

(1913)春,余先就北京大学教授,次年,玄同亦来,同为北京大学教授。至民国二十一年,余就广东国立中山大学教授,始与玄同分离。然每年夏,余必至北平与玄同相见……余与玄同……心最莫逆也。今季刚已先卒,而玄同继之,其可哀孰甚?因撰《哀钱玄同文》,聊以抒哀,不欲彰表……①

钱玄同则在他晚年的日记中说:

平心而论,余杭(指章太炎)门下……季刚(指黄侃)与逖先,实为最表表者。②

朱希祖跟从章太炎学习,一直延续到他1909年归国,章太炎先后讲解了《说文段注》《庄子》《楚辞》《尔雅义疏》《广雅疏证》《文心雕龙》等小学与文学的名著。

在章门弟子中,朱希祖的学问是受到老师赞许的,章太炎在《自撰年谱》宣统二年(1909)条中说:"弟子有成就者,蕲黄侃季刚,归安钱夏季中,海盐朱希祖逖先。季刚、季中皆明小学,季刚尤善音韵文辞。逖先博览,能知条理。其他修士甚众,不备书也。"章太炎晚年,曾仿太平天国故事,戏封门下诸子,天王黄侃、东王汪东、西王朱希祖、南王钱玄同、北王吴承仕。这五人就是学界享有盛名的"章门五王"。朱希祖逝世时,于右任的挽联曰:"稽古证今东汉儒林兼许郑,传薪革命西王封号比汪吴。"下联所云即为此事。

---

① 朱元曙、朱乐川编:《朱希祖日记》中册,中华书局2012年版,第908—909页。

② 杨天石主编:《钱玄同日记》下册,北京大学出版社2014年版,第1144页。

辛亥前后

在日本,朱希祖接受了与中国科举完全不同的教育,除了本专业的课以外,他还学习了数学、物理、英语、语言学、心理学,甚至矿学、植物学、地图学、绘图等,还有"列强大势"、法国革命史等选修课,参观了不少现代意义上的学校,他还读了许多西洋小说,比如《茶花女》等。新的教育让他感到,要开启中国民智,就得兴办现代教育,他认为中国应该编一套国语教科书及国语典,这套教科书及国语典必须参酌东西方教科书及各种字典词典并以北京话为底本。据他的日记,他还翻译过《植物界》《记忆法》和三种女子教科书。他还积极筹款,支持妻子张维赴上海务本女学求学;支持妻子创办婴英女学,并利用回乡探亲的机会给女学生授课。

当时的大清,国弱受人欺。朱希祖在日记中(1906年2月15日)写道:"国之不强,受人侮弄,不知将来身置于何地,心甚忧念。家中无来信,女学事件未知如愿否,心甚挂念。家国之忧,齐煎余心,哀哉!"[①]当时,在早稻田大学师范科留学的浙江学生有百人,他们成立了同窗会,相互激励。有一次郁曼陀[②]在演讲中说:浙江为宋明两代亡国结局之地,浙江为文学渊薮地,人文蔚起,图存保残喘,然则从前浙江文学不过为亡国之文学,及今时事去此不远,当力图强国文学。朱希祖听后,在当天的日记(1906年3月11日)中写道:

---

① 朱元曙、朱乐川编:《朱希祖日记》上册,中华书局2012年版,第13页。
② 郁曼陀是我国著名文学家郁达夫的哥哥。

  浙江师范生百人,布满浙江各府州县,若团结而图振兴百事,则百人一动而浙江皆动,浙江一动而全国皆动,其前途辽远而可宝贵哉。①

  在日本留学四年后,朱希祖带着他的强国之梦,带着新的思想、新的学问,带着从章太炎那儿得来的国学功底,于1909年7月回国。是年秋,应浙江两级师范学堂监督沈钧儒之请为教员,与鲁迅、许寿裳、钱家治、夏丏尊、张宗祥等为同事,这样,当年八位一道听章太炎讲学中的四位又聚到了一起,许寿裳为教务长。朱希祖所教课程是文学史,为上好这门课,他常致信日本向章太炎请益,而章太炎的回信,大多则由钱玄同抄录一通后寄来。朱希祖在教书之暇,还参与编辑《教育杂志》,并请章太炎撰稿,据钱玄同日记,章太炎作《定师》《程师》等文,由其抄录后寄来。

  这年末,浙江两级师范发生了一次教师罢教事件,以至酿成波及全浙的风潮。事情的原委是这样的:1909年冬,学堂监督沈钧儒因被选为浙江谘议局副议长而去职,继任者夏震武曾任京师大学堂教习,1909年10月17日被选为浙江教育总会会长。夏治理学,宗程朱,素以经师自负,当选教育总会会长后即发表意见书,倡导"廉耻教育"。夏一到任,便要许寿裳陪同谒圣,许推说开学时已经拜过孔子而拒绝。夏又亲率学生去谒圣,并对学生进行"廉耻教育"的训话。他认为:高谈平等、自由,蔑伦乱纪,斑惑学生,为无廉耻;变服任事,弃亲丧以为利,为无廉耻。所谓"变服任事",就是指不穿清廷服饰,剪去辫子。此外还有许多条他认为"无廉耻"的内容,比如什么任用私人、植党争权等等,锋芒直指许寿裳等"变服任事""高谈平等、自由"的新派教员。夏还对山雨欲来的革命风暴痛

---

① 朱元曙、朱乐川编:《朱希祖日记》上册,中华书局2012年版,第20页。

心疾首,哀叹:"神州危矣,立宪哄于庭,革命哗于野,邪说滔天,正学扫地,髡首易服,将有晋天为夷之惧。"企图用以程朱理学为核心的"廉耻教育"来取代学校倡导的新学。

　　接着,夏震武又不按学校惯例先去拜会住校教员,反要教员们各按品级穿着礼服去礼堂参见他。见教员三三两两,衣冠随意,队列不齐,且大都剪去了辫子。夏震武便训斥道:"学校名誉甚坏,理应调查,理应整顿。"于是群情大哗。之后夏震武又致书许寿裳,责其"离经叛道,非圣侮法""蔑礼""侵权",要许立即辞职。许则一面回敬夏震武"理学欺人,大言诬实",一面即向原监督沈钧儒递交辞呈。教员们主张一同进退,于是朱希祖和鲁迅、夏丏尊、张宗祥、钱家治、张邦华、冯祖荀、胡浚济、杨莘士、沈朗斋等十余名住校教员相继离开学校,搬到黄醋园湖州同乡会馆,以示决绝。此事激起学生向浙江提学使请愿的风潮。学潮持续了两个多星期,波及整个浙江教育界,各校教员纷纷声援驱夏。提学袁嘉谷无可奈何,只得任命浙江高等学堂(求是书院后身)监督孙智敏暂行兼代监督一职。夏震武辞职离校之际,指责许寿裳等教员"诬及先朝,且污蔑先朝官闱",试图引出朝廷镇压。然而时事不同,清政府已自身难保,无力维持了。于是教员们宣布胜利,返回学校。因着夏震武的顽固木强,教员们戏称其为"木瓜",这场驱夏风潮亦因是得名"木瓜之役"。①

　　为此事,章太炎曾在给钱玄同的信中说:

　　　　夏震武本治程朱理学,其侮辱教员,亦道学之常态也。浙生反对,至于退学,逖先亦振袂去,以其所学,施之

---

　　①　张直心、王平:《鲁迅在浙江两级师范学堂史实探微》,《杭州师范大学学报》2008年第4期。

于乡里,或当胜于官立学校也。①

1910年,嘉兴中学堂监督范古农邀朱希祖前往任教,于是朱希祖举家迁居嘉兴。范古农与朱希祖同留学日本,同为章太炎的弟子,不过范古农的专业是数学。其时,先后来该校任教的太炎弟子还有马裕藻、朱蓬仙、沈兼士、钱玄同等几位。

所教学生中有一位叫沈雁冰(茅盾)的,他在回忆录《我走过的道路》中说:

> 国文教师有四:朱希祖、马裕藻、朱蓬仙、朱仲璋。最后这位朱老师是举人,是卢鉴泉表叔的同年,我确知他不是革命党,其他三位都是革命党。但他们教的是古书。朱希祖教《周官·考工记》和阮元《车制考》,这可说专门到冷僻的程度。马老师教《春秋左氏传》。只有朱蓬仙教"修身",自编讲义,通篇是集句,最爱用《颜氏家训》,似乎寓有深意。总而言之,这些革命老师是真人不露相。

有两点需要说明。一是茅盾说马裕藻、朱蓬仙等几位是"革命党",估计只是泛泛而言,从现有资料看,朱希祖既未加入过同盟会,也未参加过光复会,他就是一个在当时具有新思想的新派学者。二是关于嘉兴中学堂与嘉兴浙江第二中学的关系。这实际上是一个学校的两个阶段。该校创办于清光绪二十八年(1902),时名嘉兴府学堂;三十一年改名为嘉兴府中学堂;清宣统三年(1911)春,改名为浙江第二中学堂;同年五月,改名为浙江省立第二中学堂;民国元年(1912),改称浙江省立第二中学校。②

---

① 马勇编:《章太炎书信集》,河北人民出版社2003年版,第105页。
② 有人把位于嘉兴的"浙江省立第二中学"误称为"嘉兴二中",笔者在《朱希祖先生年谱长编》中也犯过这个错误。

1911年10月,武昌起义爆发。11月5日,浙江独立,各地因原官吏四散,于是以团体公举的方式推选领导人。11月9日,经公举并报嘉兴军政分府批准,朱希祖任海盐县民事长(即县长)。他在任上,虽然也积极推进剪辫放足、禁断鸦片、兴办学校等新政,但学人理政,终非所愿,他还是愿意做学问、搞教育。于是在任仅四个多月,便辞去民事长的职务,应沈钧儒之邀赴杭州教育司任职,为第三科科长,时为1912年3月20日。同时在教育司任职的还有周作人、钱玄同两位章门弟子。

读音统一会

朱希祖首次在全国学界崭露头角,是在全国读音统一会上。

1912年中央教育部议定,在未统一国语以前,先统一读书字音,设读音统一会,以吴稚晖为会长。并决定1913年2月在北京召开会议。当时规定,各省派两名代表参加,另由教育部直接聘请会员若干,参加者须精通小学且旁通一种或两种外语。朱希祖、马裕藻两人作为读音统一会浙江省代表,出席了这次会议。

朱希祖是很乐意参加这次会议的,他说:"余在杭州,师友多至北京,故欣然允为代表,一则扩充方言知识,一则聊省师友耳。"所谓"师友多至北京",一指章太炎先生在北京,二指鲁迅、许寿裳、陈睿、胡仰曾等章门弟子也在北京,且也应教育部之聘直接参加此次会议。不过等朱希祖到达北京时,章太炎已经离开,到吉林任东三省筹边使去了。

会议于2月15日正式开始,公推吴稚晖为议长。吴稚晖,同盟会元老,曾留学法国。当时在法国有一批中国留学生,大力提倡世界语,称之为"万国新语",并想以此来改造中国的语言文字,而吴稚晖就是主倡者之一。为此章太炎专门写了一篇《驳中国用万国新语说》,提出了解决中国文字读音、注音、简化等问题的初步方法。章太炎的方法成了朱希祖等章门弟子在这次读音统一会上所交议案的基础,这在下文将会提到。

会上方案纷呈,莫衷一是。起初为读音问题,争吵不休,核心问题是以《广韵》为准,还是以方音为准,朱希祖自然是从师说,但更赞同以"最近韵书之有反切者"为准,他说:"读音须依最近韵书之有反切者,从其是,不从多数少数,所读符合旧反切,虽少数必从也;不合,虽多数不从。"①会上争吵激烈,一日朱希祖与王照论辩,会场几乱。② 争吵甚至发展到要大打出手的地步。据黎锦熙《国语运动史纲》载:一日,苏州汪荣宝与副议长王照争辩,争辩过程中,汪荣宝与同座用苏州话交谈,不知怎的提到"黄包车"三字,不想王照听成"王八蛋"三字,以为是骂自己,于是大怒,攘臂离席,说:"你骂我王八蛋,我就来揍你这个王八蛋。"如此这般争吵不休,无法统一,最后只得投票决定每字读音,每省一票,共审定了六千五百余字(一说七千余字),现在学界把这种读音称之为老国音。

接下来又为注音问题继续争吵。当时大致可分为三派,一以福建人卢戆章为代表的自定符号派,一以杨浩曾为代表的罗马字母派,一以杭州人汪怡安为代表的汉字偏旁部首派。这第三派实际上是准备模仿日本假名,自造简笔字作为注音符号,如此方案通

---

① 朱元曙、朱乐川编:《朱希祖日记》上册"1913年3月11日"条,中华书局2012年版,第102页。

② 详见朱元曙、朱乐川编:《朱希祖日记》上册"1913年3月3日"条,中华书局2012年版,第99页。

过,中国就会像日本、朝鲜那样出现两套文字系统,朱希祖、马裕藻、许寿裳、鲁迅、胡仰曾等章门弟子坚决反对,他们坚持用章太炎在该文中所提出的方法。章太炎在《驳中国用万国新语说》中反对用旧反切的注音方法,主张推行新的注音字母,并做了具体工作,其言:"定纽文为三十六,韵文为二十二,皆取古文篆籀径省之形,以代旧谱。既有颠则,异于乡壁虚造所为,庶几足以行远。"①于是,由朱希祖起草议案。该议案从章太炎所定的三十六个纽文、二十二个韵文中,选出二十四个纽文、十五个韵文,组成注音字母,又称注音符号,由朱希祖、马裕藻、陈睿、周树人(鲁迅)、许寿裳、钱稻孙六人共同具名,提交大会。

对此方案,会上争论激烈,反对者主要是上述第三派的代表汪怡安。朱希祖在日记里记录了这次辩论:

  3月11日 幼渔(即马裕藻)来,午餐后即偕至读音统一会,余所提议赞成者颇多,惟杭人汪怡安大加反对,讨论甚久。余与幼渔、季绂(即许寿裳)、稻孙力辩驳之,未议决即散会。是夜草辩难语数条,以备明日辩驳。②

  3月12日 至汪怡安家,与之辩难昨日未尽之余意。午后至读音统一会,提出余之议案,同具名之六人皆到。讨论至四点四十分,皆与汪怡安等辩难。汪系崇拜日本,事事模仿日本,字母亦然,人多鄙之。③

最后大会表决,通过了朱希祖等六人提出的议案,其他众案皆废。中国有注音符号自此始,这就是现在还保留在《汉语拼音方

---

① 章太炎:《驳中国用万国新语说》,文字改革出版社1957年版,第14页。
② 朱元曙、朱乐川编:《朱希祖日记》上册,中华书局2012年版,第102页。
③ 朱元曙、朱乐川编:《朱希祖日记》上册,中华书局2012年版,第102页。

案》中被称为"读音名称"的"ㄅ、ㄆ、ㄇ、ㄈ"等符号。该方案通过后,章太炎致信朱希祖:

  闻以读音统一会事入京,果为吾道张目,不胜欣跃。①

  31年后,朱希祖在重庆逝世,吴稚晖所送挽联"人间遽失先生从此南明无史,天上为言疑古仍未统一读音",上联说朱希祖是南明史权威,下联则指读音统一会之事。

  1919年2月,朱希祖与马裕藻、胡适、钱玄同、周作人、刘复(刘半农)等六人被北京大学推选为国语统一筹备会会员,并在第一次大会期间提出《请颁行新式标点符号议案》,此议案后经胡适修改,第二年颁行全国。中国正式使用新式标点符号自此始。

  在国语统一筹备会第一次会议期间,北大派出的朱希祖等六人还向大会提交了《国语统一进行方法》议案,提出"把《国文读本》改做《国语读本》,国民学校全用国语,不杂文言,高等小学酌加文言,仍以国语为主体。国语科以外,别的科目的课本,也应该一致改用国语编辑。"1920年1月,教育部正式通令全国逐步实施该方案。

  注音符号、新式标点、国语读本,中国语言史上三项重大革命,朱希祖均是重要参与者,贡献是巨大的。

  在读音统一会上朱希祖等人的方案通过后,朱希祖在京师名声大振,加之有力者推荐,4月11日,北京大学致信朱希祖,请其为北京大学预科国文教授;4月12日,北大校长何燏时亲自来访;4月14日,朱希祖赴北大接洽课务。从此,朱希祖进入中国最高学府,成为国立北京大学的一名教授,在更高的平台上施展他的宏图,成就他的事业。

---

① 朱元曙、朱乐川编:《朱希祖日记》上册,中华书局2012年版,第110页。

1919年4月,国语统一筹备会会员合影。前排右二朱希祖、右四吴稚晖、右五蔡元培;二排左一胡适,四排左四刘半农。

初入北大

　　北京大学文科,原是崇尚程朱理学、标榜"因文见道"、自称"文道合一"的桐城派的天下,1912年12月,何燏时接替严复出任北京大学校长,急欲引进一批新人,来清除桐城派的影响,以改变北大学风,而"太炎弟子群"正好符合这一大势。这批太炎弟子,留学日本,具有新的眼光;归国后,在各府州县于讲学中宣传革命;辛亥后,读音统一会又证明了他们的学术功底和眼光。于是机缘巧合,朱希祖就这样进了北大。稍晚几个月,马裕藻、钱玄同、沈兼士也进了北大;1914年,章太炎最富时名的弟子黄侃进入北大;1917年,周作人也进了北大。到1918年,太炎先生已有十位弟子在北大任教,他们是朱希祖、马裕藻、钱玄同、沈兼士、陈大齐、周作人、朱宗莱、康宝忠、黄侃、刘文典。后人评说:"北大文科中桐城派的没落与太炎门生的兴起,不但是大学内部人事变动而已,更关系到日后民国学术风气的转变。但这种人事与学风的变迁,其实在1913年初,已经悄悄开始了。"①

朱希祖进入北大,先是预科教授,教授国文;1915年2月,改为文科教授,教授中国文学史。就像当年在浙江两级师范教授文学史一样,朱希祖仍经常向章太炎请教,当时章太炎正被袁世凯软禁在北京钱粮胡同。朱希祖的学生、著名史学家金毓黻回忆当年授课情况说:

> 民国三年(1914)(按:此为金氏误记。朱希祖于1915年开始授中国文学史,实为民国四年),章先生被袁项城囚于北京,门弟子在侧者仅有吴承仕检斋,先生(指朱希祖)亦尝侍侧问业。当是时,先生膺北京大学聘,授中国文学史,撰《总论》二十首,每一首成,必以呈章先生,盖不经章先生点定,则不即付油印。犹记先生授文学史二年,而讲义不及百翻,盖以送章先生鉴定,往返迟滞之故。然此《总论》二十首,实多精言明论,后来诸家所不及也。②

朱希祖的这部中国文学史,颇得好评,毛准在其所著《国故和科学的精神》一文中说道:

> 钱、沈、朱诸君所编的《文字学》和朱逖先生所编的

---

① 陈以爱:《中国现代学术研究机构的兴起——以北京大学研究所国学门为中心的探讨(1922—1927)》,台湾政治大学历史系,1999年,第22页。
② 金毓黻:《静晤室日记》,辽沈书社1993年版,第5599页。

《中国古代文学史》等,皆是用科学的精神研究国故的结果。①

这部文学史讲义,正式名称为《中国文学史要略》,现收入北京大学2005年出版的《早期北大文学史讲义三种》。

朱希祖进入北大第二年,1914年8月,清史馆正式开馆。9月,朱希祖被聘为协修,参与商榷史例,撰《拟〈清史〉宜先修志表后传记议》一文;并撰有《选举志·封荫》一卷。② 1915年冬,袁世凯为复辟帝制,欲罗致名士,使为己用,不持异议,特于议会中设"硕学通儒"一格,从清史馆中延请十人为议员,朱希祖名列其中,但抗词不就,以明己志。袁世凯帝制失败后,一些帝制党人欲藏身史馆,于是朱希祖辞去清史馆协修之职,从此与清史馆再无关涉。

朱希祖进北大的头几年间,也就是1913年至1916年,有一件事必须交代,就是与章门弟子一道陪侍与营救被袁世凯软禁的章太炎。1912年,袁世凯当上大总统后,其倒行逆施遭到全国的强烈反对。二次革命失败后,1913年8月章太炎先生冒险入京,准备领导共和党进行议会性质的斗争,但入京后即被袁世凯软禁。后又被监禁于龙泉寺,章太炎以绝食相抗争,袁世凯怕担杀士之名,解除监禁,允其租钱粮胡同房屋居住,实际上还是软禁。软禁期间,章门弟子常去探望,而朱希祖则去得最勤,据戴海斌《袁世凯软禁章太炎事迹考》,朱希祖一周探望能多达数次,有时一天上午、下午均来探视。1914年夏,朱希祖还受章太炎之托,前往上海接

---

① 载于《新潮》第1卷第5号,1919年。
② 相关内容详见朱师辙:《清史述闻》,上海书店出版社2009年版,第2、44页。

夫人汤国梨来京,后因担心袁世凯另有图谋,汤夫人不果来京。①

1914年9月,黄侃应北大教授之聘来到北京,到京后与太炎先生同住。黄侃好议国事,常于太炎先生前是非时政,当局迫其搬出,太炎先生再次绝食。朱希祖心中不忍,私袖饼饵以进,太炎斥之,掷其饼于地。② 太炎先生绝食时,呼朱希祖至榻前曰:

> 余为国绝粒,虽以身殉,亦无遗憾。余殁后经史小学,传者有人,光昌之期,庶几可待;文章各有造诣,无待传薪,惟示之格律,免入歧途可矣。惟诸子哲理,恐将成广陵散矣。③

章太炎并以生平著述草稿授于朱希祖,朱希祖长女朱倩曾在日记中说:

> 先生羁拘三载,誓死三次。方三年冬之绝粒也,呼家君至榻前,授以生平著述草稿,曰:"吾以是传之也。"其后进食,家君悉以草稿检还,先生乃以此自写韵文一册赐家君,以志患难相依之感云。④

章太炎被软禁,朱希祖等章门弟子多方营救。据《鲁迅日记》,他们在这年的12月份开过两次会,在京的章门弟子几乎全部参加,地点是在马裕藻家,但开会所为何事,日记没有交代;不过据朱

---

① 相关内容详见马勇编:《章太炎书信集》,河北人民出版社2003年版,第547、548页。

② 相关内容详见马叙伦:《章太炎》,引自陈平原主编:《追忆章太炎》,中国广播电视出版社1997年版,第22页。

③ 该内容见朱偰:《先君逖先先生年谱》,载《朱希祖书信集·郦亭诗稿》,中华书局2012年版,第410页。

④ 朱元曙、朱乐川编:《朱希祖日记》下册"附朱希祖长女朱倩《孟娶日记》",中华书局2012年版,第1401页。

希祖长子朱偰《我家的座上客》一文,这两次开会当与营救太炎先生有关:

> 章先生一连好几天不见客人前来,知道是遭到禁闭,绝食表示抗议。门弟子竭力营救,内中有一个汪东,在内政部(当为内务部)做事,写了一封恳切的信给总统府机要局长张仲仁,说章先生绝食已经好几天,恐有不测,政府将有"杀士"的责任,请他设法解救。张氏把这封信给袁世凯看了,亲笔批了"交办"两字,这自然是交警察厅的,既有了批,便好说话。于是章门弟子,开了一个会,当即推举代表,我父亲也在内,跟警察厅长(当为警察总监)吴炳湘接洽,议定一张名单,共十二人,钱玄同、马裕藻、沈兼士、汪东等都在内,这十二人,是可以随时自由往见的。一面报告章先生,已经解禁。只要每天有人轮流去谈,章先生也不至感觉寂寞。在这个时期,我父亲常常去钱粮胡同照料,劝他复食。①

1915年2月,撤警通客,2月14日,正月初一,朱希祖等在京章门弟子为太炎先生拜年。(《鲁迅日记》)1916年6月,袁世凯死,章太炎恢复自由,南下。

新文化运动

1917年,北大翻开了崭新的一页。蔡元培出任北大校长,陈独秀为文科学长,胡适至北大任教,一场轰轰烈烈的新文化运动就以北大为大本营生发到全国。

---

① 朱偰:《天风海涛楼札记》,中华书局2009年版,第15页。

这场新文化运动,最初似乎并没有引起朱希祖等章门弟子的重视,除了钱玄同在《新青年》上以通信的方式表示赞同胡适的文学主张外,没有一个太炎弟子向《新青年》投稿,朱希祖甚至还有所"非议"和"指正"。在钱玄同的影响下,一部分章门弟子开始赞同并投身新文化运动,朱希祖成了《新青年》的重要撰稿人之一,先后发表了《白话文的价值》、《非"折中派文学"》、《文艺的进化》(译著)、《敬告新的青年》、《中国古代文学上的社会心理》等文章。另外还有《文学论》《研究孔子之文艺思想及其影响》《整理中国最古书籍之方法论》等较有影响的论文。朱希祖当时是北大国文研究所主任,他公开撰文对文学革命表示支持,当然是有一定分量的。当时远在四川的吴虞创办《威克烈》报,提倡白话文,他写信给北大的朱君毅,要求他"请觅蔡子民、胡适之、陈独秀、高一涵、李公度、朱希祖、沈尹默与《威克烈》报作白话文。"① 显然朱希祖已成了新派中有一定影响的人物。1920年《新青年》讨论分办时,陈独秀就专门致函胡适、李大钊、朱希祖等人征求意见,可见他也曾参与了《新青年》的一些内部决策。②

　　朱希祖转向新文化运动,除了钱玄同的影响外,还有两大原因。一是1918年4月胡适发表于《新青年》的《建设的文学革命论》。此文提出"国语的文学,文学的国语"这一口号,将文学革命与国语运动连在一起,自然得到朱希祖、马裕藻、钱玄同、周作人等国语运动热心分子的支持。可见朱希祖投身新文化运动,除了钱玄同的影响,胡适的影响也是极为重要的。

---

①　《吴虞日记》,四川人民出版社1984年版,第502页。
②　中国社会科学院近代史研究所中华民国史研究室编:《胡适来往书信选》(上),中华书局1979年版,第90页。

1918年北京大学文科国文门第四次毕业合影。前排左起：朱希祖、钱玄同、蔡元培、陈独秀、黄侃。

朱希祖投身新文化运动的第二个原因是1918年秋他最钟爱、最看重的长女朱倩的死，使他认识到旧教育的落后。朱希祖长子朱偰回忆录中有一篇《从封建教育的桎梏中解放出来》，他在文中写道：

> 这时我的家庭里发生一件不幸的事故，我的大姊因患肺结核到了第三期，不治逝世。她死的时候才十六岁，引起了一家人的极大悲哀。她从小有"女神童"之目，七岁就能背诵"长恨歌"，十岁就能作古文。父亲对她加意培养，亲自教读，一心一意想把她教成一个班昭、李清照一样的女学者或女诗人。可是她从小用功过度，身体就吃了亏，每天晚上还要替父亲抄写《中国文学史》讲义，到

十点或十一点钟才能睡觉,竟得了肺结核,从她十二岁那年起,就开始吐血。后来虽两次进法国医院治疗,还是不能见效。她好像含苞待放的蓓蕾一样,被无情的暴风雨摧折了。父亲失去了爱女,非常伤心。经过这次打击,他才觉得以前的家庭教育的方式方法是不对的;青少年儿童应该德育、智育、体育并重,不能关在书房里读死书,弄得死气沉沉,甚至影响身体。于是他教我们搞体育运动,提倡打乒乓球、踢足球,并带我们出去旅行,接触大自然的美景,认识祖国壮丽的河山。①

这之后,朱希祖请了一位家庭教师(即后来北大校长室秘书兼文牍组主任朱洪,也是朱希祖的内侄),给子女补习科学和讲授普通知识,准备让朱偰和朱偲姐弟二人考入中学,受正规的现代教育。

因新文化运动,朱希祖与胡适学术上互有切磋。胡适在其《墨经新诂》的原稿中,有一夹条,云:"书中夹笺皆历年来友人朱遏先、张申府诸君所加,其语有是有非,其意皆至可感,故皆存之。"在其《中国哲学史大纲》再版自序时特别提到:"对于近人,我最感谢章太炎先生。北京大学的同事里面,钱玄同和朱遏先两位先生对于这书都曾给过我许多帮助。"②除此而外,他们还有许多交往,散见于他们的日记和往来书信。

1921年1月,中国现代文学史上第一个进步文学社团——文学研究会成立,这当然是新文化运动的一个重要成果,朱希祖为

---

① 该回忆录未刊——笔者注。

② 以上两段引文均转引自刘兆兴:《朱希祖与胡适——兼及章门弟子与英美派在北大的历史关系》,原载《东方论坛》2006年第5期。

十二个发起人之一,另外十一人是:周作人、耿济之、郑振铎、瞿世英、王统照、沈雁冰、蒋百里、叶圣陶、郭绍虞、孙伏园、许地山。朱希祖的入会编号为1,成为该会的1号会员。1月4日,朱希祖出席了该会在北京中央公园来今雨轩举行的成立大会,为该会读书会诗歌组成员,与之同组的成员著名者有叶圣陶、周作人、王统照等。①

1913年夏朱希祖一家从杭州迁居北京后,先是租住在吉兆胡同徐宅,1915年春又迁居地安门内帘子库1号刘宅,1919年10月,终于在德胜门内草厂大坑21号购置了属于自己的一所四合院。朱希祖长子朱偰在回忆录中对这所四合院有如下描写:

> 在我进中学的那一年(1919),父亲在德胜门内草厂大坑二十一号买了一所四合院的房子,除正院外,有前院、后院、东院、西院,一共三十多间。门前有影壁,旁有两棵大槐树。地点虽然偏僻,可是地势却极空旷。前面有一个大坑(现在早已填平),夏天雨多的时候,满坑积水,便成了一个湖泊,有五六十亩大小;冬春水涸,现出一片平地,我们兄弟便在那里蹴球游戏。我父亲喜欢藏书,二十多年工夫,他收藏的古书不下二十万册,而且其中不少善本;家中的房屋,除母亲住的一间卧房以外,差不多都被书塞满了。我住在西厢房,在那里布置了一间幽静的小小书斋,窗外种了一株西府海棠,陈列一些柘榴、夹竹桃、荷花等盆景。②

朱希祖迁入新居后,满心欢喜地将陈大齐、沈尹默、钱稻孙、

---

① 《文学研究会资料》,河南出版社1985年版,第14、15页。
② 该回忆录未刊——笔者注。

朱希祖在北京宅中留影

刘半农、马裕藻、周作人等请来喝酒,以示庆祝。饭后又一道前往鲁迅和周作人新购之八道湾11号参观,这一天是1919年11月23日。①

执掌史学系

北大史学系成立于1917年,那时叫作"史学门"。其时,陈独秀为文科学长,为扫清文学革命的障碍,他将中国文学门中一部分不满于新文学的教员和国史编撰处一部分编撰员合并,组建中国

---

① 详见鲁迅博物馆编:《周作人日记》中册,大象出版社1996年版,第64页。

史学门。陈独秀与朱希祖商议，想请朱希祖到日本考察一两年，了解各大学的史学教育，归国后为史学门主任，对北京大学的史学教育进行改造。其时，朱希祖正任国文研究所所长，兴趣逐渐转移到新文学上，就谢绝了陈独秀的安排，于是北大史学门一直没有主任。1919年8月，北大废门设系，中国史学门改为史学系，康宝忠为主任，不料康先生于11月1日突然病逝，于是在蔡元培力荐之下，12月10日，正在代理北大中文系主任的朱希祖出任史学系主任。直到1931年1月，除去1927年8月至1929年2月，因不满张作霖改组北京大学而改就清华大学教授外，他主持北京大学史学系有十年之久。十年中，朱希祖对北大史学系多有改革。

首先是逐步构建起全新的史学课程体系，将"文学的史学"改为"科学的史学"①。当时，在北大，系主任负责编制《课程指导书》，并公布于《北京大学日刊》。据朱希祖的学生傅振伦回忆，当时北大史学系的课程分为六大系统：

（一）史学的基本科学，如社会学、社会心理学、人类学、人种学、政治学、宪法、经济学之类，盖以历史学为社会科学之一种，故以此等科学为必修科目也。

（二）史学的辅助科学，如目录学、沿革地理、人文地理、地史学、金石学、小学训诂之类，以有助于史学之研究，故定为选修课。

（三）史学史及史学原理，如历史学、中国史学概论、中国史学名著评论、欧美史学史之类，多定为必修课。

（四）中外通史及断代史，如中国通史、上古史、秦汉

---

① 朱希祖：《北京大学史学系过去之略史与将来之希望》，载《国立北京大学三十一周年纪念刊》，1929年。

史、魏晋南北朝史、隋唐五代史、宋辽元金史、明清史、中华民国史、东亚史、日本史、西洋通史、上古史、中古史、近世史、美国史皆为必修课。

（五）专门史，如中国文化史、哲学史、法制史、经济史、文学史、美术史、版本史、西洋文化史、制图学、专题研究之类，皆为选修课。

（六）第一、二外国语，皆为必修课。①

这个课程体系，是把历史学当作社会科学来看待的，它来源于欧美的新史学思想。比如美国新史学学派创始人鲁滨逊在其《新史学》中说："应该将社会科学的结果综合起来，用过去人类的实在生活去实验他们一下。"朱希祖认为这几句话是该书最简要的概括，他说："我读了这几句话，差幸对于北京大学校史学系的课程，改革的尚算不错。"②这个课程体系实施后，"国内公私大学，纷纷仿行。于是中国史学，乃得跻于科学之列，始渐有以史学名于世者"③。

在此课程体系中，史学理论是一项非常重要的内容。朱希祖请何炳松讲授史学方法论，何氏以鲁滨逊的《新史学》为教材，深受学生欢迎，于是他鼓励何氏将此书译成中文，并为之作序。他聘请李大钊为史学系教授，讲授唯物史观研究、史学思想史、史学要论等课程。李大钊之后，又请了陈翰笙、李璜接续讲授此类课程。应

---

① 傅振伦：《先师朱逖先先生行谊》，原载《史学杂志》1945年第11、12期合刊。

② 朱希祖：《〈新史学〉序》，载周文玖编：《朱希祖文存》，上海古籍出版社2006年版，第375页。

③ 傅振伦：《先师朱逖先先生行谊》，原载《史学杂志》1945年第11、12期合刊。

该特别提到的是他的史学史课程。1919年10月,朱希祖开始在北大史学系开设史学史课程,授课讲义为《中国史学概论》,从现有资料看,朱希祖的《中国史学概论》是中国最早的史学史讲义,该课程是中国最早以"史学史"为名的课程。

朱希祖主持北大史学系十年,不分门派,广揽名师,许多名师曾先后云集北大史学系,如陈汉章、王国维、叶瀚、陈垣、陈寅恪、马衡、邓之诚、李大钊、何炳松、陈翰笙、李璜、王桐龄、孔繁燊、李季谷、张星烺、罗家伦、陈衡哲等。为聘名师,朱希祖常常是奔走于各家之门。比如1929年,朱希祖从清华大学重回北大执掌史学系,3月5日先后至陈垣、陈寅恪、陈衡哲、陆懋德家;3月6日先后至孔繁燊、刘崇鋐家,请他们至北大任教。为了请留美女学者陈衡哲来北大教授西洋史,更是大费周章。先是反复沟通,陈衡哲终于答应,但北大教授会却不同意聘其为教授,只能聘为讲师,为此朱希祖甚至提出了辞职,经反复争辩,教授会才同意。①

关于教师队伍建设,还应一提的是派遣留学生赴欧留学。朱希祖虽欲以欧美新史学来改革中国旧史学,但那时真正在欧美学习史学的归国留学生少之又少,朱希祖等对欧美新史学的了解,也多是从日本转手而来,于是想从本系毕业生中选择优秀者赴欧留学。此设想于1920年提出,立即得到蔡元培的同意,但事有多变,直到1922年才落实到位,派出毛准、姚从吾二人至德国留学。姚从吾在德国留学期间,朱希祖多有关心,甚至在经济上给予资助。朱希祖次女朱倓在1928年11月17日日记中记道:

　　至台基厂德华银行代父汇款与德国留学生姚士鳌,

---

① 朱希祖聘各名师入北大史学系之事见《朱希祖日记》上册,中华书局2012年版,第138—143页。

因姚本为北京大学派送,今北大经费无靠,并拟改组北平大学,故姚之留学费从前年起已无,若姚不常作文章得稿费,则今早已断炊矣。父见其有断炊之虞,故去年曾私人汇去二百元帮助之,今又汇一百元以为接济之用云。①

朱倓写此日记时,朱希祖已在清华大学任教,但仍关心着自己派出去的学生。后姚、毛两位回国果在北大任教,日后均为著名史学家。

朱希祖认为历史学,当"以搜集材料、考订史实为基础,以探索历史哲学、指挥人事为归宿"②,所以,在他做北大史学系主任的十年间,他要求学生在入学之初,就立定目标,将来是做一个"历史著作家,抑或历史哲学家","如欲为历史著作家,则于历史文艺,必先从事研究,将来拟特设历史文艺一课,以资实习,庶几著述国史,翻译外史,文理密察,足以行远。如欲为历史哲学家,则不必为专门史之研究,于普通史之外,须从事社会科学及哲学,博习深思,经纬万有,著书立说,指导人类,蔚为史学正宗。"③为此,他提倡学生自主学习,重视培养学生独立研究、独立撰述的能力。他要求学生"各任兴之所好,认定研究一种,不宜多选,盖专精则有创获也。不限年级,盖研究性质无有限期。初入学时固可研究,毕业之后亦可继续研究"④。他还要求学生每三个月必须撰写论文一篇,以为研

---

① 朱元曙、朱乐川编:《朱希祖日记》下册"附朱希祖次女朱倓《仲娴日记》",中华书局2012年版,第1545页。

② 朱希祖:《章太炎先生之史学》,原载《文史杂志》1945年第11、12期合刊。

③ 朱希祖:《北京大学史学系过去之略史与将来之希望》,载《国立北京大学三十一周年纪念刊》,1929年。

④ 《史学系布告》,载《北京大学日刊》1923年12月13日。

究和写作的训练,为此,学生中有人在读书期间就有著作出版。为鼓励学生自主研究,他还积极支持学生成立史学研究会,1922年11月15日,北大学生史学会成立,蔡元培、朱希祖、蒋梦麟、胡适、马衡、叶瀚等教授出席,鼓励学生以"独立自营之精神,磨炼制作深造之才艺"。

整理明清档案

1922年1月,北京大学研究所国学门正式成立,这是中国第一所具有现代意义的学术研究机构,蔡元培以校长身份任研究所所长。本来,这个研究所准备设立国学、外国文学、社会科学、自然科学四门,然而由于1919年"整理国故"的口号获得许多北大教授的响应,因此当分头创办时,国学门进展最快,所以就率先成立了。朱希祖为国学门委员之一。北大研究所国学门的核心阵容是非常豪华的,主任沈兼士,委员有顾孟余、李大钊、马裕藻、朱希祖、胡适、钱玄同、周作人;后来陆续成为委员的还有蒋梦麟、皮宗石、单不庵、马衡、鲁迅、徐旭生、张凤举、刘半农、陈垣、李宗侗、李四光、袁同礼、沈尹默等。国学门下设歌谣研究会、明清史料整理会、考古学会、风俗调查会、方言调查会等学会,朱希祖是明清史料整理会的负责人。

明清史料整理会起初叫作"明清档案整理会",是为整理明清内阁大库档案而设立的。起因是这样的。就在北大研究所国学门成立的1922年,明清内阁大库档案"八千麻袋"事件闹得京城学界沸沸扬扬。北洋政府因经费支绌,将教育部辖下的历史博物馆所藏四分之三的明清内阁档案以4000元售与故纸商,后罗振玉以12000元的价格收买,这就是所谓的"八千麻袋"事件。

消息传出后,朱希祖、沈兼士、马衡、陈垣四人共同商议如何处理剩下的档案。商议的结果是请蔡元培出面,以北大的名义向教育部申请,把历史博物馆剩下的档案拨归北大整理。据专家考证,蔡元培给教育部的报告,就是朱希祖代为起草的。① 参与商议的陈垣,当时正任教育部次长兼代理总长,很快就批准了北大的申请。

5月25日,朱希祖与沈兼士、马衡三人前往历史博物馆办理相关事宜。6月17日,朱希祖和沈兼士、马衡、单不庵、杨栋林及研究所国学门同人将历史博物馆所藏明清档案运回北大,共计61木箱1502袋。随后,国学门与史学系、国文系的教职员组成明清档案整理会,由朱希祖负责。由于档案数量实在太多,到1922年11月,朱希祖提议史学系学生加入整理工作,作为实习功课,每人一周认定二至四小时,在档案整理会的教授和国学门助教指导下从事整理,由此大大加快了整理进度。到1924年,由于形式上的分类编号工作告一段落,明清档案整理会同人议决,今后重点放在内容的整理及出版上,将明清档案整理会更名为"明清史料整理会",陈垣任主席。

据当时参加整理的傅振伦回忆:

> 初设明清档案整理会,后改明清史料整理会,即由朱(希祖)、陈(垣)两师指导史学系同学工作。整理方法皆四位师长(指朱、陈、沈、马)所定,其办法分为三步:首为形式之分类,并区别年代;次则编号,摘由;再次则研究考证,分类统计。整理就绪者,则置诸陈列室展览,并于北

---

① 详见王爱卫:《朱希祖史学研究》,中华书局2018年版,第80—86页。

大日刊公布其事由。①

此次整理,在朱希祖与陈垣的主持下,在多位专家的指导下,其成果硕然。首先是将这批凌乱的档案分类,共两大类(要件、报销册)54小类,分别存放。其次是及时公布,为史学研究提供便利,从1922年7月22日至9月16日,就先后公布了七批整理结果。再次是出版了《明清史料学会要件陈列室目录》《清九朝京省报销册目录》《嘉庆三年太上皇帝起居注》《顺治元年内外官署奏疏》,后二者朱希祖为之作序。

在北京大学抢救和整理明清内阁档案的过程中,朱希祖等人制定的档案整理三步法,后来成为其他学术机构整理档案的准绳,如故宫博物院文献馆整理清宫之档案、历史语言研究所整理明清之档案,皆用此法。朱希祖亦为故宫博物院文献馆导师、历史语言研究所明清编刊委员会委员。

女师大风潮

在新文化运动以及后来的整理国故工作中,朱希祖等留日的章门弟子与胡适等从英美留学归来的学者之间,虽时有学理、观念、门派等多方面的矛盾,但总的来说相处得还不错,但在1925年爆发的女师大风潮以及后来的一系列事件上,他们针锋相对,由学术上的分歧变为政治分歧。

1925年5月7日,北京女子师范大学召开"国耻纪念会",校长杨荫榆与学生发生了激烈的冲突,两天后校方宣布开除刘和珍、

---

① 傅振伦:《先师朱逖先生行谊》,原载《史学杂志》1945年第11、12期合刊。

许广平等六人学籍。11日,女师大学生召开紧急大会,决定驱逐校长杨荫榆。27日,在女师大兼职的鲁迅、马裕藻、钱玄同、沈兼士、周作人、沈尹默、李泰棻联名在《京报》上发表《关于北京女子师范大学风潮的宣言》,表示坚决支持学生。朱希祖虽未参加署名,但坚定地站在鲁迅、马裕藻等人一边。

8月中旬,教育总长章士钊下令停办女师大,另办女子大学,派警员强行接收,并雇乞丐流氓闯入学校大打出手,驱赶学生离校。此举在全国引起强烈反响,北京、上海的学生组织纷纷函电支持女师大师生的斗争。北大教授评议会于18日开会,会议以七比六通过"以本会名义宣布不承认章士钊为教育总长,拒绝接受章士钊签署之教育部档"的决议,朱希祖投了赞成票。这就是有名的"北大脱离教育部案"。

这项决定受到胡适等人的抗议,19日,他们致书评议会,反对北大"日日走入一般学潮与政潮之旋涡中"。21日,胡适等17人发表《为北大脱离教育部关系事致本校同事公函》,再次对北大脱离教育部的决议表示反对。在公函中,他们认为北大应该脱离一般的政潮学潮,努力问学,评议会应该谋求学校内部的改革,不当轻易干预职权外的事业。争锋相对,26日,朱希祖与李石曾、马裕藻、沈尹默、沈兼士、周作人、马衡等17人发表《为反对章士钊事致本校同事的公函》,认为反对"无耻政客"为教育总长,事属可行;章士钊摧残教育,提倡复古,仇视新文学新思想,"当然更应反抗",以回应胡适等人的公函。同日,朱希祖再与李石曾、马裕藻、沈尹默、沈兼士、鲁迅、周作人、钱玄同、刘文典等42人,发表《反对章士钊的宣言》,认为章士钊"思想陈腐,行为卑鄙",对待女师大风潮,"不用公允的办法",竟用武装警员强迫解散的高压手段,以此来正面回应胡适等人的质疑。双方针锋相对,各不相让。8月31日,校长蒋梦麟再次召开评议会,议决继续执行评议会本月18日的议案,即"北大与教育部脱离关系"的决定。① 当然,所谓"脱离关系"也就是表明一下态度。

其实,就胡适这一派来看,他们也反对章士钊,这在他们的公函中说得明明白白,他们说:"我们对于章士钊氏的许多守旧的主张是根本反对的,他的反对国语文学,他的反对新思潮,都可以证明他在今日社会里是一个开倒车走回头路的人,他在总长任内的许多浮夸的政策与轻躁的行为,我们也认为应该反对。"②但他们更主张学术独立,教育独立,反对卷入到政治风潮中去,反对被党派利用。而他们的对立面,即鲁迅、朱希祖、马裕藻等章门弟子以及李石曾、朱家骅等人,从表面看是支持学生、反对章士钊的,但实际上是把它当作一场与南方革命政府相呼应的反对北洋政府的政治运动,他们中不少人原本就是反对北洋政府并且与南方政府有一定联系的。如朱希祖,就曾与李大钊一道拜谒过孙中山,他在日记中曾说:

> 第二次见中山先生在上海,时民国十二年(1923),余偕李守常大钊先生入谒,握手略谈北方事。③

这中间当然也夹杂着学派之间的暗斗,一方是以胡适为首的英美派学者,人称"东吉祥派之正人君子",因为他们其中不少人住在北京东吉祥胡同;一方是以朱希祖、马裕藻、鲁迅等人为代表的章门弟子,人称"某籍某系",因为他们大多是浙江籍而在北大中文

---

① 以上资料详见王学珍、郭建荣主编:《北京大学史料》第2卷,北京大学出版社2000年版,第7—12页。

② 胡适等17人《为北大脱离教育部关系事致本校同事公函》,载《北京大学日刊》1925年8月29日。

③ 朱元曙、朱乐川编:《朱希祖日记》上册,中华书局2012年版,第150页。

系教书。这也为日后门派之争留下了伏笔。

此事一年后,1926年8月,鲁迅南下,许广平等三位女生为其饯行,邀朱希祖、许寿裳、沈士远、沈尹默、徐旭生作陪,这可都是一年前支持过她们的老师。鲁迅1926年8月13日日记载:

> 十三日,晴。上午赴女子师范大学送别会。午赴吕、许、陆三位小姐们午餐之招。同坐有徐旭生、朱逷先、沈士远、尹默、许季市。①

暂离北大

1926年12月,张作霖以黄土铺地的仪式进入北京。第二年8月,派刘哲改组北大,改北大为"京师大学校",原先在北大的章门弟子大都离开,朱希祖也于这年秋天改就清华大学(那时还叫清华学校),任史学系教授。

其实在这年的5月,广州中山大学朱家骅、傅斯年二人就曾致信李石曾、吴稚晖,想把北大的一批名教授请到广州来,以免遭张作霖的迫害,并于7月电聘朱希祖等人赴中山大学任教。鲁迅在1927年7月17日致章廷谦的信中说:

> 广大电聘三沈二马陈朱,皆不至。②

所谓"三沈"指沈士远、沈尹默、沈兼士,"二马"指马裕藻、马衡,"陈"指陈大齐,"朱"指朱希祖。朱希祖没有响应广州方面的好意,其原因他在给张元济的信中说得十分明白:

---

① 《鲁迅日记》,《鲁迅全集》第14卷,人民文学出版社1981年版,第574页。
② 《两地书·书信》,《鲁迅全集》第11卷,人民文学出版社1981年版,第557页。

北京生计日艰,本拟南旋,广州、杭州、南京各有同事来招。弟雅不欲入政局,以学校而论,此时人皆趋南,鄙意时局未定,无论南北皆非振兴教育之时,故亦不愿弃书籍丛萃之区而他适,日惟闭户阅史,以消永日,暇仍从事搜辑散佚以自娱而已。①

朱希祖就这样到了清华,在文、史两系开设中国文学史、历史研究法、中国近代史、中国史学史等课程,同时还兼辅仁大学、师范大学的课务。

朱希祖到清华任教,与陈寅恪成了同事。朱希祖长陈寅恪十一岁,他第一次知道陈寅恪大概是在 1920 年,那时陈寅恪还在美国哈佛大学留学,遇到经济困难,欲向北大借款一千元,待回国后到北大服务从薪水中扣还。其时朱希祖正担任北大教授评议会评议员,这年 4 月 30 日的北大评议会例会,议决通过了陈寅恪的请求。陈寅恪再次引起朱希祖的注意是在 1924 年。上文提到 1922 年,朱希祖派遣姚从吾、毛准赴德国留学,到了 1924 年,因生活费用提高,姚、毛二位申请增加钱款,评议会开会同意,但要求二位按期向朱希祖报告学习情况。这年 3 月 12 日,姚从吾向朱希祖提交学习报告,其中有一段介绍了陈寅恪的学问和学习情况。朱希祖收此信后,将其登载在《北京大学日刊》上,这是国内最早介绍陈寅恪的重要文章之一。陈寅恪回国后,在清华任教,北京大学研究所国学门也很快聘其为导师,于是朱、陈二位开始有了直接的学术交往。朱希祖至清华任教后,这种交往就更加多了起来。他们往来谈天、学术交流,这些在朱希祖的日记以及女儿朱倓的日记中时有记录。

---

① 朱元曙编:《朱希祖书信集·郦亭诗稿》,中华书局 2012 年版,第 109 页。

陈寅恪对少数民族史有深入的研究，所收资料也为常人所不能及，恰好朱希祖对此也有研究和兴趣，两人自然交往多了起来。朱希祖藏有从坊间购得的一批蒙古和林（蒙古帝国的首都）金石文字资料，而陈寅恪恰好也藏有与此有关的一大册碑文和地图，于是朱希祖就借来与自己收藏的资料相校对。朱希祖次女朱倓1928年2月20日日记中有段记录很有意思：

> 伟弟与家君画元时和林地图，此图样本系由清华研究院陈应曲先生处借来，图之字以俄文标注，唯说明用德文，故伟弟能也。①

"伟弟"为朱希祖长子朱偰乳名，"陈应曲"就是陈寅恪。朱希祖一家在家说海盐话，朱倓按音而写，故有此误，这也说明那时陈寅恪的大名还不是像后来那样家喻户晓。朱倓日记中还有一段也有趣：

> 下午与父校和林金石文字，有一大册碑文及地图，为清华教员陈应恪（名字依然写错了）先生所有，中专载和林之古迹及碑帖，故父借之，与已印出之和林金石相校。但碑文模糊不清，不易看出。灯下仍校和林金石。②

1928年11月，朱希祖出任故宫博物院审查《清史稿》委员会主任，在审查过程中，与陈寅恪也多有商讨，陈寅恪还专门给朱希祖写了一封信，对《清史稿》中有关错误做了纠正和说明。

朱希祖在清华与校长罗家伦的关系也应该说一说。罗家伦是

---

① 朱元曙、朱乐川编：《朱希祖日记》下册"附朱希祖次女朱倓《仲娴日记》"，中华书局2012年版，第1446页。

② 朱元曙、朱乐川编：《朱希祖日记》下册"附朱希祖次女朱倓《仲娴日记》"，中华书局2012年版，第1489页。

朱希祖的学生,1920年毕业于北大后,先后在美国、英国、德国、法国等地游学,1926年回国,参加北伐,任国民革命军总司令部参议、编辑委员会委员长等职。1928年,任北伐军总司令部政务委员会教育处处长,少将军衔,6月初随北伐军进入北京,负责北京各高校接收事宜。8月,罗被任命为清华校长,9月18日到任。到任后,罗家伦对清华进行了大刀阔斧的改革,欲任命朱希祖为史学系主任,朱希祖因准备回北大而推辞,并请罗自任史学系主任。对此,朱倓在其9月28日日记中有如下记录:

> 父至清华学校访罗家伦先生,罗今为该校校长,办事十分认真。将清华腐化教员辞换十余人,不讲情面,亦不任用私人。父与其谈论,知国文系辞退三人,朱二阿哥亦在被裁之列。另聘请钱玄同、刘叔雅、单不庵、俞平伯诸先生,盖此数人者,皆稍有名望也。父被任为历史系主任,后经父推辞请其自任之,罗已首允。①

罗家伦任校长兼史学系主任后,与朱希祖等30人共同发起成立了"边疆问题研究会",该研究会针对鸦片战争以来,我国遭列强虎视、国土沦丧的史实,欲"切实研究边地之地理形势、社会状况、天产富源、外人势力、政治现象以及其他有关之各种重要问题,期得确切之知识及妥善之挽救办法"(《边疆研究会缘起》)。朱希祖为该会主席,并腾出自己的办公室作为该会会所。该会先后请过蒙藏委员会张继、西北考察团中方团长徐旭生、中国地学会会长张星烺、前清驻藏大臣张荫麟以及西北考察团外方团长斯文·赫定等来校讲演,还做出计划,筹出款项,拟派人赴东北做实地调查。

---

① 朱元曙、朱乐川编:《朱希祖日记》下册"附朱希祖次女朱倓《仲娴日记》",中华书局2012年版,第1527页。

该会还从地质调查所、清华图书馆等处借来大量书籍,存放在会所中供会员随时阅读研究。会员们也写出了不少有质量的论文,发表在《清华周刊》上,朱希祖1929年1月8日日记云:"本日,《清华周刊》已出《边疆研究》号一册,中有杰作甚多。"①

也许是受边疆问题研究会的启发,1928年冬,朱希祖感到史学要发展,要想承担起改良社会的重担,就必须"打破孤独讲学的旧习","打破专靠学校来讲习史学的旧习","打破史学为政治的附属品,使之成为社会的独立事业"。② 于是他想在北平组织一史学会,集合北平各高校史学系师生共同研究,并聘请国内外史学专家做指导员,出版史学研究杂志。他邀请了中国地学会、北京大学、清华大学、师范大学、燕京大学的热心人士,于12月30日在自己家中开了一个筹备会,出席的有中国地学会张星烺,北京大学戴匡平,清华大学罗家伦、张大东,师范大学朱元铭、吕鹏龄,燕京大学徐□清、韩叔信。大家约定于1929年1月13日借师范大学礼堂召开成立大会。这之后几天,朱希祖又先后走访辅仁大学、女子师范大学两所学校的史学系,邀请他们集体加入史学会。他还先后联络了几位名教授如叶瀚等人,请他们加入发起。这期间,朱希祖起草了《发起中国史学会的动机和希望》,和罗家伦、张星烺共同起草了《中国史学会简章》。③

1月13日,中国史学会正式成立,当选为委员的有朱希祖、陈垣、罗家伦、钱玄同、王桐龄、张星烺、沈兼士、陈衡哲、马衡,候补委

---

① 朱元曙、朱乐川编:《朱希祖日记》上册,中华书局2012年版,第120页。
② 朱希祖:《发起中国史学会的动机与希望》,原载《清华周刊》第30卷第11期,1929年。
③ 以上资料详见《朱希祖日记》以及该书所附《仲娴日记》1928年底至1929年初的相关内容。

员有陶孟和、袁同礼、萧一山、刘崇鋐、翁文灏。朱希祖当日日记云：

> 午后一时至师范大学开中国史学会成立大会。到会者有北京大学、清华大学、师范大学、燕京大学、辅仁大学、女子师范大学六校教授学生共九十四人。三时开会，群推余为主席。报告筹备情形，讨论通过简章。时为时已晚，城外来者有十余人退席。共七十六人投票，余得七十四票，陈垣六十票，罗家伦四十九票，钱玄同四十三票，王桐龄四十一票，张星烺三十九票，沈兼士三十三票，陈衡哲三十一票，马衡三十票当选。候补者陶孟和、袁同礼、萧一山、刘崇鋐、翁文灏。时已上灯，疲乏已极，急回家。①

第二天，1月14日，委员们开会互选，朱希祖当选为中国史学会主席。这是中国第一个由多所大学组织成立的史学会，也是日后全国性的史学会的先声。

重返北大

朱希祖离开北大，是因为反对张作霖改组北大，张作霖垮台后，北伐军进入北京，北京大学恢复。朱希祖当然思回北大，实际上他也一直参与着北京大学的复校工作，而且是中坚力量。

北伐军是1928年6月8日进入北京的，就在当天，朱希祖与北大旧教员共商北大恢复问题②，6月9、10两日，连续出席由北大

---

① 朱元曙、朱乐川编：《朱希祖日记》上册，中华书局2012年版，第122页。
② 详见《朱希祖日记》下册"附朱希祖次女朱倓《仲娴日记》"，中华书局2012年版，第1488页。

教务长陈大齐(曾任北大代理校长)召开的原北京大学评议会评议员及各学系、科、部、研究所主任会议,会议决定6月11日上午接收北京大学全部机构,朱希祖与马裕藻、杨震文、陈大齐四人负责接收北大一院。① 6月11日上午,朱希祖等四人会同学生代表接收北大一院。朱希祖次女朱倓是日日记云:

> 今日上午九时许,北大旧代理校长陈大齐及各系主任、评议员等集合,与学生共同至北大一、二、三院接收。北大开设以来将卅年矣,忽去年至今上半年中断,改名为京大,实为可叹。今已恢复旧名,甚为荣幸,可为北大贺。②

7月10日,北京大学举行北伐胜利庆祝大会,朱希祖代表北大教职员致庆祝词,庆祝词全文登载于7月11日的《世界日报》上,出席这次庆祝大会的军政要员有吴稚晖、李宗仁、罗家伦、蒋作宾、白崇禧等。

当时,国民政府决定实行大学区制,北平(1928年6月20日,国民政府决定北京更名为北平)国立九所高校合并为北平大学,这无形中取消了北京大学的名称,此举受到北京大学师生一致反对。新任命的北平大学校长为李石曾,然李迟迟不到任,学校一时无法开学,甚至连招生都无法进行。秋季开学后,朱希祖只好仍在清华大学任教。

北平九所高校开学遥遥无期,为维持学生功课,北大的学生找

---

① 王学珍、郭建荣主编:《北京大学史料》第2卷,北京大学出版社2000年版,第19页。

② 朱元曙、朱乐川编:《朱希祖日记》下册"附朱希祖次女朱倓《仲娴日记》",中华书局2012年版,第1489页。

到陈大齐,想请他召集旧教员先行上课,10月3日,陈大齐至朱希祖家商谈此事。然而就在此时,陈大齐被任命为国民政府考试院秘书长,赴南京就职,于是北京大学陷入无人主事的境地,开学更是遥遥无期。11月7日,北平大学副校长李书华访朱希祖,请他对如何办北平大学陈述意见。① 直至1929年2月,北大还未开学,为解决此事,南京国民政府任命蔡元培为校长,陈大齐为代理校长。陈大齐返回北平,北大复学之事重新启动。2月26日,陈大齐正式邀请朱希祖返回北大,并代为规划史学系工作。②

此后,朱希祖为聘请教员,开始四处奔走,先后至陈垣、陈寅恪、陈衡哲、陆懋德、孔繁燨、刘崇鋐等先生寓所,请他们至北大任教。3月1日,朱希祖访罗家伦,请将自己的清华史学系教授改为兼任讲师,准备正式返回北大。3月11日,停课达九个月之久的北京大学正式开学,是日下午,朱希祖至北大授课。3月15日,朱希祖被选为北京大学史学系主任。3月19日,清华大学聘朱希祖为兼任教授。

告别北大

1929年,朱希祖在学术界声望日隆。在北大内部,他除了任史学系主任以外,还任北大评议会评议员、北大研究所国学门委员、《国学季刊》编委会主任。在校外,受中央研究院院长蔡元培聘,任中央研究院历史语言研究所特约研究员、中央研究院历史博

---

① 详见朱元曙、朱乐川编:《朱希祖日记》下册"附朱希祖次女朱倓《仲娴日记》",中华书局2012年版,第1541页。

② 朱元曙、朱乐川编:《朱希祖日记》上册,中华书局2012年版,第136页。

物馆筹备委员会常务委员长、中央研究院历史语言研究所明清内阁大库档案编刊会编刊委员。在故宫博物院,他被推举为审查《清史稿》委员会主任,被聘为文献馆专门委员、图书馆专门委员。他还被国立北平研究院史学研究会聘为会员。而且,家庭也十分顺遂,8月,长子偰赴德国留学,入柏林大学攻读经济学博士学位;9月,次女倓考入北京大学研究所国学门;三子侨考入北京大学预科二年级;二子侃,已在辅仁大学就读;四子偯还只14岁,正在读初中。

但也就在这一年及下一年,他连续遭遇人生滑铁卢。

1929年7月31日,《河北民国日报》登载北大学生会暑期委员会7月30日会议十项决议,其中第三项为:"朱、马二教授,把持校务,黑幕重重,除由本会直接警告外,请学校当局严加取缔。"朱即朱希祖,马即马裕藻,章门弟子中两位在北大资格最老的教授。两位随即向代理校长陈大齐提交辞职函。随后是陈代校长致函慰留,接着蔡元培校长致函慰留,于是朱、马二位复职。

对于这次事件,时为北大史学系的学生谢兴尧回忆说:

> 中间还有"朱马"并称的事,这完全与北大的校风有关。因为自蔡元培校长以来,便实行民主主义,绝对公开。校政方面有由重要教授组织的"评议会"决定一切。学生方面则有学生会,可以向学校当局建议。譬如说:有位先生,学校方面不愿请他,而学生慕其虚名,非请他不可,若两方都坚持,则总有一方让步,校方大半以拖延为手段。自民十六(1927)革军北伐,学界风潮尤为澎湃,新留学回来的,谁都懂得政治手腕,于是设法煽动学生中的有力分子,以群众为后盾,向学校说话,名为请求,实即要挟。这中间凡信仰、同乡,各种关系都有,只要讯闻上所

列的那些谊,都用得上。又以主义与党谊的作用,最为激烈,为什么都讲究抓住大众思想和心理呢?我还记得,似乎有位研究农村经济的新人物,也曾在北大教过书,这时忽又想回北大作教授,学校当局大概是恐怕他戴的红帽子,将来惹起麻烦。没想到这位先生便以学生为斗争工具,来个"霸王硬上弓",说朱希祖(史学系主任)、马裕藻二人把持校政,不肯聘请新人。中间也曾贴标语,闹风潮,末了这位先生还是进来了。不过风言风语的总说朱马是思想陈旧,老朽昏庸,这正是当时的新鲜词儿,同时便是载在党章下的不赦罪名。后来大胡子(朱)之离开北大,或于此不无关系,一个大时代下,这种现象,本来毫不足异也。①

过了一年半,1930年12月4日,国民政府发布命令,蒋梦麟任北京大学校长。未到任前仍由陈大齐为代理校长。12月7日,北大出现学生匿名传单《北京大学史学系全体学生驱逐主任朱希祖宣言》,共列朱希祖三大罪状:(1)朱希祖不学无术,对于外国语一无所知,关于研究史学的新方法,及史学的发展趋势更谈不上,所以不配干史学系主任。(2)擅变李大钊、陈瀚笙等人在校时所厘定的"非常完善"之课程。(3)嫉贤妒能排挤教授。学生们并于同日致函朱希祖,迫其辞职。

12月8日,朱希祖致函代校长陈大齐,坚请辞职。同日作《辩驳〈北京大学史学系全体学生驱逐主任朱希祖宣言〉》,登载在第二日的《北京大学日刊》上,对学生匿名传单中所列条款逐一反驳。对于第一款"不学无术"云云,朱希祖做了简单的解释。对于第二

---

① 谢兴尧:《红楼一角》,载《子曰丛刊》第2辑,1948年6月。

款擅变李大钊、陈瀚笙等人在校时所厘定的"非常完善"之课程,朱希祖辩驳道:

> 余自十年前初担任史学系主任,因读德国史学家朗泊雷希脱所作《历史学》(日本文译本),始提倡以社会科学通史学,特编制此课程,旧时史学系课程指导书可覆案也。其时李守常、陈瀚笙诸先生尚未来北大史学系为教授,盖各系课程均由主任编制,提出教授会通过,"非常完善"尚系过誉。因现代各国教授史学,半主自动,而不全主他动,自动须由自己研究参考,他动专重讲授灌注。前项课程即不免偏于他动,全赖灌注,故有今年之改革。而作该项宣言书者,既不知其弊之所在,而心目中所最崇拜者仅有李守常、陈瀚笙,故不觉归美于二人。①

对于第三款嫉贤妒能排挤教授,对学生所提到的陈汉章、何炳松、杨栋林、徐曦、陈垣、顾颉刚、陈寅恪、蒋廷黻、陈瀚笙等人,朱希祖在文中将如何请他们来,他们又因何而去的来龙去脉一一说清。最后说:

> 上列好教授,余如欲排除于后,何弗不请于前,既能请到此等好教授,可见本无嫉妒之心。然而数年来风流云散者,或为环境所限,或有特殊缘由,历史具在,可由校中旧教授、讲师及毕业同学、四年级同学可以质证,惟陈汉章、顾颉刚两先生之不来,其过实在学生,而不在余矣!②

就在写完此《辩驳》的当天或第二天,朱希祖访中研院史语所

---

① 引自《北京大学日刊》1930年12月9日。
② 引自《北京大学日刊》1930年12月9日。

所长、昔日学生傅斯年,希望能将自己在史语所所任之特约研究员转为专任研究员。傅斯年提出改为专任研究员的前提条件是辞去北京大学的一切职务以及在北京各大学的一切兼职,朱希祖允诺一切辞去,并希望傅斯年尽快办理。①

12月10日,代校长陈大齐来函慰留;12月11日,朱希祖再次致函代校长陈大齐,坚请辞职。12月23日,北大新校长蒋梦麟到任,代校长陈大齐回南京复任考试院秘书长。1931年1月,北大校长蒋梦麟同意朱希祖辞职。于是,朱希祖离开了他工作了18年的北京大学,转任中央研究院历史语言研究所专任研究员。

2月10日,北大史学系全体学生致函朱希祖,对"驱逐事件"深表歉意。2月12日,朱希祖复函史学系学生,表示接受道歉。2月18日,北大发布《校长布告》,对史学系学生加以训诫。布告云:

> 查此次史学系主任事件,该系学生举动逾轨,违背校章;本应严加儆戒,以肃校风,姑念该系学生随即省悟,自承尤悔。免予处分。仍望该生等励志力学,蓄德敬师,以期培养本校固有学风,是为至要,此布。
>
> 二十年(1931)二月十七日②

朱希祖辞职后,北大史学系主任由傅斯年代理,后由傅斯年推荐留美学者陈受颐担任。

朱希祖离开北大后,专任中研院史语所研究员,准备完成编纂《南明史》的计划,但因种种原因,不久又被迫离开了史语所,南下广州,辗转南京。

1934年,朱希祖在南京中央大学任史学系主任,遇到同被排

---

① 见台北"中研院"傅斯年图书馆藏傅斯年信札。
② 引自《北京大学日刊》1931年2月18日。

挤出北大的林公铎（损），大发感慨：

> 忆民国六年夏秋之际，蔡孑民长校，余等在教员休息室戏谈，余与陈独秀为老兔，胡适之、刘叔雅、林公铎、刘半农为小兔，盖余与独秀皆大胡等十二岁，均卯年生也。今独秀被捕下狱，半农新逝，叔雅出至清华大学，余出至中山及中央大学，公铎又新被排斥至中央大学，独适之则握北京大学文科全权矣。故人星散，不无感慨系之。①

原北大教授、时任中央大学教授吴梅也在日记里说道：

> 往访林公铎，同往刘三处长谈……席间所谈，皆北大近日事。方知朱逖先之南来，受傅斯年之绐；许守白之解约，出胡适之之意，而朱与许皆未知也。②

"绐"者，欺哄也。与傅斯年有过密切接触的北师大教授何兹全对当年朱希祖离开北大之事曾亲口说过："我当时很年轻，具体情况也不清楚，但有一次傅先生与我聊天时曾经说起这事，说他鼓动学生赶走了朱希祖，陈受颐当史学系主任也是他推荐的，并夸陈受颐学问好。傅先生谈起这件事时很得意。"③

1938年8月7日，朱希祖才第一次在日记中说出心中的愤恨：

> 大儿新作《后九迁记》一篇，余读之颇感慨。盖前在北平草场大坑购屋三十余间，以为可以一劳永逸，永不再迁，故当时撰《九迁记》一篇。盖余自海盐上水村迁居海

---

① 朱元曙、朱乐川编：《朱希祖日记》上册，中华书局2012年版，第414—415页。

② 《吴梅全集·日记卷》（上），河北教育出版社2002年版，第509页。

③ 周文玖：《朱希祖与中国现代史学体系的建立——以他与北京大学史学系的关系为考察中心》，载《烟台师范学院学报（社会科学版）》2006年第1期。

盐、杭州、嘉兴以至北平,至购屋时已九迁也。不料自民国十九、二十两年遭傅斯年逢蒙之祸,北京大学及中央研究院两被夺位,二十一年夏不得已出居广州,播迁失所,迄今又遇国难,奔走蜀道,几又将九迁矣。余老而益奋,不稍介意,然读此记亦不能无动于衷也。书籍既分散于南北,饥躯又偏走于东西,著作不能着手,皆蒙此影响也。摧毁学术是谁之过欤?既欲窃据学者高位,又欲奔走势利之门,而为政客妒才嫉能,将终为小人而已矣。①

这种门派之争,有时是很下作的。1932 年,朱希祖长子朱偰获德国柏林大学经济学哲学博士回国,想投身北大,结果北大故意刁难,他只好南下,受南京中央大学之聘,为经济系教授。②

出居广州

1932 年 9 月,广州中山大学校长邹鲁电聘朱希祖为史学系主任及教授,朱希祖于 10 月 3 日自北平南下,家人、亲戚以及好友、学生等至车站送行。之前,10 月 1 日,在北平的章门弟子,钱玄同、吴承仕、马裕藻、周作人、马竞荃为朱希祖饯行;行前,陈垣来寓话别。

朱希祖取道南京、上海,乘海轮于 10 月 15 日到达广州,暂住西濠酒店。一到广州,第一件事就是剃去他那部标志性的大胡子,并且写了一首诗,表现出他当时的心境:

---

① 朱元曙、朱乐川编:《朱希祖日记》中册,中华书局 2012 年版,第 911 页。
② 见朱偰回忆录,未刊——笔者注。

薙须(并序)

中华建国之三年,余年三十有六,时为北京大学教授。其年一月一日,与沈衡山钧儒约同留须,其后皆连鬓大胡,颇有美髯之目。五十岁后,发未斑而须全白,人多以老朽目之,颇露藐视之意,时染须冀弥其憾。今年秋应广州中山大学教授之聘,入广州境,未见有留须者,因虞此邦贱老之意尤甚,且天气炎热,染须不宜,乃决计薙须,赋诗纪事。时二十一年十月十五日,其地则广州西濠酒店也。

才过中年须已白,尚存壮气发尤乌。

人嗤朽腐真无奈,我未颓唐岂服辜。

别尔衰容羞卖老,返余旧面且崔枯。

不辞辣手施删薙,甘载还须再迓渠。①

是日上午,邹校长派秘书及教务主任来接。到校后,方知学校因开课已久,史学系主任一职已另聘朱谦之担任,虽心中不悦,倒也觉得可以理解。不过当天,校长邹鲁就聘朱希祖为《广东通志》编纂委员会委员;过两天又专门在前校长戴季陶、朱家骅的住所内辟出一室供其居住;10月22日,又聘他为文学院专刊编委会副主任,可见邹校长对朱希祖的优礼。

当天,系主任朱谦之前来接洽课务,决定开设中国史学概论、元明史、《史通》研究三门课程。晚上,史学系主任及教授们设宴为朱希祖接风,餐后同逛登云阁旧书店。

朱希祖是孤身来广州的,虽然校长对他优礼,同事对他热心,但对着陌生的环境,听不懂的粤语,他还是很不适应的,尤其是一

---

① 朱元曙编:《朱希祖书信集·郦亭诗稿》,中华书局2012年版,第343页。

人独处时,更感到孤独。当时,他一家分在三地,他在广州,长子在南京,夫人带着次女及二、三、四子在北平。他晚上看看带来的家人的照片,聊解思念之愁;"展图寻旧影,援笔写新词"①,写几句诗,以抒心中的感慨。他在11月27日的日记中说:"天骤寒,身体略受寒,回寓略睡。晚餐后体有微热,即睡,是夜甚不舒适。久不作梦,天微明,朦胧梦见家人。"②12月初,又得疟疾,且病势较重,只得接夫人来广州。12月13日,夫人张维和次女朱倓到达广州,一家三口于圭冈三马路20号3楼赁屋居住,朱希祖才算过上了比较安定的生活。

中山大学原有语言历史研究所,为傅斯年创办,在学界颇有名声。中央研究院成立后,该所更名为"历史语言研究所",成为中央研究院的下属机关随傅斯年迁北平,而留在中山大学的部分则更名为"文史学研究所"。邹校长想趁朱希祖来校任教的机会,将文史学研究所发扬光大重振雄风,于是在朱希祖到校后一个月,11月19日聘朱希祖为文史学研究所主任,不过一般人,包括朱希祖自己都简称该所为"文史研究所"。

朱希祖在文史研究所所务繁多。接任后,首先是创办《国立中山大学文史学研究所月刊》。该刊每期五万字左右,并设一学术消息专栏,推介本所、本校所出刊物的重要内容。该刊文章质量较高,作者大多为一时之选,如第1卷第1期,作者就有朱希祖、温廷敬、吴康、朱谦之、罗香林等。该刊的两位编辑当时还是青年,一位是罗香林、一位是梁嘉彬,后来都成为著名的史学家,罗香林还成了朱希祖的女婿。其次是恢复《民俗周刊》。中山大学的《民俗周

---

① 朱元曙编:《朱希祖书信集·郦亭诗稿》,中华书局2012年版,第345页。
② 朱元曙、朱乐川编:《朱希祖日记》上册,中华书局2012年版,第180页。

刊》创刊于1928年,在学界较有名声。该刊是在顾颉刚的指导下办起来的,钟敬文、容肇祖先后任主编,1930年因故停刊,主编容肇祖也离开了中山大学。1932年秋,容肇祖重回中山大学。1933年1月14日,容肇祖来与朱希祖谈文史研究所事,表示仍愿负责民俗学会的工作,朱希祖当天上午就找到文学院院长吴康,转述容肇祖的意思,两人决定恢复《民俗周刊》,仍以容肇祖为主编,1月18日,此决定得到校长邹鲁的批准。3月,《民俗周刊》出版恢复后的第一期,其编号接续以前之顺序,为第111期,朱希祖写了《恢复〈民俗周刊〉发刊词》一文。再次是组建和恢复各学会,如聘请朱谦之担任文史研究所史学会主席,筹办《史学季刊》;聘请容肇祖担任民俗学会主席等。

朱希祖于文史研究所,或说于中山大学,做的最有意义的一件事,是开创了中山大学研究生教育的先河。1933年2月5日,朱希祖首次向文学院院长吴康提出招收研究生的建议。2月6日,撰《文史研究所招考研究生计划书》。该计划与当时北平各大学研究院及研究所的类似方案有几点不同:一是培养年限为三年,且规定了每学年的具体学习任务;二是研究题目范围较广,且由所里指定;三是研究生津贴为毫银80元,这相当于一个助教的月薪,当时北京大学是没有津贴的,清华的津贴是30元。① 学校批准了这个方案,登报招生。8月30、31两日考试,分广州、北平两个考点,北平考点由朱希祖负责,安排在北京大学,由朱希祖会同北大史学系主任陈受颐、教授毛准共同监考。此次招考,最后录取五人:陈国治、葛启阳、潘蒋、朱杰勤、曾了若。此五人后来均有建树,其中朱杰勤深研

---

① 详见《本所招研究生纪略》,载《国立中山大学文史学研究所月刊》第2卷第1期,1933年10月。

中外关系史,成为我国此方面屈指可数的专家之一。

在中山大学,朱希祖除了课务和所务之外,还有《广东通志》编纂委员会的工作要做。民国建立后,广东设通志馆,并先后两次编纂《广东通志》。第一次编纂在1916年,由朱庆澜、梁鼎芬主持;第二次编纂从1931年至1935年,起初由广东通志馆负责,温廷敬为总纂。1932年广东省政府决定《广东通志》归中山大学纂修,通志馆附设于中山大学内,邹鲁校长兼任馆长。朱希祖到达广州的当天,就被邹校长聘为《广东通志》编纂委员会委员,负责起草体例、条例及目录,这就是后来收入《史馆论议》中的《新修〈广东通志〉略例》《新修〈广东通志〉总目》《新修〈广东通志总目〉说明书》,这三篇文字,后来成为编纂《广东通志》的准绳。除此外,他还亲自撰写了《广东东林党列传》,以为《广东通志》之参考。

朱希祖是研究南明史的权威,而广州又是南明政权的重要活动中心之一,他愿意到广州任教,原因之一就是想实地考察,并搜集南明史料。朱希祖搜集的南明史料颇多,质量也高,陈寅恪说:"朱先生……十余年所搜集之此项史料在国内亦无有出其右者。"①朱希祖在1931年写的《编纂南明史计划》中说:

> 希祖二十年来,搜访南明史料约二百数十种,南明诗文集约百五六十种,笔记杂著约数十种,其间颇有旧钞珍本海内稀有者……希祖拟亲至浙江之湖州、宁波,福建之厦门、台湾,以及广州、云南旅行一次,以从事采访。盖此

---

① 详见《历史语言研究所十九年度下届第一次所务会议》,载《国立中央研究院院务月报》第2卷第7期,1931年1月。

数处,固南明史料之渊薮也。①

他到达广州的第一个晚上就去逛旧书店。为了搜集南明史料,他一方面结交广州的藏书家和学者,如徐信符、莫伯骥、温庭敬等,登门阅读他们的藏书,搜捡其中的南明史料,一旦得见,便动手抄录或札记。一方面深入到明代广东重要人物的后代家中,去了解、记录、抄录,如南明何吾驺祖孙三代的《元气堂诗集》《越巢诗集》《南塘诗抄》三部书,就是在黄兹博(明正德年间广东大儒黄佐后人)家中抄得。他还到各大图书馆去查阅抄录,到各书肆去翻检搜寻。据其《广州征访南明史料记》和日记,他在广州一共搜集到48种南明史料,另外过眼和札记者,就更不知其数了,其中最重要者为张家玉《名山集》中34篇隆武帝的敕书。广州征访南明史料,朱希祖整理成文的重要著述有《屈翁山年谱》《屈大均传》《屈大均著述考》《邵武广州殉国诸王考》《南明惠州殉国诸王考》《明广东东林党列传》《广州征访南明史料记》等。

在广州,朱希祖还实地寻访南明史迹,其最重要者为发现了湮没已久的南明邵武君臣冢,并作《恭谒南明邵武君臣冢记》。朱希祖读阮元《广州通志》,知南明邵武君臣冢在广州大北门外流花桥,问诸当地人,几乎无人知晓,即使有一二听说过者,也言之不详,于是请岭南大学国文系主任杨寿昌去找,果然找到,但已是与鸡窝猪圈杂处了。1933年5月7日,朱希祖与中山大学校长邹鲁、教务长萧冠英、文学院长吴康、史学系主任朱谦之、岭南大学国文系主任杨寿昌等拜谒此冢,他们"感国难之仓惶,益凄怆于墓道,乃相与

---

① 《朱希祖先生文集》第5册,台湾九思出版有限公司1979年版,第3305页。

商议修葺事宜"①。又如同年6月4日,与吴康等考察三水县河口镇,此地曾为南明时永历肇庆之兵、邵武广州之兵大战之地。

顾颉刚在悼念朱希祖的挽诗中说:"入粤为寻邵武来,金陵旧院拨蒿莱。平生心事南明史,历劫终教志不灰。"朱希祖一生想编一部南明史,可惜战争和人事使他未能如愿。他搜集的南明史料,后由其子朱偰先生捐给了国家图书馆和南京图书馆,正如谢国桢所说:"朱氏一生搜集明季稗乘,用力甚勤,多所创获,给后人以启迪,是足以称述者。"朱希祖所作南明史料题跋,其重要者后收入中华书局《明季史料题跋》一书。

金陵考古

广州虽是南明史料之渊薮,中山大学也对朱希祖优礼有加,但这里的气候和饮食朱希祖实在是不能适应,在广州一年多,他经常生病。正好,1934年春,他的学生、南京中央大学校长罗家伦请其为史学系主任,而恰好其长子朱偰正任中央大学经济系主任,于是朱希祖爽然应聘,于1934年春到南京赴任。

南京的朋友圈,朱希祖是熟悉的,或是章门弟子,或是北大旧人。陈大齐、沈士远就在中央大学北边的北极阁山脚下的考试院,黄侃、汪东、吴梅就在中央大学,马衡的故宫博物院南京办事处也离得不远……南京的气候也是熟悉的,与故乡海盐差不多,只是夏天稍热一些。

朱希祖是2月15日只身先来南京,暂住长子朱偰家中。5月,

---

① 朱希祖:《恭谒南明邵武君臣冢记》,载《国立中山大学文史学研究所月刊》第1卷第4号,1933年。

夫人张维、次女朱偀到达南京。他租定太平桥南8号一幢三层楼,将从广州陆续运到的藏书迁移进去,再简单购置一些家具,便开始安安心心地过起读书、教书、写书的日子。7月,二子侃、三子侨、四子倞分别从北平、广州来,这是他们一家自1932年10月分别后第一次团聚。

个人生活尽管安定了,国事却日渐不安。日军继侵占东三省后,又觊觎华北,进而企图吞并全中国,这给具有浓厚民族主义思想的朱希祖以很大的刺激,在南京的这几年,他的学术研究大都与此背景有关。

1934年下半年,他完成了两部书——《〈伪齐录〉校正》《〈伪楚录〉辑补》,这"伪楚""伪齐"是北宋灭亡后金国先后建立的两个伪政权,朱希祖校正和辑补这两部古书,显然是针对当时的日本建立

朱希祖全家福。坐者左起张维、朱希祖;站立者左起朱倞(四子)、朱侃(二子)、朱偀(次女)、朱偰(长子)、朱侨(三子)。

伪满洲国而作的。从学术上说,《伪齐录》历来歧说纷纭,而《伪楚录》则已散佚,朱希祖的校正和辑补,当然有"继往圣之绝学"的意思,不过其意义则在当下。正如他在1934年7月21日日记中所说:

> 观《叛臣传序》谓金之立张为楚,立刘为齐,皆承辽之旧策,无非以中国人杀中国人而已。由此推之,清之平西、平南、靖南三藩,今之伪满洲国,皆师此故智也。①

《〈伪齐录〉校正·序》云:

> 此虽小史,所以不惮劳瘁,为之考订,良以伪齐之事,今世可资借鉴,强邻狼吞于外,奸回蟊讧于内,如尧弼(《伪齐录》的作者)者,诛绝乱贼,斡旋国交,百世之下,令人兴奋,吾愿读此书者,潜神默会也。②

1936年,他有与陈寅恪关于李唐皇室氏族渊源、与傅斯年关于明成祖生母问题的两场论辩。从1933年至1935年,陈寅恪先后写了《李唐氏族之推测》《〈李唐氏族之推测〉后记》《三论李唐氏族问题》三篇论文,其核心意思是李唐皇室是鲜卑人。1932年傅斯年撰《明成祖生母记疑》,认为明成祖生母碩妃,为蒙古人或者是高丽人、色目人,但肯定不是汉人。更有甚者,有人认为明成祖生母为元顺帝妃子,怀孕而从明太祖,所生即为后来的明成祖。对上述二人的观点,朱希祖不敢深信,乃作《驳李唐为胡姓说》《再驳李唐氏族出于李初古拔及赵郡说》和《〈明成祖生母记疑〉辩》《再驳明成祖生母为碩妃说》等文,分别与之论辩。最后结论现在已不甚重要,关键是写这几篇文章的目的何在,朱希祖自己说:

---

① 朱元曙、朱乐川编:《朱希祖日记》上册,中华书局2012年版,第376页。
② 《中央大学文艺丛刊》第2卷第1期,1935年。

若依此等说,则自唐以来,惟最弱之宋,尚未有疑为外族者,其余若唐若明皆与元、清同为外族入居中夏,中夏之人,久已无建国能力,何堪承袭疆土,循其结果,暗示国人量力退婴,明招强敌加力进取,此余所以不能不辩驳也。①

对于朱、陈之李唐氏族渊源之论辩,还有一后续逸事。朱希祖女婿罗香林为陈寅恪学生,抗战中,重庆史学界欲编一套历史名人传,出版者约陈寅恪撰"唐太宗传",他推荐罗香林去写。后陈寅恪与人笑谈:"我想罗先生于开始撰作时,对李唐皇室的姓氏问题,也必极难下笔:到底是依照老师的说法好呢,还是依照岳丈的说法?"②可见老辈的风趣。

朱希祖56岁时在南京留影

① 朱希祖:《驳李唐为胡姓说》,载《东方杂志》第33卷第15号,1936年。
② 卞僧慧:《陈寅恪先生年谱长编(初稿)》,中华书局2010年版,第210页。

朱希祖在南京这几年,留给后人最重要的学术成果要数《六朝陵墓调查报告》。1934年6月,南京国民政府设立"中央古物保管委员会",直属行政院,朱希祖以专家的身份受聘为委员,他利用课余时间,积极组织并开展对南京及周边地区六朝陵墓的调查。应该指出的是,这些调查,许多是由朱希祖和其长子朱偰合作完成的。

朱希祖与朱偰西至安徽太平,东至丹阳经山,南至江宁秣陵,东南至句容淳化,北至长江,举凡史乘记载所及,野老传闻所到,无不按图索骥遍加访问,所到之处均拍照测量,共实地调查十四次,其间古物保管委员会派员参加五次。后朱希祖编《六朝陵墓调查报告》一书,即以其《六朝陵墓调查报告书》为主体,另加其论文四篇,朱偰论文一篇、滕固论文一篇而成。《六朝陵墓调查报告》是研究南京历史文化的一部重要著作,为后世积累了丰富的资料,为后人对六朝陵墓及石刻的调查研究打下了坚实的基础,他的大多数观点沿用至今。

至于这一调查的目的,朱希祖在《六朝陵墓调查报告》的序言中有明确的阐述:

……今吾国人日日言文化,而欲发扬光大之,问其文化实物之所在,则瞠目不能对,则如何发扬,如何光大,尤非其所能梦见……是故一邱一垅之间,其遗留于地上地下诸物,其类至夥,古代之建筑系焉,古代之绘画系焉,古代之雕刻系焉,以及古代之礼俗学艺系焉,甚至建国之精神、繁衍子孙种族之至意亦系焉,而国人至今仍视之为无足轻重,弃之于荒烟蔓草之间,一任其风雨摧残,盗贼毁掘……吾为此惧,用自奋励,与长子偰躬自跋涉,披榛辟莱,先自访求六朝陵墓始……以供研究文化实物之参考,杜外人之觊觎，发先哲之耿光，是有望于秉国均者，弘识渊见，不吝出纳，以造成此巨业焉。

在担任中央古物保管委员会委员期间，朱希祖还邀约中央研究院、中央大学、中央博物院、中央图书馆、金陵大学等学术机关的专家，成立南京古迹调查委员会，并开展实际工作。他还为中央古物保管委员会起草了《古物之范围与种类（草案）》等文件，为此项工作定一范畴，使具体操作者有轨可循，有法可依。

1934年，北京大学聘朱希祖为名誉教授。

苏州助讲

朱希祖在1936年6月29日致许寿裳的信中说："章师设教苏台，从学者七十余人，弟曾每月一次前往助讲。"①所说即章太炎苏州"章氏国学讲习会"事。

1935年9月16日，设在苏州锦帆路的章氏国学讲习会正式开讲，朱希祖为发起人之一，列名发起的还有黄侃、汪东、吴承仕、钱玄同、马裕藻等，共45人，所谓"章门五王"全列名内。1936年2月初，朱希祖接章太炎来信，约至苏州讲学。自此以后，朱希祖每月往讲一次，主讲《史记》。不过据讲习会学生任启圣回忆，朱希祖所讲好像不太受学生欢迎，他说：

> 朱在各大学主讲历史多年，搜集明末清初材料甚富，为一代权威。惟其在学会讲《史记》时，颇不受欢迎。为考

---

① 《致许寿裳》，载朱元曙编：《朱希祖书信集·郦亭诗稿》，中华书局2012年版，第305页。

证司马迁之死日,费时数月,直至先生病殁,还未举出。①

据《朱希祖日记》,关于司马迁之卒年,朱希祖分别为4、5两月讲学时所讲,共两次。至于为什么要强调司马迁之卒年,他在1936年4月27日日记中说:

> 上午九时至十一时半,在国学讲习会讲《史记》,特讲太史公卒年,以为分析后人增补《史记》判别标准。②

4月的那次讲学,朱希祖率长子偰同往。28日晚,在章太炎书房谈天,正值章太炎好友张继来访,问及章太炎少年事迹,于是章太炎口授,朱偰笔录,后经朱希祖整理成《本师章太炎先生口授少年事迹笔记》,登载在《制言》半月刊上。关于此次经过,朱偰在《怀余杭章太炎先生》一文中说道:

> 民国二十五年(1936)四月,余随先君至苏州国学讲习会讲学,谒先生于锦帆路寓庐。时阴雨连绵,春寒料峭,先生御玄色狐皮长袍,款客于其藏书楼中,四壁图书,一窗风雨。先生别无寒暄语,惟一谈及学艺,则证今博古,滔滔不绝。其记忆力之强,令后辈为之惊异不止。……
>
> 先君为太炎先生高弟,此次来苏讲学,承汤太夫人款待,即馆于其庐。是夕先君询先生幼年事迹并其参加革命史实,先生慨然道之,余为笔记。此中事迹,既未经外界刊布,亦不见于太炎先生《自定年谱》(苏州国学讲习

---

① 任启圣:《章太炎先生晚年在苏州讲学始末》,载陈平原、杜玲玲编:《追忆章太炎》,中国广播电视出版社1997年版,第445页。

② 朱元曙、朱乐川编:《朱希祖日记》中册,中华书局2012年版,第647页。

印行)中。①

6月5日,朱希祖赴苏州讲学,其时,章太炎已经生病。9日,朱希祖辞别章太炎回南京,他在当日日记中记道:

> 上午,李印泉先生来,共在先生处谈天,并劝先生进牛奶面包。因先生面色瘦削而惨白,病容颇深,故李先生劝其多食滋养料。午后二时,辞先生回京,先生因病倚沙发而坐,临行先生尚起立而送。②

这是朱希祖与章太炎先生的最后一次见面。五天后,6月14日晚,朱希祖接苏州章宅电报,云太炎先生逝世。朱希祖当日日记云:

> 接苏州章宅来电报告,吾师章太炎先生于十三日(此为笔误,当为14日)上午八时逝世。呜呼,相违五日,竟尔永诀,悲哉。③

第二天,6月15日朱希祖即赴苏州吊唁,作挽联曰:

> 一代通儒尊绛帐,千秋大业比青田。

章太炎逝后,按照他的遗愿,章氏国学讲习会继续开办,朱希祖仍一如既往,每月赴苏州讲学一次。

迁书皖南

1937年6月9日,南京中央大学举行了建校35周年的庆典,校庆过后不久,学校就放了暑假。7月2日,朱希祖与长子偰去黄

---

① 载《胜流》半月刊第4卷第7期。
② 朱元曙、朱乐川编:《朱希祖日记》中册,中华书局2012年版,第666页。
③ 朱元曙、朱乐川编:《朱希祖日记》中册,中华书局2012年版,第667页。

山游览。人说"山中方七日,世上已千年",7月11日下山,方知日军在北平发动了卢沟桥事变。到了月底,得知日军又将在上海登陆。战争迫近,国民政府下令,政府官员、家属迁徙他处避难,本身留京供职,冀以镇定人心,而且限8月6日前将家属一律迁出。于是政府官员开始了迁家避难,老百姓开始了他乡逃难。对于朱希祖来说,最困难的是他的藏书怎么办,藏书最怕兵火,如今不幸遇上了。

朱希祖不但是历史学家,还是藏书家,他的郦亭藏书在学界享有盛名。伦哲如在《辛亥以来藏书纪事诗·朱希祖》中云:"书坊谁不颂朱胡,轶简孤编出毁余。勿吝千金名马至,从知求士例求书。"诗注云:"海盐朱逷先希祖,购书力最豪,当意者不吝值,尝岁晚携巨金周历书店,左右采掇,悉付以现。又尝愿以值付书店,俟取偿于书。故君所得多佳本,自大图书馆以至私家,无能与君争者。"这样几十年积累下来,郦亭藏书全盛时达25万册,百余万卷,其中不乏善本和孤本,如《山书》、《鸭江行部志》、宋版《周礼》、明钞宋本《水经注》等。其中明钞宋本《水经注》被王国维誉为"郦书旧本第一",王国维、章太炎两先生先后为此书作跋,钱玄同、沈兼士、许寿裳、汪东四先生题款,后来胡适也作了校勘并写有后记——《记朱逷先家钞本〈水经注〉》。也正因此书,朱希祖替自己的藏书室取名"郦亭",并请章太炎书匾。

可以略举两个方面的例子,来说明郦亭藏书的价值。一是朱希祖收藏的南明史料。谢国桢在走访全国公私藏家后所编的《增订晚明史籍考》,是目前全国记录南明史籍最多的一部书,据南京图书馆专家统计,该书所记录的晚明史籍,郦亭藏书中收有80%,所以当年陈寅恪称赞朱希祖收藏的"此项史料在国内亦无有出其右者"。二是地方志,朱希祖共藏有24个省区1227种,其中有的还是海内孤本。据朱希祖1942年3月24日日记记载,当时南京国学图书馆所藏地方志也只有1187种。

战争终于来了,人和书都得逃难。其实这次已经不是郦亭藏书的第一次逃难了。1933年,朱希祖在广州,1月4日日军进攻山海关,5日山海关失守,平津危急。朱希祖立即致电北平家中,嘱家人速将善本书寄粤,前后共寄了760余包;后又派夫人回北平亲携15箱至广州。当然还有相当多的书籍留在了北平。在南京期间,1935年,"华北事变"爆发,朱希祖先后至扬州、浙江严州(今桐庐、淳安和建德)觅地,为转移藏书做准备,但这两处最后都被否决了。

这次,朱希祖决定将藏书运到徽州。一是因为那一带历史上从未发生过重大战争,二是因为他有三位老北大的学生正在安徽省政府任职,托人照顾比较方便,一位叫金毓黻,为安徽省政府秘书长;一位叫魏鉴,为安徽省民政厅长;一位叫杨廉,为安徽省教育厅长。朱希祖8月10日致信金毓黻,告诉他自己准备迁书徽州避难,并请他转告魏、杨二位,请魏鉴转托宣城县长兼行政专员毛龙章雇卡车二辆准备从宣城运书至徽州,请杨廉转托徽州师范学校校长江植棠,拟藏书于该校图书馆。

朱希祖8月1日开始装箱,到12日仅装了60箱。然而上海方面的战讯越来越紧,不得已只得将剩余的藏书留下托人照料。8月13日一早,朱希祖托人雇卡车二辆,将60箱书运至南京中华门车站运往宣城。就在这一天,日军在上海登陆,淞沪战役开始了。

13日下午,书顺利运到宣城,宣城行政专员毛龙章也准备好了卡车,但到了傍晚,风云突变,因淞沪战役的需要,一切车辆均归军用节制,可书还在车站的货场露天放着。这时幸亏北大的毕业生、宣城中学校长乌以凤出面,车站同意空出一间堆房免费存放,但是书还是没有办法运到徽州。碰巧的是,铁路局正好有工程在那边,材料厂经常要运材料过去,而这材料厂的厂长也是北大的毕业生,于是答应趁运材料之便,每次帮朱希祖带几箱过去,但最好能得到铁路局局长的同意。于是朱希祖再与老学生、安徽省政府秘书长金毓黻联系,金再以省政府的名义与铁路局沟通,终得铁路方面允准。这样陆续运了四十几天,直到10月2日60箱书才全部运完。

到了徽州,在北大毕业生、时任安徽省教育厅长杨廉的安排下,朱希祖的藏书顺利存入徽州师范学校图书馆,校长江植棠还为朱希祖一家安排好了住处。歙县是一繁华之地,且有军事设施,朱希祖担心日机轰炸,藏书和家人均有危险,决计将藏书迁往屯溪。于是江校长与朱希祖一道前往屯溪三门呈村,租定一洪姓人家的房子,用了三天时间,将书从水路运到洪家。但仅住了一天,朱希祖发现洪宅有白蚁,只好再搬,最终搬入离屯溪四里的隆阜戴震藏书楼,这隆阜已属于休宁地界了。戴震藏书楼当时的主人名戴伯瑚,与朱希祖本不相识,只是有点师谊而已。朱希祖的老师是章太炎,章太炎的老师是俞曲园,俞曲园又为金坛段玉裁、高邮王念孙的私淑弟子,段玉裁、王念孙则是戴震门下高足。仅这一点"师谊",戴先生就担起了保管朱希祖藏书的重任,而且不负所托,精心保护,年年晾晒。抗战胜利后,这批藏书由朱希祖长子朱偰全部运回,一本未损,新中国成立后,朱偰将其全部捐给了国家。

避难重庆

1937年10月22日,就是朱希祖的藏书全部运到隆阜戴震藏书楼的第二天,朱希祖携四子朱倓远赴重庆中央大学,夫人暂留隆阜。

朱希祖溯江而上,虽沿途风景优美,但流离逃难之痛依然挥之不去。他在给女儿朱倓的信中说:

> 过三峡,风景甚佳,船中带杜诗一部,诗中所咏川东风景,到处可以印证。忆前年在南京太平桥寓庐,夜,余二人默背杜工部《秋兴》诗八首,所谓"巫山巫峡",所谓"瞿塘峡口",不图皆身亲见之,而流离失所、国事危殆,颇亦与当时相似,"直北关山金鼓震",读之令人心伤。回首当时太平桥吟诗之欢乐,直有天上人间之感矣。①

初到重庆,一切都不适应,他在给女儿的信中说:

> 此间天气多阴雨,十日中有八九日如是,无整日之日光,雾气漫山,终年多阴郁,加以国忧家难,更觉愁闷。饮食之不适口,起居之不如意,更无论矣。②

当时,朱希祖一家分在几处,他与长子朱偰一家及四子朱倞避地重庆,夫人在安徽隆阜,女儿朱倓一家在广州,二儿朱偘在山东临淄,三儿朱侨一家在浙江严州,弟弟守先一家在故乡海盐。朱希祖虽人在重庆,但心系散在四处的家人,"烽火连三月,家书抵万金",可是家书总也盼不来,寄出去的信,也不知什么时候才能到达。居住条件十分恶劣,当时他和长子一家及四子六人住在重庆枣子南垭,同住的还有逃难来重庆的侄孙一家六人,可见拥挤。

国破家散,愁闷不能读书,他甚至想到离开重庆去安徽隆阜。他想到历史上种种国亡家破身死的情形,他在1937年11月26日

---

① 朱元曙整理:《朱希祖书信集·郦亭诗稿》,中华书局2012年版,第186页。
② 朱元曙整理:《朱希祖书信集·郦亭诗稿》,中华书局2012年版,第187页。

日记中说：

> 体验自古以来国亡家破身死之际种种惨怛情形：或国亡之后家与身尚存，此一境也；或国亡家破而身尚存，此又一境也；至于身死，则国之存亡，家之完破，皆付之不闻不见之列，此又一境也。古之人皆身历其境矣。至于今日之余，国亡乎？家破乎？身死乎？皆不能预知，然古人既受之矣，余何独不可受乎！因此反觉心中一宽，能努力避免则避免之，不能则无所系念惊悛焉。①

就在这一天，国民政府主席林森率政府迁都重庆。为振作精神，整个1938年，他阅读了大量的哲学、心理学的书籍，尤其对尼采的超人哲学情有独钟。朱希祖在1938年10月20日日记中说：

> 阅《超人哲学浅说》，心颇剧烈感动，盖其所说与旧道一切相反，而却有至理……旧日最重牺牲自我，此则主张自我胜利，牺牲乃为弱者之所为，盖人人努力向上为超人，则人类乃能进化，乃有救济，否则相率沉沦于贫弱愚贱之渊海而后已。此对于吾国萎靡腐败之民族实为对症之药。②

朱希祖到重庆半年后，夫人到达重庆，他们租定长江南岸黄桷垭袁家花园的房子，生活略趋安定。但住地与中央大学相去近七十里，每星期朱希祖四天住在家中，三天住在学校。每次均是从袁家花园步行至黄桷垭，然后乘轿至海棠溪渡江，在柴家巷上岸，再乘校车赴沙坪坝中央大学，每次四个小时左右。路途往返，舟车劳

---

① 朱元曙、朱乐川编：《朱希祖日记》中册，中华书局2012年版，第825页。
② 朱元曙、朱乐川编：《朱希祖日记》中册，中华书局2012年版，第937页。

顿,且时遇空袭,苦不堪言。1939年5月3、4、5日连着三天日机轰炸,4日那天尤其历尽惊险:

  五时乘校车赴沙坪坝,驶至两路口又传有警报,车急行过上清寺,沿江急行过化龙桥,闻飞机声甚厉,乃停车江干,上山至林木中暂避,约半小时,见空中飞机十三架盘旋巡视,并不投弹,且渐归机场,知是本国飞机,乃更上车启行。至小龙坎则又闻紧急警报,军警拦车不准开行,乃急下车,趋至山下防空洞暂避,遥见敌机二十七架飞来,高射炮声大起,旋闻投弹声,则重庆市上已起火矣。旋出外遥望,红光漫天,伫立半小时,始解除警报。欲上车,则已开行矣,时已七时许,乃步行至中央大学,八时始抵宿舍。天热甚,步行衣厚,汗湿夹袄,口渴不堪,僵卧稍憩,乃略食晚餐……①

5月6日,朱希祖从学校返家,沿途所见,惨不忍睹,他在日记中写道:

  早行归家,六时半惊儿送余至小龙坎乘商人汽车进城,车价涨至银二元。过七星岗,则通辕门下一带皆已为烧夷弹焚毁,七星岗西亦落一弹,焚去数家,自此至教场口车站无恙,惟鸡街至柴家巷一带均焚毁,中央大学办公室亦焚去。余自教场口下车,步行至储奇门上渡轮,时人拥挤不堪,几至落水,努力前挤,汗透衣裳,始上轮船。渡江后至海棠溪,乘轿回家,轿资亦涨至银二元,闻有至四元者,十时抵家。自小龙坎至城内,沿途迁家者相接,自海棠溪至黄桷垭同,扶老幼,负行李,踵相接,而无屋租

---

① 朱元曙、朱乐川编:《朱希祖日记》下册,中华书局2012年版,第1043页。

住,沿乡市门檐露宿者甚多。茅屋一间,无窗户者,每月租金十六元,洋房每间百元,砖房每间五六十元,尚无从觅得。袁家花园住户平均每户至少有两家亲戚朋友来同住,余家亦有客两家来住,患难之中不能拒绝也。一户为嘉兴新篁镇老友程子良令媛,率一男一女一仆;一户为菊女朋友,一家三人并一女仆。十一时半又有警报,本国飞机二十余架升空防御,敌机未来。午后因身体疲倦休憩。夜考正荀勖《穆天子传叙录》。①

在这样的大轰炸中,朱希祖在写着他的《汲冢书考》。

在重庆的七年中,即使环境再恶劣,只要有可能,朱希祖就会钻进他的学术天地中。那几年,他撰有不少论著,如关于西南少数民族的《〈华阳国志〉蜀建国始末》《古蜀国为蚕国说》《蜀王本纪考》《云南两爨氏族考》《云南濮族考》《吐蕃国志》《吐蕃种族考》《唐代西南地理研究》等,其中《云南濮族考》被史学家金毓黻誉为"名世之文"。他还对汲冢出土75篇古文进行了深入研究,完成了传世名著《汲冢书考》(1960年由中华书局出版)。中国古代文献有三次大发现,一为孔壁书,二为汲冢书,三为甲骨文。对汲冢书,虽然近代学者朱右曾、王国维等做过一些研究,但比较系统全面地来考证汲冢书的,就数朱希祖这部了。他还重新整理修订出版了专著《中国史学通论》《〈伪齐录〉校补》《〈伪楚录〉辑补》(均由重庆独立出版社出版)。此外,还有论文多篇,如《两宋盛行铁钱之因果》《中国最初经营台湾事略》等。

鉴于抗战以来档案散佚,更鉴于民国以来国史不修,1938年

---

① 朱元曙、朱乐川编:《朱希祖日记》下册,中华书局2012年版,第1043—1044页。

末,国民党元老张继拟在即将召开的国民党五届五中全会上提出"建立总档案库筹设国史馆"的议案,委托朱希祖代为起草。1939年1月,朱希祖作《建立总档案库筹设国史馆议》,由张继、吴稚晖、邹鲁、王用宾、焦易堂、丁惟汾、程天放、夏斗寅、茅祖权、覃振、方觉慧、梁寒操、王子壮等十三人联名在五届五中全会上提出,并获得通过。1940年3月,国史馆筹备委员会正式设立,朱希祖为总干事。为使国史馆筹备委员会正常运作,朱希祖先后撰有《国史馆筹备委员会组织大纲》《国史馆筹备委员会应调查事项》《国史馆筹备委员会办事细则》《鉴别史学人才条例》等文件,另外还写有《改国史馆为国史院议》《史官名称议》《〈国史事例杂议〉质疑》等论文,这些文件和文章,后大多收入其专著《史馆论议》。

  1940年3月,国民政府任命朱希祖为考试院考选委员会委员。因同时担任国史馆筹备委员会、考选委员会、中央大学三处职务,实在力有不逮,朱希祖遂辞去中央大学史学系主任及教授职务。此时,朱希祖家在重庆南岸袁家花园,国史馆筹备委员会在城内李子坝,考选委员会在西北郊歌乐山,三地奔波,又常遇空袭,往往喘息未定,就要进防空洞。一个月后,国史馆筹备委员会迁至歌乐山,并借用考选委员会房舍为宿舍,朱希祖总算减少了一处奔波之劳。直到一年后,朱希祖全家迁至歌乐山向家湾,这才免了路途奔走之苦。

  但终因战争,交通、饮食之恶劣,1940年9月至12月,朱希祖因患疟疾回家养病。他的学生、时任中央大学史学系主任、国史馆筹备委员会顾问金毓黻在1940年10月31日日记中说:

> 又至袁家花园谒朱师逷先,见其形容憔悴,令人吃惊,其病情甚重,不言可知矣。盖患恶性疟疾,以至于此。[①]

[①] 金毓黻:《静晤室日记》,辽沈书社1993年版,第4600页。

朱希祖60岁生日
时在重庆

因身体及人事原因,朱希祖于1941年2月辞去国史馆筹备委员会总干事改任顾问,专任考选委员会委员。

当时,除了时常生病,供应也十分紧张,有时还会弄到家中无米的地步。朱希祖1941年5月4日日记云:

> 上午七时写百年信告绝粮,请速将会中平价米送来,并告脚痛,肿至腹胸情形。①

这种情形到8月又发生一次,幸亏沈尹默帮忙才过了难关。朱希祖在那天日记(1941年8月16日)中写道:

> 沈尹默第二女率一女一子代购面粉(半包二十斤,洋四十八元,袋二元,送力二元)送来。②

---

① 朱元曙、朱乐川编:《朱希祖日记》下册,中华书局2012年版,第1256页。
② 朱元曙、朱乐川编:《朱希祖日记》下册,中华书局2012年版,第1263页。

生活艰难,文人也会想点办法,不过常常失败。当时考选委员会有个姓魏的秘书,此人善于经营,据说很有经济头脑。为了增加收入,考选委员会的陈大齐、沈士远两位领导发起集资,请魏某人为经理,筹办木行和砖瓦厂,大家集资入股。最初可能赚了一些钱,可惜,这文人就是不会经商,全权交给魏某之后,大家都当起了甩手掌柜,结果血本无归,最后魏某把钱骗走了事,大家弄了个竹篮打水。据朱希祖日记,他入股三千元,直到1942年11月,才追回一千二。

朱希祖在重庆的那几年,一直悬念着留居北平的几位老友,"马幼渔、钱玄同、沈兼士等仍安居北平","写马幼渔、沈兼士信",这样的记录在他的日记中还是能找到一些的。1938年7月28日,重庆报纸误传钱玄同病逝,朱希祖写了《哀钱玄同文》。到了第二年初,钱玄同真的病逝了,消息传来,朱希祖悲叹道:"昔日谣传,竟成真事,可悲也!"(朱希祖1939年1月24日日记)[①]

朱希祖生命的最后几年,他的朋友圈似乎又回到了从前。在他的日记以及诗作中,出现频率较高的人名是陈大齐、沈士远、沈尹默、汪东、马衡。陈大齐、沈士远当时分别担任考试院考选委员会正副委员长,是朱希祖的直接上司。沈尹默是沈士远的弟弟,正担任监察院监察委员,居处也不远,正好时相往来。汪东与朱希祖同为章门弟子,此时正任着国史馆筹备委员会的顾问。马衡担任故宫博物院院长,为西迁文物奔忙,但其住地常在重庆。后来,许寿裳也来到重庆,也在考选委员会任职。再后来,1943年,沈兼士因从事地下抗日工作,为避日寇追捕,秘密出北平,辗转来到重庆。这些人,除了汪东,都是北大老人,名列"某籍某系"之

[①] 朱元曙、朱乐川编:《朱希祖日记》下册,中华书局2012年版,第979页。

中。战火连天,结交了一生的老友,尚能安聚,真是上天垂怜。当年的重庆,在文人中,兴起写"寺"字韵的诗相互唱和,沈尹默居然写了三十几首,朱希祖也有十几首。有趣的是,章士钊也加入其中与他们往来唱和,他可是当年女师大风潮中"某籍某系"极力反对的人。

1943年,中国史学会在重庆成立,朱希祖当选为常务理事。他是从报纸上得知自己被选为理事的,他在3月25日日记里说:

> 阅报,知昨日史学会开成立大会,余亦被选举为理事二十一人之一。政客藉以招权,不过拉老夫为其张旗伞,装门面而已。①

3月27日,又从报纸上得知自己被选为常务理事,常务理事共九人:顾颉刚、傅斯年、黎东方、朱希祖、缪凤林、陈训慈、卫聚贤、金毓黻、沈刚伯。从名单看,基本都是朱希祖学生辈的,朱希祖瞧不上这个史学会,倒不是因为这批人辈分低,而是另有缘由。按照顾颉刚的解释,这次教育部出面成立中国史学会,其目的似乎是为了"抵制延安"。他在日记里说:

> 此次中国史学会之召集出于教育部,电滇黔粤各校教授前来,花费殆十余万。说教育部提倡学术,殆无此事。有谓延安正鼓吹史学,故办此以作抵制,不知确否。②

不管顾颉刚所说确否,成立史学会是为了实现对史学界的控制,在当时已是许多人的共识。在史学会成立的当天,3月24日,

---

① 朱元曙、朱乐川编:《朱希祖日记》下册,中华书局2012年版,第1355页。
② 转引自桑兵:《二十世纪前半期的中国史学会》,《历史研究》2004年第4期。

朱希祖写了一首诗——《观群儿放纸鸢》,诗云:

　　纸鸢得时捷,浪逐春风高。
　　一儿绾其绳,筝声鸣九皋。
　　群儿争慕之,仰视翔以翱。
　　归家剪彩纸,绠短不能豪。
　　如鸟或如兽,如鲸或如鳌。
　　名同制已异,标新誉时髦。
　　云路纵空阔,众绳若竞艚。
　　有时势交互,翻跌相怒号。
　　挑达在城阙,畴能将其曹。
　　时过气已变,谁与顺鸿毛。
　　真鸢正冥冥,万里逞游翱。①

过了几天,4月1日,朱希祖接到请其出席常务理事会的通知,写了两首诗:

自　嘲

　　不与人物接,不为山海游。
　　终生伏几案,天地一书囚。

有　感

　　一堂合仇雠,权势甘于澧。
　　低头向小儿,不值五斗米。②

---

① 朱元曙、朱乐川编:《朱希祖日记》下册,中华书局2012年版,第1355页。
② 朱元曙、朱乐川编:《朱希祖日记》下册,中华书局2012年版,第1357页。

过了一天,又作一诗,名《看山》:

> 风静山粘天,云涌山浮海。
> 变态任风云,山形终未改。①

在 4 月 5 日的常务理事会上,朱希祖提交了《建议教育部请在国立各大学分设中国分代史讲座以备完成中国通史案》。

到了 1943 年的下半年,朱希祖身体越来越不好,8 月 4 日之后,便不再记日记了。他心中一直放不下的就是他一身心血所寄的藏书。这年的 12 月 4 日,长子偰前来探视,他们谈到了抗战胜利后,如何安置藏书的问题。他们设想胜利后,将散在安徽隆阜、南京、北平的藏书聚在一处,设立一座"郦亭图书馆",仿天一阁制,以垂永远。② 至于地点,朱希祖希望能在故乡海盐永安湖③,他曾在 1941 年 11 月 1 日的日记中表露过这个想法:

> 海盐永安湖……其地有湖山江海之美观壮观,离澉浦城仅二里余……可购一藏书楼,购石印《丛书集成》《四部备要》《医学丛书》《万有文库》、佛藏、道藏、新译欧美科学及海盐人一切著述与掌故,以供众览,设一中小学或专门讲习所,以成聚落。④

可惜朱希祖未及见王师北定中原,便归了道山。

1943 年 12 月 15 日,老友、国史馆筹备委员会主任张继来访,朱希祖有一段关于当代史学的评论,张继当天日记记道:

---

① 朱元曙、朱乐川编:《朱希祖日记》下册,中华书局 2012 年版,第 1358 页。
② 朱偰:《先君逷先先生年谱》,载《朱希祖书信集·郦亭诗稿》,中华书局 2012 年版,第 467 页。
③ 海盐永安湖即海盐南北湖。
④ 朱元曙、朱乐川编:《朱希祖日记》下册,中华书局 2012 年版,第 1266 页。

> 访遏先,论今日之历史学者,约分为两派:一,致用派,亦谓教育派,如柳贻谋、缪凤林等;一为考证派,内分两支,一为怀疑派,如顾颉刚、陈寅恪等;一为证据派,如钱穆等。两者比较,以钱穆为稳妥。至若文学的历史家,自太炎、壬秋殁,未见继起。有史识而能兼文,不易得也。为国史馆计,当先开训练班,陶养史才干部,方可胜任。①

进入1944年,朱希祖因心脏病五次入院治疗。7月5日,终因不治,病逝于重庆上海医学院附属医院。8月8日,生前友好于中央图书馆举行公祭,蒋介石特颁挽词"渊衷硕学",各界赠送挽联、挽诗、挽幛三百余幅,考试院院长戴季陶主祭,与祭者三百余人。10月20日,国民政府颁发《褒扬朱逖先令》。

侯绍文在《朱逖先先生之遗范》一文中说:

> 先生殁于歌乐山上海医学院附属医院,患心脏病,余曾探视于医院。时先生终日靠背而坐,已不能卧。相见之下,慈祥满面,和煦如春,谆谆告语,似恐人之离去者。余恐先生过度劳神,抽身急走,而先生系频频点首留座不已,至今思之,不禁黯然。大殓之日,会中同人均往吊唁,归途与陈念中先生说:贤者国之宝也,天不慭遗,不使为国人传道解惑,在国家今后似应规定凡耆儒硕彦,每至晚年,则勿使其参加政府或地方工作,应厚其廪饷,供应于静雅场所,将其一生经历或特殊心得,认为系属发明、可以信今传后者,尽笔之于书表,后人观书览表,得其经验,免再自己尝试,多耗一番精力,是亦国家发扬文化、增进学术之一方法也。先生学贯天人,发明之富,惜以播迁关

---

① 《张溥泉先生回忆录·日记》,文海出版社1985年版,第144—145页。

系,未克将其所拟著之国史与南明史等,及时完成,言念及此,弥深景悼也。①

(朱元曙,退休中学教师,南京梅园中学原副校长,南京玄武区政府督学;朱乐川,南京师范大学国际文化教育学院副教授,文学博士,北师大博士后)

---

① 《文史杂志》第5卷第11、12期合刊,1945年12月。

朱希祖年表

朱元曙　朱乐川

1879 年（己卯　清光绪五年）　出生

清光绪五年正月十一日（1879 年 2 月 1 日），出生于浙江省海盐县尚胥里上水村，行次第二。初名同祖，字吉甫。

1884 年（甲申　光绪十年）　6 岁

始入家塾，其父亲自课读。

1886 年（丙戌　光绪十二年）　8 岁

始改名希祖，字逷先。

读书颖异，其叔祖紫仙公绘双松扇面相赐，并题诗曰："努力诗书正少年，愿伊早着祖生鞭。勉为大器成松柏，期望深心画里传。"该诗用东晋祖逖"先着吾鞭"的典故以资激励。因这首诗，遂改名"希祖"，字逷先。

1892 年（壬辰　光绪十八年）　14 岁

父朱永檠病故。

1895 年（乙未　光绪二十一年）　17 岁

春，有嘉兴落帆亭之游，作五绝一首，诗云："击楫快中流，壮心本未已。暂落此间帆,前程犹万里。"

1896 年(丙申　光绪二十二年)　18 岁

本年,举秀才。

1897 年(丁酉　光绪二十三年)　19 岁

开始就馆授徒,奔走衣食。

1901 年(辛丑　光绪二十七年)　23 岁

本年,举廪生。

1902 年(壬寅　光绪二十八年)　24 岁

母沈太夫人逝世。

阴历三月十二日,与邑绅张小廷之女玉瑱结婚。夫人玉瑱,后改名张维,曾创办海盐第一所女子小学——婴英女学,编有《汉魏六朝女子文选》。

1903 年(癸卯　光绪二十九年)　25 岁

赴杭州乡试,不第。

闰五月初四,长女倩出生。

1904 年(甲辰　光绪三十年)　26 岁

邑人设小学堂于戚宝桥黄宅,受聘为教员。

1905 年(乙巳　光绪三十一年)　27 岁

阴历七月,赴日本留学,入早稻田大学师范科。

阴历九月二十五日,次女俶出生。

1907年（丁未　光绪三十三年）　29岁

阴历三月初三,长子偰出生。

1908年（戊申　光绪三十四年）　30岁

1月,伯母余太夫人病逝,朱希祖因从小出嗣长房,遂请假回里奔丧。

2月,夫人张维所创办的婴英女学开学。

3月8日,回日本复学。

4月4日,与钱玄同等请章太炎讲《段注说文》,正式成为章太炎弟子。7月,章太炎应鲁迅、许寿裳等之请,于民报社为朱希祖、钱玄同、朱宗莱、龚宝铨、鲁迅、周作人、许寿裳、钱家治八人开特别班讲授小学。

1909年（己酉　宣统元年）　31岁

5月,毕业于早稻田大学。7月,归国。

秋,应浙江两级师范学堂监督沈钧儒之请为教员,与鲁迅、许寿裳、钱家治、夏丏尊、张宗祥等为同事。

1910年（庚戌　宣统二年）　32岁

改就嘉兴浙江第二中学,学生中有沈雁冰（茅盾）。

阴历三月二十一日,二子侃出生。

1911年（辛亥　宣统三年）　33岁

1911年10月,武昌起义。11月5日,浙江独立。11月9日,经公举并报嘉兴军政分府批准,任海盐县民事长。

阴历四月,三子鼎出生,阴历十一月,鼎殇。

1912 年(壬子　民国元年)　34 岁

3 月 20 日,辞海盐县民事长之职,应沈钧儒之请赴杭州教育厅任职,为第三科科长。

阴历九月初二,四子侨出生。按:因三子鼎仅七个月即早殇,故朱侨虽为四子,但在朱希祖在日记中一直称其为三子。本年表从日记,下称朱侨为三子。

1913 年(癸丑　民国二年)　35 岁

2 月,作为读音统一会浙江省代表,出席在北京召开的全国读音统一会。从其师章太炎由古文籀篆径省之形所创制的 36 个纽文(声母)、22 个韵文(韵母)中选出 39 个,作为标音符号,起草议案,并联络马幼渔、鲁迅、许寿裳、钱稻孙、陈睿共同具名,向大会提出,获得通过,中国有注音符号自此始。

4 月,应北京大学聘,为预科国文教授。

1914 年(甲寅　民国三年)　36 岁

1 月 1 日,与沈钧儒相约留须。日后连鬓大胡,有美髯之称,人称"朱大胡子"自此始。

9 月,被聘为清史馆协修。

阴历十月十九日,三女僖出生。

1915 年(乙卯　民国四年)　37 岁

2 月,改任北京大学文科教授,授中国文学史,编《中国古代文学史》。时章太炎被袁世凯软禁于北京,随侍左右,多有请益,并与同门四方营救。

1916 年(丙辰　民国五年)　38 岁

正月十六,五子㑇出生。按:因三子鼎早殇,故朱㑇虽为五子,但在朱希祖日记中称其为四子。本年表从日记,下称朱㑇为四子。

秋,兼高等师范教授,于北大和北高师同时讲授中国文学史,编《中国文学史要略》。

1917 年(丁巳　民国六年)　39 岁

嫁内侄女张受采于沈钧儒之长公子沈谦。

1918 年(戊午　民国七年)　40 岁

任北京大学国文学研究所主任。

春,参加蔡元培发起组织的教育研究会,讨论修改教科书、改文言为白话等问题。

阴历七月二十六日,长女倩因患肺结核逝世,年十六。

1919 年(己未　民国八年)　41 岁

2月,与马裕藻、胡适、钱玄同、周作人、刘复等六人被北京大学推选为"国语统一筹备会"会员,并在第一次大会期间,提出《请颁行新式标点符号议案》,此议案后经胡适修改,第二年颁行全国。会上,六人还向大会提交了《国语统一进行方法》议案,提出"把《国文读本》改做《国语读本》,国民学校全用国语,不杂文言,高等小学酌加文言,仍以国语为主体。国语科以外,别的科目的课本,也应该一致改用国语编辑。"1920年1月,教育部正是通令全国逐步实施该方案。

9月,因沈尹默病假,任北京大学中文系代理主任。

10月,在北京大学史学系三年级开设史学史课程,这是中国史学界第一次提出"史学史"这一概念,其授课讲义《中国史学概论》是中国第一本的史学史讲义。该讲义后经修改,1943年由重庆独立出版社出版,名《中国史学通论》。

12月,因北大史学系主任康宝宗于11月突然病逝,经蔡元培举荐,出任北京大学史学系主任,同时兼任中文系代理主任。

本年秋,长子偰入北京四中,次女俊入女子高等师范附属中学,二子侃、三子侨入北京师范附属小学。

1920年(庚申　民国九年)　42岁

4月,不再兼任中文系代理主任。

本年秋季新学期开始,分别聘请李大钊担任唯物史观研究课程,何炳松担任历史研究法课程,陈衡哲担任西洋近百年史和欧亚交通史课程,力图以欧美新史学改革中国旧史学。

1921年(辛酉　民国十年)　43岁

1月4日,文学研究会成立,出席在北京中央公园来今雨轩举行的成立大会,为12位发起人之一。

8月,为何炳松翻译鲁滨逊《新史学》作序。

10月,撰《北京大学史学系编辑中国史条例》。

1922年(壬戌　民国十一年)　44岁

1月,北京大学研究所国学门成立,蔡元培为研究所国学门委员会委员长,沈兼士为主任,朱希祖与顾梦余、李大钊、马裕藻、胡适、钱玄同、周作人为委员。

5月初，与沈兼士、陈垣、马衡商议将清内阁档案残余部分划归北大整理。12日，代蔡元培起草致教育部函《呈请教育部拨历史博物馆所藏清内阁档案为北京大学史料文》。17日，与沈兼士、马衡、单不庵、杨栋林将历史博物馆所藏明清档案运回北大。

7月4日，成立明清档案整理会，主其事。

本年秋，二子倪毕业于北京师范附属小学，入志成中学；三子侨、三女僖、四子偠入孔德学校，分别在不同年级就读。

1923年（癸亥　民国十二年）　45岁

6—8月，应陕西督军刘镇华之请，与陈百年联袂入关讲学，遍谒汉唐陵寝，广搜关中古籍。

9月，与叶瀚北游大同，访云冈石窟。

10月，应许寿裳之请，兼任北京女子师范大学教授，讲授中国文学史。

11月，应武昌高等学校之请，与李大钊等南下讲学，并与李大钊绕道上海，谒孙中山先生，谈北方事。

本年，购得明钞宋本《水经注》，后王国维、章太炎为此书作跋，胡适亦专门为此书写了考证文章。因《水经注》为郦道元所作，朱希祖将自己藏书室命名为"郦亭"，章太炎为之书匾。

本年秋，长子偰入北京大学预科乙部，次女倓入北京女子师范大学预科。

1924年（甲子　民国十三年）　46岁

1月19日，出席纪念戴震200年生日大会，在大会上就戴震与《水经注》问题发表演讲，当日发表演讲的还有梁启超、胡适、沈兼士、钱玄同等。

4月,回海盐扫墓,与张树屏谈修海盐县志事,张树屏召集全县士绅,公推张元济为正局长,张树屏为副局长,朱希祖为总纂。后此事未果。

11月,冯玉祥驱逐溥仪出宫,清室善后委员会成立,聘朱希祖为顾问干事,参与点查故宫文物。

本年8月,三女僖因染猩红热夭折。

1925年(乙丑　民国十四年)　47岁

9月,任故宫博物院文献馆导师,主持档案整理工作。

本年,北京大学同人发起驼群社,取"任重致远"之意,社员有朱希祖、沈士远、沈尹默、沈兼士、马裕藻、马衡、马廉、李润章、李圣章、陈垣、刘半农、周作人、张凤举、徐效臣、俞平伯、陈百年、李宗侗、徐炳昶等。

本年秋,长子偰入北京大学政治学系,次女倓亦转入北京大学。

1926年(丙寅　民国十五年)　48岁

3月,完成《续曲录》。王国维曾撰《曲录》,朱希祖此书补王氏之不足。

8月13日,赴女师大学生许广平等三人为鲁迅举行的饯行宴,同坐者有徐炳昶、沈士远、沈尹默、许寿裳。

10月16日,与吴承仕、钱玄同、马裕藻、沈尹默、郑奠、李仲衍等共宴黄侃。

1927年(丁卯　民国十六年)　49岁

8月,张作霖派刘哲改组北大,称为"京师大学校",朱希祖羞与为伍,改任清华学校史学系教授。

1928年(戊辰　民国十七年)　50岁

2月20日,在清华学校作《中国铁器时代之考证》。

2月,应黎锦熙之请,兼任京师大学女子第一部(即原先的北京女子师范大学)教授,授中国文学史。

5月20日,梁启超弟子谢国桢来寓阅所藏之南明史籍,谢氏自此常至寓所阅读,后撰《南明史籍考》一书,朱希祖1931年6月18日为之作序。

6月8日,国民革命军进入北京,北大开始酝酿复校。11日,与马裕藻、杨震文、陈百年四人负责接收北大一院。

7月10日,参加北大北伐胜利庆祝会,并代表教职员致庆祝辞。

10月22日,国立中央研究院历史语言研究所正式成立,蔡元培聘其为该所特约研究员,并拟聘为中央研究院历史博物馆筹备处主任。

11月24日,参加《清史稿》审查讨论会,被推举为故宫博物院审查《清史稿》委员会主任。

12月,发起筹备中国史学会,这是中国第一个大学校际间的史学研究会。

1929年(己巳　民国十八年)　51岁

1月13日,中国史学会召开成立大会,当选为主席。

2月,陈百年任北京大学代理校长,请其回校任教,并代为规划史学系事,先后至陈垣、陈寅恪、陈衡哲、陆德懋等处,聘请其至北大任教。

3月11日,北京大学复校后正式开学,仍任史学系主任。清华大学改聘其为兼任教授。

6月,故宫博物院成立文献馆专门委员会,与沈兼士、陈垣、徐炳昶、吴承仕、朱师辙、陈寅恪、许宝衡、傅斯年等为委员。

8月13日,蔡元培聘其为中央研究院历史博物馆筹备委员会常务委员长,傅斯年、裘善元为常务委员,陈寅恪、李济、董作宾、徐中舒为委员。

9月,中央研究院历史语言研究所组织"明清内阁大库档案编刊会",推定朱希祖及陈垣、陈寅恪、傅斯年、徐中舒五人为编刊委员,指导档案整理工作。

11月,国立北平研究员史学研究会成立,被聘为会员。

本年8月,长子偰赴德国柏林大学留学,习财政经济之学。9月,次女倓入北京大学国学门研究所。三子侨入北京大学预科。

1930年(庚午 民国十九年) 52岁

4月,受故宫博物院文献馆馆长沈兼士之托,审定乾隆内府铜版地图。

12月,因学潮,辞去北京大学史学系主任。

本年秋,二子偲入北平大学农学院,三子侨入北京大学经济系。

1931年(辛未 民国二十年) 53岁

1月,北大校长蒋梦麟允朱希祖辞职。改就中央研究院专职研究员,仍兼任历史博物馆筹备委员会常务委员长、明清编刊委员会委员。

2月10日,北大史学系全体学生致函朱希祖,深表歉意。

3月15日,撰《编撰南明史计划》。

1932年(壬申 民国二十一年) 54岁

3—5月,章太炎在北平讲学,随侍左右。

9月,广州中山大学校长邹鲁电聘朱希祖为史学系主任。时朱希祖搜集南明史料已逾十载,因两广为南明诸王兴兵抗满之所,故颇愿一往,以实地考察并搜集史料。

10月5日,由北平起程,道出南京,与长子偰访南京名胜古迹。15日,抵广州,任《广东通志》编纂委员会委员。是日剃去了保留了18年的大胡子。

11月19日,任中山大学文史研究所主任,开始起草《新修〈广东通志〉略例及总目》,至12月8日基本完成。

12月7日,夫人张维偕次女朱倓由北平起程南下广州,12日,抵达广州。一家租赁广州东山圭冈三马路20号三楼居住。

1933年(癸酉 民国二十二年) 55岁

1—3月,因日军进犯山海关,北平危急,致信北平家人,将所藏善本书或存德华银行或寄广州。2月1日派夫人回北平处理书籍,至23日先后由北平寄广州402包。3月17日,夫人又亲携书籍15箱至广州。

2月16—26日,改定《新修〈广东通志〉略例》《新修〈广东通志〉总目》《新修〈广东通志总目〉说明书》。

3月12日,谒南明邵武君臣冢。14日,作《邵武广州殉国诸王考》。

12月,作《广东东林党列传》。

本年,为中山大学文史研究所招考研究生事多所谋划。2月5

日,与文学院院长吴康谈招收研究生事。6日,撰《文史研究所招考研究生计划》。7月15日,作《中山大学文史研究所招考研究生简章》。8月3日,为组织研究生北平考点事亲赴北平。9月23日,招考研究生工作结束,共录取五人。中山大学有研究生,自此始。

1934年(甲戌　民国二十三年)　56岁

1月,旧日北大弟子、南京中央大学校长罗家伦聘朱希祖为史学系主任。

2月21日,只身从广州起程赴南京。26日,至中央大学访罗家伦,接洽史学系事。

3月2日,与文学院长汪东商定史学系课程。8日,到校授课。

5月15日,夫人张维、次女朱倓由广州抵达南京。

6月1日,接行政院聘书,为中央古物保管委员会委员。12日,接北京大学聘书,为北大名誉教授。

7月6日,四子倞自广州抵南京。同月,二子偰、三子侨分别毕业于北平大学农学院、北京大学经济系,先后来南京省亲。

11月,发起组织南京古迹调查委员会。30日,该会正式成立。

本年,开始对南京及其周边地区的古迹,尤其是六朝陵墓进行实地调查。

本年,感于时事,着力研究宋代史实,成《赵明诚年谱》《〈伪齐录〉校正》《〈伪楚录〉辑补》《〈杨幺事迹〉考证》。

1935年(乙亥　民国二十四年)　57岁

2月14日,受中央古物保管委员会委托,与滕固起草《古物范围及种类(草案)》。4月17日,中央古物保管委员会第二次全体大会公决通过该草案,定名为《暂定古物之范围及种类》。同日大会,推定朱希祖等人起草修改《古物保存法》。

5月31日,《六朝陵墓调查报告》完稿,10月下旬,正式出版。

8月,回北平整理藏书,兼访旧友。

8月,接章太炎信,约为《制言》半月刊撰述人。

10月22日,简派为1935年高等文官考试典试委员。

1936年(丙子　民国二十五年)　58岁

2月初,接章太炎来信,约至苏州章氏国学讲习会讲学。自此之后,每月往讲一次。

2月16日,参加北京大学同学为蔡元培七十寿辰举行的公宴。

2月17日,受中央研究院等机构委托撰《史料展览会征集史料启》。

4月14日,在中央大学为国文系学生讲演《汉代南北两派文学比较》。

6月14日,接苏州章宅电,云太炎先生逝世。次日,赴苏州吊唁。17日,回南京。

8月19日,赴北平,整理藏书,兼访旧友。

9月4日,参加由北平章门弟子发起的章太炎先生追悼会。

本年,为李唐氏族渊源问题、明成祖生母问题,分别与陈寅恪、傅斯年等展开论辩。

1937年(丁丑　民国二十六年)　59岁

6月8日,检出著述九种(《中国文学史要略》《中国史学概论》《六朝陵墓调查报告》《〈杨幺事迹〉考证》《〈伪齐录〉校正》《〈伪楚录〉辑补》《宋代官私书目考》《宋代金石书录》《郦亭文录》),送中央大学十周年纪念会陈列。

7月2日,与长子偰游黄山。11日,下山,始知卢沟桥事变爆发。

13日,赴杭州。14日,与章太炎夫人汤国梨谈章太炎墓地事。

8月,战事日紧,南京迁家避难者日多。自8月1日起,朱希祖将十余万册藏书装箱,准备迁至徽州。13日,由铁路运至宣城。之后历经艰难,于10月20日,辗转运至休宁隆阜戴震藏书楼,托戴震后人戴伯瑚保管。夫人也暂居隆阜。

其时,中央大学已决定迁校重庆。10月22日,偕四子倞离隆阜赴重庆。11月6日,抵达重庆,访文学院长楼光来,接洽史学系工作。

12月2日,开始至中央大学授课。

1938年(戊寅　民国二十七年)　60岁

2月10日,阴历正月十一,六十寿辰,诫家人"国难期间,不可庆祝"。

同日,与文学院长楼光来、国文系主任胡小石、英文系主任范存忠商谈下学期院务。

5月28日,夫人抵达重庆。

6月19日,租定长江南岸袁家花园房屋。此处与中央大学相去近七十里,每星期四天住家,三天住校,路途往返,舟车劳顿,时遇空袭,苦不堪言。

7月9日,孙世扬从武汉将章太炎书札数百通寄至重庆朱希祖处,拟集款付印。此后直至1939年1月,与徐复及章太炎女婿朱镜宙等,选编抄录(徐复等人的抄件现藏温州图书馆)。

9月,四子倞入中央大学。

9月之后,大量阅读哲学及心理学书籍,对尼采的超人哲学心有独钟。

12月31日,访张继,谈保存政府档案及筹设国使馆事,受张继委托,作议案一篇,以备五中全会提出。

1939年(己卯　民国二十八年)　61岁

1月17—21日,代张继作《建立总档案库筹设国使馆议》。

1月27日,撰《〈教育部新订史学系课程表〉审查意见》。

3—5月,撰写《汲冢书考》。(中国古代文献有三次大发现,一为孔壁书,二为汲冢书,三为甲骨文。对汲冢书,虽然近代学者朱右曾、王国维等做过一些研究,但比较系统全面地考证汲冢书的,就数这部书了。)

1940年(庚辰　民国二十九年)　62岁

1月9日,张继为国史馆筹备委员会事来访,委托朱希祖代为谋划。先后制订《国史馆筹备委员会组织大纲》等文件。

3月7日,国史馆筹备委员会正式运作,为总干事。

3月5日,蔡元培于香港病逝。16日,撰《哀中央研究院院长蔡孑民四绝句》。24日,参加公祭蔡元培大会。

3月14日,国民政府国防最高会议通过考试院《请简任朱希祖先生为考选委员议案》。21日,赴考选委员会办公。27日,辞去中央大学史学系主任及教授职务。此后,以考试院考选委员为本职,以国史馆筹备委员会总干事为兼职。

4月25日,国史馆筹备委员会迁至歌乐山向家湾,并借用考选委员会房舍为宿舍,朱希祖少了两头奔波之苦。

9—12月,常在病中。

12月8日,简派为1940年度高等文官考试典试委员。

1941年(辛巳　民国三十年)　63岁

2月6日,辞国史馆筹备委员会总干事,改为顾问。11日,为考选委员会撰《〈授予学位法〉意见书》。

6月1日,全家迁居歌乐山向家湾。自此,寓所、考选委员会、国史馆筹备委员会相近咫尺,可免跋涉之苦。

8月3日,简派为1941年度高等文官考试典试委员。5日,任考选委员会学术会议主任。

12月16日,撰《上委员长书》,谈东南亚局势及应对之策。

本年,多病。

1942年(壬午　民国三十一年)　64岁

2月2日,与女婿罗香林谈《〈伪齐录〉校正》《〈伪楚录〉辑补》出版及所藏地方志归于公家事。(《〈伪齐录〉校正》出版时改名为《〈伪齐录〉校补》)。

3月1—7日,按清代行政区划,分府编纂所藏各省地方志目录,有直隶、河南、山东、山西、陕西、甘肃、宁夏、四川、湖北、湖南、江西、安徽、江苏、浙江、福建、台湾、广东、广西、贵州、云南、奉天、吉林、黑龙江、新疆共24省1227种。

3月28日,在考选委员会讲演《新五福论》。

8月28日,旧友马寅初来访,述其被捕及放逐之由。

11月2—19日,先后将修订后之《中国史学通论》《〈伪楚录〉辑补》《〈伪齐录〉校补》交重庆独立出版社。

1943年(癸未　民国三十二年)　65岁

1—3月,为章太炎女婿朱镜宙捐一万元于中央大学国文系设立章太炎奖学金事,与中央大学多次联系。

3月6日,简派为1943年度高等文官考试典试委员。

3月24日,中国史学会成立于重庆,当选为常务理事。

4月5日,出席中国史学会常务理事会,提出《建议教育部请在国立各大学分设中国分代史讲座以备完成中国通史案》。

12月4日,与长子偰谈将来设置"郦亭图书馆"事,拟仿天一阁制,以垂久远。

12月5日,与张继评当代史学。

1944年(甲申 民国三十三年) 66岁

1月8日,与张继谈整理中国历史原则。

1月11日,因心脏病入中央医院。此后,病情时好时坏,多次出院入院。

1月31日,完成教育部委托审查朱文长所著之《史可法传》的审查报告。

7月5日,病情恶化,下午5时40分逝世于重庆上海医学院附属医院。

8月8日,于中央图书馆举行公祭。10月20日,国民政府颁发《褒扬朱逖先令》。

名 作 欣 赏

建立总档案库筹设国史馆议

中国国史不可自吾党而绝,犹中国国祚不可自吾党而亡,良由民族之所以悠久,国家之所以绵延,全赖国史为之魂魄。美洲之红种、非洲之黑人、中国之蛮蜒、日本之虾夷,惟其无历史,所以不能建立国家,繁衍种族。周之獫狁、汉之匈奴、唐之突厥、清之准噶尔,其建国不可谓不大,其种姓不可谓不强,惟其无历史,所以故国永沦而不复,人种华离而日衰。中国在宋末曾灭于元,不百年而复,在明末又灭于清,不三百年而复,盖吾族自有其历史,决不甘屈服于他族之下。是故亡史之罪,甚于亡国。亡国而国史不亡,则自有复国之日。何则?其魂魄永存,决不能消灭也。自古以来,灭人之国,必以其历史为先务,端由于此。古人有言,国必自伐而后人伐之,则史亦必自灭而后人灭之。自灭者,蔑弃史料,不修国史,如獫狁以至准噶尔是也。人灭者,尊重史料,常修国史,虽为敌国禁毁,而终有副本流传,不可终灭,如清乾隆禁毁明季历史以及史料是也。德国大哲黑格尔不喜读中国历史,以其笃守旧常,不务进化,人类迈进之精神,读此反为其阻滞,此则吾人当改革群化,创造新史,以一雪此耻。然黑格尔之撰历史哲学,则又以吾国为首创历史排列有史国家,终擢吾国为第一。且谓蒙古虽统一亚洲,侵蚀欧土,然于历史无其地位。印度之亡,亦以不重历史。惟中国绵延不绝者,端赖历史悠久,取精多而用物宏,其势然也。然则自吾祖宗缔造历史,历代赓续,未有中绝,垂四五千年而光照天壤,世界各国无与伦比,国土之大,人口之众,皆受历史精神融铸,断然不可分割。为子孙者,岂可妄自菲薄,不为之继续撰述,传之无穷,而自侪于无史国家乎。夫欲续历史,不可不设国史馆,欲保存史料,不可不设档案总库。盖国家档案,为史料之渊海,国史之根柢,实为至高无上之国宝,当局缔造经营之苦心寄焉,国民劳苦建设之精神系焉。故保存之方,尤宜尽力讲求,今分别规划如下。

  中华建国以来,南北政府档案,以不甚重视,散佚不少。国民政府成立以后,行政院曾在南京设档案库,以收藏北政府之内阁及各部残存档案。抗战以来,行都设于重庆,当仓皇播迁之时,自国府以及各部院会档案,闻亦有散佚弃去者,沦陷区之省府档案,更无论矣。其北平旧阁部档案,恐又不免遗失,以国家如此重宝,付之于不知爱惜者之手,宜其弃之如敝屣也。吾国历代史官制度,史籍撰辑,记载颇详,惟平日保存政府档案,以为史料渊源者,略而不记,惟《宋史·职官志》有主管架阁库,掌储藏帐籍文案,以备用,选择人有时望者为之。旧有管干架阁库官,宣和罢之。绍兴十五年复置,吏户部各差一员,礼兵部各差一员,刑工部共差一员,以主管尚书某部架阁库为名。嘉定八年,又置三省枢密院架阁官。案架阁库,即今所谓档案库,各部档案,共设一库,所以使专职保存,迁移无失。盖南宋当绍兴初年,金人南侵,行都播迁无定,故有此制,诚善法也。惜其制度尚未完备,盖其时三省枢密院文书尚未加入也。嘉定八年,虽增设三省枢密院架阁官,然与六部架阁官,各司其事,未尝并为一库。金之尚书省架阁库管勾,元之中书省架阁库管勾,清之内阁典籍,皆仅管宰辅文书,其它各部院文书,皆别设官掌之,其保管之法,皆未尽善。惟《周礼》春官天府一职,掌祖庙之守藏,(案老聃为周守藏室吏,即为此官所属书记官。)凡国之玉镇大宝器藏焉,凡官府乡州及都鄙之治中受而藏之,以诏王察群吏之治。案治中之中,即册字之篆写省文。册,篆文作冊,省作冊,即今之文书案卷也。后人误认为中正之中,非是。郑注谓"治中谓其治职簿书之要",其说是也。汉有治中官,即后世之主簿。若迁宝则奉之,(案王者迁都,则宝亦迁,所藏文书案卷亦奉以俱迁。)此则为保存档案最善之法。档案保存于祖庙之守藏,与国之大宝器同掌于天府,则视档案亦如国之重宝,尊之至重之至也。若迁都,则档案与国之大宝器随祖庙之迁移,则莫敢不视为先务,而有遗弃散佚之事也。且其档案保存之范围甚广,数量甚多。所谓凡官府乡州及都鄙之治中受而藏之者,贾公彦疏谓"此自王国以至四疆,皆有职司治事文书",群吏,即百官府通内外乡大夫士言之。又各官府档案,至少必录二本,一本登于天府,一本藏于本署,如《小司寇》:"大比,登民数及讼狱之中,(案此中字,亦册之省文。)皆登于天府也。"则户口册讼狱册,既藏于小司寇,又藏于天府也。《司勋注》谓"功书亦藏于天府",则考功书既藏于司勋,又藏于天府也。又有多录副本,藏于他官府者,如《乡大夫》云:"乡老及乡大夫群吏,献贤能之书于王,王再拜受之,登于天府,内史贰之,(案贰谓藏于副本。)则贤能书既藏于乡大夫,又藏于天府,又别藏于内府也。"《大司寇》云:"凡邦之大盟约,莅其盟书,而登之于天府,大史、内史、司会及六官皆受其贰而藏之。"则大盟约既藏于大司寇,又藏于天府,又别藏于大史以下诸官府也。副本既多,则此官府之档案失,尚有他官府之副本或正本存,则其保存之法,可为周密之至矣。由今观之,《周官》保存档案之术,虽可师法,然尚嫌太繁,宜采英国蓝皮书制度,将全国重要案卷分为二期,一为当时可发表者,即印于蓝皮书(案蓝皮书之名,可取唐宋政记之名易之,说详下)而公布发表,使国民咸知。则此类档案已保存于蓝皮书,藏于图书馆,可以不烦再为录副,特别保存。一为秘密档案,一时不可发表者,则存于特别档案库而严密保存,将来即可用为史料。如此,则保存档案之法,简而易守,今拟取英国蓝皮书之法,将多数可发表之要案,印于时政记公布。又取周官天府之法,设一总档案库,将少数秘密及重要案卷藏入此库,既易严密保守,又易全部迁移。兹拟具体条例于下:

总档案库设于国民政府,所藏皆各院部会之机密重要档案正本,国府文官长管其钥。更师古代金匮石室遗意,特造钢骨水泥之地下库,而以铁匮藏其中,国之重宝可同藏焉。各院部会自藏其副本,俟时效已过,或取出发表于时政记,或终藏于档案库,将来择其宜者,作为史料。

至于国史,则中华建国廿八年矣,国史之馆,未尝设立。然而政府命令,每当大员捐馆,必云宣付国史馆立传。夫既无史馆,于何宣付?既无史职,谁为立传?原当局之意,未尝不知国史馆之重要,尝冀建立,以扬耿光。故必垂之命令,岂欲徒托空言?徒以倡导无人,规划无术,贻误蹉跎,遂为缺典。及至抗战,又视为不急之务。不知存亡继绝之交,史务尤宜重视,捐躯报国,毁家纾难,以及内政外交,军务战绩,非有专职记载,何以鼓舞群伦,宣徽来禩?宋高宗艰苦中兴,不废史职。绍兴二年,诏汪伯彦等编类元帅府事迹,以付史馆,六年,史馆修纂《大元帅府事迹》十卷,上之。其它巨著,咸有可观。南明弘光、隆武、永历,崎岖南国,亦设史臣,多所撰纪。是以南宋、南明,史迹最多,流传至今,不致中绝,类皆发愤于夷狄之侵,奋笔于兵兴之际,扬腥臊之秽迹,表忠烈于千秋,国家至急之务,孰有过于此者?今国体改革,史职亦宜变通。吾国史务最完备者莫如唐宋,书榻前议论之辞,则有时政记(案今中央党部重要会议录,及行政院重要会议录,足以当此);记柱下见闻之实,则有起居注。类而次之,谓之日历;修而成之,谓之实录。于是宣付史馆,汇为史料。旁稽野史外记,博采文集奏疏,分朝撰进,谓之国史。今起居注、实录宜废,时政记、日历、国史宜复。惟有二事宜顾虑者,史官位望较轻,高级衙署不受约束,难以取会史料,一也。事关机要,须守秘密,行政当局不敢尽情供给史料,二也。此类史例,史不绝书。是以唐宋二代,多以宰相监修国史,时政记房、日记所、国史院往往直隶中书、门下二省。今拟时政记、日历、国史统归国史馆撰辑,而国史馆直隶于国民政府,其馆即设于府内,与总档案库相近,而以监察院院长为监修国史。《诗》云:"既立之监,或佐之史。"虽诗所咏别为一事,然监与史性质稍相近,可相辅而行,且位尊而事易集也。惟国史与党史必宜划分界限,盖二者性质迥不相同,必不可混而为一,今拟具体条例于下:

时政记,仿宋三省与枢密院各撰汇送史馆之例,可由五院及军事委员会各撰辑重大政要可以发表者,月成一册,各送史馆。其事简之院,可季成一册送之。史馆总合其事迹,月撰一册或二册,由监修核定排印,公布发卖,使国民咸知。此即英国蓝皮书之成法,且可代替每月报告之政绩书。其机密重大事件,俟时效已过,则每季或每年总撰一册或二三册以补之。党史编纂处所编纂党部重要史记,亦宜月送或季送、年送国史馆,以备采入于时政记及日历、国史。唐宋时政记,亦有月送、季送、年送三种。至于时政记之体例,当别拟。唐宋时政记之流传于今者,惟有宰相李纲《建炎时政记》,可参考其成法,而变通之。

日历,按日记载军国政要,积而成编年史,与国史为正史体裁分为纪传表志者不同。然二者各有所长,故前代未尝偏废。今国史体裁,或宜参酌新史,略为变通。盖本纪之名,今不适用也,而日历则不能变。唐宋二代,每汇集时政记及起居注而成日历。起居注月成二册，日历则倍之。今既废起居注，则撰日历者，除凭借时政记外，必宜日访政要而记录之，月终呈于监修核定，发表时期，当别规定。

国史体例，已如上述，平日编纂典章制度，如前代之会要、会典等，以备纂修史志。日记职官除授及统计提要，以备修撰史表。撰宣付国史馆所立名人传，以备撰修史传。除党史编纂处所送党史及本馆所撰时政记、日历外，内采国民政府总档案库之档案为史料，又当特设史馆藏书所，以采集政府各种公报及内外日报、周报、月报，以及私人笔记、日记、文集、诗集，与夫统计年鉴、私史、外史（外国人记载中国史籍）、专史（如中国外交史、财政史之类）等，以补公家史料之不足。前代如唐宋二朝，每一帝必修一正史，今当以十年或二十年修一正史，民国元年以来，至国民政府成立以前之国史，必宜先修。其体例视旧史必须变通，当别拟。

国史馆既特设监修官，以修国史、日历及时政记，其下当设修撰官若干人、编修官若干人、纂修官若干人，以分修国史、日历、时政记，以明于政治、深于史学、优于文艺而有声望之人充之，其制度职掌，当别拟。

上列保管档案方法及监修国史条例，谓宜将总档案库及时政记二事急速先行创办，以减少档案之数量，改轻保管之繁重，即偶有迁移，亦轻而易举，而机要档案必宜分录副本，各司收藏，以备万一之遗失。其次划清党史、国史界限，俾各尽其职。否则，党史或过于庞大，或过于狭小，必茫无头绪，无从措手，俟各项略有端倪，规模粗立，然后规划日历及国史，如此则次序井然，有条不紊，实施既易，成效可期，是否有当，伏祈公决。民国二十八年一月二十二日。

录自中华书局《朱希祖文集·史馆论议》

元曙按： 鉴于抗战以来档案散佚，更鉴于民国以来国史不修，1938年末，国民党元老张继拟在即将召开的国民党五届五中全会上提出"建立总档案库筹设国使馆"的议案，委托朱希祖代为起草。朱希祖遂作《建立总档案库筹设国使馆议》，由张继、吴敬恒、邹鲁、王用宾、焦易堂、丁惟汾、程天放、夏斗寅、茅祖权、覃振、方觉慧、梁寒操、王子壮等十三人联名提出。全会通过了该议案。

朱希祖写此议案时，正所谓"中华民族到了最危险的时候"，他在这篇议案中提出"亡史之罪，甚于亡国"的观点，他说："亡国而国史不亡，则自有复国之日。何则？其魂魄永存，决不能消灭也。"鉴于此，他在此议案中，对史料之搜集、档案之保存、史馆之建立做了较为详细的擘画。此之后，1940年国史馆筹备委员会成立，张继为主任，朱希祖为总干事。

对此议案，辛亥元老，时任国民党监察委员刘成禺赞其为"中华建国以来第一大文字"，并有诗曰："废绝梨州徵季野，忽闻史馆杂旌旄。十年建国无文字，今日行都见凤毛。"诗中"梨州"为黄宗羲，"季野"为黄氏弟子、大史学家万斯同，在这分别喻指章太炎与朱希祖，因朱希祖为章太炎弟子也。

朱希祖任国史馆筹备委员会总干事之后，规划史馆制度，草拟《国史馆筹备委员会组织大纲》《国史馆筹备委员会办事细则》，另外还撰写了多篇有关国史体例问题的文章，全面系统阐明了对国史编纂体例之见解。朱希祖生前曾将这些文章汇编一处，总名曰《史馆论议》，保存在其婿罗香林处。1946年罗氏将《史馆论议》发表于《文理学报》第一卷第一期，1978年又将其交付台湾学生书局出版单行本，并由钱穆作序。后收入台湾九思出版社《朱希祖文集》（1979），及中华书局《朱希祖文集》（2012）。

《晚明史籍考》序

有普通目录之学，有专门目录之学。朱彝尊之《经籍考》、章学诚之《史籍考》，为经史专门目录之学。晚近因《史籍考》不传而分代为之者，如近时之《萧梁旧史考》《魏书源流考》，日本之元史研究资料并参考书目，虽广狭不同，精粗互异，要其为《史籍考》之流则一也。

安阳谢君刚主,有《晚明史籍考》之作,起于万历天启,讫于台湾郑氏之亡,明历告终,成书二十卷。盖自万历以来,记载繁赜,忌讳孔多;顺康之际,大兴史狱,至于乾隆,广蒐博采,一概禁毁。故《明史》自万历后,阙略讳饰,在所不免。《清史稿》于南明三朝,亦语焉不详。至于今日,收拾烬余,百无一二,即偶有遗编,然流传即尟,什袭弥珍,欲思补苴阙佚,匡正违误,盖綦难矣。夫其得之之难既如彼,需之之要又如此,自非气魄弘伟,毅力坚贞,尠有不望而生畏者。谢君秉承师教,成此巨编,阅时已及四年,奔走几及万里,凡通都大邑,官私藏书,靡不借览,旁及日本朝鲜,力所能及,亦尝钞译不倦,盖廑廑初稿,而所费精力已为人所不能及矣。

谢君以余曾治斯学,知其甘苦,征序于余。余自二十五年前游学日本,初留意于晚明史籍,其时二三师友,亦尝弘奖斯风。余杭章先生首先传刻张煌言《苍水集》、张斐《莽苍园文稿余》。苍水自言借声诗以代年谱,其书为瀹洲思明史事所萃;《莽苍园文稿余》,多殉国巨公传记,且嘉遯海外,与朱公之瑜同调合契,形之文告,由是舜水文集,亦传刻于海内。仪真刘氏,亦颇欲著后明书,预征章先生为序,今存于文集内,其条目可考也。其时东京、上海,声气相应,顺德邓氏乃大肆蒐辑,野史遗闻,遐迩荟集。断简零篇,邮之以学报,鸿文巨册,汇之以丛编。由是《南疆逸史》足本出,而杨氏十二跋遂传布于宇内,明季史籍之目,蔚为大观矣。海内学子,颇多抽其坠绪,广为蒐讨。盖读此等书者,皆有故国河山之感,故能不数年间,光复旧物,弘我新猷。回顾顺、康、雍、乾诸朝,出其暴戾雄鸷之力以从事于摧残禁毁者,方知其非无故也。民国既建,海上有《痛史》之刻,有《遗民录》之作,方期此等巨制,日出不匮,俾得汇辑丛残,完成信史,讵料十余年来,此风日就衰歇。盖群众心期,往往随一时之风气,而非思千秋之绝业也。

余廿余年来,南北奔走,亦尝从事采访,略有藏庋,传钞摘录,时有所获。然积之愈多,读之愈艰,考订编纂,更难为力,岁月蹉跎,迄无成就。窃尝思之,作史之业盖有三期。

第一,蒐罗务期广博。温睿临《南疆逸史》所采仅数十种,然徐鼒《小腆纪传》,尚未见及温书;李慈铭、傅以礼以博览名,亦未见徐氏纪传。古今著书,多有同慨。况内阁扃闭之籍,故家深藏之书,海外孤传之本,皆以渐而出,人寿几何,颇有难俟之感。故一方竭吾之力,从事蒐采,一方随所得书,从事整理,不必以前人所见之目尽入吾藏,方从事著述也。

第二,考订务期精审。前人著书,往往贪多务广,不加考订即据为事实,遂致真伪不分,是非难别。监国沉海之冤,东武纪年之讹,腾笑方来,贻误后叶,此皆偶尔不谨,致有此失也。他若王夫之之《永历实录》、林时对《荷锸丛谈》,率尔任情,遂成谤史,考其事实,大都不根,诸如此类,不胜枚举。至如十八先生之狱,名氏各书不同;郑延平王之封,年月诸家互异,非汇数十种之书,不能折衷一是。且考订一事,往往由甲及乙,由乙及丙,转辗牵连,都有异说。故欲定甲事,必先考乙,欲定乙事,又必考丙,非至静不能理其纠纷,非至明不能断其是非,非借助金石档案诗文笔札,亦无以知其致误之由。故有丰富之史籍,非经缜密之考证,譬犹金铁未炼,泥沙未去,不足以成器皿也。

第三,去取务权轻重。一切史材,非皆有用,何者宜取,何者宜去,非立定标准,不能权衡轻重。前人著史,往往侧重朝廷而轻视社会,注意政治而忽略文化,崇奉英豪而弃置群众,发扬道德而罕言经济,至若夷夏之辩、治乱之理,亦多忽诸。例如《小腆纪年》,专奖死节,每失一城,丧一地,死者姓名,累如贯珠,俨若尽瘁为一王,陨躬为一姓者。《胜朝殉节诸臣录》,遂欲鼓舞忠节,殉彼非类;又其时野史讥评,往往苛于从"贼",宽于降"虏",而不知李为同种,虏为异族,是非瞀乱,一至于此。

是故史料之考订虽极精确,而编纂之时,亦须纬以社会最要之条款,经以科学严格之律令,方足称为上乘。譬如览宫室之美,第一期欲入其门也,第二期欲升其堂也,第三期欲入其室也。既不可躐等以求,亦不可一蹴而几。积数十年之蒐讨研究,不旁骛于势耀,不耽逸于声华,尚未知能成与否。盖学问之成绩,不可徼幸致也。方今治史学者,滞初步则夸张目录,截中步则徒穷探枝叶,躐终步则或轻言编纂,稗贩钞胥,或空谈方法,道听途说,衒鬻诳耀,尊己凌人,此真所谓唐华朝菌,不经风霜者也。欲其革除叫嚣之风,振导朴实之学,岂不难哉。谢君富迈往之神,不肯以故步自封,方将游学海外,力求精进。此编之作,既自开辟门径,亦以灌溉朋侪,即如余之俭见寡闻,亦得一扩耳目,增益知识,岂得以目录之学少之哉!亦岂得以目录之学限之哉!

民国二十年六月,海盐朱希祖作于北平草厂大坑寓庐

(录自上海古籍出版社《朱希祖文存》,原载中山大学《文史学研究所月刊》第1卷第2期,1933年)

按:本文是朱希祖为谢国桢《晚明史籍考》写的序。谢国桢(1901—1982),字刚主,河南安阳人,我国著名历史学家、文献学家、版本目录学家。1926年考入清华国学研究院,师从梁启超,并从梁先生编纂《中国图书大辞典》。《晚明史籍考》就是谢氏受梁启超启发指导而撰成的一部考订晚明史籍的专题书目。

朱希祖是我国最具权威的南明史专家之一,他所搜集的南明史籍,无论数

量还是质量,国内无出其右者。谢国桢为撰《晚明史籍考》,经人介绍,于1928年5月20日,第一次至朱希祖寓所查阅朱氏所藏明季史籍,朱希祖女儿朱倓当日日记云:"清华学校研究生谢刚主来宅,阅家君之明季书籍并抄录序跋,盖彼欲为明季书籍目录也。自上午直至下午五时许始告归。"(《朱希祖日记》下册附朱倓《仲娴日记》,中华书局2012年版,第1482页。)自是之后,谢国桢经常去朱希祖家阅读并摘录朱希祖所藏之明季史籍。据南京图书馆李培文统计,谢国桢该书所记录的晚明史籍,朱希祖所藏"有其十之八"。(李培文:《朱希祖与郦亭藏书》,载《江苏图书馆学报》2001年第5期。)

1934年,朱希祖与谢国桢又同事于中央大学史学系,其时朱希祖为主任,谢国桢为讲师。因对古代典籍的共同爱好,他们两人在这年4月初,同往浙江访书并游览,先后至杭州、兰溪、严州、上海,历时九天,其时,朱希祖55岁,谢国桢33岁。

胡 小 石

■谢建华

胡小石(1888—1962),名光炜,字小石,号倩尹,又号夏庐,晚年别号沙公、子夏等。祖籍浙江嘉兴,生长于南京,一代国学大师,兼为文字学家、文学家、史学家、诗人、书法家。胡小石先生研究的范围广泛,特别以甲骨、钟鼎等古文字、音韵、文学史、书法及古物鉴别见长。1927年,中山大学语言历史研究所《考古丛书》发表了胡小石的《甲骨文例》,该书全篇分卷上"行式篇"、卷下"辞例篇",以"另辟新径"为宗旨,在甲骨文语法的研究上具有先导之功,为契文之学开了一条科学研究的新方法,有力地纠正了当时一些人以武断想象来解释甲骨文的错误,成为我国第一本研究甲骨文文法的著作。1928年上海人文出版社出版了胡小石的《中国文学史讲稿上编》十一章,此书篇幅虽不长,但具卓识,出版后颇为学界所重,是我国最早出版的中国文学史著作之一。他的学生遍布海内外,堪称桃李满天下。特别是他在20世纪30年代首开在高等学校进行书法教育之先河,使书法也与经学、小学、史学、诗学一样成为国学研究之科目,培养了一大批在海内外有影响的书法理论家和书法家。

从现代对胡小石先生的认识来看,更多注目重视的是他在书法上的成就。胡小石不但致力于书法的理论,而且付之于实践。他早年师法清末民初著名学者、金石学派创始人李瑞清,对篆、隶、楷、行、草都有广泛深入的研究。他的书学理论从甲骨、钟鼎、简牍、碑帖中综合探讨,论述干源枝派、风格造诣,继承和发展了李瑞清以治经方法论书的金石书派书学理论体系,并有所创新。他的书法,融碑帖于一炉,重用笔、富变化、涩笔顿挫,结字开合大度,取纵势,别成古朴瘦劲风格,在我国书法艺术史上占有重要的一页,为我国书法艺术的发展作出了重要贡献。

自19世纪末到20世纪中叶,中国社会发生了剧烈的震动和翻天覆地的变化。这是中国历史上变动最为剧烈的时期,其中有甲午中日战争、戊戌变法维新、庚子义和团及八国联军进京、辛亥革命民国建立、抗日战争、中华人民共和国成立等一系列的大事件。这些历史大事件直接或间接地影响到胡小石的人生历程,但无论什么时候胡小石的一生始终坚守着"不为燥湿轻重,不为穷达易节"的文人品格,以他那独立的人格、科学的思想、求真求善求美的自由意志和价值判断的慧眼特立于文坛、书坛,在历史潮流的奔腾回旋中显示出独特的光彩。

入两江师范学堂　　遇恩师李瑞清

　　胡小石先生1888年8月16日诞生于南京,祖籍嘉兴。其父胡季石长于古文和书法,家藏文物典籍甚富,与清光绪时曾官至刑部主事,后担任过上海南洋公学(即后来的上海交通大学)监督的沈子培(字曾植)是同乡,并且是同年的举人。胡季石得举人后举家从嘉兴迁居至南京,等待为官的机会。胡季石是兴化人刘熙载的学生。刘熙载晚年曾在上海龙门书院主讲,胡季石常去从学。刘熙载著有《艺概》一书,对于文、诗、赋、词曲、书法、经文等,都以历史发展为线索加以评论,是一部十分精彩的文艺批评著作,并具艺术史的雏形。刘熙载以《艺概》一书享盛名,但非一般词章家可比,其治学方法实属清仪征阮元、焦循一派,与乾嘉巨子戴东原(震)学派一脉相承,即以小学为基础进而攻治经、史、子、集。胡季石的学术研究现已无法考证,不过其子小石的研究路径确有刘熙载学术研究方法的影子。胡小石毕生从事古文字学,推本溯源,应是幼年即受到家教的陶冶与启发。

　　胡季石期望儿子日后成为一位著名的学者,在他10岁前一直都是亲自指导其读书。受刘熙载影响,胡季石在对儿子的启蒙教育中包含了较丰富的内容。他曾指导胡小石熟读《尔雅》。这是中国最早的百科词典,按字、词的性质和意义编排,内容包罗万象。因其主要解释古代经典词语,故也属经书之一种。阅读这部书,为胡小石走上博学多能的道路播下了种子。

　　但不幸的是,胡小石10岁时父亲突然病逝,家庭突然拮据,只得靠少量房租和母亲从事手工络丝等劳动来维持生活。孤儿寡母,备受富人们的欺凌。这种处境,培养了胡小石自幼奋斗自立的精神和偏于孤傲的性格，也增加了他继承"书香门第"，在学术上"独树一帜"的决心。

此后，胡小石不得不就读私塾。1899年、1900年两次考秀才失败，只得佾生（半个秀才）。1901年，胡小石13岁时，全国废除科举考试，改书院为学堂，引进西方教育体制和内容。当时任清政府学部管学大臣的张白熙主持起草的《钦定学堂章程》制定了我国第一个以高等教育、中等教育和初等教育三大级别七个等级的学堂教育制度。1902年经两江总督张之洞筹措，南京兴建了第一个具有现代教育意义的学校三江师范学堂。1903年张之洞接任学部管学大臣重定并颁布了新的《奏定学堂章程》，主张"中学为体，西学为用"，认为中国学校要把经史之学作为教学的根基，适当地吸收西学中有用的东西来弥补中学的不足，把中学交给中国老师教，把西方的科技和自然科学交给日本老师教。张之洞不仅系统地提出一系列的主张，而且运用其权力使之加以贯彻。

1905年3月，胡小石考取宁属师范简易科，学习类似于我们现在的中学课程。1905年著名的碑学大师、金石学家李瑞清担任由三江师范学堂改名后的"两江优级师范学堂"校长。他的名言是"嚼得菜根，做得大事"，这句话后被定为校训。李瑞清非常重视教育，曾说过："视教育若生命，学校若家庭，学生为子弟"，并且确实做到了身体力行。他聘用日本教师，严格规章制度，使两江师范学堂上了规模。李瑞清提倡科学、国学、艺术不遗余力。他把原来只在课堂上讲解的博物改为农博科，学生必须兼习农科。为此，学校购农田一百亩、耕牛十头，供学生实地实验用。不仅如此，他设置的图画手工科，设置了画室和工场等，并亲自授国画、书法课，在艺术教育上改变了传统私塾式的传授方法，为我国培养了一代美术教育人才。李瑞清可以说是我国高校美术系科的创始人。

1906年9月,胡小石考取了两江优级师范预科。读预科不到一年,于1907年2月便插班进入两江优级师范学堂农博分类科,所学科目有:生物、矿物、地质、农学等理论及实习。进入农博科,也许与他10岁时就熟读《尔雅》有一定联系。当时两江师范,自然科学主要由日本教习任教,而传统国学,则由校长亲自过问。胡小石以其家传的书法和深厚的国学功底,引起了李瑞清先生的注意。

入学不久,李瑞清出题测试,题目出于《仪礼》。胡小石因家里藏有一部张惠言的《仪礼图》,他小时候就爱看此书,所以一点也不感到陌生,这时便据此有条有理地写了一篇很好的文章。当时新学已起,年轻人中已很少有人钻研"三礼"之学。李瑞清发现一名学农博的新生竟然能做有关《仪礼》的文章,大喜过望,遂特加青睐,并亲自授以国学。这一年,吕凤子也考入两江师范学堂图画手工科。胡、吕均爱好书法,故同得李瑞清先生的器重,为其入室弟子,师从李瑞清学习《郑文公碑》和《张黑女墓志》。

中国书法自宋至今,书家初学之时无不师颜真卿,这也是书法发展历史上的一个重要现象。颜体用笔稳健苍劲、方圆兼备,结体茂密雄强、饱满端庄,最适合初学者学习。胡小石少时学书也是在其父的指导下临写颜真卿的《颜家庙碑》《东方画赞》等,这在他20岁左右的读书笔记中可见端倪。但那时的书法用他自己的话来说就是"楷书曾学颜体,陷于板滞,行书碌碌从众。入两江师范后,得李瑞清先生指导,始学北碑《郑文公碑》与《张黑女墓志》,于郑取其坚实严密,于张取其空灵秀美"①。由此可见,胡小石学习北碑得

---

① 吴白匋:《〈胡小石书法选集〉前言》,江苏美术出版社1988年版。

力于《郑文公碑》和《张黑女墓志》,郑书的坚实严密、端凝浑朴和《张黑女墓志》的空灵秀美、意拙神超都给胡小石以极大的影响,同时对《张猛龙碑》的碑阴那种隶情草意兼而有之、起落见笔、变化无端的题名更是认真研磨。他学习汉隶从《张迁碑》《乙瑛碑》《石门颂》等起,逐步旁及各家,现在我们所能看到他的隶书正是得《张迁碑》和《乙瑛碑》气势开张、笔力沉厚,得《张黑女墓志》和《石门颂》圆笔中锋、潇洒飞逸。

  1907年英国探险家斯坦因在敦煌玉门关附近发掘出了一批写有汉字的木简,使得这些在流沙中掩埋了两千多年的汉简重见天日。斯坦因无意中打开了罕见的中国书法宝库,那里面珍藏着中华先民最早的书法墨迹。首批789枚敦煌汉简被斯坦因运回英国后,法国汉学家沙畹博士很快将这批新出土的汉简编辑出版。这些汉简的出现也引起了中国文化界的震动,罗振玉、王国维通过与沙畹的联系,得到了这批汉简的图版资料,开始研究。而书法界的有识之士也纷纷开始临摹学习,李瑞清也将自己获得的《流沙坠简》的图片分享给自己的弟子。1914年罗振玉、王国维合撰的《流沙坠简》出版,胡小石认为学古人最好能看到古人的墨迹,《流沙坠简》正是汉、晋人手写而保留下来的最好范本,于是他就购汉简印本刻意摹写。他在临写《流沙坠简》时自题"已为大令开山"。胡小石这个时期的书法完全摆脱了唐楷的影响,在李瑞清的指导下取法高古,其气息、情调上探魏晋是非常难能可贵的。这为他以后的成熟发展打下了良好的基础。如1913年25岁写的小行楷书《诗稿》则分明为《张黑女墓志》的体势笔法,而1916年28岁写的诗稿和1918年30岁写的行楷《上李瑞清书》书信的体势于《张黑女墓志》中又合他所临习的《流沙坠简》一书所录部分魏晋残简书法的笔意和气韵。再如《胡小石书法选》中1916年的《文稿》和1918年的《古砖瓦文字考释手稿四则》用笔圆健流畅,结字体态表现为北魏墓志书法的行草化。胡小石开始明白了两汉隶分、章草,与魏晋楷书、行书之真相,而书法大进。由此可见,胡小石在入两江师范学堂之前并没有摸到书法之门径,在拜清末书学大家李瑞清为师之后,才得其亲传步步迈入书法艺术的殿堂,成为书法理论与创作的一代名师,并且成为金石书派的集大成者。

1910年2月,胡小石毕业后留校任两江师范学堂附中博物教员。此时,清吏部主事陈散原(字三立)正旅居南京,李瑞清特介绍胡小石与胡翔冬拜于陈散原门下,从受诗学。陈散原曾任吏部主事,因支持其父湖南巡抚陈宝箴创新政、倡新学,戊戌政变后,以"招引奸邪"罪,父子同被革职,永不叙用。1900年以后,曾长期居住于南京,筑室于西华门头条巷,名曰"散原精舍"。陈散原是清末诗坛"同光体"领袖之一。他对历代诗歌的源流演变和大小各家创作方法及特色均理解深透,不仅限于宋诗,在教学上因材施教,主张各就性情所近,从一体一家入手,继而摆脱陈言,博采众长,终于成就自家面目。陈散原命胡翔冬专习中晚唐五律,胡小石则从专习唐人七绝入手,而后再就性之所近,兼习各体。散原先生曾赞胡小石七绝诗曰:"仰追刘宾客,为七百年来罕见。"现代钱仲联编纂《近代诗钞》择录甚严,而选录胡小石诗八十多首,虽认为其诗歌存在着立意与篇章结构变化不够丰富的不足之处,但对胡小石诗歌总体评价甚高,认为其诗歌具有独特诗风,"得李瑞清之清隽,沈曾植之瘦硬,陈三立之镂刻,加之融会变通,形成了自己玄思骛想,百炼千锤的独特诗风,与唐代孟郊相近"①。胡小石受先辈们的指教既能研究,又能创作,在后来讲授文学史和专家诗选时,不仅能从

---

① 钱仲联:《近代诗钞》第3册,江苏古籍出版社1993年版,第2091页。

历史角度指出来龙去脉,而且能从艺术角度说出诗人甘苦。

当两江师范学堂在校长李瑞清的领导下办得最红火的时候,1911年10月辛亥革命爆发了。11月江浙联军攻打南京时,李瑞清宣布照常上课。两江提督张勋疯狂镇压革命党人,竟下令"剪辫者杀无赦",许多青年学生在李瑞清掩护下才得以逃脱。后来总督、提督、布政使均弃城逃跑,临危受命为两江布政使的李瑞清却独自留下。外国领事和传教士请他到外国军舰上暂避,他辞谢说:"托庇外人,吾所羞。吾义不欲去,使吾后世子孙出入此城,无愧可矣!"①革命军入城,都督程德全请他任顾问,他也复书辞谢。在召集江宁父老绅士,完整移交藩库储金和两江师范清册后李瑞清退居上海,自号清道人。之后,李瑞清以书学为职业,靠卖书画维持一大家人的日常生活。

随着辛亥革命爆发,两江师范学堂停办,不久附中也停办了。当李瑞清离开南京时,胡小石从城北居所急往城南藩署依依惜别,并挽留李瑞清留在南京,但李瑞清去意已定。

1912年3月胡小石受聘为江苏第四师范博物教员,后又经李瑞清介绍,任长沙明德中学博物教员。胡小石本想用学过的知识认真研究植物学,但因学校条件很差,无法做实验,转而钻研《楚辞》,考证其中的花草树木。在此校工作两年后,因生病胡小石只好辞职,回到南京城南新桥梧桐树家中,养病近四个月。病愈后应聘到江苏第一女子师范任教,教博物兼教国文。在此期间,胡小石系统地学习、研究了经学和古代文学,曾手抄四本《仲尚杂记》,详尽地记下所读的书和心得。此一阶段的苦学为其后的厚积薄发打下了坚实的基础。

---

① 菊南山:《清道人传》,载《东南文化》1994年第6期。

因与校长意见不合,胡小石在江苏第一女子师范做了三年的国文教员之后辞去教职。他自1910年两江毕业后直至1917年为中学博物教员,在采集动植物标本中不断发现日本人所定的中国动植物名的不妥之处,并根据《说文》《尔雅》等典籍加以纠正,就此对考订之学产生了浓厚的兴趣。他钦佩乾嘉学者程瑶田作《九谷考》的治学精神,经过实地调查考察,辨证《周礼》"九谷"之名实,论点精确,启发很大。因此,胡小石所作考订,除坚守乾嘉学风"无征不信"外(语出《礼记·中庸》:"上焉者,虽善无征,无征不信,不信民弗从。"),特别注重对实物的调查研究,核对文献资料,务求互相印证,得到比较准确的结论。

浸染于遗老之间 学问与书法精进

1917年8月由李瑞清介绍,胡小石去上海仓圣明智大学任国文教员,去了两个月因脚气病严重回南京家中休养。次年1月,应李瑞清之召,胡小石到其家中专门教授李瑞清的弟侄辈自然科学和国学,同时自己继续跟从李瑞清学习。在胡小石住进李瑞清家之后,当时已有名气的张大千也来跟从李瑞清学习。胡小石书法在学校时就跟李瑞清学习,后一直坚持练习,从未间断。

李瑞清乃江西临川著名藏书世家,碑版拓本甚富,胡小石于此耳濡目染,受益良多。特别是他当时在上海书画界名气很大,常受邀去品赏书画,胡小石总是陪同左右。如1918年3月31日,胡小石陪同李瑞清与吴伯琴、吴剑秋、曾熙同往神州国光社观古字画,见到了赵孟頫以枯淡之笔所作的《枯木石山图》,这在曾熙《自神州社归记》中有记载。另外,为了练就胡小石临场发挥的能力,李瑞清也常将自己写的文章或临帖也让胡小石写题记,如1918年9月

19日中秋,送高遐叟还江西,胡小石有题李端清书《清故扬州府学训导如皋祝君墓志铭》;1918年9月李瑞清临《毛公鼎》由震亚图书局印行,清道人有自跋,叙述了自己由南京到上海后,五年之间临习各种金石铭文,方知"知学书必从学篆始",现正逢自己五十岁,将临习的一通《毛公鼎》印之出版。胡小石在此书正文后作跋,论述了篆书以汉为界,前后各有三变。汉之前殷商书风质朴,书写总体为直来直去,为变一;而后周书风尚文,书写委婉曲折,为变二;而秦代恢复殷商之风,书写尚直,如李斯的小篆,为变三。汉魏在篆书上没有造诣,一直到唐代李阳冰的篆书,化方为圆,齐散以为整,但他的小篆的弊端很多,为变一;一直到清代邓石如,由汉代碑额的篆书,领略到秦代篆书的深邃,往往得李斯遗意,为变二;清代书家何绍基晚年喜好篆书,取笔于周代金文,因势于汉代碑石,势则小篆,笔则大篆,为变三。而李瑞清"求隶于石,求篆于金",遍临商周的金石铭文,得遒丽于《散氏盘》,矫变于《齐侯罍》《邛君妇壶》,雄直于《楚公钟》,方廉于《盂鼎》,宽厚于《克鼎》《虢季子白盘》,骀荡于《禺攸比鼎》《兮田盘》,纤劲于《拍盘》《陈曼簠》等,振奋了篆书,大篆由此复明。胡小石十分赞赏李瑞清的"嗟乎!学不通经,谓之俗学;学书不习篆,谓之俗书。且夫篆者,书之原也。吾其有以诏之矣。遂临毛公鼎,示学者以规矩,《易》所谓知天下之至啧而不可乱,意在斯乎,意在斯乎!其书则雕雕焉,穆穆焉,高矣美矣,小子何敢赞一辞焉。"从这篇跋可以看出,胡小石受李瑞清古文经学方法重实证和分析的影响,从甲骨、金文入手,研究书体、书风的变化,初步形成自己的书法理论观。

辛亥革命后,沪上寓居着不少前清的遗老遗少,其中不乏饱学之士,胡小石有幸经常向他们请教,受益匪浅。当时李瑞清的好友曾熙在湖南家乡闲居,后受李瑞清之邀赴上海以卖字画、授门徒为生,在书画界也是名声显赫,与李瑞清并称"南曾北李",与吴昌硕、李瑞清、黄宾虹并称"海上四妖",与李瑞清、沈曾植、吴昌硕并称"民初四家"。曾熙对晚辈胡小石也是喜爱有加,每每出版古代书法拓本、书法小册子、书法字帖,在请李瑞清写题记时,也请胡小石题写,给他展示才华的机会。如1918年4月曾熙在震亚图书局出版的《秦权量诏版景大本》,李瑞清、胡小石均有题秦量刻辞。曾熙自书:"宋脱泰山廿九字有此完好精神耶?大小徐既未见绎山真本,李阳父其果见之耶?此本盖不啻泰山新出土矣,小篆中兴,于此征之。戊午初夏,见震亚主人扩大秦量景本因识此,衡阳曾熙。"李瑞清题:"秦量刻辞。戊午四月,清道人题。"胡小石题:"观古鼎彝铭文,参差错落,上下左右,皆有俯仰揖让之眇,学人当以一字为一画,全章为一字。自汉以来,解此者鲜矣。后人目拘,执沈滞之《城隍庙碑》《三坟记》为篆书,此世所以无篆书也。秦斯去古未远,故其所作尚有典型。若此量'瀍''歠'二字,左右密联,揖让之规,眇合自然。本欲剪裁成帙,以便取携,恐部居既易,形势遂失,故特景印全文,示布白之秘。戊(午)四月三日,胡光炜记。"

现在还能见到的1918年6月出版的《钱南园杜诗苏诗合册》有曾熙、李瑞清、胡小石、李健、谭泽闿的题辞。胡小石首先论述了颜真卿书法出自褚遂良,看《送刘太冲》可知其秘密,认为自唐代以来学颜书者众多,但能够追本溯源者并不多,而钱南园就是其中之一。胡小石在此之前看过钱南园书写《鹏鸟赋》《杜诗》,以为是他晚年悟道之作。而此手书苏诗数首,以直笔为骨,以折笔取韵,由颜真卿的《送刘太冲》与《争坐位帖》可以看出,"转使不出本家,而波澜独迈千古,学颜至此,叹观止矣,又非特以人重也"。

其时晚清老宿像沈曾植、翁方纲、郑大鹤、徐积余、刘聚卿、王国维等都流寓沪上。这些人都收藏丰富,经常将各自平日所藏的金石书画、甲骨,相与观摩讨论。胡小石交游其间,得闻绪论,遂由碑版和法帖上溯金、石、甲骨刻辞。特别是沈曾植,既是同乡,又与胡季石是同榜,他念胡小石是故交之后,又看他如此聪慧好学,于是将文字、金石之学授之,对胡小石指导颇多。有了李瑞清、曾熙、沈子培的提携,后来其他的前辈也常请胡小石写题跋,1918年6月端阳后,震亚书局影印翁方纲临《化度寺碑》出版,胡小石题:"覃溪一生服膺《化度》,以为在《醴泉铭》之上,故生平于《化度》致力最深,论者莫不以为率更之功臣矣。欧书自唐以来无传者。唐石传世无虑千种,其佳者多出入虞、褚,武周之世,则率由随法开天以后,又时时阑入平原。宋世颜书遍天下,更不闻有专备永兴、河南,何论率更。元明崇帖学,正统实属吴兴。至国初,朝廷重董书,何义门、王虚舟由董入欧。义门小真书至佳,才作寸楷,便见困踬,不及虚舟也。独宗率更者,覃溪一人而已。近世何道州攻汉分,欲摩《张迁》之垒,而其中年独专小欧。衡阳曾农髯先生事《大王》,以《鹤铭》合《黄庭》,以《王基》入《戎路》,上通《夏承》《华山》,蔡学复明于世。偶以余力橅《醴泉》《化度》,观者惊叹,以为信本复生。二人者,皆下学欧而輒得欧之真,得其原也。欧本湖南人,而何、曾亦并出湖南,盖以其地耶?戊(午)五月廿八日为震亚主人跋覃溪临《化度》景[影]本,故记之。胡光炜识。"

另外,只要听说上海的哪个富豪之家藏有古代的字画和器物,胡小石就一定会登门拜访观看,偶有主人只知奇货可居而拒绝参观时,胡小石就会为古代文物埋没于铜臭之家而深感遗憾。他称那些只知倒卖文物谋利的人为"骨董鬼",十分鄙视。因此,胡小石在李瑞清和居住在上海的前清遗老们的指点下,书法更为精进。

1918年底,胡小石将在上海期间辑所得金石拓片,附以考释,加之继李瑞清所作题跋后自书心得,写成《金石蕃锦集》二册,由震亚书局出版石印本。李瑞清在书后跋语中云:"学魏碑者,必旁及造像。学汉分隶者,必旁及镜铭砖瓦。学鼎锺□□者,以大器立其体,以小器博其趣。此《蕃锦集》者,余门人胡光炜平日所得拓片辑成者,其考证确实,有胜前贤者。震亚主人假景[影]印之,以示学者。戊午冬月,清道人。"曾熙为胡小石编《金石蕃锦集第一》写序道:"经传正以文,或取乎庄周;雅颂贞以辞,则慕乎楚骚。三代彝器,其大者弘博而正,雍和以严,皇皇乎备。以若其纵横飞扬,幽奇卓玮,勾玄造新,常在小器。胡子嗜古,每得善本,臧之箧中,至不可得。假而影之,启乙庵之宝缄,发道人之秘籍,虽造像砖石,考识必详,索微启幽,方变阮吴,信游艺之乐迨,而博古所必择也。爰识其集,以诏来哲。戊午冬至,髯识。"

在整个近现代书法史先后有五大书法流派,创始人分别是吴昌硕、康有为、郑孝胥、李瑞清和于右任。李瑞清任南京大学前身两江师范优级学堂监督的七年时间里,不仅在高等学校最早创设艺术教育的图画手工科,而且还在学生中发现并培养了一批书法创作和金石研究的专门人才。辛亥革命后,他遁居上海以书法为业,潜心书学,开创了我国近现代书法史上影响深远的金石书派。

金石书派与清代的碑学有着密切的关系。清代碑学的产生主要原因是变革。从书学发展自身的角度来看,由于书法自诞生之日起一直没有成为一门独立的艺术,依附于实用特别是自开设科举考试之后,书法成为文人士大夫晋升的一种工具。清代这种现象发展到极端,读书人都穷尽精力去追求书法的甜美方正,以取悦主考官,以致演化出一种僵化的馆阁体,毫无生气可言。人们渴望革新,试图创新。清初的傅山就提出过"宁拙勿巧,宁丑毋媚",后来"扬州八怪"中的金农创造的"隶书"、郑板桥把真草隶篆四体合一创造的"怒不同人"的书体等,都是在艺术创新中探寻与"二王"不同的审美风格。从社会发展来看,在西方列强用大炮打开中国大门之后,帝国主义一步步加紧对中国的侵略,国家强盛成为普遍的强烈愿望,从而导致了对书法的社会审美观念从妩媚甜美向雄强浑朴美的转变。因此,清代碑学的崛起,开创了书学的新局面,改变了自唐代以来"二王"书法主宰书坛的帖学传统,并很快成为一股变革的文化思潮,对书法艺术的发展起了推动的作用,其影响至今不衰。

最早举起碑学大旗的是在乾隆时历任山东、浙江学政,创办过广东学海堂的两广总督阮元。他的《南北书派论》与《北碑南帖论》探索了北碑的历史源流、传承关系,指出北碑并不比南帖差,应该重视北碑的艺术价值。由于他的威望和影响力,使得清代各界人士开始关注北碑,导致了书法界的一场革命。

继阮元之后,清代出现了一大批崇尚碑学的书法家,如邓石如、包世臣、何绍基等,而推动碑学最为有力者则是戊戌变法的代表人物康有为。他在1888年第一次上书清帝变革未果之后,闲居北京南海会馆的汗漫舫心灰意冷之时,读尽了京师藏家的金石数千种,花了17天时间写就了一本关于金石碑刻的研究专著——《广艺舟双楫》。该书全面、系统、深刻地总结了碑学理论和实践,修正了阮元将"北碑南帖,画若鸿沟"的偏颇,明确指出"书可以分派,南北不能分派"。《广艺舟双楫》中开宗明义地说:"盖天下也变之既成,人心趋变,以变为主,则变者必胜,不变者必败,而书亦其一端也。"他的这部书很大程度上得益于他政治上的维新变法因素。据张伯桢《万木草堂丛书目录》论述:《广艺舟双楫》1891年刊印后,1898年、1900年两度被清政府列为禁书毁版。这是因为康有为的变法维新矛头直指以慈禧太后为首的顽固派的痛处。由于政治的原因,其尊碑贬帖的书学主张过于激烈,也产生了一些矫枉过正的负面影响。

而真正潜心于金石碑刻研究,并身体力行的是清末民初在学术界、教育界、书法界无人不知的李瑞清。在书法上他虽然继承的是清中叶的碑学传统,但与康有为的主张有很大的区别。

首先在做学问上,李瑞清坚守的是乾嘉以来的古文经学方法,重实证和分析。而从康有为一生的学术历程来看,他在写《广艺舟双楫》时虽然还是古文经学派所做的古文字研究,但是这时的他已无心严密论证和专心考据,而只是在酝酿一场新政治运动时从中国自己的传统中寻找变法维新的依据。《广艺舟双楫》是康有为从古文经学转向今文经学的过渡性著作,"经世之用""微言大义"已现端倪。1890年春天,康有为从北京回广州,与著名的今文经学大师廖平会晤之后,就完全成为今文经学家了。因此,这本书就像他后来的《新学伪经考》《孔子改制考》一样实质重在其政治性,并不是一本纯学术性的著作。而李瑞清则恪守乾嘉以来的汉学研究传统,在研究的范围上不仅涉及汉魏唐宋碑刻,而且涉及商和春秋战国时期的钟鼎铭文,以及边戍汉简。在理论研究上,李瑞清不仅展示了钟鼎铭文、碑刻的根本特性,而且以其锐利的目光吸收了包世臣、康有为的碑刻书法理论,确认后世的碑刻实际上是继承了金文书法这样一种渊源关系。

其次在历史发展上,李瑞清在中国教育发展史上可谓现代艺术教育第一人。1902年两江总督张之洞奏准在南京创立三江师范学堂,校址选定在明国子监遗址(即今东南大学校址),1905年改称两江师范学堂。1906年李瑞清摄江宁提学使兼两江师范学堂监督,使学堂大为发展。张之洞提倡的"中学为体,西学为用"的教育主张正是由李瑞清来实践和实施。他聘用日本教师,严格规章制度,使由三江师范学堂改名后的两江师范优级学堂上了规模。不仅如此,他在艺术教育上改变了传统私塾式的传授方法,在我国高等学校第一个开设图画手工科培养了一大批美术教育人才。所以,康有为与李瑞清两人虽然只相差十多岁,但康有为继阮元、包世臣之后把碑学书风推向了顶峰,从而成为近代中国书法史的终结。而李瑞清却在碑学高峰之后以自己的书法理论和创作实践揭示了书学的真谛,还碑学以本来的金石学面目,开创了既潇洒典雅又蕴藉深厚的金石书风,成为中国现代书法的揭幕人。至此之后,众多书家或碑或帖或碑帖交融共同前进,形成了现代书法百家争妍的局面。其中,李瑞清所开创的金石学派在他的门人胡小石、张大千、吕凤子、李健的发扬光大下自成体系,特别是胡小石不仅最早在大学中讲授书学,从而使书学成为一门专门的学问,备受国人的重视,而且以他的理论和实践把金石学派推到前所未有的高度。

　　作为李瑞清的继承者,胡小石秉承其所开创的金石书派书法艺术传统,青出于蓝成为此派书法理论和书法实践的集大成者。

　　有关胡小石这一时期的书法创作与理论上的成就,清末著名学者曾农髯在其所撰的《胡小石先生鬻书直例》中这样评价道:"阿梅有弟子胡小石,名光炜,嘉兴人也。随父官江宁,因家江宁。其为人孤峻绝物,苟非所与必面唾之,虽白刃在前不顾也。及观其事师敬友则循循然,有古人风。初居两江师范校中专壹科学,及学既成,据几欢。曰:此不过传声器耳,于我何与哉。乃遂日求两汉经师家言以古学为己任,于三代金文疑字,多所发明。其为文,则陶铸诸子百家,自立新说,不敢苟同也。初为书师阿梅,于大小篆隶分,六朝今隶、草隶无不学。既而曰:山阴父子且各立门户。遂取《流沙坠简》及汉以来断碣荒碑,举世所弃者,穷竟其未发之蕴,而皆以孤峻横逸之气行之。髯尝语阿梅曰:小石书有万马突陈之势,犹能据辔从容,盖六朝之宋董也。或者曰:小石隘,其书矫。髯曰:其隘也,不可及也;其矫也,此其所以卓然能自立也。愿以告世之乞小石书者。"

从这一时期的书法作品来看,胡小石主要继承了李瑞清的书法风格和用笔的特点。李瑞清书写常常以涩笔行之但能顿挫,是受何东洲用笔的启发,但有所发展,创造出以涩笔临金文的风格,胡小石早期的金文书法作品就继承了这一特色。比如所临他所写的《临齐侯钟》作品,完全用涩笔顿挫的用笔去理解。观其作品苍茫朴拙,字和字之间大小错落但却不让人觉得毫无章法;其线条有"屋漏痕"的拙趣,内部运动丰富而有变化,老辣而生涩。可见,胡小石对书法用笔理解之深、悟性之高。结字有疏有密,字形大小起伏,可谓相得益彰。因这时期固守其师之法,不越藩篱,略有做作之嫌,但也是值得肯定的。不过也有与此不同面貌的作品出现,如胡小石1919年32岁所书的《赠筠盦三世叔五言联》以北碑体格合以汉魏简牍的笔势与气韵,行楷书兼草隶的意趣,从而使其书法兼有金石气与书卷气相结合的审美内涵。

李瑞清晚年已觉察到用碑法书写有诸多不便,开始对帖学进行研究。胡小石在行书上秉承其师碑帖互融而自成一家的书学思想,先学明代帖学大家董其昌,又学晚明倪元璐和张瑞图等人的书风。他的《龙河热铁轮》条幅是胡小石在20世纪20年代早期的大幅竖式作品。从整幅作品来看,一股铿锵的金石朴拙之气迎面而来。在用笔上,以碑的笔法写行书,同时将帖的书卷气融合到一起,可谓自然生动。线条流动,老辣生涩,体现着篆隶的用笔方法,使字更有古意。结体上,字势开张,当然与他成熟时期的碑体行书相比还不是很典型,但已初露端倪。这也与他取法广泛有着紧密的联系。《龙河热铁轮》条幅在章法上,字与字之间、行与行之间空间不是那么紧凑,充满古淡散远的意趣,这也与他早年学习董书有关。再如他所书《朱雀桥观月诗稿》用笔圆健流畅,字的转折处多圆转。通观整件作品,活泼流畅,线条浑厚饱满,已经显出碑帖融合的味道。由于该作品是行书,加之行书本身书写的特点,这件作品表现出胡小石转益多师的初步样式,很少有涩笔顿挫的笔法出现,从而使其书法兼有金石气与书卷气相结合的审美内涵。

1920年春,比胡小石低两届的学弟、毕业于两江师范学堂公共科的陈中凡路过上海,前往老校长家拜谒,得与胡小石会晤,获赠出版的《金石蕃锦集》。在与学长的畅谈中,陈中凡更加了解到胡小石知识的广博精深。原来陈中凡以为胡小石整日与遗老们在一起,"相与上下其议论,其见解当不免有所偏执"[1],当他踏进胡小石的卧室,看到墙壁上贴的教育部公布的国音字母表,并附注罗马拼音,才知他并非守旧一派。陈中凡在上海虽只逗留几天,但与胡小石非常投缘,遂成知己,这奠定了他们一生的友谊。

1920年9月,李瑞清逝世,享年54岁。其丧事由好友曾熙及门下弟子胡小石、张大千办理。后来,每逢李瑞清忌日,胡小石必素食以为纪念,终生不渝。11月,由陈中凡推荐,胡小石离开上海北上,任北京女子高等师范学校教授兼国文部主任,讲授文学史、修辞学、诗歌选作等课程,开始了他高等教育的生涯。

---

[1] 陈中凡:《悼念胡小石学长》,载《古典文献研究(1989—1990)》,南京大学出版社1992年版。

南北任教　蜚声学坛

　　胡小石是一位典型的学院派学者，毕生以教书育人为职志。1920年到北京女子高等师范学校（后改称北京女子师范大学）任职时，胡小石虽是初执大学教鞭，但已是一位具有独立见解的成熟的学者。此后，他历任武昌高师、西北大学、东南大学、金陵大学、白沙女师、云南大学、中央大学等南北名校教授，兼中文系主任、文学院院长等职，新中国成立后任南京大学教授兼文学院院长、图书馆馆长等职，培养了一大批古文字学、书法学、文学等领域的教学与研究英才。

　　1917年北京女子高等师范学校招收了第一届预科生，学生们读一年预科，再读四年本科才能毕业。陈中凡从北京大学毕业后到此任教，并主持国文专修科，也是第一届国文专修班的级主任，他对待学生就像对家人一样，学生们有困难都喜欢找他。陈中凡秉承母校北京大学校长蔡元培"兼容并包"的办学方针，既请了传统学派的刘师培、黄侃等先生来校授课，给女学生们打国学基础；也聘请了李大钊、胡适之、周作人等新派人物来授课，让新思想、新理论、新观点进入课堂。1920年陈中凡由于家庭原因要回南京东南大学任教，于是就找到好友胡小石来接替他的教职。

　　当时陈中凡是这样把胡小石介绍给他的学生的，他说："同学们，我们共同切磋将近三年了，通过讲授几门课程和编辑《艺文会刊》，深深感到'教学相长'一语的至理，尝到互相研讨的乐趣。这三年，我忙于编写教材，很少还乡，家中妻子未及兼顾。近日南京东南大学寄来聘书，要我担任国文系教授兼主任，考虑再三，踌躇不决，继思何不效仿古人记妻寄子法，把你们寄托给挚友胡小石先生。他为人正直，博学多才，书法遒劲，擅长诗歌、修辞之学，是你们的好老师。"①

胡小石在北京女子高等师范学校任教期间，曾给学生讲授过修辞学、诗歌选作、中国文学史等课，并兼做女高师第一届级主任，学生有冯沅君、程俊英、孙桂丹、黄英（庐隐）、王世瑛、陈定秀等。

由于胡小石博学多才、兴趣广泛、喜欢书法，又长于文物鉴定，因此他的课很受学生们的欢迎。特别是诗歌选作课，由于他精通诗学，又有创作经验，所以能理论联系实际，在课堂上得心应手，游刃有余。胡小石在第一次上课时，便阐明了他教这门课的宗旨和方法，即研究和实践并举。他认为有造诣的人应兼具"儒林""文苑"之所长，既要在研究上有个人体会，也要懂创作。由于他的教法新颖，学生们学习的兴趣很浓，习作也很多，纷纷向他请教。胡小石则不辞劳苦，有求必应，对学生的习作批改认真，从不厌倦。

胡小石讲课的生动情景，几十年后，他的学生还记忆犹新。程俊英在其撰写的《胡小石师在女高师》中回忆道：他在分析作品时特别注重炼字，他认为炼字在中国修辞学中占有极重要的地位。中国古代文学已有定式，若要在已定的范围内出奇制胜，就不得不在炼字上下功夫，特别对动词的选择修炼，往往能起到画龙点睛的作用。他对唐诗情有独钟，尤尚李、杜。他认为这两位客居不得意，仕途穷厄的薄命文人，却创造出了中国诗歌的辉煌。他讲课声音高，热情洋溢，讲到得意处会陶醉于诗中，神志眉飞色舞，感情难以自抑。一次讲到杜甫的炼字，举了"风急春灯乱，江鸣夏雨悬"两句做例子，讲着讲着又来了情绪：那"急"那"鸣"，那"乱"那"悬"，用

---

① 程俊英：《胡小石师在女高师》，载《东南文化》1999年增刊《胡小石研究》，第101页。

字是那么样的生动、精确,你简直无法用一个更恰当的字来更换,这就叫"语不惊人死不休"!

当时这些女学生总是喜欢听胡小石的讲课,后来任山东大学副校长的冯沅君原本就喜欢吟诗填词,她对胡小石的课也自然特别钟情。在一次胡小石又大大赞颂了诗圣杜甫后,冯沅君对坐在身旁的程俊英说:胡先生可能受元稹"自诗人以来有如子美者"一语的影响吧。对方微笑着点点头。冯、程两位都是胡小石的好学生,胡小石也是她们终生的良师益友。

由于胡小石还担任级主任,与学生的接触就比一般的老师多,学生与他研讨学问的机会也多。胡小石为了提升学生们学习李、杜诗的兴趣,还特别为她们作了《李杜诗之比较》的讲演。在胡小石的启发指点下,学生们读了许多唐诗,也写了不少诗作,其中的优秀习作便选登在女高师的刊物《文艺观摩录》上。特别是冯沅君,由于她从小就爱写诗,后来由于功课繁忙而中断,现在有了胡小石的督促与点拨,对诗词的兴趣又复活了,她在写诗填词方面进步很快,写诗填词也成了她的终生爱好。

1922年初,北京女子高等师范学校改为国立北京女子师范大学,许寿裳担任校长,聘请鲁迅担任第二届国文部课程,胡小石担任第一届国文部课程及主任。胡小石在女师大期间,与在学校兼任社会学课的李大钊(字守常)为同事,因居处相近,晚上常步行去住石驸马大街后宅的李大钊家闲谈,来往甚密。有一次,教师集体向北洋政府要工资,胡小石亲眼看见李大钊因激愤而昏倒。胡小石非常敬佩李大钊的为人,认为守常兄是一位爱国爱民的学者,他整晚伏案写文章,想用马克思理想的共产主义救中国,达到世界大同的境界,是一位益友。李大钊也非常赏识胡小石的才华,后来他有一次去南方参加革命活动,路过南京,还特下车与胡小石会晤。1927年3月李大钊在北京牺牲,胡小石闻讯哀恸不已。

1922年3月,北京女高师为了践行"读万卷书,行万里路",决定第一届国文班学生在即将毕业之前外出考察访学,一路由教务长李贻燕带队去日本,另一路就由第一届国文部主任胡小石带领去了太原、武昌、南京、杭州,这一路的参观考察让学生们开了眼界长了见识。外出回来后,胡小石竭力推荐学生冯沅君报考北京大学国学研究所,由于当时北大国学研究所从未招收过女学生,于是这一推荐引发了争论,最后国学研究所给国立北京女子师范大学的女学生开了"禁",同意女高师第一届毕业生佼佼者冯沅君参加面试,冯最后被录取。

7月,女高师第一届学生经过了预科和正科共五年的学习后毕业。胡小石与其所带的毕业班参加了毕业典礼。典礼在女高师礼堂举行,两旁和后面是在校学生,她们的老师都坐在台上。礼堂的两侧贴着大标语:"社会需要你们改造,你们要勇敢迎上去。用你们的人格修养,肩负起时代的重任。"这是中国第一期女大学生,毕业典礼相当隆重,当时的教育部也派了官员参加。

把手上的学生带毕业后,因与校当局意见不合,胡小石决定辞职南返。第一届女师大部分留京的毕业生,与第二届国文部部分同学欢送先生,请李大钊先生作陪,并在学校大礼堂前假山上摄影留念。胡小石手执鲜花一束,站在中央,李大钊立其旁,其余同学、老师分立于前。

离开北京,胡小石由张子高介绍去了武昌高等师范学校任教授兼国文系主任,教授散文、文学史、诗选。在长沙教学之余,胡小石勤奋著述,当时研究的内容有:(1)考订之学;(2)金石之学;(3)古音之学;(4)词曲;(5)章回小说;(6)校勘;(7)评点;(8)疑古文尚书始末史;(9)治仪礼始末史;(10)韵书;广韵、集韵之类;(11)通

1920年胡小石受聘于北京女子高等师范学校国文系教授兼国文部主任。李大钊与部分师生欢迎并合影留念。照片中站立者右五为胡小石,右四为李大钊。

史、通鉴及通鉴纪事本末之类;(12)有系统之学,通志;(13)艺术:画家、织锦、缂丝之类;(14)美术的工业、烧磁之类;(15)戏曲:宋元戏曲史;(16)谱录:年谱、家传皆始于宋人;(17)音韵、切韵、指掌之类;(18)语体文、语录之类;(19)今文学、三家诗考之类。他撰写了《桐城周君传》《论治选学之派别》《论文选之长有五》《杜诗批评》《楚辞辨名》《屈原赋考讲义》《张若虚事迹考略》《汉至宋书目考》《庄子天下篇》《荀子非十二子篇》《宋代文学论》《甲骨文字用点例》等作品。

　　胡小石是性情中人,喜山水,赏游不倦,凡所游历过的山水名胜,均会以诗文记之。当时武昌高等师范学校的同事中有志趣相投的刘禹生和黄季刚,学生中杰出者有刘大杰、贺扬、李俊民等。

每偕同事、学生徜徉于山水之间，偶有诗作，集成《武昌杂诗》一集。今存《题黄鹤楼》《九日游洪山宝通寺》《宝通寺雨中》《十桂堂晚望同仲苏仲英作》等篇。

　　胡小石在武昌高师任两年，因个人原因，辞职回宁，后受西北大学校长傅佩青邀请，任该校国文系教授兼系主任，没多久因母亲生病回宁。1924年9月，经程湘帆介绍，胡小石任金陵大学教授兼国文系主任，讲授《楚辞》《杜诗》、"李杜诗文比较"和甲骨文字学。胡小石授《楚辞》不是从王逸君臣寄托之说，而倡导人神相恋之说，影响很大。在北京时，胡小石就开始深入地研究甲骨文字，他最佩服王国维（字静安）融经学、史学与小学于一炉的做法，务求以科学的方法得出可信的结论。这时他自写《甲骨文例》油印本分发给学生，从甲骨文全篇出发，研究其书写款式、语法修辞、章句段落，分为若干常例，由此考订一字，可以根据其上下文而得其意，再根据音义相关之理，由训诂通假推定其读音，其可信程度倍增。这篇油印《甲骨文例》在甲骨文语法的研究上具有先导之功，为契文之学开了一条科学研究的新路径，有力地纠正了当时一些人以武断想象来解释甲骨文的错误。

　　一年后，胡小石又兼任东南大学教授及文理科长，教授文学史。当时，金陵大学、东南大学的教授往往互相兼课。胡小石于1911年两江师范毕业后，十余年中执教于南北各校，至此方得回南京定居。此次回宁，自筑小楼于将军巷31号，取郭璞《游仙诗》"时变感人思，已秋复愿夏"句意，取名"愿夏庐"。一楼为客厅，二楼北为胡小石自居，称北楼。其室内一榻倚壁，前列几案，皆堆典籍，室中置大案，为挥毫作书之所。三楼为藏书楼，牙签万卷，胡小石特别爱惜，一般人不得窥见，只有最得意的门生，才能读书于其中。庐前有一池塘，环岸种杨柳，风景幽胜。每徙倚其间，胡小石喜欢朗诵吴梦窗(吴文英)《点绛唇》词:"明月茫茫,夜来应照南桥路,梦游熟处,一枕啼秋雨。可惜人生,不向吴城住,心期误,雁将秋去,天远青山暮。"

1927年北伐成功,国民党政府定都南京。国民政府教育行政委员会经过通盘考虑决定实行大学区制。6月,国立东南大学、河海工科大学、上海商科大学、江苏法政大学、江苏医科大学,以及江苏境内四所公立专门学校的九所公学合并在南京,改组易名为"国立第四中山大学",以纪念孙中山先生及北伐军攻克的第四座历史文化名城。第二年春,金陵大学认为按照校章校内在职教授不得在外校兼职。胡小石则认为旧校章不合时宜,应予以变更,但问题拖延多月未能解决,于是8月向金陵大学辞职。后由钱子泉推荐,胡小石正式受聘于国立第四中山大学,任专职教授、国文系主任及中文研究所主任。胡小石的离去对于金陵大学来说是一大损失,金陵大学甚为后悔,9月份乃复聘请胡小石兼职。

东南大学更名为第四中山大学后,教育界人士普遍认为中山大学不止一处不易辨认。1928年国民政府颁行《大学区条例》要求"各省大学依据各地名名之"规定改第四中山大学为江苏大学。于是1928年2月改名为"江苏大学"。此令一出即刻招到广大师生的反对,他们认为这样的更名"既不足以冠全国中心之学府,又不足以树首都声教之规模"。全校师生群情激愤组成"改定校名请愿团",要求政府依照英国伦敦大学、法国巴黎大学等的做法将校名改为"国立南京大学"。但国民政府执意要以地名命之,最后还是定名为"江苏大学"。

不到半年,国民政府行政院作出决议"江苏大学"改称"国立中央大学",张乃燕仍为校长。国立中央大学在东南大学时期就开始以自身学术的独立性与著名的北京大学相媲美。国民政府定都南京后，中央大学作为全国规模最大的一所高等学府，受到特别的重视。此时学校广聘名教授来校任教，文科除胡小石外，还有梅光迪、吴梅、黄侃、陈中凡、汪辟疆、汤用彤、吴宓等；理科有竺可桢、张子高、熊庆来等；农科有邹秉文、钱崇澍等；工科有茅以升、涂羽卿等；商科有杨杏佛、胡复明等；教育科有陶行知、陈鹤琴等。1928年至1949年中央大学一直独领风骚，其教学和科研的基本格局以及传统在其南京大学时期发扬光大并形成特色。

从1924年回南京到1937年抗战爆发迁往西南，胡小石过了十年比较安定的日子，故而能够专心做学问。他的一些重要的著作和论文大多完成于此时期，如：1926年在金陵大学学报《金陵光》发表的论文《远游疏证》，此文辩《远游》非屈原所作。1927年，他将1924年在金陵大学编的油印本的《甲骨文例》，分卷上"行式篇"，卷下"辞例篇"。以自言："治契文当自断句始，与其刟一字而遗全句之文，何如比较数句而得一字之义，昔作《甲骨辞例篇》，即略明此指。"该书以"另辟新径"为宗旨，成为我国第一本研究甲骨文文法的著作，作为中山大学语言历史研究所《考古丛书》之一发表。继《甲骨文例》出版之后又写成《金文释例》一卷，其宗旨与体例与《甲骨文例》相同，先有油印讲稿，1928年发表于《中山大学语言历史研究所周刊》第2卷17、18期。此文也以统计归类以明示钟鼎彝器文字的写作体例，这对于铜器的断代、区别地域、分辨真伪都有很大的作用。1927年春，他将自1921年至1928年间先后在北京女高师、武昌高等师范学校、金陵大学、东南大学讲授多年的中国文学史课程，取学生苏拯的笔记加以审核，题名为《中国文学史讲稿上编》，1928年由上海人文出版社排印出版。此书篇幅不长，而具卓识，出版后颇为学界所重，也是我国最早出版的中国文学史著作之一。1927年写成的《说文古文考》，详考《说文解字》

中之"古文",商承祚称"内多精义,不可不读"。1929年作《干支与古历法》发表于金陵大学《咒闻》第1期。1931年秋,在中央大学讲授甲骨文及金文课程,倡导铜器上文字的变迁与花纹相适应之说,主张将文字、花纹作综合的研究。1933年11月10日在中央大学《文艺丛刊》第1期发表长文《古文变迁论》。此文论述古文字发展变化之轨迹,大体是由纯图画进至夏殷时期的以图画佐文字,再进至殷代开始的纯文字阶段。从字体看,殷至周初,用方笔,宗周中叶为方圆过渡期,厉、宣以来的大篆用圆笔,秦时小篆亦然。从地域看,齐、楚文字用圆笔,然各有特点,齐文整齐,楚文流丽。1934年发表于《图书馆学季刊》第2卷第3期的《齐楚古金表》,又以时代、地域对齐、楚青铜器做细致区分,并指出齐、楚文字纤笔的特点。1935年胡小石曾作古器物考证文章多篇,如4月、5月,在《国风》第5卷第8、9期上发表《安徽省立图书馆新得寿春出土楚王铊鼎铭释》,发现卜辞中所记殷先王"昌若"之名,均极具科学价值。后又作《书库方二氏藏甲骨卜辞印本》发表于《图书馆学季刊》第9卷第3、4期。10月,作《考商氏所藏古夹钟磬》,发表于《金陵学报》第5卷第2期。在《书库方二氏藏甲骨卜辞印本》指出英人库氏、美人方氏所藏甲骨卜辞有很多赝品,"以伪物漫世,其影响于中土古代文化之真实价值,诚非细事",所以予以一一指出,以免鱼目混珠。1937年8月胡小石又发表了《声统表》,他在前言中指明:"音义相关,其所主在声不在韵","大抵发声同者义必相近",而"声亦有相转之理",声转有两种:"一为递转,由喉入舌再入齿,一为对转,喉径入唇,唇亦迳入喉……因就许书证其转易,列表以明条贯"。胡小石很重视高邮王念孙、王引之父子的训诂要诀:"义有不通以声求之,声有不通以义求之",故始终潜心于声韵的研究。

在胡小石的诗作中还有大量的与朋友、同事,以及弟子往来的互赠之作,这也反映出他的交友圈。从 1927 年国民政府定都南京到 1937 年国家比较安定,这个时期也是中央大学蓬勃发展的时期。胡小石常与同在南京任教的黄侃、胡翔冬、汪辟疆、王栋等人或郊游雅集作诗,或互赠诗作,表达对自然、友情的真挚情感。如程千帆《黄季刚逸事》《我与黄季刚先生》中记载,1929 年元旦,胡小石与陈伯弢、王伯沆、胡翔冬、黄季刚、汪辟疆、王晓湘等登豁蒙楼,众人以"纸"韵联句作诗①。另外,《国立中央大学半月刊》1930 年第 1 卷第 15 期刊登了《禊社诗钞》两首,其中一首便是胡小石与黄季刚、汪辟疆、王晓湘、何奎垣的连句词《浣溪沙·后湖夜泛连句》。

在现存诗词中写好友胡翔冬的最多,吴白匋《翔冬先生遗事》云:"胡小石师为其总角交。年二十入泮。旋与小石师入两江示范学堂肄业,受知于监督临川李瑞清先生。"②胡小石与胡翔冬还由李瑞清介绍,一同拜陈散原为师学习作诗,因此在胡小石现存诗词中写胡翔冬的最多,有《调翔冬》《夜雨寄翔冬》《十月二十七日翔冬招同仲子茂宣游毛公渡荻花甚美》《寄忆翔冬卧病牛首山》《岁暮同翔冬连日为近郊之游。还集马回回酒肆,示翔冬》《同胡三陈仲子束天民游刘氏废园作并调胡三》等十多首。在这些诗词中胡小石用诙谐幽默的语言勾勒出胡翔冬的性格、才学,特别是他爱喝酒的特点,如《调翔冬》诗中云:"一个人间胡季子,朝朝抱瓮卧窑湾。有时白日不肯语,看罢江潮独自还。"再如《寄胡三》中云:"不见胡三

---

① 程千帆:《桑榆忆往》,北京大学出版社 2015 年版,第 104—106、112—113 页。

② 吴白匋:《翔冬先生遗事》,载许志英主编:《学府随笔·南大卷》,山东文艺出版社 2007 年版,第 165 页。

抱甕来,羊裘拥鼻只自哀。江城秋尽丹枫舞,一日桥头醉几回。"在《夜雨寄翔冬》诗中,胡小石首先抒发了在细雨绵绵的夜晚自己对老友的思念之情,最后甚至突发奇想望老天下雨乳,这样胡翔冬就可以"取乳为子酒,一饮忘二五。"

1934年9月,金陵大学成立国学研究班。胡小石讲授中国书法史和"程瑶田金石考古学""唐人七绝诗论"等。在大学开书学史课,这在中国是始创,此举意义有三:一是与经学、小学、史学、诗学一样,书法也列为国学研究科目;二是改变了以往书法教育只注重实用书写技能的传授;三是说明书法作为一门学科应当建立较高的理论体系。而开设"程瑶田金石考古学"课,则由于胡小石早年学习生物时,即服膺乾隆安徽学者程瑶田治学之精。程瑶田曾经做过实地调查,辨证九谷之名实,作《九谷考》,对胡小石的启发很大,以后他所提出的《楚辞》中一些名物训诂的新解,都是经过调查求证得出的。另外,胡小石也特别推重程瑶田在《通艺录》《看篆楼古铜印谱》等著作中表现出来的渊博的金石考据之学的功力,所以特别向学生们开此课。当时考入该班的学生在书法研究和创作上成绩卓著的有游寿①、朱锦江,以及选修书学史课的曾昭燏②等人。

胡小石在中国教育史上第一次将书法教育引入高等学府,首开现代书法教育的先河,改变了中国传统书法教育包括他老师李瑞清在内的那种私塾式、师傅带徒弟式的一对一的教育模式,同时也改变了以往书法教育只注重实用书写技能的传授,开始注重理

---

① 游寿(1906—1994),福建霞浦人,曾任哈尔滨师范大学教授,在现当代书坛与久居南京的萧娴人称"南萧北游"。
② 曾昭燏(1909—1964),湖南湘乡人,曾国藩五弟国潢长曾孙女,曾任中央博物院代理总干事、代理主任。1950年南京博物院成立后,任副院长、院长等职。

论的研究,从而建立较高的理论体系,成为国学的一种。如果说前一时期胡小石的书法实践与理论是建立基础的时期,那么此时期是他的书法自成面目、理论自成体系的一个重要时期。

中国书法书风自晋代王羲之改汉魏以来的质朴为妍美流变之后,受梁武帝萧衍的推崇,特别是唐太宗李世民酷爱王羲之的翰札手迹,并极力彰扬,遂使王羲之被尊为"书圣"。以后宋、元、明历代不仅以王书为帖学之宗,而且以王书为正宗一统天下。然而,帖学在经过宋、元、明高峰之后,日渐走向衰落,到清初帖学已走入穷途,纤弱、僵化的馆阁体完全成了千人一面、万字雷同的极端状态,成了科举考试的手段。清中叶碑学兴起,先是嘉庆、乾隆年间的唐碑兴盛,欧阳询、虞世南、颜真卿的碑刻书法受到普遍重视,以后随着金石考据学的发展和秦汉石刻、六朝碑版、墓志、造像、瓦当等的大量出土,以及摩崖刻石的发现,在咸丰、道光年间碑学全方位得占领书坛,给中国书法带来了新的生机,不仅形成了碑学的高峰,也促成了"书道的中兴"。但在碑学兴起之初,由于碑学家们力倡北碑,尊碑抑帖,不仅阁帖不能学,而且如康有为所认为的那样唐碑也不可学。在碑学的强大影响下,原来一些以帖学为归属的书家也放弃帖学,临习碑刻,新的书家更是完全崇尚碑学。由于金石书派是在书界"碑学大播,三尺之童,十室之社,莫不口北碑写魏体,盖俗尚成矣"的时代背景下产生的,李瑞清的书法基本上是碑派的路子,而且是以极其忠诚的态度深刻把握魏碑风格。清末民初虽然都是宗碑,但有很多标新立异的书法风格。康有为主张维新变法,其字也开张奇宕,纵横恣肆没有静处。赵之谦以帖学用笔行于北碑,故书平滑而流美,开一代潇洒古雅之风。张裕钊书如其人体势魄大,呈劲洁清拔的书风。而李瑞清以及其忠诚的态度精研北碑,每有所见,必先细心研究,对情趣相投者,再三临习,以求深入,"每临一碑,步趋恐失,桎梏于规矩,缚绁于毡墨"。久而久之竟成习惯,即使是友人赠答,也每每以临习酬之。这表现了他在创作态度上的求真务实,也正因如此而"在当时书坛榜首之中,这个没有个人特色的却成了一种鲜明的个人特色成为独特的风格"①。显然这里指的仅限于李瑞清魏碑风格的真书作品。广泛的临摹、刻苦的学习,使李瑞清牢牢地把握了魏体真书的规则,这种规则的外化,也就是李瑞清的一种不同于他人的风格。

对于李瑞清书法在用笔上涩行顿挫的鲜明特征世人都不能理解,不少人主观地认为他创造这种用笔只是依葫芦画出残破漶漫的碑石,而极尽颤抖之能事去表现康有为提出的"雄奇角出",胡小石对此曾有过精辟的论述。他说:"凡用笔做出之线条,必须有血肉,有感情。易言之,即须有丰富之弹力。刚而非石,柔而非泥。取譬以明之,即须如钟表中常运之发条,不可如汤锅中烂煮之面条。如此一点一画始能破空杀纸,达到用笔之最高要求。"可见这种用笔是李瑞清于金石碑碣不懈探索的结果,如不涉三代篆彝、汉魏碑碣而误解此用笔,也在情理之中。书法中运笔之难,难在遒劲。涩,指涩势,是说笔毫行处笔要留得住,又不是停滞不前,行笔既急、既劲,且沉。"劲"是"疾"的核心,"沉"则是"涩"的根本,如古人云"撑上水船,用尽力气,仍在原处"正是这道理。刘熙载《书概》中也说:"用笔者皆习闻涩笔之说,然每不知如何得涩。惟笔方欲行,如有物以拒之,竭力而与之争,斯不期涩而自涩矣。"包世臣《艺舟双楫》指出了此种用笔的方法:"万毫齐力,故能峻,五指齐力,故能涩。"由此可见,涩行顿挫是指行笔过程中步步为营留得住,也就

---

① 曹工化:《步趋古碑亦开新》,载《李瑞清楷行三种》,浙江人民美术出版社 1992 年版。

是落笔沉劲、行笔含蓄之意。这样才能使书法作品含蓄蕴藉,意味深长,反之用笔放纵,则往往是一览无余。正如陆羽《释怀素与颜真卿论草书》中论述的屋壁之水沿着墙面流下的"屋漏痕",表现出一种圆活而生动的蜿蜒之致。"屋漏痕"不可能是一笔直下,必须以手腕时左时右,顿挫而行,以求得书法的浑厚扎实而又生动。当然,书当造乎自然,不可信笔,亦不可太矜意。淹留劲疾总当恰意而行,过与不及皆是病。

辛亥革命后碑学家们寓居上海潜心研究书学时,对原先极端的崇碑观点都有所纠正。李瑞清在遁居上海以书法为业后,在范围上就不在仅限于碑,对魏晋翰札都有注意,对王羲之、王献之书法及宋苏、黄、米、蔡都作过认真的临习,试图将碑与帖完美地结合了起来。其《李瑞清跋王孟津书》用笔如火筋画炭、连属无端,得"二王"之神韵,而在另一幅草书轴上面题道:"此或大令书乎。"对自己得王羲之书风的得意跃然纸上。由于宋四家书法多从"二王"出,而宋行书在中国书法史中占有重要的位置,因此李瑞清非常注重学习宋四家潜心钻研他们的书法作品。李瑞清对宋四家的学习正是想打破习碑者不能书行草的弊病,在他自己的手札中很多有宋四家神韵,达到了能"神与之合"的地步。所以沈曾植说:"李道士有祝希哲之书才。"他的行草书抛弃了那种萧散简淡、柔弱妩媚的姿态,而表现出古拙雄强、若奋若博的风格,使行草书重新有了生机,赋予了崭新的面貌。然而李瑞清自己独特的艺术语言,还是用笔以碑为主,而且字的体势也多具魏碑风姿。但是从李瑞清所作的尝试中也可以看到,从清末开始有见识的书家开始有意识或无意识地反思碑帖的得失,试图把碑与帖完美地结合起来。但李瑞清的这种化碑入帖、碑中有帖、帖中有碑在今天看来其立足点还是站在碑的立场上的,是以碑融帖。

而站在新时代的胡小石则兼容并蓄地受到碑帖的共同陶冶,他注意研究帖学的变化发展,以及各自的特点,吸收其中优秀的品质,为己所用。他在国学研究班上的中国书法史课上曾云:"书家以钟王并称,当求其异;所谓异者,及二家书体中所含分势多寡之悬殊也。钟书尚翻,真书亦带分势,其用笔尚外拓,故有飞鸟骞腾之姿,所谓钟家'隼尾波'也。王出于钟,而易翻为曲,减去分势,其用笔内擫,不折而用转,所谓右军'一拓直下'之法。故梁武帝以龙出跳虎卧之势喻之,龙跳之蜿蜒,虎卧之踡曲,皆转而非折,真能状王书之旨。此二家之异也。其后钟为北书之祖,而王为南书之祖。北朝多师钟,故真书皆多分势,乃至篆书亦以分意入之。"胡小石于钟书常临《戎路表》,认为其虽然是后代人的摹本,但保存的分势较多,代表了钟书的风格。对于王羲之的书法,胡小石推崇的是《乐毅论》和《东方画赞》。而对于"小王"王献之的书法,胡小石则推崇他的《玉版十三行》。由于"二王"无碑,于是他就临习继承"二王"衣钵较好的梁《萧憺碑》和《萧秀碑阴》。20 世纪 30 年代初,日本人所印的《书道全集》流传到中国,胡小石不惜重金购买,对其中收罗的南北墓志、造像石刻,进行了广泛的临摹,直至隋代《董美人墓志》和《龙藏寺碑》而止。对于唐代诸家的成就,胡小石是肯定的,但从不临摹,因为其重法度、重整齐逊于南北朝至隋代碑志的自然天趣。在行草书上胡小石更加欣赏"小王"的书法,因为王献之能在继承其父的书风上有所变化,自成一家。这一观点在他后来的《书艺略论》作了阐述,他说:"羲之草虽不尚波磔,体犹近章;献之源出父书,席丰履厚,又变其父上下不甚相连之草,为上下相连之草。往往一笔贯数字,生面别开。……此后书苑中遂有狂草一途。唐之张旭、怀素,明代中叶以后诸家,直至明末黄石斋、傅青主、王觉斯,皆自'小王'来。可谓别子为祖矣。"

胡小石对于宋明清书家大都取那些能于唐人法度之外开路自行的书家,如宋代的苏东坡、黄庭坚、米芾的书法,特别是米芾的"刷"字诀,胡小石尤为欣赏。胡小石尝云:"明中叶祝允明、文徵明诸家皆精帖学,继承多而创造少。自明末董其昌、张瑞图、倪元璐、黄道周、王铎、傅山诸家出,始能摆脱藩篱,别开生面。就独创性言,董实为明书第一,以其楷书能以丑为美,行草能以虚神代替实笔,在书法史中为初见也。"又曰:"清人楷书误于馆阁体,排列如算子,为书家大厄。行草则以帝王提倡故,董书笼罩一代。其能遗貌取神者,唯刘墉八十以后书,伊秉绶、何绍基三家;完全不受影响者,唯邓石如一人,足称豪杰。"

胡小石成长的时代是一个古老的中国刚刚开始接受西方文明、崇尚"西学为体、中学为用"的时代。当时的日本自 1868 年明治维新以后学习西方先进的科学技术,资本主义发展迅速,一跃而成为亚洲的强国。李瑞清在两江师范优级学堂就重视科学与实践,还专门请日本人来做教师,以使新一代的年轻人能够学到西方的现代科学知识。因此,胡小石的书学研究方法就比李瑞清传统朴学与朴素辩证方法更先进,是现代的自然科学研究方法。这样就与传统的旧式学者包括康有为在内的研究书学的方式有本质的区别,不再使用一种很玄妙的解释,而是如他自己所说的"从根本上说,人就不是一个什么玄妙,不过是生物的一种"①。所以科学的分析归纳和辨证的方法成为胡小石最基本的理论研究和书法学习的方法。

李瑞清所开创的金石书派认为学书必须从篆书开始,在《玉梅花庵论篆》中他说:"学书不学篆,犹文学不通诗也。故学书必自通

---

① 胡小石:《中国文学史讲稿·第一章 通论》。

篆始。学书必神游三代,目无二李(谓李斯、李阳冰),乃得佳耳。"虽然李瑞清当时提出这个论点与他的古文经学家有相当的关系,但篆书作为规范的中国汉字源头实乃如《诗经》是中国文学之源头一样是首先必读的课本。李瑞清之所以说"学书必神游三代,目无二李(谓李斯、李阳冰),乃得佳耳",是因为书法史上写篆书者从秦李斯、唐李阳冰以后几乎就没有传人。清书篆者都师法李阳冰的城隍庙碑,最多上溯到李斯的泰山、琅琊、峄山等碑刻,但"二李"的碑刻篆书都排如算子,毫无神韵和气势,所以不可学。因此,他提出学隶书、篆书要"求分于石,求篆于金"[①]的思想。在李瑞清看来,钟鼎彝铭的金文是一种原始的篆书,处于还没有从更古的书体中真正脱胎的混沌状态之中,字体和造型是处在发展变化的转折期,尚未成熟,也没有严格的、固定的、统一的准则,充满了真情实感与探索的精神。这就如未经雕琢的璞玉一样,虽然粗糙,但发展前途很广,可供吸收利用的成分很多。学习这种作品,个人的想象力和艺术的造型能力很容易被激发起来,在其不完善的地方植根发展,最后借助它的形式,完善自我风格。篆书如此,隶书也如此。李瑞清要求学隶者不仅要学两汉的碑刻,而且还要学习两汉镜、铭、砖、瓦上的文字。这样就比包世臣、康有为更高明。他以那个时代能掌握的资料来确定学习书法应学金文书法的观念,并且在实际的书法实践中将金石书法的审美观念表现出来,这在书法的用笔和造型上都比以前有很大的突破。侯镜昶认为李瑞清是系统地研究金石书法的第一人,并在他的《书学论集》中这样评价道:"李瑞清开辟金文一途,篆书门径,顿觉豁然开朗。他运用涩笔临写金文,刚劲顿挫,这连何绍基都未敢梦及的",是不为过的。

---

① 李瑞清:《玉梅花庵论篆》,载《国学丛刊》第2卷第4期。

胡小石在李家耳濡目染三载,受益良多,书法也由碑版、法帖上溯金、石、甲骨刻辞。他继承了李瑞清"求篆于金"的论述,并发扬光大,用涩笔遍临商周诸器,特别喜临方笔鼎铭,如盂鼎、邢鼎等,写得雄奇俊刻、不同凡响。在李瑞清家时,胡小石曾以平日所得的金石拓片辑为《金石蕃锦集》(二册),在上海由震亚书局出版石印本。这是胡小石的处女作。胡小石在拓片后详加考释,这些考释文字虽然仅是初试锋芒,但也显露出不凡的才华和学力,体现了他当时的书法观与其师李瑞清一脉相承,并有"青出于蓝而胜于蓝"之势。如在《周鲁公伐郳鼎》中云:"其书用笔方劲,犹有殷制,而体制特多流变,变质从文之始兴。"殷人尚质,此鼎尚存殷代的遗风,但其体势的流丽多变,却又开金石铭质变文之风气。参阅其在《齐楚古今表》的跋文可知,《周鲁公伐郳鼎》与《楚公钟》皆出于殷,但《楚公钟》与《盂鼎》皆为方笔之祖。又如在《虢文公子鼎》中说:"书体磅礴,与散盘同,尚横势,特较平耳。"在《梁代砖》后跋中说:"梁书多峻茂,而波磔带另势,正如王谢家子弟,纵复不端正,奕奕皆有一种风气,由此可窥得旧馆坛碑笔法。"李瑞清在此书后跋语中说:"学魏碑者,必旁及造像;学汉分隶者必旁及镜铭、砖瓦;学鼎钟盘敦者,以大器立其体,以小器博其趣。此《蕃锦集》者,余门人胡光炜平日所得拓片辑成者。其考证确实,有胜前贤者。"此书不仅考证确实,更在于见解精辟胜于前贤。

　　胡小石受过现代意义上的高等教育,并且一生致力于高等教育,因而具有较高的文化水准和开阔的学术视野。他研究书学的态度正如在《中国文学史讲稿》第一章"通论"中所指出的那样:"应注重实际的变迁,而不应注重价值之估定,所应具有的态度,与研究任何史的态度应该是一样的。应具备:(一)冷静的态度。不染任何宗教色彩,不拥护何派,亦不诋毁何派。(二)求信的态度。只问作品之真,不问作品之美不美。(三)求因果的关系之注意。每种文学之产生,非突然的,必有其来因。既发生以后,必有其相当的影响与其后来的效果。"胡小石继承了李瑞清逐本求源的探索精神,在方法上运用现代的分析归纳和辨证的科学方法。

李瑞清根据书体的产生必有因果关系的科学思想提出:"大凡篆书与地理有关系,即在成周,各国有各国之风气,故书法不同。余欲著一书,以各国分派,见书未成,嘱门人胡光炜为之,正在考订商酌时也,今只得以器分派。"他在《玉梅花庵论篆》将周、春秋战国时期的钟鼎分为十大派,它们分别是:殷派,代表作品是龟板、牛骨,特点是用笔尖直,骨质而笔秀;周庙堂派,代表作品是《毛公鼎》《颂鼎》等,特点是有庙堂气,端庄雄伟;齐侯罍派,代表作品是《齐侯罍》《叔夜鼎》等,此派特点是笔长而曲,篆书之变化,此为极轨;楚公钟派,代表作品是《楚公钟》《大盂鼎》等十七器,此派应当为盂鼎派,但因《楚公钟》在前,而书法奇古,胜《大盂鼎》,所以如此定名;散氏盘派,此派只有一器《散氏盘》,其书法特点是用笔醇厚、古茂、英鸷雄浑;克鼎派,代表作品是《克鼎》《虢季子白盘》等,此派的特点是宽博雄浑,后来的《泰山经石峪金刚经》,出自《虢季子白盘》;钟派,代表作品是《王子申盏》等十五器,此派特点是结字长具有楚风,其布白以疏密取姿;大鼎派,代表作品《大鼎》《史颂敦》,此派特点是在整齐宽博之中有左右相让之妙,上下相衔之秘;鲁公伐郘鼎派,代表作品只有《鲁公伐郘鼎》一器,此鼎文遒冷隽,无一笔不险绝,无一笔不平正,所以在学者来看学习起来很困难;禽敛比鼎派,代表作品有《禽敛比鼎》《兮田盘》《不欺敦》等七器,此派特点是尚纵势而上下相横之妙,《瘗鹤铭》《黄庭经》深得之。

"以器分派"是近代书学的一大创举,它揭示了书法风格的产生并非突然的,必有其因果关系,并且既然发生以后必有其相当的影响与其后来的流续。李瑞清后的金石书派弟子秉承此义,并将其理论发扬光大。金石书派的集大成者胡小石继承李瑞清的遗志,并有所发展。1943年在由沈子善、潘伯鹰、沈尹默等人发起成立中国书学研究会创办的刊物《书学》第1期发表《中国书学史绪论》和1961年在《江海学刊》正式发表的《书艺略论》中论述了书法用笔由方笔—圆笔—纤笔的发展规律:"三代文字,最早为方笔,由方笔流而为圆笔此书体致之异也。夏商及西周初为方笔,西周中叶以下为圆笔,此书体之可以显文字时代性者也。""(一)自殷至西周早期铜器上所见方笔用折之文字,相当于古文。可举大盂鼎为例。甲骨刻辞亦属此类。(二)自西周中叶以下至东周早期铜器上所见圆笔用转之文字,相当于大篆。可举散氏盘、毛公鼎为例。著名之石鼓文,即东周初年之铭刻。大篆发展至春秋时,用笔日趋纤细。可举齐仲姜镈、国佐缶詹为例。"

此外,胡小石还在李瑞清的金石书派产生早期所表现出的朴素的辩证思想上有进一步的发展。李瑞清在分析字的结构时就说过:"一字有一字之章法,右军似欹反正之妙于钟鼎得之,比力学所谓中心也,一字有一字之生心。"①这就是从力学的角度分析了字的结构。又如他用辩证思想分析鲁公伐郯鼎派,称"此鼎文遒冷隽,无一笔不险绝,无一笔不平正"②。如他在《跋赵松雪书》中对元代赵孟頫提出了不同于别人的看法,从辩证的角度对赵的碑体予以了肯定,并将他的简札与碑体截然分开,断言"子昂后无碑",并说赵孟頫是"晋唐而后此为大宗"。胡小石在分析书法用笔的轻

---

① 李瑞清:《玉梅花庵论篆》,载《国学丛刊》第2卷第4期。
② 李瑞清:《玉梅花庵论篆》,载《国学丛刊》第2卷第4期。

重时更是运用了唯物辩证法的观点,他将毛笔分为四分,笔的中间腰部为二分处,用笔轻者,其效果为超逸秀发;用笔重者,其效果为沈著温厚。书法的使笔,一般不过腰节以上。至轻者用笔端部之一分,其书纤劲,就是所谓的蹲锋;至重者用腰部之三分,其书丰腴,就是所谓的铺毫,界乎腰端之间者为二分。胡小石对古代金文、汉魏碑、唐、宋、元以及清代著名书家用笔轻重作了深入的分析。他认为古代的鼎鼎彝铭文有用一分笔的,如《齐仲姜镈》《王孙钟》;有用二分的,如《毛公鼎》《虢季子白盘》;有用三分的,如《散氏盘》《兮甲盘》。汉代碑刻用一分笔的,如《礼器碑》《杨震碑》;二分笔的,如《张迁碑》《衡方碑》;三分笔的,如《西狭颂》《郙阁颂》。北魏碑刻用一分笔的,如《张猛龙碑》《刘玉志碑》;二分笔的,如《郑文公碑》《石门铭》;三分笔的,如《文殊碑》。唐代书家用一分笔者如虞世南、褚遂良、薛曜;二分者如柳公权、沈传师;三分者如唐玄宗、苏灵芝。宋代徽宗、蔡京用一分,黄庭坚、米芾用二分,苏轼用三分。元代赵孟頫用二分,康里子山、倪云林用一分,杨维桢用三分。当然这些书家的作品并不是一成不变,有一人的书法作品,先后而轻重不同者,比如说褚遂良书《雁塔圣教序》用一分,书《孟法师碑》则用二分。颜真卿书《东方朔画赞》《中兴颂》用三分,书《颜勤礼碑》等用二分,书《宋广平》则用一分。李北海书《李思训碑》用一分,书《端州石室记》则用三分。清人刘石庵中年用三分,有墨猪之诮,晚年妙迹则改用一分。还有一碑中有轻重不同的,如汉代的《衡方碑》用二分,隋代的《龙藏寺碑》用一分,而两碑的碑额则用三分。甚至有一字之中诸分毕具者,这在魏、晋及北朝经卷中多见之。由此可知书法风格的厚薄与强弱,其实不关笔画的肥瘦,有笔画肥而反薄弱,有笔画瘦而反刚厚者,所以书法学习和研究者都应该认真地审视。

漂泊西南　困厄耕耘

1937年7月7日,日寇挑起卢沟桥事变,开始了全面侵华战争。当年9月胡小石举家随中央大学迁往重庆。其将军巷"愿夏庐"遭日军轰炸、焚毁,书笈文物损失惨重。胡小石所作的《南京陷及期书愤》云:"龙虎开天地,金汤拥石头。崩腾狂寇入。梦寐一星周。吊楚南公誓,收京杜老讴。寸心与江水,奋激日东流。"诗中表达了对南京城沦陷,对日寇在南京烧杀抢掠无恶不作的极大愤慨。

但在1938年3月底4月初,听到台儿庄战役告捷,立即作诗《台儿庄大捷书喜》云:"乍有山东捷,腾欢奋九州。不缘诛失律,安得断横流。淮溆屏藩固,风埧早晚收。低回思白羽,一写旅人忧。"表达了无比兴奋之情。

胡小石是李瑞清的门人,又曾随陈三立学诗,在上海期间又向其父的生前好友沈曾植学习过诗,他的诗学观受了他们的影响,但又有明显的不同。其不同主要表现为沈曾植、陈三立是近代宋诗派——同光体的代表,李瑞清则恪守汉魏,专宗"选"体。而胡小石认为唐诗是中国诗歌发展的顶峰,这于他文学史观中"一代有一代之胜"的观点相一致。因此,他特别推崇唐诗。大概与他生活在中国现代最动荡的时代有关,他尤其喜爱和敬重杜甫。他在《杜甫〈北征〉小笺》中开宗明义就说:"《北征》为诗中大篇之一。盛唐诗人力破齐、梁以来宫体之桎梏,扩大诗之领域,或写山水,或状田园,或咏边塞,较前此之幽闭宫闱、低回哀怨者,有如出永巷而骋康庄。至杜甫兹篇,则结合时事,加入议论,撤去旧来藩篱,通诗与散文而一之,波澜壮阔,前所未见,亦当时诸家所不及(元结同调而体制未弘),为后来古文运动家以'笔'代'文'者开其先声。后来诗人如元和中韩退之,如宋庆历以来'宋诗'作者之欧、王诸家以至'江西诗派',至近世如所谓'同光体',其特征大要皆以散文入诗,其风气几无不导源于杜,亦可云自《北征》一篇开端。"①

唐代诗人杜甫是我国文学史上伟大的现实主义诗人。他创作的《悲陈陶》《哀江头》《春望》《羌村》《北征》和"三吏""三别"等一系列诗作不仅具有丰富的社会内容、鲜明的时代色彩和强烈的政治倾向,而且充溢着热爱祖国、热爱人民、不惜自我牺牲的崇高精神。杜甫一生不得意,安史之乱时他曾和百姓一起逃难,在沦陷区长安目睹乱军的屠杀焚掠,和百姓一同感受国亡家破的痛苦。逃出长安后,他被任为左拾遗,这虽是一个八品小官,却是很接近皇帝的谏官。就在做谏官的头一个月,他因"见时危急",上疏营救房琯的罢相,不料触怒了唐肃宗,几受刑戮。从此他一直遭到贬斥,漂泊西南,最后死在由长沙到岳阳的一条破船上。杜甫的诗不仅结合时事、体恤百姓,而且在艺术上也有所突破、有所创新,推动了诗歌的发展。因此胡小石称赞杜甫是一位"诗国革命家",说杜甫作诗总是以求新为贵,他学习许多古人,但同时又推翻他所学习的古人。因为在杜甫看来,从来没有一家不好,同时又没有一家尽好。胡小石概括杜诗的特点有三:一是在用字上极重锻炼功夫,特别是注重动词的创造运用。如"江鸣夜雨悬"的"悬"字,"声拔洞庭湖"的"拔"字即是。这类例子在杜诗中不胜枚举。二是在内容上大大开拓了诗歌领域。杜甫以诗描写时事,为诗之历史化;以诗发抒议论,为诗之散文化。杜诗不愧其"诗史"的称号。至于老杜冲决旧藩篱,化赋为诗,文体挹注转换,气度宏大,在诗史上独辟一途,是

---

① 《杜甫〈北征〉小笺》,载《胡小石论文集》,上海古籍出版社1982年版,第115页。

前所未有的。三是在声调上也极力避开前人已经走过的老路,善于变化创新,用一调即变一调。胡小石以前曾作过《杜诗声调谱》,发现杜诗七绝,用拗体者竟占十分之九以上,可为佐证。

正由于胡小石喜欢杜甫的诗,又是生活在那样一个动荡不安的年代,因此他的诗时常流露出感时伤事、愤乱疾邪的思想感情。20世纪20年代军阀混战,之后日寇又步步进逼,国难当头,胡小石笔下就常有忧国伤时之作。如作于1924年的《十二月初五夜书事》长诗,开首便追忆癸丑年(1913)张勋的"辫子军"击败了黄兴的讨袁军,占领南京,大肆掳掠,给南京人民带来了巨大灾难。而今甲子年(1924)十二月初五夜,南京又遭兵凶,城南火光冲天,枪声阵阵。天明探问才知大功坊一带遭兵抢劫。诗篇最后说:"大府闻盗不即治,煌煌州教张坊前,逃兵几辈偶尔劫,惊窜失火民之衍。民尪其羊兵其虎,縠棘岂望牙爪全。民供兵掠例应许,一如餐虎资羊膻。得大自由作土匪(陕西郭坚语,坚据渭北时,尝书此语赠人),买枪归卖西庄田。"

胡小石的诗中常有"角声",批评"狐狸亦当道""官衙兵捉人",叹息"太平在冥杳"。① 在国难日深之时,胡小石吟出了:"晋士慕刑天,楚累愤西狼。谁谓江海人,国忧澹能忘?"②"荒唐《天问》无人对,谁会灵均九死心?"

1937年全面抗战爆发,胡小石全家随中央大学迁往重庆。面对国破家亡,流寓蜀中,与杜甫当年的遭遇竟何等的相似,胡小石就更容易与杜诗取得共鸣。9月传来了陈三立先生去世的消息。胡小石甚为悲恸,作挽诗云:"绝代贤公子,经天老客星。毁家缘变

---

① 《杂诗》,载《胡小石论文集》,上海古籍出版社1982年版,第231页。
② 《青溪集诗》,载《胡小石论文集》,上海古籍出版社1982年版,第238页。

法,阅世夙遗型。沧海吞孤愤,讴歌役万灵。纤儿那解事,唐宋榜零丁。""昔侍临川座,从容识古颜。道儒无意趣,岱华各名山。溪上宵谈虎,舫头醉买鳊。沧飘感陈迹,东望泪潺湲。""莽莽焚林火,豺狼满九衢。守经严内外,攒棘断踟蹰。无意成完士,人纲重饿夫。千秋雄魄在,长有叠山俱。"回忆当年学散元先生诗歌,仿佛就在眼前,高度赞扬了老先生不做亡国奴,刚正不阿,最后五日不食,忧愤而死的精神。

中央大学西迁入川,校址设在重庆沙磁区沙坪坝松林坡,史称"重庆中央大学"。胡小石一家也住在沙坪坝,但住的条件却与南京那座自筑小楼——将军巷31号简直是天壤之别。就是在这样的环境中,1938年12月胡小石在教学之余完成了《中国书学史绪论》,刊登于《时事新报·学灯》(渝版);1939年3月完成了《甲骨文例》中央大学讲义增订本。

抗战爆发后,昔日老友有的留在南京,有的不得不去西南,饥寒交迫、颠沛流离的生活使得有人不幸离世。正如胡小石《哀郦仲廉》诗中所说:"世乱新鬼多,人脆不如藕。"而这笔账是要记在日寇头上的,"夭枉谁杀汝,切齿疾倭狗"。吴梅1939年病逝于云南大姚,胡翔冬也于1940年病逝于成都。1937年就在中央大学西迁离开南京的时候,王伯沆中风了,行动非常不便,他只能和他的妻子和女儿一起留守在南京。因不与日本人合作,王伯沆过着"两粥尤不可得"的生活,1944年病逝。这些好友的离世都使胡小石对日寇愈加痛恨,他常常在诗中将好友的学术成就、不幸遭遇与对日寇的痛恨联系在一起。1944年抗战最困难时期,胡小石在重庆回忆20年前定居南京后,当时南京高校聚集了许多卓绝的人物,感慨万分。《客有驰书告冬饮翁饿者,苏宇奔走醵资赒之。长谣叙悲,并赠苏宇》云:"娄湖凤栖肥遯士,冬饮高节吾所尊。数椽寂寞古台下,陷贼诈死长闭门。……昨来有客疏近事:妻挐绝粒难图存,烧薪缩屋余者瓦,采相充饭调以藬。……在昔南雍厕儒彦,英英槐市如云屯。……季刚说字千鬼哭,胜义欲固扬许樊。刌度玉琯定宫羽,霜厓声律真轩轩。就中胡三最横绝,哦诗睥睨飚霆犇。群於翁也服玄览,逍遥顿破风与幡。"诗中胡小石直呼日寇为贼,对王伯沆陷贼诈死、妻挐绝粒的遭遇深表痛惜,说到陈汉章、黄季刚、吴瞿庵、胡翔冬、王伯沆(即诗中之冬饮翁)等,独擅之学表现了极大的欣赏与怀念。这些人均是学富五车、才高八斗的知名学者,他们都各有专长,又善于作诗填词,春秋假日,每有诗社雅集,或分韵、联句为游玩助兴。今存者《春分后一日社集玄武湖,分韵得"满"字"春"字》《戊辰上巳北湖湖神词修禊联句》(参加者:黄季刚、王晓湘、王伯沆、汪旭初、胡小石、汪友箕、汪辟疆)、《豁蒙楼①联句》(参加者:陈伯弢、王伯沆、胡翔冬、黄季刚、汪辟疆、胡小石、王晓湘)等诗,可以想象当时几位先生身着月白大褂,手摇折扇,徙倚于山石之间,大有"竹林七贤"之风范。在悼念吴梅的诗作《苦瞿安》中胡小石用赞赏的口吻提及吴梅最擅长的词曲之学是"声律工无匹,尊罍病亦能",而其死于"霾瘴"之地的不幸遭遇,当然是日寇入侵造成的,诗中"海岛飞妖火,神州暗房尘,飘摇同命客,冥漠不归人"更是寄托了无限的国仇家恨。胡小石在重庆偶然见到黄季刚先生作于1933年的《闻雁诗》手迹,此诗表达了"北土逼寇,防危尤急于南"的忧国之思。睹此手迹,因生"笔墨尚新,幽明路殊"之感,而对照当时则引发了更多的感动,因作《遥和季刚

---

① 豁蒙楼:位于南京市玄武区鸡鸣寺内、鸡笼山东北端,是两江总督张之洞为了纪念其门生戊戌六君子之一的杨锐于清光绪二十年(1894)修建的。"豁蒙"二字取自杜甫《赠书监江夏李公邕》"忧来豁蒙蔽"。这里是登临望景的绝佳处,钟山的紫气、九华的塔影,还有逶迤的古城墙,此间目之所及,能达江北的浦口、城南的白鹭洲。

闻雁之章并引》,其诗云:"茫茫生死问黄垆,隔纸斯人疑可呼。今日投身无雁地,春山得似故山无?"

胡小石非常关心下层百姓的疾苦。在旧社会民间艺人往往生活在社会最底层,胡小石却很喜欢和他们来往,不仅平等待之,而且尤其尊重、欣赏其艺术。1935年苏州有一昆曲班来宁演出,当时喜欢欣赏的人绝少,卖座有时不到一成。胡小石却是每场必到,并与黄季刚先生合买数十座,邀请门生弟子一同前往观看。在南京有一位演唱梨花大鼓的演员董莲枝,胡小石非常喜欢听她演唱,有一次在听了她演唱的《剑阁闻铃》后作了七绝一首《听歌》赠之,诗云:"四座无声弦语微,酒痕护梦驻春衣。年年花落听歌夜,雨歇灯残不肯归。"抗战期间董莲枝流离四川,并且曾去云南演唱,胡小石一如在南京时,有机会便去听唱,大有他乡遇故知之感,曾为其赋诗四首。其中一首云:"听汝秦淮碧,听汝汉水秋,听汝巴山雨,四座尽白头。"

胡小石写的这些诗质朴老健,安闲不迫,与杜甫"如礼法之士,冠佩端绅,动作不苟,无竭言急词,无弛筋懈骨,篇篇庄重"[①]的五言古诗风格十分相似。其他如《城头》《书阁古古集》《廿六夜书感一首亦不知其所云何谓也》《听歌》等都颇具杜诗神韵。当然,胡小石有得于杜少陵的也仅限于这类题材而已,所作就其主体而言还是以表现诗人瞬间微妙情感的作品。

1939年7月的暑假,在四川嘉定武汉大学任教的冯沅君去丈夫所在的中山大学新址云南澂江途中,在重庆转车,特地停下来拜访了随中央大学搬迁到重庆的胡小石。到了老师家,冯沅君看到住房拥挤,床上躺着正身患重病的太师母,一群挨肩儿大小的孩子

---

① 钱基博:《中国文学史·近古文学上》第4编,中华书局1993年版,第321页。

挤在不大的房子中,都得靠先生的薪水养活,日子过得相当窘迫,情景惨淡。不过冯沅君的突然到来还是让胡小石和妻子很开心。冯沅君记得,在物资供应相当紧张的重庆,师母每餐总能拿出几道可口的小菜。不过,不巧的是,她在重庆的几天里,日军飞机的轰炸特别频繁,白天大部分时间都只能躲在防空洞里,并且两个晚上还遭遇到夜袭。第二夜尤其厉害,市区着弹起火,火光与月光"争明",景象凄惨令人恐惧。冯沅君本想多待几天,但看到如此大环境和小家境,实在不宜久留,次日下午便含泪告别了。战乱中的短暂相聚,师生双方都唏嘘不已。行色匆匆的冯沅君,难忘这份"天涯别"的情怀,写了首《渝州谒夏庐师》,诗云:"待卜后期未有期,相逢乱里喜兼悲。沧桑休问人世事,看取星星鬓上丝。横窗老杏一枝枝,问字玄亭记昔时。十有四年惆怅在,人生何事解相思。地室连宵共避兵,摩空劫火月争明。来朝又作天涯别,忧乱伤离判此生。"①冯沅君和胡小石在警报声中分手后,她怕胡小石牵挂自己,也对胡小石一家人的安全不放心,一到中山大学就给重庆发了封挂号信。几乎同时,胡小石的挂号信也到了云南澂江。从此,师生间又开始了不间断的书信往来,并且一直保持到新中国成立。

冯沅君离开后不久,胡小石的母亲漆雕氏去世。胡小石麻衣芒鞋,扶梓葬于重庆南岸时,抗战前在南京唱梨花大鼓的董娘(莲枝)所居距葬地不远。时值盛暑,董娘知胡小石将过,与其夫陈君于路旁张盖设茶水以待。胡小石十分感动,曾对弟子曾昭燏说:"饮此一杯水,胜于富家珍馐百味万倍也。"②可见他对于来自底层

---

① 严蓉仙:《冯沅君传》,人民文学出版社 2008 年版,第 178—180 页。
② 曾昭燏:《忆胡小石师》,载《胡小石研究》,《东南文化》1999 年增刊,第 120 页。

人民的这种友情是多么珍视。

1939年8月,胡小石的长子胡令德毕业于中央大学,赴国民政府驻英国使馆任职。当时正值中国的抗日战争最艰难的时刻,临行前,在重庆的师长、朋友、同学,他们中有文化界著名教授、书画家徐悲鸿、汪辟疆、吕斯百、潘韵、张隆延、杨仲子,还有当时重庆政界著名人物李宗仁、于右任、蔡廷锴、柏文蔚、王季高等,都为他留言、留画、留印,勉励他不忘国耻,努力奋斗。从此,70多年来胡令德一直把这本留言(画、印)册珍藏在身边。

在掩埋了母亲,送别了大儿子之后,胡小石感到昆明的学术空气比重庆自由,于是1939年8月底接受云南大学校长熊庆来(字迪之)的邀请,去昆明兼任云南大学教授兼文法学院院长,教《诗选》和《楚辞》。半年后返回重庆,第二年8月他又应云南大学校长熊庆来邀请,第二次去昆明兼任云南大学教授兼文法学院院长,教《诗选》《楚辞》,并且在教学之余完成了《楚辞郭注义徵》的论文写作。

1940年敌机连续三次轰炸沙坪坝中央大学校本部,造成巨大的破坏,接着又轰炸成都,中央大学医学院学生死两人重伤一人。形势如此,部分国民党政府官员却聚敛走私,大发国难财。胡小石看到这种情况,十分愤慨,他对各种腐败现象,时时有所批评、指责。如"狐狸亦横道,獬豸不敢嗔",就是指出朝无直士,正气难伸。所作《领事巷诗》五首古诗,谴责蒋政权更为激切。在重庆,胡小石有颇多关切时事之作,如《夏教授稚子废学卖报》《见流人鹭衣者》记述了物价飞涨之际,人们生活之艰难;《咏伤兵二首》则对生活无着的伤兵给予莫大的同情;《夜闻捕盗》则对"战伐生理难""非饥宁有此"的"盗贼"寄以哀怜,以至想到佛教中萨埵那舍身饲虎故事。胡小石在白沙时也曾遭遇困顿,有一次他曾向一个富有的亲友借了二斗米,隔二日才领到白沙女子师范学院(在江津白沙镇)薪水,此人即来索还,这使他极为气愤,有诗《卧病讲舍,蒙诸君子馈食》,开头即说:"五蠹严秦令,儒冠皆饿夫。"此时的胡小石把自己的命运、知识分子的命运和国家的命运紧密联系起来了。而"得大自由作土匪,买枪归卖西庄田"的感叹,可算是对黑暗社会的强烈控诉。

胡小石还有题书画作品诗,在这些诗中有表明自己的艺术观点,如《题佘莲裔所书碑》,也有通过对书画作品的描述、比拟等手法以表现作品的意境,以及书画表现的品格与人格,如《题文洁画樟》《重题文洁画樟》《题李复堂蕉阴鹅梦图》《题八大山人画鱼》《题落木寒泉图》《题吕澂画梅为钟山》《题王匋民画垂柳双燕图》《题周瑹画牡丹》等等。佘雪曼在《黑石山诗画小纪——纪念本师胡小石先生》中云:"我就读中大时,即蒙其青睐,辛勤教诲,获益良多。抗战期间,中央大学迁来重庆,师生相逢,谈艺甚欢。看见我用瘦金书写的川东师范纪念碑,非常高兴,赐以长诗,许为其传人。"文中提到的长诗,就是《题佘莲裔所书碑》,诗中云:"青毡画肚三十年,西来乍喜得莲裔。"应是指佘雪曼为传人之意。在这首长诗中,胡小石表明自己的书法艺术观,认为世俗之人喜欢痴肥大字,而正是他厌恶的"恶札满眼纷于蝇",他赞赏的是"折逢业岳角垂芒,运刃飞腾恶辞鼻"的书法风格。胡小石对佘雪曼的书法甚为欣赏,称其书法"熊蹲猊怒徒痴肥,独鹤冲宵世孰比"。《重题文洁画樟》诗:"龙颠虎倒茫茫刼,凤薄鸳沦个个身。纸上孤根烧不尽,蛮山留对夜吟人。"开头对气势磅礴的画面进行了描述,后面从观者的角度写出作品对自己的影响,这首诗还作扇面题字送与书法家高二适。再有首《题画鸭》诗:"估舶纷纷下钓矶,鸭儿何事也沉思?江南三月栽秧雨,一夜平芜绿满时。"用拟人的方式对画面意蕴作了充分的阐释。而《题樊樊山书轴》诗:"太液波翻柳色新,宫娥犹识细腰人。流传翰墨群知惜,木印当年也作尘。辛亥秋,樊携江苏布政使印逃,署理者不得已刻木印。"此诗虽然只有前一句对樊增祥的书法艳俗、柔弱樊美人像进行了评价,后一句直接讽刺樊增祥在辛亥革命爆发时不顾一切携印出逃的行为,从而表明字品如人品、作字先做人的书法观点,也从另一面印证了自己老师李瑞清在樊增祥逃跑后临危受命代署布政使,直到将财政交予公所,两袖清风,避地至沪,这种高风亮节的行为正是一位真正诗人、书家应有的风范。

1941年2月,应白沙女子师范学院院长谢循初邀请,胡小石举家迁至江津县白沙镇,任该院教授,教散文、文学史、《诗选》。自此,始以"沙公""沙"题款。这个时候胡小石家的居住条件才有所改善。但因为家里人口多生活负担重,仍然兼着中央大学的课程。这样两地奔波上课,十分辛苦。胡小石在江津曾作调查研究,作《江津县方言志》。1943年4月2日,沈子善、潘伯鹰、沈尹默等人发起成立中国书学研究会。该会以重在书法教育为研究方向。7月中国书学研究会创刊《书学》,由重庆文信书局印行,先后聘请了欧阳竟无、马衡、胡小石、宗白华、王东培、许世瑛等人撰稿。胡小石在该刊第1期发表了《中国书学史绪论(一)》。1943年胡小石的《卜辞之·即昌若说》发表于《中央大学文史哲季刊》第1卷第2期。

胡小石在甲骨学、金文学、中国文学,以及书学等方面成就卓越,被公认为国学大师、著名教授。1943年,经重庆中央大学提名,教育部组织学术审议委员会表决,胡小石为中国古代文学部聘教授。部聘教授,由教育部聘任,任期五年,标准是在国立大学任教十年以上、声誉卓著、本领域有重要学术著作。

1943年8月,胡小石依例获中央大学一年休假,于是乃复往云南大学任教。胡小石两次去昆明云南大学任教,其间与该校教授李季伟成为好友。李季伟,四川彭州人,1919年曾与陈毅同船赴法留学,在法国获得化学硕士学位。他出身于书香世家,从小就饱读诗书,文学修养深厚而且长于戏曲,故而与胡小石有诸多共同话题。胡小石的《玉楼春·昆明除夕酬季伟,时季伟将还西川省亲》即是酬李季伟之作,此词上阕言"天涯东望我无家,君纵有家归未得"正是自己漂泊心境的写照,表达了在战乱时期每个人都是有家难回,词的下阕是胡小石想象中的李氏归家后与家人欢聚一堂的情景。

当时昆明西南联大学术氛围甚浓,罗常培托当时在研究所学习的金启华请胡小石为自己所主办的"文史哲演讲会"作讲座。罗常培亲自送请帖到胡小石住处,并出了海报。胡小石作了《八分书在中国书学史上的地位》的讲座。当时听讲座的有汤用彤、浦江清等著名教授,听后都盛赞胡小石专精独擅,非积数十年钻研不能到此地步。其间胡小石继续任白沙女子师范学院教授,但已不在该院领薪。一年后胡小石休假期满,仍回重庆中央大学任职。1944年9月,中大成立文科研究所中国文学部,胡小石任主任,先后招收研究生十余名,其中有濮之珍(后为复旦大学教授)、金启华(后为南京师范大学教授)、徐家婷(后为南京大学教授)等。

自在金陵大学任教开始至抗战胜利时期,胡小石博采众长,在继承李瑞清书法风格基础上,逐步形成自己的特色。由于胡小石对历史有比较深刻而又辩证的认识,因此他这个时期的书法在继承以行书的灵动化碑法之刚峻的传统上,自觉地追求碑帖融合,将金石书派的碑帖结合发展到新的境界。他既继承了师辈的用笔和结字,又更为宽容地接受碑帖两方面的优点,并主张碑帖兼容。他所临的碑版不滞不沉,而以碑临帖则稳健雄厚绝去了碑派的"雄奇角出"特征。他所创作的书法作品成功地将碑派的用笔和结字的特质糅入传统帖派面貌之中,金石味与书卷气异质同体,互相映衬、互相生发。如他1926年所书的《同翔冬、仲子游北糊诗作》、1926年38岁所作的行书和1927年隶书《璧月常满》的落款行书、《真草二体临古四屏》落款、题跋的行书用笔圆润、顿挫加重,动势加强,且字态开张,其风格雏形已成。到了20世纪30年代个人风格逐渐形成。

从1937年抗日战争全面爆发后至1940年,国破家破,再加上重庆国民政府的腐朽,很多官僚大发战争之财,置百姓苦难于不顾,很多知识分子亦衣食难保。胡小石悲愤难忍,其忧国之情、不平之气意义泄于笔墨,所作的书法险峻苍劲,破空杀纸,具有力可屈铁之势。对于胡小石当时作书的情景,其弟子吴白匋在《胡小石书法选集》前言中回忆道:"旧时所用印章,尽失于南京,此际求友重刻,特多闲章,如'哀郢''哀江南''哀故都之日远''飘泊西南'等,往往署款下不加私印,唯盖闲章,亦以见忧国哀时之情。一日重庆某裱画店壁上,贴师所临王帖长条,六尺三行,署款'子夏',盖'哀江南'印,为爱书者所见,特邀尹石公先生(名'文',扬州老名士)往观,问:'子夏何人?'尹凝视良久,乃曰:'观其笔情章法,无清人气息,恐出明遗民手。'后余遇尹,尹以问余,始知为师所书,乃惊叹不已。举此一事,亦可见吾师书法造诣之高矣。"

他的行书如1936年48岁时作的题跋和1938年50岁时所作的《南京陷及期书愤》《咏海棠、辛夷二首》具有强烈的动势,在直折、顿挫处方硬挺劲,而整体却有圆感。

胡小石这一时期的书法是以碑和帖的兼写为主要脉络,其以碑笔写帖,在帖中融有碑意。这也顺应了当时大的社会环境走向,

胡小石1938年作的《南京陷及期书愤》

碑帖兼写或者是碑帖融合。这种入古而出新的独特探索方法，促使其"碑体行书"的酿成，虽然尚处在探索的过程，但其意义和价值已出现，离成熟的风格更进了一步。如1939年为其次子杨白桦所题的篆书《白花堂》，无论圆转、直折处皆十分豪爽，与李瑞清的风格迥异，可见当时已在作新的思考。再如他的以碑入简乃以拙之朴，自成隶书风采的《汉人打油诗》等皆是佳作。

承前启后　褒然独出

1945年8月15日，日寇无条件投降，抗日战争胜利。1946年5月初，胡小石乘坐飞机从成都返回南京，结束了近十年的西南漂泊的生活。而此时家人乘船，尚在途中。在回到南京的第一周，胡小石却是无家可归,无路可走。他在给学生冯沅君的信中说道:"万感伤神,万忧攒心。诸多好友,留滞巴蜀多住一二年。此者,贺者赠言不止一字千金矣。此处石米三万元以上,生活奇昂,还乡实不能活。东大稍迟走未为失计,日后正为此踌躇。奈何!梓地苦鹰少。此地则但有人声、车声,日夜喧闹,虫鸟唬亦无矣。白沙为我最可回忆之地,晓星晚照,无日不在吾梦寐中。"当时百废待兴,人虽回来了,但通货膨胀,物价高得离谱,南京、上海等大城市尤甚,大学教授也为生活犯愁。当时许多内迁的学校因原校舍尚未修缮完毕,故仍留在内地。7月底,中央大学最后一批师生抵宁,全校于11月1日开学上课。因"愿夏庐"被毁,胡小石全家开始住在学校宿舍,数年后才迁至天竺路21号寓楼。

抗日战争胜利后,胡小石满以为从此可以过上太平日子了,然而事与愿违,内战一触即发,形势万分紧急。冬,有人委请胡小石为蒋介石六十大寿书写寿序,并许以重酬,被他严词拒绝。

1947年下半年,全国形势严峻,物价飞涨,路有冻死骨。在国民政府的首都南京,斗争此起彼伏,形势严峻。南京学生掀起了反内战、反饥饿、反迫害,要求讲学自由的斗争。中央大学研究生同学会发出倡议,组织了"全国研究生联谊会"。胡小石在述作之余,经常阅读进步书刊,如艾思奇的《大众哲学》、郭沫若的《甲申三百年祭》、鲁迅的杂文集《准风月谈》《南腔北调集》《伪自由书》等,同情和支持进步师生的爱国运动,并向其研究生指示斗争策略和方法。他还与进步教授一起营救被捕的青年学生。为此特务机关曾把他列入"黑名单",几次险遭不测。

胡小石具有强烈的爱国民主思想。1948年春节之晨,学生刘溶池给他拜年,胡小石提笔在信笺上写了"化大炮为纸鸢"行书六个字送之,表达了他反内战盼和平的迫切心情。11月,为陈独秀

1948年夏,胡小石(前右三)六十寿辰在玄武湖与宗白华、谭龙云(女婿)等摄影留念。

生前给黄粹白有关音韵学的信,题"仲甫先生论韵遗墨",字迹沉郁激越。1948年底淮海战役后,国民政府企图强迫中央大学南迁,胡小石与梁希同率学生护校,与之对抗。国民政府教育部欲以中央大学校长之名啖之,胡小石在全校师生大会上严词拒之。

1949年1月31日,中央大学教授会投票选举欧阳翥、梁希、胡小石等11名委员为"中大校务维持会"常委。3月29日晚,胡小石在中央大学大礼堂前的广场上发表演讲,号召来宁参加"反饥饿、反内战、反迫害要和平"游行示威的各校师生,肩负起历史的重任,呼吁国民政府能顺应历史潮流接受中国共产党提出的和平谈判条件。他说:日寇投降以后,内战又起,国不安宁,民不聊生,只有国共再次和谈成功,国家才能富强,人民才能安居乐业。4月1日,南京专科以上十所学校共六千余人走上街头,向市民呼吁,到总统府请愿。作为"校维会"常委,胡小石为保护同学们的安全,坐吉普车紧跟在游行队伍后面。后游行队伍遭镇压,险遭不测,学生死者二人。4月11日,南京各大专院校分别在中央大学、金陵大学、南京政治学校为游行牺牲的同志举行追悼会,中大追悼会由胡小石致悼词。胡小石撰写了两副挽联悬挂在礼堂南面墙上,其一是:"挽程履绎同学 你死,死得好惨,惨无人道;我哭,哭不出来,来悼英灵。"字有丈余,笔力雄健、刚劲有力,满腔悲愤凝于笔端,非常醒目。

1949年4月23日南京解放。8月8日中央大学更名为国立南京大学,胡小石任文学院院长,与梁希、张江树等21人组成校务委员会,同时任南京市文物保管委员会委员、南京博物院顾问,并参加南京市文联(其时省文联尚未成立)。1950年,又当选为南京市各界人民代表大会代表。冬,在江宁县东善镇祖堂山发现两座大型古墓,胡小石协助南京博物院进行调查,经考证,确定其为五代十国时南唐烈祖李昇和中主李璟的陵墓。胡小石以六十多岁高龄,常常登山涉岭,往返数十里,亲临指导,为南唐二陵的发掘做出了很大贡献。

南京自古就有"六朝金粉地,金陵帝王洲"之美誉,这里的山山水水无不凝聚着古代文化之精彩。胡小石对南京有非常深厚的感情,一生都在研究它、欣赏它,南京的名胜古迹无不留下他的足迹。他曾写过《南京在历史上的地位》一文,文章开头就说:"中国古都,除北方之长安与洛阳外,在长江以南,当首推南京。"他曾写下许多歌咏南京的诗篇。

在南京的风景名胜中胡小石尤喜玄武湖,每年总有数次之游。

有诗云:"皱面柔波绿胜苔,风花舞雪入船来。北湖千古销魂地,投老犹应醉万回。"

另一首《春分后一日社集玄武湖,分韵得"满"字"春"字》:

轻舠戏回波,共惜春画短。熏风味醰醰,煦面若引满。城南支离客,蜑户影相伴。良会协心期,游目胜服散。出郭万花明,湖山霞不断。车马既喧喧,蜂蝶亦纂纂。浩荡虫天趣,瞥然千虑欵。浮沈各有适,齐物或非诞。

堤柳绿如染,始惊江南春。凭栏对风漪,念我汀州人。窈窕不可见,芳草日夜新。耿耿观河志,百年岂辞勤。抟砂以为石,碎石还成尘。聚散相周旋,终感天地仁。繁星点归辀,张灯杯在唇。万象故为幻,一醉犹为真。

胡小石对玄武湖有特殊的感情,吟咏玄武湖诗词的数量在其游记诗中占绝对的优势,即使有各种原因不得出游,或者在抗战期间寓居西南,也有《忆北湖》"陌上千花烂漫开,流莺叹我不归来"之句,还有《病重寄题北湖》"湖阴柳色风吹吹,休怪流莺有怨声"。

胡小石喜与诗社诗友雅集,南京的名胜地除了玄武湖之外,还有鸡鸣寺、牛首山、栖霞山、莫愁湖、清凉寺、石头城等等,这些地方的景色常常出现在他的诗词之中。如《成夏摄山》《四月十六日从诸公登扫叶楼,还循石头城,至盋山图书馆,会饮,是夕逢月食》《青溪集诗》《清凉山同胡三陈仲子》等等。他一生基本上都是在大学任教,无论在武昌、在西南,还是在南京,常常携朋友、弟子出游。曾任南京博物院院长的曾昭燏是胡小石的杰出弟子之一,她在《忆胡小石师》一文中回忆道:"逢春秋佳日,常邀弟子二三人出游,余多随侍。相与攀牛首,涉栖霞,探石头城之古迹,揽莫愁湖之胜景。尝于夏日荷花开时,天才微明,即往玄武湖,载一叶扁舟,破迷茫之晨雾,摇入荷花深处,清风拂面,幽香沁人。以为斯乐南面不易。又尝于樱花盛开之际,游孝陵及梅花山,坐花下高吟唐人七绝,音调清越,回荡于林木间,其雅怀高致可见矣。"①

1950年夏,陈毅来宁,与南京文艺界知名人士于玄武湖翠虹厅聚会。餐后,陈毅请胡小石赋诗留念。胡小石略思片刻,即吟五绝一首应命:

千秋倾城酒,
十里送荷风。
更以吞江量,
完成跨海功。

在描绘玄武湖的诗中还暗藏典故,如"游目胜服散"就是指魏晋人流行用"五服散",据说是用了以后人的气色会非常好,鲁迅的《魏晋风度及文章与药及酒之关系》一篇中,有关于服食"五服散"这种慢性毒药是造成魏晋风度的重要原因之一的叙述。胡小石还善学古人浑化含蓄,如"堤柳绿如染,始惊江南春。凭栏对风漪,念我汀州人"这两句用汉乐府《饮马长城窟行》中"青青河畔草,绵绵思远道,远道不可思,宿昔梦见之"意。古人多临河而怀远,如李陵诗"临河濯长缨,念子怅悠悠"即是。因为河水流动,可使舟行,所以临河而思远。

1952年7月全国高校院系调整,南京大学与金陵大学等校有关系科合并,为综合性大学,校址迁至原金大校址,原校址则调整为南京工学院(今东南大学前身)。院系调整时,胡小石任筹委会委员。1954年开始试行研究生培养制度。1955年胡小石招收当

---

① 曾昭燏:《忆胡小石师》,载《胡小石研究》,《东南文化》1999年增刊,第121页。

年毕业生侯镜昶为研究生。1956年正式招收副博士研究生,录取周勋初、谭优学、杨其群、吴翠芬等四名学生,1958年又录取田毅。胡小石对培养研究生工作抓得很紧,除布置、批改作业外,还专门开设"《说文》部首"一课,每周讲课半天。每次讲课都携带一大摞书籍,如《书道大全》等各种图谱,甚至还有实物,从《说文》上溯金文、甲骨进行比较,旁征博引,除古籍外,举凡方言俗语、碑版篆刻都有所涉及。对照分析之后,常常一语破的。当时除本系研究生、助教外,历史系的洪家义,外校的周本淳、王明孝等均来听讲。胡小石自觉运用唯物主义的观点对《说文解字》中某些神秘化的解释进行批判,说:"造字的是俗人,解字的是雅人,我现在就是要将文字从雅人那里拿来归还给俗人。"胡小石除自己授课外,还邀请了陈方恪(字彦通)前来讲课,又联系派遣研究生赴上海从束世澂学习古代史,以拓宽研究生的知识面。授课之余,胡小石还常带领研究生参观南京博物院、南唐二陵以及其他古迹。

除为大学本科及研究生开过许多课程外,胡小石还曾为南京博物院、华东文物工作队等单位的人员开设"中国文字与书法"系列讲座,又曾应邀做过多次学术讲座,如应江苏省文联邀请,讲《屈原与古神话》《书艺要略》等。

1960年6月江苏省书法印章研究会成立,胡小石被推举为会长,傅抱石、董七五、叶一鹤任副会长,丁吉甫任秘书长。该会是在党的"双百"方针鼓舞下,新中国成立后在全国率先成立的书法团体。在学术研究和书法教育上它一方面秉承了20世纪40年代中期重庆中国书学研究会传统,以"我国特有之艺术,代表民族文化之精神"的书法为研究对象,发扬中国文化、弘扬民族精神。研究会的主要成员胡小石、沈子善、陈之佛、杨仲子等都是中国书学研究会成员。另一方面为江苏书法家协会储备了书法人才,为江苏书法创造了良好的研究和学习环境,为 80 年代以至于后来的江苏书法在理论与实践上领先于全国奠定了基础。80 年代以后著名的书法、篆刻家如林散之、萧娴、丁吉甫、陈大羽、费新我、祝嘉、尉天池等都是该研究会的重要成员。社团机制的建立为开展较大规模的活动,带动书法群体的共同提高创造了良好的条件。1961 年 7 月 1 日,为纪念建党 40 周年,江苏书法印章研究会在省美术馆举办《江苏省首届书法印章展览》,展览半年前已在《新华时报》上刊登了征稿词,故全省 44 个市、县作者寄送书法、印章稿件十分踊跃,共收到 867 件作品。经评委评选展出书、印作品共 389 件。前言由丁吉甫执笔经胡小石修改定稿。展览印有纪念册,封面及扉页均由胡小石题鉴。展览之后,《江海学刊》第 7 期发表了胡小石的《书艺略论》。7 月 15 日、16 日《新华日报》第 3 版以整版的篇幅转载了这篇《书艺略论》。

胡小石有着深厚的学识功底和丰富的书法创作经验,谙熟古文字学、考古学、文学以及书画鉴定学。他以临摹古文的感性经验为基础,进而研究汉字形变的普遍规律,以文字研究的理论作指导,不断提高创作水平,二者循环交替,齐头并进,互为补充。李瑞清说过:"学书尤贵多读书,读书多,则下笔自雅;故自古来学问家,虽不善书,而其书有书卷气;故书以气味为第一。不然,但成手技不足贵矣。"①胡小石在《书艺略论》中也说:"学有造诣的人应兼具'儒林''文苑'之所长,既能搞研究,又能懂创作。"这样理论研究与书法实践并重,相互促进,既不空发议论,也不死守技法,而是以学术研究指导书法创作,以书法创作验证学术研究。如此,则研究不空泛,处处落实;创作不盲动,精审明辨,取舍生发,游刃有余,达到

---

① 李瑞清:《玉梅花庵论篆》,载《国学丛刊》第 2 卷第 4 期。

下笔有由,随意驱遣而又不失于狂怪的境界,即所谓"随心所欲不逾矩"。历史上一般有书法创作和书法研究的区别,认为前者是一种创造,是一门艺术,而后者应该是一门学问。但是历代的大书家都是书法创作与书法理论并重,如唐代的欧阳询、颜真卿、孙过庭,宋代的苏东坡、黄山谷、米芾等等,以及前面所提到过的碑学大师们。胡小石除了对书法线条具有强烈的感受能力,以及对文字线条高度再创造的技能外,还具备系统的古文字、音韵、训诂、诸子百家、佛典道藏、古文、诗歌、金石书画之学,广涉精研,多有成就。完善的中国国学知识结构,使他能将辩证的思辨力与独具的鉴赏力相结合,将深邃的历史眼光和强烈的个性结合起来,将严谨的分析、研究、论证、判断、雄辩的逻辑思维能力和丰富的想象力以及热情的创造力结合起来。因此他的书学理论在"求分于石,求篆于金"和"以器分派"的理论基础上,进而提出"六变"之说和"方笔圆笔"之论等,使金石书派理论向前迈进了一大步。

　　胡小石生活的最后近二十年时间,其书法创作不仅在量上大大超过以往,而且在质上有了突飞猛进的发展,最终形成了自己骨力遒劲、质朴深厚、神采飞扬、韵味绵邈的个人书风。

　　新中国成立以后,胡小石以满腔的热情投入到新中国的教育工作中去。他不仅任由中央大学改名的南京大学文学院院长,还担任了南京市政协副主席、南京市文物保管委员会委员、南京博物院顾问,为江苏省文联、南京博物院工作人员以及华东文物工作队和南京故宫分院的同志作一系列的学术讲座。胡小石晚年在繁忙的教学、科研和社会活动之余,仍潜心临池,研究书艺。他作书喜用硬毫(如鼠须、狼毫)浓墨,还喜用罗纹纸或玉版宣、高丽发笺,以及家乡嘉兴产的毛边纸。他还常常在荣宝斋制水印木刻信笺上临书,信笺上常印有"长宜子孙""长乐万岁"等仿汉瓦当文。

晚年胡小石挥毫作书

这时期的胡小石作品已汲取李瑞清、沈子培等诸家之长，纳古法于新意之中，生新法于古意之外，汇南、北书流于一炉，人书俱老。他的行、草书则大量临习二王以至宋代的苏轼、黄庭坚、米海岳等人。其临摹的重要佳作有，临王羲之《太常帖》《初月帖》《破羌帖》；临王献之《杂帖》《中秋帖》等。1950年为曾昭燏所临王羲之《初月帖》，一改"大王"书写和处理字的方式，这与他深入研究北碑是分不开的。在书写内容上，只是选取了《初月帖》中的一部分；在用笔上，多圆笔，多藏锋，富有隶意，显得古拙有味，这主要得益于先前对篆隶的钻研；在结字上，对字与字之间的连绵处往往加以减弱和改造，使之顺应自己的书写习惯。同时，也夹杂着宋人的一些笔法，如"人"字的捺脚长笔画，体现出他对黄庭坚行草书的临习；在墨法上，燥润相间，墨色变化自然，精神使然；在章法上，则是大

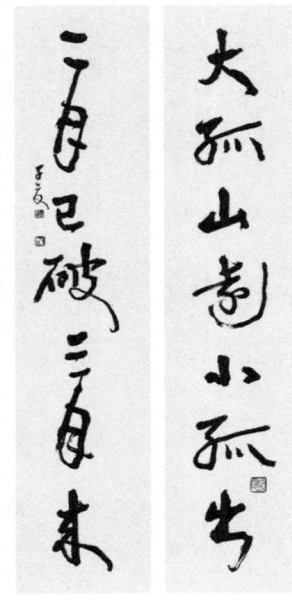

1950年胡小石临王羲之《初月帖》　　1961年胡小石行书作品

开大合,表现出收放自然的控制能力。比方"无人"的"人"字放开之后,下一个"不"字立刻收住。竖行与竖行之间,处理得也很得当,摇摆避让,虚实相合。从整体上看,这虽然是一件临摹作品,却表现出胡小石书法实践的思路。作品中,既能表现出碑的雄浑大气,也能表现出帖的活泼灵动,可谓是二者的有机结合。

这时期的作品有行书"大孤山远小孤出,二月已破三月来"和送给王一羽的章草条幅,纳碑入帖,用涩笔顿挫写草书,因此草书线条柔中有刚,笔力动感激越、气势豪放,令观者振奋、惊叹。他的篆书如《临古四屏条》和60年代临的金文,其爽直的运笔以少量的波动顿挫作调节变化,既沉雄、古朴又有自然韵味,形成了不同与其师又优于其师的独特的篆书风格。他的《李白诗句》,整体韵味连绵,流畅劲健,纳碑入帖,线条柔中有刚,笔力动感激越,集各体之长,独抒性灵,自然融洽,令观者振奋、惊叹。书《楚辞》《试酌百情远联》等以碑意入汉简,以拙致朴,厚朴劲健自成风采。此时的"碑体行书"已完全成熟,形成个人风格,比脱化期的书风更胜一筹。首先,在融合碑帖上更自然妥帖了一些,打破魏碑单一规整的章法,融入帖学行书笔意,使整体上下衔接自然。其次,线条愈加厚重质朴,特别是行笔中与先前的涩笔顿挫相比增添了一些舒畅流动,使书写变得游刃有余,有条不紊、纵横恣肆、跌宕起伏。另外,他1960年冬至前七日所作的行书条幅、1961年73岁时作的《跋何绍基临史晨碑》横卷等纵横排荡、沉着痛快。他的楷书如1961年71岁时所作的条幅,通过大量的临古和创作,建立起自古人又参合着自己的独到理解与创造性发挥的楷书法度,即字态活跃、结构紧促严整、章法井然有序、用笔法度完善,严正而富于变化,于平实中见险妙。

总之,胡小石的书法纳帖于碑,化柔为刚,方圆互用,似放实收,聚精敛神,得李瑞清金石书派之真髓、两周金文之异变、秦权诏版之规范、汉简八分之宽博,扎根于魏晋六朝,化张迁碑、郑文公碑、瘗鹤铭、萧憺碑之形体,附钟繇、二王之魂魄,融会贯通,形神兼

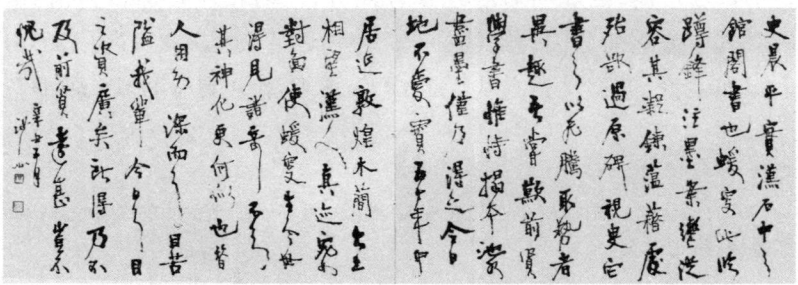

1961年胡小石作《跋何绍基临史晨碑》

备。虽然胡小石师从李瑞清,但能得其所失,补其所缺,形成了自己独特的书风。尤其是他晚年的作品柔中有刚,笔笔如铁铸成,流畅凝重,具有古藤夭矫、流云舒卷之妙,海岳吞吐、笔力千钧之势。现代书家辈出,而能臻此境者,实属罕见,无怪当时的金陵书坛,包括傅抱石、沈子善、林散之、高二适、萧娴等著名书家,举为泰山北斗,只是胡小石早逝,当今的书坛有点把他遗忘了。

胡小石不仅是书法家、书法教育家,同时也是书法理论家。其弟子谭优学、吴翠芬等人都曾回忆胡小石强调无论是书家还是学者,都要儒林而兼文苑的观点,"一次师生闲谈中,先生鼓励我们要'儒林'而兼'文苑',这样才全面"①。"学有造诣的人应兼具'儒林''文苑'之所长,既能搞研究,也要会创作。"②胡小石的书法艺术成就不仅在于他的书法创作,同时离不开他对书法理论的贡献。他的书学理论从甲骨、钟鼎、简牍、碑帖中综合探讨,论述干源枝派、风格造诣,继承和发展了李瑞清以治经方法论书的金石书派书学理论体系,并有所创新。

胡小石晚年多次患病,但仍承担了校内外的许多工作,同时也着手整理历年之讲义、笔记。如1958年发表的《读契札记》,就汇集了其数十年研究甲骨文的心得。1959年开始整理《广韵正读》一书,以《广韵》的反切对照现今各地方言,而以声母递转、对转来解释其中变化的原因。遗憾的是,只完成"平、上、去"三声,"入"声未写即去世,遗稿又遭遗失。1961年5月南京大学校庆,胡小石

---

① 谭优学:《先师胡小石先生杂忆》,载《胡小石研究》,《东南文化》1999年增刊,第123页。

② 吴翠芬:《独向深山深处行——忆胡小石师》,载《胡小石研究》,《东南文化》1999年增刊,第116页。

抱病作了《杜甫的〈北征〉》和《羌村三首》两次讲演,听者云集,南大校长郭影秋及南大、南师的许多知名教授都到场听讲。

其间,应江苏省委宣传部之建议,胡小石开始整理自1934年在金陵大学国学研究班讲授《书学史》的稿子,准备出版《中国书学史》,但写至魏晋王羲之、王献之书法时宿疾发作,未能完稿。作为清末民初的教育家和碑学大师李瑞清的弟子,胡小石在书法理论和书法创作上都继承和发展李瑞清所开创的金石书派,并使此书派在现代纷呈的书法流派独具一格。特别是他1934年在金陵大学的国学研究班开设的中国书法史课程,具有划时代的意义,真正把书学作为了一门学问,而改变了以往书法教育只注重实用书写技能的传授。其间培养的曾昭燏、游寿,以及后来培养的吴白匋、侯镜昶等弟子,在文学、书学、考古学、文字学等诸方面均有成就。胡小石仙逝后,曾昭燏、侯镜昶对这部《中国书学史》遗稿,参照上过此课学生的笔记进行了整理。不幸的是完稿后,曾昭燏将书稿交给了文物出版社准备出版,但因"文革"期间出版社工作不正常,又因1964年曾昭燏的去世,这本书稿一直没有出版。在"文革"过去了二十多年以后,南京博物院有关人员在整理曾昭燏日记中才发现原来《中国书学史》稿件已经整理完毕,由曾昭燏本人亲自交给了在北京的文物出版社,南博专门派工作人员去出版社追问稿件的下落,但出版社告知稿件已经不知所踪。所幸的是,胡小石的学生游寿1935年在上《书法史》课笔记基础上用小楷誊写的、胡小石校注的胡小石《书法史》2009年浮出水面,被游寿家乡宁德市的彭传诵在南京高价购得。此稿的结尾处有游寿署"甲戌腊月望日竞(注"竞"为"竟"异体字),游寿草稿","甲戌腊月望日"即1935年1月19日,正是胡小石在金陵大学国学研究班讲授《书学史》结课之日。这部《中国书学史》手稿历经战火纷飞、多次运动的80年辗转,终于在 2014 年 12 月,由陶敏辉、彭传诵编注,中国文史出版社出版。

1962 年 2 月 11 日晨 7 时 43 分,胡小石病逝于江苏省工人医院(现为江苏省人民医院)享年 74 岁。胡小石逝世后,南京大学成立了治丧委员会,停灵于中山南路的中国殡仪馆,灵堂内挂满挽联。十余日内包括省市领导和普通市民,来吊者络绎不绝。其长子胡令德为联合国官员,也赶回奔丧,门生故旧均参加守灵。胡小石遗言,将自己的藏书赠南京大学图书馆,所藏的文物捐赠南京博物院。他最后也不忘振兴祖国的文教事业,以嘉惠于后人。

胡小石生前曾将自己所作诗词分为六卷:"卷一题《盘石集》,存一九三七年抗日战争以前所作的古今体诗。卷二题《峡林》,存抗战初期旅居重庆时所作的古今体诗。卷三题《无同沙语》,存一九四一年移家江津白沙镇以后所作的古今体诗。卷四题《蜩楼草》,存一九四五年抗战胜利,回归南京以后所作的古今体诗。卷五题《东风堂集》,存新中国成立后古今体诗。卷六题《夏庐长短句》,存毕生所填小令,不分时期。"①1962 年初,胡小石先生逝世,遗稿除三、四两卷有亲笔定稿,六卷有曾宪洛钞本外,其余皆未定稿。胡小石去世后,长子胡令德欲将父亲手书诗集携至香港影印出版,因南京大学校长郭影秋囿于当时的思路,主张在国内出书而作罢。1964 年其次子杨白华(出生后继养在舅舅家,改姓杨)广为收罗,历时一载,始成诗词全集,未及印行,十年"文革"开始,两个稿本均不幸失踪。而杨白华亦身受横逆,含冤逝世。1982 年吴白匋从胡小石的亲属与同门弟子处,以及各种报刊上,四处访求,抄

---

① 吴白匋:《愿夏庐诗词钞》题识,载《胡小石论文集》,上海古籍出版社 1982 年版,第 283 页。

得古今体诗251首,词19阕,收入1982年出版的《胡小石论文集》中。1991年,《胡小石论文集续编》出版,收入了由吴白匋寻找整理的《愿夏庐诗词补钞》古今体诗50首。

另外,遗存下来的胡小石书法作品中也保存了部分他自己创作的诗词,如《奉赠星君》《欹枕》《廿一夜苦热泛湖作》《寿卞孝萱之母短韵》等诗都是在后来收集的书法作品中发现的,有的收录在已经发表的诗钞中,有的没有。有些书法作品中的诗词与收录进诗钞的题目不同,如"斜月半庭阴,露泫花气净。暗虫弹窗纱,春梦去无影"。这首诗在诗钞里题目为《无题》,而在书法作品中落款称此诗为《静影韵》,这个题目对诗作的内容和意境表达得更加清晰。胡小石还有一些即兴创作的诗作写于书法作品赠送与亲友或学生,但由于时代变迁书法作品找不到了,而诗却被赠予者记在了脑海中。如谭优学在《先师胡小石杂忆》中提到胡小石曾经赠送给他的扇面上有一首七绝:"数声清磬出晴暮,落木人家散烟雾。风送年年江上潮,白云生根吹不去。"可惜这幅扇面在"文革"期间不知下落。当然像这样一些回忆文章和研究著作中重现胡小石诗作的还有,如郭维森在《高山仰止 景行行止——胡小石先生传略》中记有1950年夏陈毅来南京,约会南京文艺界知名人士于玄武湖翠虹厅,胡小石当场赋诗。① 再有1997年谢建华在写《胡小石先生年表》时,在南京大学中文系一包胡小石遗物中发现几张用钢笔写的其1958年所作的《跃进吟》五绝四首、1959年国庆节所作《国庆日喜女鉴同子牛牛自济南来会》五律一首,以及《国庆节颂词》七律

---

① 郭维森编:《学苑奇峰——文学史家胡小石》,南京大学出版社2000年版,第20页。

一首。①

胡小石无论是写诗还是论诗都能诗近诸取譬,形象而得真,如对唐代文学就有非常形象的比喻:"初唐文学是走在长门闾巷;盛唐文学是乘着高车驷马在通衢大道上奔行,旁若无人,壮阔无前(尤其是李、杜二公);中唐文学有的是在园亭中休息(如大历十才子),有的是爬山,走险峻的羊肠小道(如韩、孟、贾),有的是则是在大平原上兜圈子(如元和诸公);晚唐文学是离开陆地走水路,舍车而乘舟了(小令和词应运而生)。"而对于宋代严羽在《沧浪诗话》中所谓的"羚羊挂角,无迹可求"提出不同的见解,认为:"人具七情,应物斯感。既来自应物,则有迹可求矣。有迹可求,则可以分析而得之矣。七绝抒写情趣,若加以分析,其最重要之一点在于表现时间上之差别,即今昔之感。生命短促,时间不能倒流。屈原悲'老冉冉其将至','冉冉'为行貌,继乃申之曰:'日月忽其不淹兮,春与秋其代序。惟草木之零落兮,恐美人之迟暮。'夫人生最感甜蜜者为回忆,回忆即将过去所得之生命,使其重新活动于眼前。如饮苦酒,虽苦而能令人陶醉也。此意后世诗人各以当时流行之形式写之。如郭璞《游仙诗》之一:'六龙安可顿,运流有代谢。时变感人思,已秋复愿夏。'"②胡小石非常欣赏郭璞的这首诗,也因这首诗将自己所居题为"愿夏庐"。

胡小石的诗得李瑞清之清隽、沈曾植之瘦硬、陈三立之镵刻,融会变通,形成了自己玄思妙想、百锻千炼的独特诗风。同时,对

---

① 谢建华:《胡小石先生年表》,载《胡小石研究》,《东南文化》1999年增刊,第161页。

② 《唐人七绝诗论(一)》,载《胡小石论文集续编》,上海古籍出版社1991年版,第218页。

于诗歌创作胡小石有颇多的研究。他在《唐人七绝诗论·引论》中云:"七绝为短韵诗,不过四句,二、三韵,二十八字耳。然而唐人七绝,传诵千古,盖凡艺术价值之高下,不在数量而在质量。就本体言,譬如参天之松与在谷之兰,各有其美。就工力言,又如狮子搏象,固用全力,搏兔亦何尝不用全力耶?一切艺术,无论造型与制声,其高低优劣皆系乎质而不系乎量。建筑之美,阿房建章,千门万户,固极其壮丽,而傅于今者,如嵩山三汉阙、雅安高颐墓两汉阙,不过残存数方石块,亦自有其美。书法之美,汉魏丰碑与二王法帖各擅其妙。画图之美,敦煌壁画虽辉煌宏伟,使人惊叹,然宋元人寥寥数笔之写意画,亦复耐人寻味也。由此可知,美在质量可为通则,诗歌当然不能例外。"[1]因此他的诗许多都是或七言,或五言绝句,不在长短,而在质量。而每首诗都是千锤百炼,有一幅一诗三稿的作品可以说是最好的见证,如《却忆》诗:"桃溪春暖荡轻舟,鸦鬓吹笙坐碧流。日暮酒醒人已远,任他飞絮上帘钩。"其中后两句又作"旧约断肠寻不见,任他红雨满西洲",又作"日暮高楼天水远,杨花随意上帘钩"。

胡小石的诗歌涵茹前人,目的在于更好地表现自己的情感。他曾说:"言志、缘情,语异义同,以今语演绎之,诗是情感的产物。情感最易应物而变化,而尖端之情感尤甚。欲捕捉当时之尖端情感,须用极短之文字表现之,因灵感(实即尖端情感)之来。为刹那间事,稍纵即逝,故仅能用短句捕捉之,固无暇作长篇也。长篇非不能表现微妙之情感,然而重在结构张弛相间,不能全篇紧张,盖给人以刺激,不宜过久,久则神经感觉麻木,全篇紧张,乃等于全篇

---

[1] 《唐人七绝诗论·引论》,载《胡小石论文集续编》,上海古籍出版社1991年版,第209页。

不紧张也。长篇之紧张性如波澜起伏,层出不穷,读《孔雀东南飞》可以知之。短诗却不能有张弛之余地,必须单刀直入,一针见血,其紧张性乃如有的放矢。唐人七绝动人处在此。"①胡小石的诗善于将不同的风格融为一体,形成自己诗歌的特色。由于他与李瑞清、沈曾植、陈三立身世、时代、性情等方面的不同,他们的诗歌虽都写苍茫雄阔之境,具沉郁之气,但是胡小石的诗歌中将现实之境与精骛八极的想象融为一体,熔沉郁与奇谲的风格于一炉。如《湖上闻机声怀李仲于江南》:

> 机声轧轧雨潇潇,日暮湘江生夜潮。回首故人天际远,挑灯寻梦到浮桥。
>
> 南国风流几擅场,嵇生散漫阮生狂。但当饮水居建业,何事驱鱼过武昌?

诗人写雨中的湘江中孤舟之状,形象鲜明,以"回首故人""挑灯寻梦"喻思乡之情。"嵇生散漫阮生狂"的事典,很好地烘托了"何事驱鱼过武昌?",亦即归心似箭的心情。此诗陈古以托今,熨帖自然,又意脉跌宕,从夜晚潇潇的雨声起笔,而终结于"驱鱼过武昌",颇具想象力。

程千帆在 20 世纪 30 年代就读于金陵大学,他曾追忆道:"记得我读书的时候,有一天我到胡小石先生家去,胡先生正在读唐诗,读的是柳宗元《酬曹侍御过象县见寄》:'破额山前碧玉流,骚人遥驻木兰舟。春风无限潇湘意,欲采苹花不自由。'讲着讲着,拿着书唱起来,念了一遍又一遍,总有五六遍,把书一摔,说,你们走吧,我什么都告诉你们了。我印象非常深。胡小石先生教《唐人七绝

---

① 《唐人七绝诗论·引论》,载《胡小石论文集续编》,上海古籍出版社 1991 年版,第 211 页。

诗论》,他为什么讲得那么好,就是用自己的心灵去感触唐人的心,心与心相通,是一种精神上的交流,而不是《通典》多少卷,《资治通鉴》多少卷这样冷冰冰的材料所可能记录的感受。我到现在还记得当时胡先生的那份心情、态度,就是在这样的情况下,我学到了以前学不到的东西。"①从胡小石先生讲授诗因材施教,不拘一格,方法极为多样,可以看到他所作的诗也是重启发,重感悟。反复吟咏他的诗能借此激发情愫,沟通古今,作心灵上的交流。

(作者系南京视觉艺术学院副院长,教授)

---

① 程千帆:《两点论:古代文学研究方法漫谈》,载《古典文学知识》1997年第2期。

胡小石年表

谢建华

1888年（戊子　光绪十四年）　出生

公元1888年8月16日，阴历七月初九生于南京，祖籍浙江嘉兴。名光炜，字小石，号倩尹、南江先生，又号夏庐（斋名"愿夏庐"之省），晚年别号子夏、沙公。

父胡季石，清举人，长于古文和书法，家藏文物典籍甚富。胡小石受家庭熏染至深。

1893年（癸巳　光绪十九年）　5岁

在家受教于胡季石，开始诵读《尔雅》等书。胡季石期望胡小石日后成一学者。

胡季石出于清著名学者兴化刘融斋（熙载）先生门下。刘以《艺概》一书享盛名，但非一般辞章家可比，其治学方法实属清仪征阮元、焦循一派，与乾嘉巨子戴东原（震）学派一脉相承，即以小学为基础进而攻治经、史、子、集。胡小石毕生从事古文字学，推本溯源，应是幼年即受到家教的陶冶与启发。

1899年（己亥　光绪二十五年）　11岁

父亲胡季石殁。家贫，依靠母亲手工劳动（络丝）收入及少量房屋租金维持生活。

就读私塾。

1901年（辛丑　光绪二十七年）　13岁

本年,全国科举废,改书院为学堂。在此年之前,曾两次考秀才失败,得佾生（半个秀才）。

1902年（壬寅　光绪二十八年）　14岁

5月8日两江总督刘坤一准照清政府的谕旨,邀请东南名流张謇、缪筱珊（字荃孙）和罗振玉等商量办学之事,认为当时两江辖区办学的最大问题是师资缺乏和资金短缺。而首先培养师资可为办高等学堂经费减省一半。5月30日,刘坤一上奏《筹办学堂折》呈请在督署江宁（今南京）办师范学堂。9月刘坤一病逝。

1903年（癸卯　光绪二十九年）　15岁

2月5日张之洞继任两江总督。两江总督兼辖江苏、安徽、江西三省,因其上奏"创办三江师范学堂一所,凡江苏、安徽、江西三省士人皆得入堂受学"。是年下半年,在江宁府北极阁前明代国子监旧址上创立了三江师范学堂,由翰林院编修缪荃孙任总稽查。学堂创办不久张之洞即被调往学部,两江总督由周馥继任。因为校舍未成,1903年未招生。学堂开创时由总稽查负责,先后任三江师范学堂总稽查的有缪荃孙、方履中和陈三立。1904年正式开学以后,即设监督负责。

1905年（乙巳　光绪三十一年）　17岁

3月,考取宁属师范简易科,学习普通科学及教育学说;关心时政,同情变法维新。

本年,因学堂学生为学堂之名发生省界纠纷,周馥也认为学堂名称含糊不清,遂将三江师范学堂改名为两江师范学堂,亦称两江优级师范学堂,学制照旧。

1906年(丙午　光绪三十二年)　18岁

本年,周馥任命著名学者李瑞清任监督。

在李瑞清主持下,两江师范学堂规模日大,国学、理化、农博、历史舆地、图画手工四科,共十余班,学生千人,学生成绩为江南各高等学堂之冠,培养出许多著名学者和专家,如著名科学家秉志、国学大师胡小石、美术教育家吕凤子。

6月,宁属师范毕业。

9月,继续求学考取两江师范学堂预科。

1907年(丁未　光绪三十三年)　19岁

2月,考取两江师范学堂,插班入农博分类科,学习生物、矿物、地质、农学等理论,通过实习,获取专门知识,接受当时传入的科学方法,着重分类与归纳。其时严复译的赫胥黎《天演论》风行,胡小石受其影响至深,多年以达尔文主义为指导思想。入学不久,学堂监督李瑞清出题测试,题目出于《仪礼》。胡小石家里藏有一部张惠言的《仪礼图》,他小时候就爱看此书,此时便据此有条有理地写了一篇文章。当时新学已起,年轻人中已很少有人钻研"三礼"之学。李瑞清发现一名学农博的新生竟然能做有关《仪礼》的文章,大喜过望,遂特加青睐,并亲自授以国学。

本年,吕凤子先生考入两江师范学堂图画手工科。胡、吕均爱好书法,故同得李梅庵先生器重,为其入室弟子。

此时始习《郑文公碑》和《张黑女墓志》。

1908年（戊申　光绪三十四年）　20岁

仍在两江师范学堂读书。

本年有《生物学笔记》。

1909年（己酉　宣统元年）　21岁

仍在两江师范学堂读书。

秋，陈中凡考入两江师范学堂公共科。陈中凡在此上学期间曾与同学周实丹同登清凉山扫叶楼品茗，看到墙上悬有胡小石题署"清丝流管浑抛却，来听山中扫叶声"的对联。

12月，从两江师范学堂毕业。

1910年（庚戌　宣统二年）　22岁

2月，毕业后留校任两江师范学堂附中博物教员。

时，清吏部主事陈散原旅居南京，李瑞清特介绍小石与胡翔冬拜于陈散原先生门下，从受诗学。

陈散原是清末诗坛"同光体"领袖之一，作品面貌颇似宋诗。他对历代诗歌的源流演变和大小各家创作方法及特色均理解深透，非仅限于宋诗。在教学上因材施教，主张各就性情所近，从一体一家入手，继而摆脱陈言，博采众长，终于成就自家面目。散原先生命翔冬专习中晚唐五律，小石则从专习唐人七绝入手，而后再就性之所近，兼习各体。先生受其指教既能研究，又能创作，在后来讲授文学史和专家诗选时，不仅能从历史角度指出来龙去脉，而且能从艺术角度说出诗人甘苦。

本年，与同学杨仲子之妹杨秀英结婚。

1911年(辛亥　宣统三年)　　23岁

10月,辛亥革命爆发。

同月,因辛亥革命起,离开附中。南京城将破,两江师范学堂停办。

1912年(壬子　中华民国元年)　　24岁

长女令晖生。

3—12月,应江苏第四师范学校校长仇亮卿邀请,任博物教员。

3—6月,应江苏镇江中学校长柳翼谋邀请兼课,教博物,后因换校长,不续聘而停止。

1913年(癸丑　民国二年)　　25岁

1月,由李瑞清介绍,就聘长沙明德中学,任博物教员。因条件太差无法做实验,转而钻研《楚辞》,考证其中的花草树木。

1914年(甲寅　民国三年)　　26岁

4月,因生病(怔忡)离开长沙回南京,住城南新桥梧桐树。

夏,卧病在家。

8月,由仇亮卿介绍,任江苏第一女子师范学校教员,教博物后兼教国文。

8月23日,收到李瑞清侄李健由上海发来的信,询问病情。此后又三次来信。

本年,见《流沙坠简》,揣摩临习,终生不辍。

1915 年（乙卯　民国四年）　27 岁

次女令鉴生。

在 1911 年停办的两江师范学堂原址上成立了南京高等师范学校。

1916 年（丙辰　民国五年）　28 岁

长子令德生。

此时，系统地学习、研究了经学和古代文学，曾手抄四本《仲尚杂记》，详尽地记下所读的书和心得。此一阶段的苦学为其后的厚积薄发打下了坚实的基础。

1917 年（丁巳　民国六年）　29 岁

7 月，因与江苏第一女师校长吕惠如意见不合，离开该校。

8 月，由李瑞清介绍，去沪任上海苍圣明智大学国文教员。10 月，因病（脚气）离开。

冬，卧病在家。

1918 年（戊午　民国七年）　30 岁

1 月，应李瑞清之召，到上海李先生家任家塾塾师，一方面教李先生弟侄经学、小学及诗文，一方面又受李先生的指点教导。

初夏，患病回宁十多日，后又回沪寓李氏家中。

此间，与父亲胡季石同年中举的嘉兴前辈沈曾植常过从梅庵，胡小石遂执同乡礼拜师于沈，学帖学及金石文字学。

其时晚清老宿象郑大鹤、徐积余、刘聚卿、王静安、曾农髯等都流寓沪上，各出其平日所藏的金石书画、甲骨，相与观摩讨论。胡小石交游其间,得闻绪论,遂由碑版、法帖上溯金、石、甲骨刻辞。往往继梅庵先生所作题跋后自书心得,写成《金石蕃锦集》(二册),由震亚书局出版石印本。

1919年(己未　民国八年)　31岁

1月,曾农髯(熙)撰写的《胡小石先生鬻书直例》云:"阿梅有弟子胡小石,名光炜,嘉兴人也。随父官江宁,因家江宁。其为人孤峻绝物,苟非所与必面唾之,虽白刃在前不顾也。及观其事师敬友则循循然,有古人风。"

本年,有诗《己未初夏游湖同胡三仲子流连昔游怆然有作》云:"花笑烟啼镜裹妆,迎船无复旧垂柳。湖南苍姥还相识,弹鸭当年侧帽郎。刺水茭儿绿上眉,团洲又是养蚕时。云雷接叶缫车动,谁埋悬霄一寸丝?"

其时,有行楷书《赠筠盦三世叔五言联》,有《临汉简轴》等。

1920年(庚申　民国九年)　32岁

次子白桦生。后出继舅家,改姓杨。

春,与两江师范学堂公共科1909届同学陈中凡初次相晤,很投缘,赠所著《金石蕃锦集》两册与之,并出示所作诗作数首,其中一首与友人江头小饮云:"十年骑马上京华,银烛歌楼人似花;今日江头黄篾舫,满天风雨听琵琶。"陈中凡叹其轶材秀出,非侪辈所能几及。

4月7日(阴历二月十九日),作诗《龙华镇观桃花循江上游眺》云:"采春春已迟,稍叹芳林碧。余霞照空江,落日不成夕。"

4月15日学生扬州任华寄信于李瑞清弟弟处交于胡小石,内容是请安并"乞夫子法书一,乞夫子转请梅庵先生法书,未知梅庵先生肯否？或另具润资……"

9月,李瑞清先生逝世。胡小石与曾熙办理丧事。

11月,由陈中凡推荐,受北京女子高等师范学校之聘,任教授兼国文部主任,教文学史、修辞学、诗歌选作等,兼部行政。

1921年(辛酉　民国十年)　33岁

三子令闻生。

7月,南京成立了国立东南大学。仲夏,陈中凡回南京在东南大学任国文系教授兼主任,胡小石继续在北京女子高等师范学校任教。

秋,由陈中凡推荐,准备赴南京东南大学就教,中途遭忌者所阻,未能如愿。继续在北京女高师任教。

这期间,致力于《楚辞》之学,综合旧闻,择善而从,复自出手眼,独创新说,有论《招魂》、论《离骚》、论《九歌》等文章。

此后,开始钻研甲骨文字。

本年初冬,执笔起草了《北京女高师国文部同窗会章程草稿》共12条。

1922年(壬戌　民国十一年)　34岁

年初,北京女子高等师范学校改为国立北京女子师范大学,许寿裳任校长,聘请鲁迅教第三届国文部课程。胡小石担任第二届国文部课程及主任。

其间,晚上常步行去住石驸马大街后宅的李大钊家闲谈。

7月,因与校当局不合辞职南返。

8月,由张子高介绍去武昌高等师范学校任教授兼系主任,教散文、文学史、诗选。与国民政府监察委员、同盟会会员刘禺生和黄季刚为同事。

1923年(癸亥 民国十二年) 35岁

教学之余,勤奋著述。当时研究:(1)考订之学;(2)金石之学;(3)古音之学;(4)词曲;(5)章回小说;(6)校勘;(7)评点;(8)疑古文尚书始末史;(9)治仪礼始末史;(10)韵书:广韵、集韵之类;(11)通史、通鉴及通鉴纪事本末之类;(12)有系统之学,通志;(13)艺术:画家、织锦、缂丝之类;(14)美术的工业、烧磁之类;(15)戏曲:宋元戏曲史;(16)谱录:年谱、家传皆始于宋人;(17)音韵、切韵、指掌之类;(18)语体文、语录之类;(19)今文学、三家诗考之类。撰写《桐城周君传》《论治选学之派别》《论文选之长有五》《杜诗批评》《楚辞辨名》《屈原赋考讲义》《张若虚事迹考略》《汉至宋书目考》《庄子天下篇》《荀子非十二子篇》《宋代文学论》《甲骨文字用点例》等。

秋,作《九日游洪山宝通寺》诗云:"武昌秋气暄,阴崖护春绿。"

另有《武昌杂诗》一集,其中有《淄阳桥》《黄土坡》《鹤楼》《昙华岭》《抱水堂》《梁园》等诗作。

本年,南京高等师范学校并入东南大学。

1924年(甲子 民国十三年) 36岁

1月,离开武昌高师回南京。

3月,受西北大学校长傅佩青邀请任该校国文系教授兼系主任,教散文,兼系行政。

6月,闻母病回南京。

9月,金陵大学改组国文系,由程湘帆介绍,任金陵大学教授兼系主任,讲授《楚辞》、"杜诗"、"李杜诗文比较",由源流、体制而详述修辞、音韵风格等。又讲甲骨文,成《甲骨文例》油印本授学生。

是年,次子白桦过继给杨仲子哥哥杨伯衡。

此次回宁,自筑小楼于将军巷31号,号"愿夏庐"。

农历十二月初五,作《夜书事》诗云:"西城飞天岁癸丑,今唯甲子逾十年。观货毁穰计卯酉,兵凶亦类星周天。穷冬抛卷且拥絮,异声破梦墙东偏。"

1925 年(乙丑　民国十四年)　37 岁

8月,因孙洪芳邀请,重入国立学校,兼任东南大学教授、文理科长,教文学史。

9月9日,四女胡令宝出生。

1926 年(丙寅　民国十五年)　38 岁

兼东南大学教授。

为补充办学经费一事,与本系陈中凡、叶长青、束世澂等联名致函胡适,呼吁从"庚子赔款"的退款中秉公接济金陵大学。

秋,为仲文先生作己未年旧作:"花笑烟啼镜里妆,迎船无复旧垂杨。湖南苍姥还相识,弹鸭当年侧帽郎。剌水荌儿绿上眉,团洲又是养蚕时。"

论文《远游疏证》发表于金陵大学学报《金陵光》。

1927 年(丁卯　民国十六年)　39 岁

6月9日,东南大学与河海工科大学等在江苏省境内专科以上的九所学校合并为第四中山大学。

仍在金陵大学任教,同时兼第四中山大学文字学课教授。因与金大校章多所抵触,主张变更旧章,其间与陈中凡发生误会,这是因其担任校务常委,遵守常委会的决议,拥护旧制的缘故。

其间《说文古文考》作为金陵大学油印讲义。

8月,由钱子泉推荐,为第四中山大学专职教授,系主任及中文研究所主任。教文学史、甲骨文、金文、楚辞、杜诗、书学史等。同时辞掉了金大教授职位。

9月,复兼金陵大学教授。

1928年(戊辰 民国十七年) 40岁

2月9日,第四中山大学改名为江苏大学。

5月16日,江苏大学改称为国立中央大学。

春,将自1921年至1928年间先后在北京女高师、武昌高等师范学校、东南大学、金陵大学主讲的中国文学史课程,取学生苏拯的笔记加以审核,题名为《〈中国文学史讲稿上编〉十一章》,由上海人文出版社排印出版。此书篇幅不长,而具卓识,出版后颇为学界所重。

作《齐楚古金表》论文发表于《图书馆学季刊》第2卷第3期。

作《甲骨文例》,为中山大学语言历史研究所考古丛书之一发表。该书是我国第一本研究甲骨文文法的著作。继此之后又成《金文释例》一卷,其宗旨与体例与《甲骨文例》相同,先有油印讲稿,后发表于《中山大学语言历史研究所周刊》第2卷第17、18期。

本年4月22日(农历三月三上巳节),与诸同事黄季刚、王晓湘、王伯沆、汪旭初、汪友箕、汪辟疆等教授于玄武湖修禊联句成《戊辰上巳北湖神祠修禊》,诗有"掷笔大笑惊鸥眠""人生何必苦拘挛?""尺棰取半亦可怜""焉用蒿目忧戈铤""浩歌归去徐叩舷""烟水葭蕟延复缘"等句。

1929年（己巳　民国十八年）　41岁

作《干支与古历法》发表于金陵大学《咫闻》第1期。

20世纪20年代，有《真、草二体临古四屏》《临王献之十三行轴》等作品。

1930年（庚午　民国十九年）　42岁

五女令馨生。

此时，研习钟繇书法、北魏造像、刘平国开道记、甲骨文、金文、秦诏版等。

1931年（辛未　民国二十年）　43岁

秋，在中央大学讲授甲骨文及金文课程，倡导铜器上文字的变迁与花纹相适应之说，主张将文字、花纹作综合的研究。

其时，学生曾昭燏惊其引证之淹博，说理之致密，自是每课必往听，亦尝登门请益。

1932年（壬申　民国二十一年）　44岁

夏，徐悲鸿题签："胡小石书册"，册后写有后记："小石才气洋溢，书旨微妙，自得流沙坠简，益清丽浑朴，便欲熔铸两汉晋魏，突过隋唐名家，时人或未之信也。书贵有真意，而宋人太乏功力，否则若朱晦翁、苏东坡俱是不可一世才德，而未跻极诣，则此二者胥不可以偏废也。壬申大暑。悲鸿"。

11月，有临《马姜墓志横幅》，落款："道州终不可及耶　壬申十一月　光炜"。

1933年(癸酉　民国二十二年)　45岁

9月,学生黄永胜来信请教,云:"有古文二十八字、籀文六字认识不真,怀疑之下,手边苦无法帖证之,求赐注明。指示此间,敬请教安。附呈古文籀文一币。"

11月10日,在中央大学《文艺丛刊》第1期发表长文《古文变迁论》。

1934年(甲戌　民国二十三年)　46岁

1月,作《偶书与庆郎》云:"山下兰芽短浸溪,松间沙路净无泥。"

1月5日,《每日画刊》(162期)第2版刊登了寿县新出土的《楚王鼎》。作者方伯常先生云:"《楚王鼎》系寿县新出土楚器中最贵重者。查列国时楚考烈工迁都寿春,即今之寿县,故所有出土各器,经识古家断为楚将亡时瘗藏于地之庙器。"与此文同时刊登了鼎的全貌图、楚王鼎之耳花纹之一斑图和楚王鼎之口边缘上之铭文。

2月,在《国风》(半月刊)第4卷第3期发表了《寿春新出土楚王鼎考释》。

3月,在《国风》第4卷第6期上发表了《寿春新出土楚王鼎考释又一器》。

6月,《齐楚古金表》再次发表于《国风》第4卷第11期,为《古文变迁论》作补充说明。

9月,金陵大学成立国学研究班。讲授书法史。

是年,在听了董连枝演唱的梨花大鼓《剑阁闻铃》后作七绝一首《听歌》赠之。

1935年（乙亥　民国二十四年）　47岁

4、5月，在《国风》第5卷第8、9期上发表《安徽省立图书馆新得寿春出土楚王酓鼎铭释》。

作《书库方二氏藏甲骨卜辞印本》发表于《图书馆学季刊》第9卷第3、4期。

9月，金陵大学国学研究班续招新生，开设"程瑶田考古学"课。

10月，作《考商氏所藏古夹钟磬》，发表于《金陵学报》第5卷第2期。

是年苏州班（昆曲）来宁演出，时人赏之者绝少，卖座有时不到一成，每场必往，并与黄季刚合买数十座，邀门生弟子往观。

此时研习黄山谷书法、秦权量等。

1936（丙子　民国二十五年）　48岁

作《金文释例》发表于《金陵大学文学院季刊》第1卷第2期。

是年，由叶楚伧介绍参加中国文艺社。

1937年（丁丑　民国二十六年）　49岁

不再兼金陵大学教授。

8月，《声统表》上下卷发表于《金陵学报》。

9月10日（阴历八月初十）陈散原先生去世，终年85岁。闻讯甚为悲恸，作挽诗云："绝代贤公子，经天老客星。毁家缘变法，阅世凤遗型。沧海吞孤愤，讴歌役万灵。纤儿那解事，唐宋榜零丁。""昔侍临川座，丛容识古颜。道儒无意趣，岱华各名山。溪上宵谈虎，航头醉买鳊。沧飘感陈迹，东望泪潺爰。""莽莽焚林火，豺狼满九衢。守经严内外，攒棘断踟蹰。无意成完士，人纲重饿夫。

千秋雄魄在,长有叠山俱。"

是年将军巷 31 号住宅遭日军突袭炸毁,全家随中央大学迁往重庆。

1938 年(戊寅　民国二十七年)　50 岁

3 月底 4 月初,台儿庄战役告捷,日寇受惩。在重庆闻后兴奋无比,作诗《台儿庄大捷书喜》云:"乍有山东捷,腾欢奋九州。不缘诛失律,安得断横流。淮涘屏藩固,风埋早晚收。低回思白羽,一写旅人忧。"

本年,有诗作《南京陷及期书愤》云:"龙虎开天阙,金汤拥石头。崩腾狂寇人,梦寐一星周。吊楚南公誓,收京杜老讴。寸心与江水,奋激日东流。"

本年,与武昌师大同事刘禹生在重庆经常见面,受其反蒋思想影响颇深。

1939 年(己卯　民国二十八年)　51 岁

3 月,为儿杨白桦题"白花堂"三个篆书大字。及行书对联"赏应歌杕杜,归及荐樱桃"。

《甲骨文例》为中央大学讲义增订本。

居重庆,母亲漆雕氏去世,麻衣芒鞋扶梓葬于重庆南岸。

8 月,觉昆明自由和学术空气比重庆好,应云南大学校长熊迪之邀,去昆明兼任云南大学教授兼文法学院院长,教诗选和楚辞,及院行政事务。

在昆明期间与思想进步的民族工商业家郑一齐相识,承其赠送马列主义书籍多种,开始阅读。

学生曾昭燏母亲去世,葬于昆明龙泉镇,胡小石为书圹志,并亲吊于墓地。

20世纪30年代,有作品《临钟繇书卷》《临甲骨文》《临金文》《临秦诏版》等。

1940年(庚辰　民国二十九年)　52岁

1月,离开云南大学回重庆中央大学。途中因随身携带郑一齐所赠进步书籍,被特务搜去,从此被列入黑名单。

2月25日(阴历正月十八日),自昆明返渝州后与旧日南京好友相聚。座中有董莲枝鼓词,感为短韵,并赠董娘绝句四首。其一云:"国破歌益工,寸喉传万恨。长安今夕月,闻声定生晕。"其二云:"见汝秦淮碧,见汝汉水秋,见汝巴峡雨,四座皆白头。"

8月,因云南大学校长熊迪之再次邀请,第二次去昆明兼任云南大学教授兼文法学院院长,教诗选、楚辞。在云南大学期间与西南教育部部长、民盟会员楚图南过往甚密。

本年,写《楚辞郭注义徵》。

1941年(辛巳　民国三十年)　53岁

1月,离开昆明云南大学,回重庆中央大学。有诗《辛巳岁首返渝州作》云:"辽鹤重来感逝波,江城梅蕊意如何?云开遥见丘陵出,风起疑闻松柏歌。穿冢真应伴蝼蚁,弯弧谁敢射鹕鹅?浮屠关下滩声迥,永夜幽弦怨斧柯。"

2月,应白沙女子师范学院院长谢循初邀请移家迁至江津县白沙镇,任白沙女师学院教授,教散文、文学史、诗选。因在白沙作诗较多,题款多用"沙公"。其时,以碑体方笔作二王体书,结体布白,有来源亦有变化。各体书皆具个人特性。有行书《自作小词卷》。

1942年（壬午　民国三十一年）　54岁

在重庆中央大学给本科生讲授中国文学史和书学史两门课程。

其时与中央大学美术系主任徐悲鸿交往颇多。一日，偕助教金启华往观徐氏画马。徐悲鸿请录天马歌以助之增兴。后胡小石命金启华抄写《汉书·礼乐志》中"天马徕，从西极。涉流沙，九夷服……"赠之。

1943年（癸未　民国三十二年）　55岁

4月2日，由沈子善、潘伯鹰、沈尹默等人发起成立中国书学研究会。该会的研究方向重在书法教育。

7月，书学研究会创办《书学》刊物，由重庆文信书局印行，先后聘请了欧阳竟无、马衡、胡小石、宗白华、王东培、许世瑛等人撰稿。胡小石在该刊第1期发表了《中国书学史绪论（一）》。

8月，重庆中央大学休假一年。应云南大学校长熊迪之邀，往任云大教授。其间应昆明西南联合大学的罗常培之邀为其主办的"文史哲演讲会"作题为《八分书在中国书学史上的地位》的讲座。当时听讲座的有汤用彤、浦江清等，盛惊其专精独擅，非数十年钻研不能到也。

8月开始至次年7月继续任白沙女子师范学院教授，但已不在该院领薪。

《大公报》颁布"部聘教授"名单，为中国古代文学部聘教授。

本年，为中山大学教务长胡焕庸书"洋洋大观"四字。

1944年（甲申　民国三十三年）　56岁

4月16日，有诗《四月十六夜，昆明遇董娘，为吾唱〈闻铃〉也》

云:"弦急灯残梦影微,《淋铃》听罢泪沾衣。天涯犹是秦淮月,留照歌人缓缓归。"

5月,纂集近期诗文曰《南江先生文稿》。其中有文《华秀叔先生五十寿颂》云:"夫六家之学皆务于为治,百年之身莫大乎寿,故学优则仕,往训所期,不朽之业,功必先言苦。"又有诗《万斯年辞曰》云:"遥遥景胄,通海之华。导脉临黄,厥绪孔嘉。"

7月,假期满回重庆中央大学。

9月,中央大学成立文科研究所中国文学部,胡小石任主任,先后为中文专业招收了十多名研究生。其中有濮之珍(后为复旦大学教授)、金启华(后为南京师范大学教授)、徐家婷(后为南京大学教授)等。

本年,有《临王徽之草书轴》、行书《李东川歌行轴》、隶书《会黾争盟轴》等作品。

1945年(乙酉　民国三十四年)　57岁

夏,主持中大文科研究所中国文学部招收第二届研究生,其中有刘容池、王季星、公方苓、李毓芙等。

9月,《书学》出版第5期后停刊。

抗战胜利后,作诗《咏雾》云:"梦里巴山住九春,揭来京洛又迷津。世间万丑遮拦尽,毕竟蚩尤是圣人。"

11月,因白沙女子师范学院改组,不再兼任教授。

1946年(丙戌　民国三十五年)　58岁

春,在重庆参加中华全国美术协会,任监事。

5月,中央大学复员回南京。

8月,金陵大学复员回宁来邀,胡小石任该校兼职教授,教文学史、诗选、楚辞。

冬,有人委请为蒋介石六十大寿书写寿序,并许以重酬,被严词拒绝。

本年,在南京参加全国文艺作家协会,任理事。

1947年(丁亥　民国三十六年)　59岁

1月,纂集近期文章为《南江先生文稿》,其中有文《处士陈君传》《会稽陶君传》《书王王孙印谱》《尹妻潘夫人灵表》《桐城周君传》。

冬至,有行书《跋林散之山水画卷》一首云:"散翁此卷坚卓沈,厚其笔墨町畦当。……"

本年,南京学生掀起了"反内战、反饥饿、反迫害",要求讲学自由的斗争。中央大学研究生同学会发出倡议,组织了"全国研究生联谊会"。胡小石同情和支持进步师生的爱国运动,并向其研究生指示斗争策略和方法。还与进步教授一起营救被捕的青年学生。

本年,经常阅读进步书刊,如艾思奇的《大众哲学》、郭沫若的《甲申三百年祭》、鲁迅的杂文集《准风月谈》《南腔北调集》《伪自由书》等。

1948年(戊子　民国三十七年)　60岁

春节之晨(2月10日),学生刘溶池来拜年,提笔在信笺上写"化大炮为纸鸢"行书六个字送之,表达了自己反内战、盼和平的迫切心情。

10月,为慧瑛题行书对联:"虚舟有超越,洞庭空波澜。"

11月,为陈独秀给黄粹白有关音韵学的信题"仲甫先生论韵遗墨"。

冬,南京国民党政府教育部指令国立编译馆迅急将图书资料装箱,南迁福州。南京地下党谭平山指示编译馆进步馆员邵恒秋等组织护馆委员会,拒绝接受遣散费,拒绝南迁。胡小石支持这一措施,并鼓励学生积极参加"国立编译馆护馆委员会"。

年底,国民政府企图强迫中央大学南迁,与梁希同率学生护校,与之对抗。教育部欲以中央大学校长之名啖之,胡小石在全校师生大会上严词拒之。

1949年(己丑　民国三十八年)　61岁

1月31日,中央大学教授会投票选举产生中大校务维持会,当选为11名委员之一。

3月29日晚,在中央大学大礼堂前的广场上发表演讲,号召来宁参加"反饥饿、反内战、反迫害,要和平"游行示威的各校师生,肩负起历史的重任,呼吁国民政府能顺应历史潮流接受中国共产党提出的和平谈判条件。

4月1日,南京专科以上十所学校共六千余人走上街头,向市民呼吁,到总统府请愿。胡小石作为校维会常委为保护同学们的安全,坐吉普车紧跟在游行队伍后面。后游行队伍遭镇压,险遭不测,学生死二人。

4月11日,南京各大专院校分别在中大、金大、政校为游行牺牲的同志举行追悼会。胡小石撰写两副挽联,并致悼词。

4月23日,中国人民解放军百万雄师胜利渡江,南京解放。

6月,中国人民解放军南京市军事管制委员会正式接管中央大学。

8月8日,国立中央大学改名为国立南京大学,成立校务委员会,为21位委员之一,并任文学院院长。

9月,由方光焘、陈瘦竹介绍,参加南京市文学艺术界联合会。任南京市文物保管委员会委员、南京博物院顾问。

是年冬至1950年上半年,带领南京博物院、南京市文保会一些同志调查南京市附近的古陵墓。

20世纪40年代,有《赠镇藩仁兄隶书轴》《赠彝尊仁兄行书轴》《临王献之鸭头丸帖轴》《人间知也草书联》等作品。

1950年(庚寅年)　62岁

任南京大学教授,兼任金陵大学教授。

是年,当选为南京市各界人民代表大会代表。

在南京中奥文化协会及金陵大学讲演《南京在中国文化史上的地位》,后此文发表于《中国文化研究汇刊》第九卷。

3月9日,南京博物院正式易名挂牌,改国立中央博物院筹备处为国立南京博物院,简称南京博物院。胡小石被专聘为顾问。

4月3日,南京博物院因陈列展览需要,应副院长曾昭燏之请为周代重器《毛公鼎》拓片题字。

5月1日,南京附近江宁县东善镇祖堂山下发现规模很大的古墓,与南京博物院副院长曾昭燏同去现场调查,决定进行考古发掘。他以六十余高龄,常越陌度阡,登山陟岭,往回数十里去观看并指导。在发掘过程中,胡小石对出土的玉哀册文字内容协助考证,确定是五代十国南唐皇帝李昪与皇后宋氏的钦陵和中主李璟与皇后钟氏的顺陵。南唐二陵是新中国成立后第一个被发掘的帝王陵墓。

夏,陈毅来宁,约见南京文艺界知名人士于玄武湖翠虹厅。胡小石现场赋诗。

秋,为提高学生学习古典文学的兴趣,培养他们自学的能力,给南京大学中文系二年级学生开设"工具书使用法"新课。

冬,参与南京博物院发掘南唐烈祖及中主陵墓。

1951年(辛卯年)　　63岁

3月23日,应南京博物院考古部主任尹焕章之请,与之同去江宁县湖熟镇调查史前时期的文化遗址。此次发现老鼠墩、梁台、船墩等一系列傍秦淮河畔的台形遗址。这就是有名的"湖熟文化"遗址。

8月,因金陵大学与金陵女子学院合并,不再兼任金大教授。

1952年(壬辰年)　　64岁

7月,全国高等学校进行院系调整,南京大学文理学院和金陵大学的文理学院等合并,成立文理综合的南京大学。胡小石参加合并工作,为南京大学一方筹委会成员之一;辞去文学院院长一职。

8月,任南京大学教授兼图书馆馆长。

1953年(癸巳年)　　65岁

1月16日,为南京博物院以及华东文物工作队和南京故宫分院的工作人员作《中国文字与书法》讲座的第一讲"殷代到战国文字的变迁"。

2月16日,在南京博物院作《中国文字与书法》讲座的第二讲"隶书与八分"。此时,还时常临南朝碑、米芾书、曹全碑、张迁碑、礼器碑、金文等。

2月,患神经衰弱及风湿症。

8月6日,出席江苏省人民代表大会首次会议。

1954年(甲午年)　66岁

9月10日,江苏省文联成立,南京市文联并入,同时省作家协会成立。胡小石写诗表示祝贺,云:"屈原骚赋气如虹,李杜光芒祖国雄。枉向人家偷鼻息,东风今日压西风。""话本看来随剧本,农歌唱处接渔歌。他时成绩谁堪比,城外长江不较多。"

9月21日至1955年6月7日,又给南大中文系学生讲《楚辞》,每周二学时。"导论"共四讲,第一讲"楚辞的书",第二讲"楚辞辨名",第三讲"诗人屈原",第四讲"屈原的作品"。逐句逐字地分讲《离骚》《九歌》《招魂》《天问》等诗篇。

同期带学生参观南京市文联举办的古代服饰展览会。

1955年(乙未年)　67岁

2月16日,以"工具书的使用法"结束了在南京博物院的《中国文字与书法》的讲座。其间应邀为南博题写了院名。

7月,招收本科毕业学生侯镜昶为硕士研究生,这是新中国成立后的首届。

1956年(丙申年)　68岁

夏,与陈方恪、唐圭璋、孙望、徐复、杨白桦、金启华、刘珉英等赴汪辟疆教授家,设宴为其祝古稀之庆。

9月初,南大中文系约200名师生,假玄武湖绿茵纷缤,繁花满枝的樱洲开联欢会,欢迎首届五年制本科百余名新生入学。胡小石、陈中凡等老教授以及洪诚、戚法仁、赵瑞蕻等数十位教师参加。

9月,开始招收副博士研究生,首批入学者中有谭优学、周勋初、杨其群、吴翠芬。

本年，为南大中文系研究生讲《说文解字》部首，整理讲稿，成《说文部首疏证》。

本年，在江苏省文联演讲《屈原与古神话》。

本年，所题的院名做成院牌悬挂于南京博物院大门竖额上，至今仍在使用。

昆剧《十五贯》在北京演出成功。"一出戏，救活一个剧种"，先生对此非常兴奋，特地带学生去观看昆曲《游园惊梦》对省昆剧团新秀张继青的技艺、唱腔极为赞赏，并为学生细加评说。

1957年（丁酉年） 69岁

虚70岁，江苏省委宣传部部长俞珉璜、副部长陶白、李进、唐圭璋、孙望、徐复、金启华等在宁弟子前来祝寿庆贺。其后，陈方恪、徐家婷、吴翠芬、谭优学、侯镜昶、郭维森、杨其群与先生、师母一同前往大江艺术人像馆合影留念。陈方恪为照片题"讲堂松荫"。

8月，有《为晖草书》："明月茫茫夜，来应照南桥。路梦游熟处，一忱啼秋雨。可惜人生不向吴城住，心期误雁将秋去，天远青山暮。梦窗此词为天堂生色不少。"

9月，收田毅为第二届副博士研究生。

本年，为汉剧名角陈伯华题《观陈伯华演宇宙锋》七律一首，云："宛转歌喉一串新，汉滨如见弄珠人。乍逢赵女来秦殿，何减梅家有洛神。劈面凄凉传古恨，批鳞慷慨奋微身。繁灯急官移情地，莫向遗编问假真。"

1958年（戊戌年） 70岁

将数十年散见于课堂讲授中的研究甲骨文的心得、途径和成果汇集为《读契札记》发表于《江海学刊》1958年第1、2期。

3月,切除肿瘤,养疴闲居,漫忆旧作,录五律、卜算子。

9月,为蕙瑛书《崔玖送朱樱》一诗,云:"春去闲楼燕不知,红珠笼赠喜邻儿。今朝忽忆长安远,一岁樱桃乍熟时。"

10月6日,参加江苏省第二届人民代表大会第一次会议招待晚会,观看《玉堂春·三堂会审》《群英会·华容道》。

本年,有《跃进吟》十首。

1959年(己亥年)　71岁

9月16日,作行书《一九五九年中秋前一日陪诸同志北湖翠虹厅集》云:"凉风靖蚊蚋,美稼替呻吟。啸侣期湖曲,开堂爱柳阴。谈天八纮远,评史十年深。更喜蟾光满,来朝佳节深。"

10月1日,作《国庆日喜女鉴同子牛牛自济南来会》云:"山东勾氏女,一别四年强。上树才前日,携儿如我长。笙歌欢国庆,烽燧忆倭狂。祖国今来壮,休怜鬓发苍。"

同日作《国庆节颂词》其一云:"神州革命力戡天,失喜华颠夜不眠。流血终摧三大敌,建邦便到十周年。雄风威震沧溟沸,美政光齐皎日悬,倒海移山等闲事,飞腾谁与我争先。"

本年,开始撰《广韵正读》一书,其体例以《广韵》(中古音)所载反切为标准音,对照所收集的现代各方言,用声母递转、对转之理,解释其产生变易之源由。遗憾的是,只写成平、上、去三部分,未及入声而去世,后遗稿又遗失。

20世纪50年代,有续《李瑞清后跋王铎书卷》《七绝二首、五律、卜算子行书卷》,行书《临中秋帖轴》、行书《临朱蒂书轴》、行楷书《即是远嗣五言联》等作品。

1960年(庚子年)　　72岁

春至秋,生病住上海华东医院。诗《庚子三月卧疾淞滨柬彦通白匋》云:"乱眼风花上步廊,栏干斜照晚苍苍。招携未许穷春草,牢落偏教住病坊。独塔孅人灵谷月,柔波湔梦北湖航。明年此日江鲥壮,载酒须迟海客尝。"

6月,江苏省书法印章研究会成立,胡小石任会长,傅抱石、黄七五、叶一鹤任副会长,亚明任秘书长,丁吉甫任副秘书长。这是在新中国成立后比较早的书法组织。社团机制的建立为开展较大规模的活动,带动书法群体的共同提高创造了良好的条件。

本年,应江苏省文联邀请作书法讲座,内容全文在《新华日报》上发表,后又《江海学刊》转载。

本年,有书《题李鱓蕉阴鹅梦图》云:"不逐清波就曲池,画师点笔费人猜。……"

1961年(辛丑年)　　73岁

2、3月间,书行书对联:"大孤山远小孤出,二月已破三月来。"

4月7日,参加江苏省书法印章研究会召开了理事扩大会议,到会的还有傅抱石、丁吉甫、曾昭燏等11人,中共江苏省委宣传部部长陶白也参加了会议。

4月13日,当选为中国人民政治协商会议第三届南京市委员会副主席。

4月,南京博物院院长曾昭燏和南博罗宗真携南京西善桥一座南朝初年墓发掘出土的两幅完整的"竹林七贤"砖印壁画的拓片,去胡小石住所请其鉴定。他据这两幅非常成熟的绘画技法考证,肯定是采用当时著名画家(如顾恺之、戴逵一流人物)的粉本刻印而成。

5月,在南京大学纪念校庆举办的讲座中,以73岁高龄的抱病之身,走上讲台作了《诗人杜甫及其诗作精华〈北征〉和〈羌村三首〉》的讲座。南大校长郭影秋以及其他著名教授专程前来听课。

同月,在南京市文联举办的学术讲座上作题为《〈北征〉小笺》的专题报告。对唐代诗人杜甫《北征》一诗的思想和艺术成就以及背景作了分析论证。

7月1日,为纪念建党40周年,江苏书法印章研究会在江苏省美术馆举办《江苏省首届书法印章展览》,展览印有纪念册,封面及扇页均由胡小石题鉴。展览之后,《江海学刊》第7期发表了其作品《书艺略论》。

是月,《跋何绍基临史晨碑》末句跋云:"昔人用功深而耳目苦隘,我辈今日耳目之资广矣,所得乃有及前贤远甚,岂不愧哉!辛丑五月沙翁。"另有跋《张瑞图书》。

本年,应江苏省委宣传部之建议,开始写《中国书学史》,写至二王书而宿疾作,未能完稿,后又遗失。

晚年时常临六朝人碑、隋碑、六朝人写经、王羲之书、颜真卿书、汉简、乙瑛碑、金文等。

1962年(壬寅年)　74岁

1月4日,因病住进江苏省工人医院(现为江苏省人民医院)。下午曾昭燏先去医院看望胡小石,后来王昭铨市长、杨白桦、侯镜昶等先后来到病房,相谈甚欢。

2月5日(春节),病重,曾昭燏、侯镜昶等南大师生都去医院拜年看望。

2月6日,神志尚清醒,所谈皆离别之语,令人伤感不已。

2月10日,病危,只能张口喘息,不能复语。经医生抢救略好,尚能转目视人,呼之亦应。

2月11日7时43分,溘然长逝,享年74岁。

3月4日,葬于南京中华门外雨花台望江矶公墓,1997年迁至卡子门外金陵华侨永久墓园,2005年迁至南京江浦求雨山文化名人馆胡小石纪念馆。

名 作 欣 赏

书艺略论

世有以作书——写字为主要艺术之一者,惟中国为然。朝鲜、日本皆学我者也。

兹文所谈,凡有三事:一为文字变迁;二为八分在书艺上之关键性;三为学书诸常识。

一

书艺之对象为文字,故首论之。

中国文字起自何时,今日尚未有确切之答案。据1930年至1932年城子崖发掘所得之龙山文化陶器上,或有刻作简单之符号者(《城子崖》图版十六)。此种符号是否即可视为正规文字,殊难肯定。但自古代社会进入用铜时期,而文字亦相伴产生,则可断言。于此有一事当特别提出者:今日学者公认殷虚所出殷代中叶以来之甲骨刻辞为中国最早文字。愚意甲骨文字之为中国甚古文字,固不容置疑;然即认此为中国最早文字,则尚可商榷。因甲骨文字乃已甚成熟之文字,自其中形声字与通假字之使用上观之,即可证明;然一种文字发展过程,从其开始未成熟而至后来甚成熟,其间经过,必非一朝一夕所可完成。故殷虚甲骨文字乃中国甚古之文字,而非中国最早之文字。欲见中国最早之文字,当于殷虚甲骨以前求之。

从前资本主义国家谓中国使用者为象形文字,其看法亦太含混。今案象形字可作广狭二解。狭义者,象形为六书之一,就许慎《说文解字》言,六书中纯象形字实居极少数,而最多者乃形声字。故知中国至迟自周代起,即以形声字为主,象形字已退居偏隅地位。惟自广义言,则古者书画同源,以一画面纪一事,此实当为最早之记录方式,亦即最早之原始文字也。殷代鼎彝多为祭器。有刻铭文者,其时代率近殷末,然有一事足资注意者,即文字外往往间以图画。其图就今日可解者约有数类:一为一动物或它形。如象,如虎,如鸟,如鱼……此盖受祭者所属古图腾之遗迹。二为祭仪。如"父乙敦"(1),像一人抱子置于两几间。此子当为受祭者父乙之孙,而立以为尸者。如"敦文"(2)外亚形象宗庙,亚中一妇首戴胜而奉尊。妇可主祭也。三为纪事。其事大率与受祭者有关,或记其功伐,或记其大事。如"祖乙卣"(3),像人执旗,知祖乙生前当为大将。如"觚文"(4),以钺断人首,受祭者生时常杀敌斩将也。如"敦文"(5),像人负囊,其人盖尝徙居。如"觚文"(6),像人操钺而执俘。

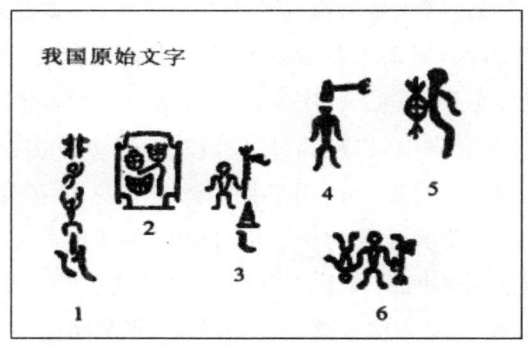

以上二三两类,皆以一图表一事,寓动作于形象之中,"视而可识,察而见意",然不能读出其音。若欲解之,则至少须用一整句之

语言。此一图,不等于后来之一字,而实包括一相当复杂之概念。然同一图,而往往散见于许多不同之器上,故知此等在当时实为"约定俗成",曾经大众所批准通用之形象。虽与图画同源,其用却不同于寻常图画,而实为最早之文字也。此等纯象形文字,其起源当在甲骨文字以前,殷末以至周初,尚往往保留其残迹。愚意求中国文字之最古者,当于此探索之。发展至以后,动词独立,每字有音;而正规之文字以成。更有一言,须于此重申者,即在中国以往由纯象形逐步发展至有形声字,文字最高之形式乃完成。故不得谓甲骨文字为最古文字。而中国有文字之历史,决不当仅从殷代中叶起算也。

　　前贤著述中言古代文字之变迁者,当以汉许慎《说文解字序》为得其实。序言谓自皇古至秦,文字之变,大要有三。其文曰:"黄帝之史仓颉见鸟兽蹄迒之迹,知分理之相别异也,初造书契。"又曰:"及(周)宣王太史籀著大篆十五篇,与古文或异。"则史籀以前,上推至仓颉,此一长时间之文字,皆得称为古文。又曰:"秦始皇帝初兼天下,丞相李斯乃奏同之,罢其不与秦文合者。斯作《仓颉篇》,中车府令赵高作《爰历篇》,太史令胡毋敬作《博学篇》,皆取史籀大篆,或颇省改,所谓小篆者也。"此为上古文字之三变:古文一也,大篆二也,小篆三也。又序言:"是时秦……大发隶卒,兴戍役,官狱职务繁,初有隶书,以趣约易。"此段所述,今以实物证之,大体合乎事实。即(一)自殷至西周早期铜器上所见方笔用折之文字,相当于古文。可举大盂鼎为例。甲骨刻辞亦属此类。(二)自西周中叶以下至东周早期铜器上所见圆笔用转之文字,相当于大篆。可举散氏盘、毛公鼎为例。著名之石鼓文,即东周初年之铭刻。大篆发展至春秋时,用笔日趋纤细。可举齐仲姜镈、国佐缶詹为例。以后日益诡变,至不可识。考古所称六国文字,实为大篆在河东与江外演变之末流，古代文字至此，已呈分裂现象，秦人并兼天下，乃以政治力量禁绝之，而以古大篆嫡系之小篆推行全国，其统一文字之功绩，至今犹利赖之。此可以今存秦始皇二十七年之权量或二世元年之诏版刻文证之。无论东西南北各地所出，其文字皆一致，且令人易识。知《史记》与《说文》序所记"书同文字"之说为不虚也。又二世元年之诏版文字，有作小篆者，有化曲笔为直笔而更简易可速书者，此即当时新兴之所谓隶书。隶出而篆微，实古今文字史上大转捩点也。

许君作《说文解字》之功诚不可没。吾辈生三千年后而能识三千年以上之文字，以通其语言，惟赖此书为攀陟之阶梯。然在今日所当知者，造字为人民群众，由集体所成。而古人率归功于一二不可知之圣人，如仓颉之属，许君亦然。文字产生于劳动，其中初无深文奥义，而许君以汉代古文字家观点说解之，往往陈义高而不符事实。故造字者为众人，而古以为圣人。造字者为"俗"人，而解字者乃学人。吾辈当将文字取之于圣人之手还众人，取之学人之手还之"俗"人，则今日治此学者所有事也。

又许书所收之字，以小篆为主流，兼采古籀。以定义言，古文当在大篆之前。许书所采古文，当多出自孔宅壁书。然以今日所见殷及周初之实物刻文证之，什九不合。清季吴大澂于光绪九年作《说文古籀补序》，公然指出许书所据壁书古文为战国时变乱文字，实为石破天惊之论。在当时，惟潍县陈介棋破陈见，服膺其说，致书与吴，推为卓识。其文见石印《簠斋尺牍》中。吾昔年曾因吴说作《说文古文考》。知许书古文及正始三体石经古文，以形体言，多与晚周齐器铭刻相近，益知吴说之确。最可笑者，此类古文，以后随代皆有新出，大抵方士道流所伪托，此可名之为新古文。观《道藏》中所收之《天书》，或顾野王《玉篇》中所录古文，每出许书之外者，可以见之。郭忠恕《汗简》、夏竦《古文四声韵》所收诸体，亦属此类。

今当续论文字变迁。

隶书既成，渐加波磔，以增华饰，则为"八分"。其起源可早至汉武帝时。此将于后文详之。隶加波挑，而行笔又加简疾，则为章草。其起与"八分"殆可同时，亦在西汉。今徵之西陲与居延木简，可以证之。足证章书起东汉章帝之谬。此盖施之章奏，与隶同意，故以为名。章省波挑，上下文渐多系连，系连之度，与时俱增，遂成后世之草书。其起源至迟亦在西晋。《流沙坠简》卷末所收简牍数纸，已为纯草，而决非东晋之物。因江左与西域不通，无由得至。俗传草起羲、献，观此可以悟其非。

"八分"又渐变而为真书。真书亦带波挑也。新莽及东汉初已有此体。新世始建国四年简（《坠简屯戍丛残》一页上五至七），光武建武廿六年简（同上，九页上七），皆宛然阁帖中钟书。

行书后出，可云真草之结合，亦当起魏、晋之世。

中国诸书体，完成时代实甚早。今列一简表明之。

```
                    →章→草
                    ↑       ）行
古文—→大篆—→小篆—→隶—→八分—→真
      └—古文—┘              （今隶）
```

于此，更有一事须郑重道及者，即上列诸体如隶、分、真、草之类，其成立固各有先后，各体间彼此亦有渊源关系。然并非前一体灭绝，其它一体始代兴。实际上，隶、分、真、草可以同时并存，亦可以一人兼擅。昔阮芸台作《北碑南帖论》，力主阁帖中魏、晋人书为依托。其言甚辩。然惜其不生今世。令观本世纪各地出土遗物，得一释其疑也。

二

欲掌握中国书学史之关键者,不可不先明"八分"。

何者为"八分"? 古今说者,下义颇繁。清人顾南原作《隶辨》,搜讨至勤。书末附考证"八分"一文,其辞盈卷,而读罢茫然,如堕烟雾,则何贵有此文矣。兹者,摆落荆榛,独标一例以明之;《古文苑》卷十七录曹魏闻人牟准《卫敬侯碑阴文》一文,有曰:"魏大飨碑、群臣上尊号奏及受禅石表文,并在许繁昌。尊号奏魏元常书。受禅表,凯。并金错(一作针)八分书也。"敬侯即卫凯,见《三国志·魏志》。元常为钟繇之字,繇为中国最大书家之一,后世以钟、王并称。其人亦见《魏志》。文又曰:"敬侯所葬之先域……故吏述德于隧前,门生纪言于碑后。"则闻人牟准为敬侯门人,与钟、卫皆同时,其言二家所书碑为"八分"书,自属可信。今案上尊号奏及受禅表二刻,并在河南许州,拓本亦甚易得。上尊号奏群臣中且列繇名,二刻书体,皆肃括方严,骨气洞达,波挑俯仰,如翚斯飞,出入分明,有"八角垂芒"之妙。因知言"八分"者,切不可为后来《宣和书谱》所引蔡文姬"八分篆、二分隶"之伪证所误。"八分"之"八分"在此不可读为八九之"八",乃以八之相背,状书之势者。尝考"八分"二字,在汉为成语。其见于许书,如小部"小",物之微也。从"八"。"一"见而八分之。加八部分,别也。从"八"从"刀"。刀以分别物也。又"尔",词之必然也。从"八""一"。八象气之分散。公,平分也。从"八"从"厶"。八犹背也。如半部半物中分也。从"八"从"牛"。牛为物大,可以分也。如"齐"部,齐,放也。从大而八分也。即以八字之本训言,亦云:八,别也。像分别相背之形。今人言八,犹以拇指与食指分张,示相背之意。故知"八分"者,非言数而言势。此等笔势,已屡见于殷周间方笔之古文。盖字形有以波挑翩翻为美者。此事在吾先民作书，实用之最早矣。

书家以钟、王并称。吾辈不当求其同，而当求其异。所谓异者，即二家书体中所含分势之多寡悬殊也。梁武帝评书，从汉末至梁有三十四人，其评钟繇书云："如云鹤游天，群鸿戏海。"其评王右军云："字势雄强，如龙跳天门，虎卧凤阙。"梁代重大王书，武帝与陶弘景皆学王书，故其评最得其实。钟书尚翻，真书亦带分势。其用笔尚外拓，故有飞鸟骞腾之姿，所谓钟家隼尾波也。丛帖中所收钟书如《宣示》《力命》诸表并出王临，不见此妙。惟《戎路表》虽亦后人所摹，而分势多在，可以想见之。王于钟，而易翻为曲，减去分势。其用笔尚内擫，不折而用转，所谓右军"一拓直下"之法。故梁武帝以龙出跳虎卧之势喻之，龙跳之蜿蜒，虎卧之踡曲，皆转而非折，真能状王书之旨。此二家之异也。其后钟为北书之祖，而王为南书之祖。北朝多师钟，故真书皆多分势，乃至篆书亦以分意入之。自元魏分裂为东西以来，邺下晋阳书风，有一部忽趋秀发。此殆因有南方士族流入，熏染所致。洛下长安，保守旧习之力特强，其末流书势崚嶒，如赵文渊之《华岳颂》，渐不为人所好。故王褒入北，而北人群习褒书。褒书今不得见，然今南京北郊所存《梁萧憺碑》及《萧秀碑阴》，书人为贝义渊，固与褒同时。丰碑巨制，有乌衣子弟风度，实南书之矩镬。铁门限家法，曷于此求之。

"八分"在书史上占有极长之时间，即至今日，其势尚在。今人作书亦不能避去撇捺之笔也。钟、王而降，历代书人每沿此二派以为向背。在唐，虞、褚齐名。虞书内擫，分势少；褚书外拓，分势多。在宋，苏、黄齐名，苏书外拓，分势多；黄书内擫，分势少。元初之赵书内擫，分势少；元末之倪（瓒）、宋（克）外拓，分势多。故虞、黄、赵近王，褚、苏、倪、宋近钟。其它可以此隅反之。

"八分"之关系书艺者如此。

三

书之所施,或于金石,或于简札,或于缣素,或于笔纸。所施虽不同,而工具则一,即笔是也。故先说笔。

先民用笔,实在有文字之先。本世纪所出新石器时代仰韶文化之彩陶,其上绘以赤、黑、白诸色构成之美丽图案花纹,审其纹线,实以笔绘成。而其笔亦必以兽毛之属为之,与今世无大差异。故笔之使用,至晚亦在新石器早期。盖最初以之作画,而后来则以之作字。殷虚甲骨刻辞中有聿,从又持丨,即古笔字。形亦作聿,从又。像其端缚毛为之。篆文从竹作筆,乃后起字。竹谓其管,盖南方所通行。史言秦蒙恬造笔,于此可正其谬。甲骨用刀刻字,故称为契文,契之言刻也。然所见甲骨亦有用笔书者。笔之用,实较刀为广。商周鼎彝款识有二种,少数用铸款。铸款用范,亦必先书字制模,而后翻沙为之。其制作过程,阮芸台有文说之,见吴中曹氏《怀米山房吉金图》卷后,可以参考。汉萧何起刀笔吏。"刀笔"一词,人每解为以刀为笔以刻字,误也。刀笔云者,不可释为刀的笔,而当读为刀与笔,二物平列。汉代犹用木简,笔书字于简,不用或有误,则以刀削去之,所以有簪笔佩刀之习。孔子作《春秋》,笔则笔,削则削。《春秋》亦书于简,故可云削。《考工记》:"筑氏为削,长尺博寸,合六而成规。"郑注云:"今之书刃。"此即刀笔之刀。《尔雅·释器》云:"灭谓之点。"郭注"以笔灭字为点"。此言帛书,故不用削而用点。帛与纸近,今灭字犹曰点矣。距今三十年前,内蒙古索果淖尔之南古居延海地区发见一汉代屯戍所遗之笔,完好如故。其管以木制,端剖为四,纳笔头其中,而缠以麻,今称之为居延笔。古制笔所用之兽毛,必为刚性而富弹力者,如兔、鼬及鹿之类,取其可以铺毫,又可以收锋。试观《坠简屯戍丛残》第十七页第四简,为新莽始建国时人书者,同用一笔,或细如蚕丝,或阔如柳叶,可推见其笔毫弹力变化之大。此决非后来纯柔性之羊毛所能办也。今时日本犹能仿制唐笔,丰满如冬笋,亦以刚性之兽毛为之。有此利器,便可指挥如意。古人制字,"书"字从聿。书之能成艺术,笔之决定性为不小也。

今论执笔。执笔无定法,赵子昂谓当"指实掌虚",可谓要言不烦。王献之六岁学书,其父自后掣其笔不得,乃叹此子终当有成,即"指实"之证。至手执方式,愚谓各安所习可矣。若夫强立科条,使学者自由活泼之手横被桎梏,夸张新奇,苟以哗众,此乃江湖术士所为,识者所不道也。

今论学书。学书之步骤有三:一曰用笔,二曰结体,三曰布白。

书人用笔一语,系指笔纸相触所得之线条而言,古或谓之"骨",为作书之最基本条件。

凡言用笔,首辨方圆。方圆之分,形貌外须注意其使转之迹。方者多折,断而后起,昔人譬之为"折钗股"。圆者多转换而不断,昔人譬之为"屋漏痕"。以汉碑言之,如张迁、景君之属皆方笔。褒斜郙君摩崖、《石门颂》之属,皆圆笔。其笔收锋有内擫外拓之殊。前文已言之,兹不复赘。又昔贤遗迹中,往往有方笔圆用,或方圆互用者,其界限不可过于机械求之。

次辨轻重。用笔轻者,其效果为超逸秀发;用笔重者,其效果为沈著温厚。书之使笔,率不令过腰节以上。二分笔身,分处为腰。自腰及端,复三分之。至轻者用端部之一分,其书纤劲,所谓蹲锋;至重者用腰部之三分,其书丰腴,所谓铺毫。界乎腰端之间者为二分。古鼎彝用一分笔者,如齐仲姜镈、王孙钟。二分者如毛公鼎、虢季子白盘。三分者如散氏、兮甲盘。汉石用一分笔者如礼器、杨震;二分者如张迁、衡方;三分者如《西狭颂》《郙阁颂》。北碑用一分笔者如张猛龙、刘玉志；二分者如郑文公、《石门铭》；三分者如文殊碑。唐邕写经。唐贤用一分笔者如虞，如褚，如薛曜；二分者如柳公权、沈传师；三分者如唐玄宗、苏灵芝。宋代徽宗、蔡京用一分，黄、米用二分，苏用三分。元代赵用二分；康里子山、倪云林用一分。杨铁崖用三分。然此亦非铁定不可易。有一人之书，先后而轻重不同者，褚书雁塔圣教用一分，孟法师则用二分。颜书东方画赞、《中兴颂》用三分。颜勤礼等用二分，宋广平则用一分。李北海书李思训任令则用一分。李秀《端州石室记》则用三分。清人刘石庵中年用三分，有墨猪之诮。晚岁妙迹则改用一分。亦有一碑中轻重不同者，如汉之衡方用二分。隋之龙藏等用一分。两碑之额则用三分。甚至有一字之中诸分毕具者，魏、晋及北朝经卷中多见之。惟风格之厚薄与强弱，初不关笔画之肥瘦。有肥而反薄弱，瘦而反刚厚者。学者所宜审也。

于此，有一要义，须深切注意者：凡用笔作出之线条，必须有血肉，有感情。易言之，即须有丰富之弹力。刚而非石，柔而非泥。取譬以明之，即须如钟表中常运之发条，不可如汤锅中烂煮之面条。如此一点一画始能破空杀纸，达到用笔之最高要求。

书之结体，一如人体，手足同式而举止殊容。言结体者，首辨纵横。纵势上耸，增字之长；横势旁骛，增字之阔。此每与时代、地域或作家有关。就大概言，殷、周讫秦纵势多，汉、魏、晋、南北朝横势多。殷书甲骨刻文，殆纯取纵势。西周夷、厉诸朝，如大克鼎、散氏盘则用横势。齐楚诸器则率取纵势。汉碑多横，张迁、礼器，乙瑛、孔宙、夏承、华山等皆然。裴岑、景君、杨谨、太室阙铭之一节则为纵势。吴天发神谶亦然。魏、晋中，钟之真行取横势；大王每用纵势。唐欧、虞取纵势，褚、薛取横势。柳取纵势，颜取横势。宋黄、米取纵势，苏、蔡（襄）取横势。此皆明白易见者。盖诸家或相同时，或相先后，各取一势，以避雷同。

次说偏傍。偏傍有左右上下之分，变化亦无定格。夫结体整齐，此仅后来所尚。古今人结字之差，常因部位之变换而定。王觉斯草书入神，即以其善于变更偏傍位置也。古者如"子子孙孙"为周器常语。"孙"在今书为左右相配字，而周器铭率为上下相配。初吉之"初"为左右相配字，而不嫛敦则作上下相配。休命之"休"，为左右相配字，师和敦亦作上下相配。又左右偏傍所占空间之大小，唐以来率与其笔画之多少为正比。汉、魏、南北朝则多不依此比例。如汉人书"汉"字，水傍虽仅三点，亦与右半大小相第，以对映见疏密之妙，不取平均也。又上下相配之字，上下亦不必相等。唐贤如欧书多上大下小，若茂树之垂阴；颜书则上密下疏，如乔岳之耸秀。

次论欹正。后世结体尚平正，至清代之殿体书而极。然是书之厄运，今谈者犹病之。古则不然。周书如盂鼎、毛公鼎之类，势多倾左；散氏盘独倾右，自树一帜。北朝诸刻，如龙门造象、张猛龙、贾使君、刁遵、崔敬邕等皆倾左；马鸣寺尤甚。唐欧书倾左亦特甚。然观者仍觉其正，无不安之感。盖结体以得重心力最要。论书者所举横平竖直者，平不必如水之平，虽斜亦平；直不如绳之直，虽曲亦直。唐太宗赞王羲之书所云"似欹反正"者，即得重心之谓也。

又五凤刻石、李孟初灵台碑之"年"字、《石门颂》之"命"字，末笔皆特长。"年"、"命"皆贵长也。评书者谓右军、黄庭似道流，曹娥似孝女。结体之形象与所书之内容，实可一致。

三论布白。结众画为一字曰结体。结众字为一体，而布白之说生。结体为点画与点画间之关系；布白则为字与字间之关系。一纸之上，每字各有其领域。著字处为墨，无字处为白。墨为字，白亦为字。书者须知有字之字固要,而无字之字尤要。潘安仁《秋兴赋》有云:"行投趾于容迹兮,殆不践而获底。阙侧足以及泉兮,虽猿猴而不履。"夫人足所践,不过咫尺,然使人步武能安,不虞颠陨者,则有赖于足所践处以外之为实地。若迹外皆空,如行桩上,则谁能履之？以之言书,即布白之理,有字与无字处,其重要同等也。昔何蝯叟善书,时有廖君亦擅书名。或问蝯叟以廖书得失。蝯叟笑谓"廖君只可书一字耳"。盖一字诚妙,多字则蹶。此即言廖君但解结体,不解布白。书与人同,势不孤立,集体斯安,犹布白也。布白之妙,变化万端,运用之际,口说难详。譬诸人面,虽五官同具,位置略异,人我便殊。又如星斗悬天,疏密错综,自然成文,久观益美。明乎此,可以言布白矣。

　　论布白,但自分行之整齐与否为其入手处。不整齐者,参差得天趣之美,以一行或全章为单位;整齐者尽人工之能,以每一字为单位。最古之分行,多主不整齐,其后乃渐趋整齐。此可谓由自然而入人为者也。强分其类,约有三式。

　　一为纵横行皆不分者,其来最早。殷器铭刻,文字中时杂以画绘,大小参错,牝牡相衔,以全体为一字。故字与字间,恒具巧妙之组织,互为呼应,而痛痒相关。变化之奇,以此期为最多。试一翻《殷文存》之书,即可见之。

　　二为有纵行无横行者。自一行于无数行,行式有空,而每行之各字无定。周金大器,如不嬃敦盖铭文,但有纵行,随式布白,妙变无穷。其结字多长。盖其意欲字形不向外扩张,免与邻行相犯;故宁偏纵势,不取横势,有揖让之风。试观其首行"唯九月初吉"字,便可知之。与此同风者,以毛公鼎为最著。秦诸刻石分纵横行,权量诏版则大抵用纵行,其偏旁大小,时因行列之密接而变化,亦极可味。盖纵行之布自有二要。一为每行中字间之距离,二为行与行之距离。作书布白,当解疏密。如西周之楚公钟凡数器,每器铭辞,皆作两行。钟形上狭下宽,其中有一器,两行对列,上极密而下极疏。邓石如言"疏处可以走马,密处不使通风",此真能曲尽其势,蜀中诸汉阙,有只于中央题字一行者,若王稚子阙、沈府君阙,石身甚宽,故字之左右波挑,延伸极长。此盖以控制空间,使全石皆在其笼罩之下。晋人简牍,有纵无横,其妙亦在不整齐。兰亭帖凡二十八行,行之疏密相若,字之疏密不等,其布白至妙。故欧、虞、褚、薛诸家,模兰亭各用本家笔法,然布白则悉仍其旧,不敢稍变也。石刻中碑志与摩崖分二体。碑志主整齐,分纵横;摩崖主不整齐,有纵无横(《西狭颂》、郑文公等除外)。故碑志多尚规矩,而摩崖特多奇趣。如《郙君阁道碑》、《瘗鹤铭》之属皆是。鹤铭就石作书,宛转异势,上下相衔,山谷晚年最得此秘。

三为纵横行俱分者,为人工方面之进步。在三式中最后出。其最早之例,当推周初之大盂鼎。其时当在成王朝,文辞与《书·无逸》至相类。继起者若大克鼎,若宗周钟,若散氏盘,若虢季子白盘,数之殆指不胜屈。然分行虽备纵横,亦不过大体如是。出入尚多,非拘守绝严密也。至秦人刻石,乃务为画一。工巧虽极,机趣反损。分纵横行者,必画界格,有书时当系有格,而后去之者,若大盂鼎、虢季子白盘;有与格俱存者,若大小克鼎。然其格亦非绝对整齐。界格或作阳文,或作阴文,以刻作阳文者为最早。第三式虽后起,其势力最大,汉以下多宗之。汉碑多纵横行,然在规矩中亦有权变,其各碑疏密亦殊。每格中字小则疏,如曹全、孔彪;字大则密,如校官、赵圉令。又就一碑言,亦有疏密。往往上半密而下半疏,若张迁、衡方即是。此由就石上书丹时,不便循文为序。依碑排文,横列而下。初书上半时,手生字易大,故特密;继书下半时,手熟字易小,故特疏。形虽不一,转增变化之趣。汉刻或存界格，或不存界格。不存者多，如张迁、衡方等是；存格者少，如孔彪、张寿等是。存格与否，亦有其理。字小白多者，则多存格，盖无格则太苦空虚。故字为字，白亦为字也。又汉、魏迄唐诸石刻，大字密集者，固不乏例；然多数皆字不满格，往往上字与下字相距之空间，足容一字而有余，所谓计白以当黑也。其字居格中，多稍偏上，此系人视觉心理。格中置字，偏上则正觉中悬；正中则反觉下坠。试观印人制印谱，每页撩印，必近上端，即以此故。总之，列字整齐，至明万历以来，而渐造其极。万历中刻书字体，横细竖粗，后世谓之"宋体字"，实由颜书演出者，特匀称益甚。至清世道、咸以降，以科举风尚，庭对写大卷，绳垂水平，字皆历历如算子。虽工整无匹，然束缚性灵，摧毁天趣，驱千万有用之人为无用之物，为封建帝王巩固统治，真书道之厄矣。

最后当一论时代与作家。昔翁覃溪跋汉朱君长题字有云："书势自定时代。"吾尝叹为知言。时代云者，实即在同一段时期内群众努力所得成绩积累之总和，亦即群众力量所共同造成之一种风气。凡系同时代人之书，彼此每每有几分相近。此不独书艺如是，即其他艺术，如绘画、雕刻、建筑等亦莫不如是。作家掘起一时代之中，却不能飞出一时代之外。彼乃根据同时代人与其前时代人所得之成绩以为基础，而以自己不断努力，在此遗产上生产再生产而发展之。世间固无天降之作家也。试以二王之书论之。羲之变为草，其源来自章。则自西汉以至张芝、卫瓘、索靖、陆机等各家之章书，皆其所据之遗产。而羲之省章之波磔，简化以为今草，其风亦非其独创，而实自西晋开之。今观西陲简牍中西晋人诸书，已俨然今草；而其书人，皆非后世知名之大家，是其时民间已早有此一种书风，为羲之所依据，更勤苦加工，发挥旁通，因得成为一代之典范。下为永师、唐太宗、贺知章、李怀琳、孙过庭，日本遣唐僧空海，以至宋之薛绍彭,元之赵孟頫,明之文徵明以至八大山人等开其先河。羲之草虽不尚波磔,体犹近章;献之源出父书,席丰履厚,又变其父上下不甚相连之草,为上下相连之草。往往一笔贯数字,生面别开。梁武评献之书所谓"王子敬书如河朔少年,皆充悦,举体沓拖,而不可耐"者,当指其草书言之。同时羊欣学小王,故梁武又讥为"婢作夫人"。梁人重大王也。此后书苑中遂有狂草一途。唐之张旭、怀素,明代中叶以后诸家,直至明末黄石斋、傅青主、王觉斯,皆自小王来。可谓别子为祖矣。

梁翰操觚之士,分道扬镳,或尚摹仿,或主创造。夫学书之初,不得不师古,此乃手段,而非目的。临古者所以成我,此即接受遗产,非可终身与古人为奴也。若拘守一隅,惟旧辙是循,如邯郸之学步,此等粥饭汉,倘使参访大德,定须吃棒遭喝,匍匐而归。至于狂禅呵骂,自诩天才,奋笔伸纸,便夸独创,则楚固失矣,齐亦未为得也。尝见昔人赞美文艺或学术成就之高者,曰"前无古人,后无来者"。此语割断历史前后关系,孤立作家存在地位,所当批判也。今易其语曰:"前不同于古人,自古人来,而能发展古人;后不同于来者,向来者去,而能启迪来者。"不识贤哲以为何如?愿承教焉。

屈原与古神话

一 古神话一般问题

神话有许多是在未有文字时期产生的,也即是文字以前的文学。我们应该了解,神话的发生必定在人类脑力已经发达以后。一般说,是当时劳动人民对现实生活的种种幻想——此等幻想或者是广大劳动人民对自然现象的解释——自然观。或者是对社会现象的解释——社会观的反映。但所表现的形式则必然是民族的。

古代人对自然现象的解释和对社会现象的解释，其中是包括很多方面的。例如：宇宙的开辟是怎样的传说；为什么有寒、暑、昼、夜、日、月、风雨等的传说；地形原来是怎样的传说；人类如何遭受自然灾害（像洪水）的传说；人类始祖的传说；古代英雄事迹的传说；还有人民反抗统治阶级的传说。而所有这些传说，往往在古代各个事情中是彼此相似的。因为人类社会发展，东西方大体相差不远。各个不相同的民族根据不同的生活特点，经过幻想而形成的神话，就自然会大同小异。这并不是谁学谁的。譬如：关于洪水的传说，中国、巴比仑和希伯来都有。像英雄事迹的传说，中国和希腊都有。我们不能说这些传说是东方学西方，或是西方学东方。我们要理解到：这是各个民族在社会发展上，在生活与生产方式上必然的结果，是自生的，正如同各个民族的生产工具由用石器进展到用铜器，由用铜器进展到用铁器的情况一样。

可是正因为如此，所以各个民族间的神话形式的形成，又必然会伴随着各个民族在他们生活的地区和各种条件的影响之下而各不相同。例如：同一洪水故事，中国与希伯来就不同。同一英雄故事，中国与希腊也有所不同。所以说凡是神话的形式，必然一定是民族的，道理在此。

同样理由，各个民族的神话传说中，如果以形象言之，必然有各种不同的现实因素为根据。因此，神话中神的形象，往往用人像与各种动物形象混合起来。在人和动物形象相结合的神话中，"蛇"几乎是东西方各民族皆有的。因为蛇这种动物是分布最广，几乎到处都有的，形象普遍，所以结合也普遍。至于像埃及人首狮身像，印度婆罗门教有象鼻的神之类的形象，就不能在中国出现。

因为中国没有"狮"和"象"。("象"在神话中偶尔一提,但不多。)因此中国古神话就不把狮、象的形象列入神话。总起来说:神话传说虽是幻想的产物,但幻想的头可以高昂在九霄云外,幻想的脚是必需要人站在地上的。这就是神话民族形式的根据。同时,各个民族的宗教形成,也是如此。所以各民族各有上帝,彼此不同。

按照中国文学史的发展情况来说,中国上古时期是有很丰富的神话传说,我们并不是缺乏神话的国家。例如:古书上传说"昆仑玄圃"是"帝之下都",是群神聚集的福地,那里的宫阙崔巍,珍禽异兽、琪花瑶草是极其雄奇美丽的。这与希腊的奥林匹克是一样的。又如:印度摩诃波罗多中写出"般度"与"俱卢"两族十八天的大战,真是如火如荼的一首长史诗,我们中国书上记黄帝"修德振兵,教熊罴、貔貅、貙虎与炎帝(神农一族)战于坂泉之野"的剧烈,与他并无两样。尤其像屈原始祖颛顼与共工氏争立为帝的斗争,共工大败后,用头触不周之山闯下"天不满西北地不满东南"的大祸。其精彩夸张并不在印度古史诗之下。希腊赫拉克利斯的英雄事迹,我们羿的表现,只有比他更好。屈原描写的东君的可爱,何减于阿波罗?至于像希腊普罗弥修斯的事迹,由于他从天上盗火给人类,为上帝罚受苦刑的传说,是人人歌颂的。但我们中国《山海经》所记的"二负之尸",因为他擅杀了龙头食人叫做"窫窳"的怪物,上帝就把二负一只脚上加了镣,把头发和手都连在一起反缚着长埋于地下。其惨酷动人的情节是不让普罗弥修斯的盗火被囚专美于前的。

总之,中国的神话传说,尽管是丰富多彩,但可惜的是:(一)许多这类美丽动人的事实,皆分别散见在各种篇籍之中,没有像印度、希腊有人用巨大的长篇史诗把这些事实集中起来,传播开去。——中国长篇史诗产生特迟,是中国文学史上的持色。(二)

神话中历史性的核心,被儒家扩大了它的作用。儒家老祖宗孔子就是以"不语怪、力、乱、神"来说教的。伏羲、神农的名字在晚期儒家口中才提起,并且把伏羲、神农说成是个完全历史人物,就连大禹治水的奇迹,在《尚书》、《论语》、《孟子》等书中也成了正常的历史记载。这也就是司马迁著《史记》所以不取三皇而从五帝开始的原因。《史记·五帝本纪》中说过"其尤雅者"才能入史。换句话说,凡是"言不雅驯"者,都在排斥之列。什么是不雅驯之言呢?那就是神话故事和传说。(三)在古典书籍中,除了大多数著者完成了"神话历史化"的使命而外,也还有些书中是喜欢记载神话的。我们从古典经籍中看:《左氏春秋》是常常记录些神怪故事的,所以唐朝韩退之老先生就认为"左氏浮夸"了。此外,从上古时代保存下来的《诗》——三百篇里的"雅"和"颂"有些是有史诗性质的,也有含有神话的诗篇,如《生民》(大雅)之诗说姜嫄履大人足迹而生后稷的故事;如《玄鸟》(商颂)之诗说简狄吞燕卵而生契的故事等。这都是最宝贵的东西。——屈原后来在他的作品《天问》里也提到,使我们知道关于这两件事的传说,南、北是一致的。

二 屈原与《天问》

要想搜集上古神话,是需要在儒书以外的古籍中去搜集。因为除掉"外道"(借用佛家话,指不是所谓正统的儒家书籍),书中是很少有神话的记载的。这就不能不使我们今天有必要来讲一讲屈原和他的重要作品《天问》了。

先说屈原。关于屈原的出身、经历,以及他在文学史上的成就和价值等,在这里我不想说。我要说的是,我们的天才诗人屈原是出现在当时落后社会的南方——楚国的。为什么要这样说呢?我们知道关于我们中国古代的社会分期是有种种争论的,像中国奴隶社会与封建社会的划界时期,迄无定论,早的说在西周,迟的又到汉代,更迟的可以放到南北朝。真是纷坛不一。在我个人看来:中国疆域面积如此辽阔广大,社会发展进程势难平头齐进。要划分两个社会的"更替"界限,是跟说明建子、建丑的历法一样,不应该求之于笼统概括的"时间",而应该求之于各种各式的"空间"。就是说,同一时期,有些地方是先进,有些地方还是落后;先进的可以是封建社会,落后的还是奴隶社会。这是考古学者都知道的常识。我们从屈原作品中经常描写的"人神恋爱"的关系来说,可理解为这是奴隶社会思想的反映。因此,我认为至少屈原当时所处的江汉流域的楚国社会,有可能仍然处于落后的奴隶社会。不难理解,正如我国今天的社会性质已是社会主义的社会,但某些边远地区少数民族的生产关系,还有属于封建社会以上的阶段一样。我们的宪法开端正说明这一点。

再说屈原赋中所载录的关于古代神话材料的,计有《离骚》《九歌》《天问》《招魂》等篇。他在这些篇中所列举的神名和神的事迹,是古代中原(即北方)典籍所少见的。这和淮水流域所产生的《庄子》,以《南山经》起首的《山海经》(这是南方人所著书,排方向由南而西,而北,而东。《大荒经》便从东方起,这是比较后出的),杂家者流的《吕氏春秋》(是有南人有北人写的书)以及在楚故都(安徽寿县是楚亡国时最后的一个都城)由刘安的门客淮南小山等集体创作的《淮南子》等书,是一家眷属。只有七国末期的神话故事《穆天子传》是出在北方,但所写的内容比较简单。因而不能不令我们想起《左氏春秋》所记楚灵王称赞左史倚相"是能读三坟五典、八索九丘"的话——我们应该明白认识到所谓三坟五典,所谓八索九丘,不是中原文献,一定是保存在南力蛮国中的古代书籍,而不是如汉儒所解的三皇、五帝、八卦、九州的书。

其次，我们说《天问》。在屈原赋中著录从古代传来的神话，最丰富的篇什应该是《天问》。标题"天问"，其实是"问天"。（这是动词在名词后，殷人语法也往往有之。）他一共向天发出一百七十二个问句，这是屈原作品中最难解的一篇文字。唐代柳宗元曾经大胆地作过一篇《天对》，向他所问的话一一置答，那只可叫做"天不对"。直到今天我们也还是有很大部分不能解。但是这篇作品是有它一定组织的。大体上说：上半篇所问的多是属于自然现象的事，下半篇所问的大概是关于古史记录方面的事。把许多神话材料杂出散见在其中——现在我们从《天问》里抽出几个重点来谈谈——大约有如下几类：

（一）人类始祖说——《天问》说："登立为帝，孰道尚之？女娲有体，孰制匠之？"这是屈原提出有关人类始祖问题的句子。按：王逸注以为"登立为帝"二句属伏羲，"女娲有体"二句属女娲。现在我们不能肯定说上二句就是伏羲，但下二句当属女娲是无可怀疑的。因为自来古人对于伏羲与女娲都是连类及之的。特别在古代文献中，如汉代画像石刻上所见到的伏羲与女娲的事，总结起来，最使人值得注意的有二点：(1)伏羲、女娲均是人首蛇身作交尾状。(2)伏羲、女娲是兄妹关系。据此，可以说明伏羲女娲的传说是极其原始的。而这些东汉时代的石刻画像，在四川汉墓中几乎随处都可以见到。其他如河南南阳草店的汉墓群及最著名的山东武梁祠画像均为好例子（图一）。甚至远在西方新疆吐鲁番唐棺内也有此类画像。同时我们必需注意到武梁祠画像中的"神农"像，在各个神话中应当是牛头，可是在此处完全改成人形。独有伏羲、女娲像，仍刻作人首蛇身作交尾状的，并且于两个神像中间刻有一个"婴儿"。这就明明告诉人们这就是"人类始祖"。——换句话说，古人刻这样画是象征着我们人类是伏羲、女娲所生。——至于画

图一　东汉武梁祠石室画像之二
(仿《东洋文史大系》)古代支那及印度第 137 页插图)

成蛇身者,这种特征是本能的人、野蛮人尚未能使自己与自然分开的说明。而传说中的兄妹交尾,则又是旧石器时代原始氏族社会里的"血婚"遗迹。因为那时他们认为兄弟与姊妹结婚是合乎道德的。所以古人都说伏羲、女娲皆姓"风",这就是社会性质的证明。但是伏羲与女娲的名字,不见于古代中原人的经典中,《诗经》提到禹,《尚书》述尧、舜尤其是儒家。孔子也只讲尧、舜。淮水流域的庄子,始多言黄帝。直到《周易·系辞传》(不是孔子作,是晚期战国时儒家的话)中才说:"昔者庖牺氏之王天下也,……以佃以渔"云云。因此.我颇疑伏羲、女娲的神话传说是起源于我国西南——是巴蜀的神话。观于今日四川汉墓石画中刻伏羲、女娲人首蛇身像之多,可以推见(图二)。我以为这个神话传说以四川为中心,然后逐渐流传扩大到河南、山东等地。要说明这一点,我们看《山海经·海内经》说:"西南有巴国;太皞生咸鸟,咸鸟生乘厘,乘厘生后照,始为巴人。"而"巴"正是今日四川东部和东北部。又《说文》卷十四下:"巴,虫也。"或曰食象蛇,象形。伏羲与女娲正是蛇身。据此,则伏羲与女娲为人类始祖的传说当起源于此了。

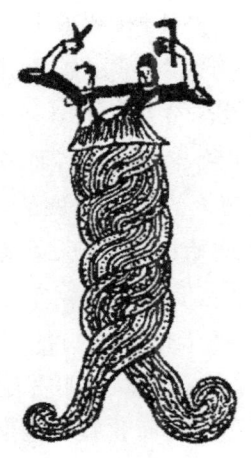

图二　隋高昌故址
阿斯塔那墓室彩色绢画
(仿史坦因《亚洲腹地考古记》插图)

图三　重庆沙坪坝石棺前额画像
(仿常任侠沙坪坝出土之石棺画像研究插图)

谈到人类始祖问题,自然不能不说到"自从盘古始分天地"的问题。按"盘古"开辟之说产生最迟,于三国时吴人徐整所作《三五历记》(《太平御览》七八引)谓"天地混沌如鸡子,盘古生其中……一日九变……天日高一丈,地日厚一丈,盘古日长一丈。如此一万八千岁。……后有三皇"云云,以后又见于《五运历年纪》,再后,梁人任昉作《述异记》居然指出(盘古)是"吴楚间说,今南海(广州)有盘古氏墓"等。由此可知,盘古传说也是起源于中国南部的。我以为如果从语根来说,"庖牺"即"盘古"的变称;因为从这两个名词的音来说,盘之与庖,古之与羲,与牺,声根是相同的,盘古庖牺是一声之转。又《后汉书》记西南蛮族以"盘瓠"为始祖,同时我以为如果仍以语根相同来说.则盘瓠亦即"盘古""伏羲"之异称。至于说"盘瓠"形象类狗,这疑是他们的当时"图腾"形状,这和伏羲之人首蛇身是相同的(图三)。

以上我说的是最原始的伏羲、女娲。这种传说,到了东汉末年应劭作《风俗通》便说:"女娲抟黄土为人,剧务力不暇供,乃引绳絙泥中,举以为人。故富贵贤知者,黄土人也。贫贱凡庸者,引絙人也。"我们知道这种说法不是原始社会的伏羲、女娲传说,而是已经有了阶级社会之后的说法。因为神话是随着时代而发展的,但不管传说怎样变,我们祖先是仍然相信人类的始祖是伏羲、女娲。这可以说是中国的亚当与夏娃。

　　说到这里,我们还应该附带说一说古圣人的"感生说"。因为在中国历史上有许多古圣人是无父亲的。这正可以说明古代社会"知有母而不知有父"的意义。在《天问》中有"简狄在台喾何宜?玄鸟致贻女何喜"的句子,这与"商颂"里"天命玄鸟,降而生商"的说法相同,是说殷人祖先"契"是感生的圣人。又如《天问》中的"稷惟元子,帝何竺之?投之于冰上,鸟何燠之?"这两句,也是同样与《诗经》中《生民》之诗说姜嫄的足践了大人的足迹而生后稷,置之隘巷,置之平林,置之寒冰都不能把后稷弄死是一致的。不但周的祖先是感生的圣人,此外像伏羲是母感履巨人迹而生,神农是母感神龙而生,黄帝是母见大霓绕北斗星感而成孕,少昊是母见大星如虹,下流华诸感而生,高阳是有瑶光如霓贯母身而生,帝尧是母梦与赤龙交而生,帝舜是母见大虹感而生,以及禹母梦吞薏苡感而生等传说,总是说古圣人是可以"无父而生"的。无父而生的说法,在西方对宗教的成立是有它极大意义的。我们看基督教义中把处女怀孕的"奇迹"认为是一大事,就不难理解它的作用何在了。可笑的是汉高祖——刘邦本是个流氓,做了皇帝以后,恐怕人家说他出身微贱,他不顾他老子太公的难堪,硬编造出他娘刘媪在大风雨中与蛟龙交合才生出了他的"怪事"。这位皇帝甘心做一个不是人养的人,岂非笑话!

（二）自然现象——由于古代人民要求对自然界——例如：天、日、月、寒、暑、昼、夜等想得到些适当的解释，所以在《天问》里就反映了如"八柱何当？东南何亏？"以及"鳌戴山抃？何以安之？"等等的问题。这是古人试图解释地是安置在什么东西上的幻想；说"八柱"，说"鳌戴"，这和印度古代人民传说地是有十二个柱子顶着，或说是有大象负着是同样的。所以今天流传在民间口头上的有"地动是鳌鱼翻身"的说法。另外，《天问》里又提到"夜光何德，死则又育？厥利维何，而顾菟在腹？"这是反映出古人说月亮的由亏而盈，是它死了又能够再甦，而且它的肚腹里有个兔子。又如："何阖而晦？何开而明？角宿未旦，曜灵安藏？""羿焉彃日？乌焉解羽？"这是反映着古人以一个器物——如匣子之类的有开有阖来说明昼、夜、晦、明的原因，以及日中有乌的传说——谈到日中有乌，月中有菟，这在汉人石刻画中也是常见的，今天民间还有在过中秋节供养"菟二爷"的风俗，可谓是由来已久的事。可注意的是《天问》里提到"日安不到？烛龙何照"的话，我们只要看看《山海经》内"钟山之神，名曰烛阴，视为昼，瞑为夜，吹为冬，呼为夏……人面蛇身，赤色"的记载，就知道这大约是北方的神话，被屈原采用的。因此我们可以看出：《天问》中是包括了南方和北方的传说的。这就足以知道屈原闻见的广博了。例如《天问》里有"焉有石林？何兽能言"的说法，他不相信兽能说话和石头会长成像树林子，可是在我国西南——云南省路南县就真有"石林"，是天下奇观。这个疑问的提出，大约是与屈原同时代的一个楚人叫庄蹻的开发滇国后因而流传开来。其他像《九歌》中的"湘君"和"湘夫人"是南方的水神，"河伯"是北方的水神等。也是南、北兼包的。

（三）洪水故事——水是人类生活最重要的东西，和空气一样不可缺少的。我们看许慎《说文解字》里所收的字以"水部"为最多

（计四六八字），而屈原作品里所歌咏的神也以水神最多，如宓妃、湘君、湘夫人、河伯、阳侯都是。因此，在《天问》里言治水大神——禹的句子亦较多。本来在古代各民族中像巴比仑、像希伯来皆有洪水故事传说，而且水灾又都是发生在大河流的下游。例如：巴比仑传说的洪水神话算最古，他的都城在"两河流域"的下游，即名"水都"。其主神亦有水神。因此，我们中国在"尧"时闹洪水，大约亦在黄河下游，如《尚书·禹贡》里说到"桑土既蚕，始降丘宅土"的话，是在兖州，是黄河与济水入海的地方。孟子说禹治洪水，亦是侧重下游。后来有人说禹"凿龙门，开砥柱"的话，不但见于晚出的书如《吕氏春秋》《淮南子》之类，而且按照今天的龙门砥柱情况来看，也不是大禹时代的人力可以开凿的。大约禹治洪水有功，人们为了纪念治洪水的这一历史因素，未免夸大了禹的事迹。这也表现了人民对禹这样有功于人民的人的歌颂。

现在我们顺便来谈谈大禹的事迹：第一，《商颂·长发篇》首言"洪水芒芒，禹敷下土方"的功绩是和《天问》一致的。第二，禹的治水，是继承父业的。因为禹父"鲧"，照《尚书·尧典》上说由于他治水"九载绩用弗成"才把他殛于羽山的。所以《离骚》中有"鲧婞直以亡身兮，终然殀乎羽之野"的叹慨，因而在《天问》里就有"不任汩鸿，师何以尚之？佥曰何忧，何不课而行之？"以及"阻穷西征，岩何越焉？化为黄熊，巫何活焉？"同"永遏在羽山，夫何三年不施？伯禹腹鲧，夫何以变化"等质问的句子被提出。第三，说大禹这个人的出生是有异征的，因为传说禹是圣人，圣人是感生的，可是在《吕氏春秋》和《帝王世纪》上都说：禹母背裂而生禹。这就与印度传说释迦牟尼佛生时是剖其母右胁而出的一样。第四，禹又是一个劳动英雄形象。《尚书·皋陶谟》说他娶于涂山氏之女，生儿子都不回家看一看，忙着在治水的工地上。因此，孟子说他曾经三过其门而不入,《史记》也说他有十三年不曾回家。他一心为了治洪水,忘记了自己的家庭,所以累得他"身患偏枯"之症,"手无爪,胫无毛",完全是一个"手胼足胝"劳动不休的英雄。这和后来墨子"摩顶放踵,利天下而为之"的精神是一贯的。所以有人说"墨学"是出于禹的。第五,又传说禹能变形。照《淮南子》的说法,禹的老婆每次送饭给他吃,他总是忙着。所以禹和他老婆相约,他有功夫吃饭时,就击鼓为号,他老婆就送饭来。不想有一天他正从一块石头上跳过去,无意跳在鼓上,鼓响了,他老婆自然送饭来,一看大禹这时正显出狗熊的形象,他老婆感到万分惭愧,因而立时就化为石头。据说后来禹的儿子"启",就是在这块石头的北面裂开而生出的。汉代高山下的"开母庙"就是纪念这件事。第六,据说大禹治水所以成功,是依靠了一个法宝叫"息壤"的。并且还有许多神物帮助他。其实禹所运用的法宝息壤,他父亲鲧治水时也用过。就因为盗用息壤而遭到天帝的处罚,但大禹接受过来就能成功。关于这个传说在《山海经》和《淮南子》上都有记载。并且还传说:现在湖北荆州江陵县城外还存有息壤遗迹。外面盖着一个屋子,人是不能动的,否则会大雨不止。至于帮助大禹治水的神物有叫"应龙"的,他用尾巴为大禹在地上画成沟道,使水流入里面。因此《天问》上说:"应龙何画,何海何历?"第七,人民传说禹在治水时是有过极其艰苦的斗争的。特别是杀了许多水怪妖神。例如:《山海经》就说有一个名"相柳"的水怪,生得九个头、蛇身,所过之处,陆地即成为溪泽。大禹把它杀了。这怪物的血腥臭经久不散。血流过的地上,不能再长五谷。大禹虽然想尽方法来改变它,但是都没用。后来只好在那地上筑个"群帝之台"来镇压住。又如:《山海经》上也记载着另一个妖神叫"天吴"的。这个妖神是水伯,有八个头,像人,老虎身子,有八足、八尾。浑身青黄色,是极其凶猛的。相传禹也把它杀了。再如：大禹也锁过一个著名的水怪叫"巫支祁"的，把它囚在洪泽湖边龟山井内。这故事见于《古岳读经》。宋人乐史所著的《太平寰宇记》也有。《盱眙县志》上还曾经说过，在唐代宗时刺史李汤用五十条牛从井中牵出了巫支祁的故事，原来它是一个五丈高的猴子。我以为这些故事都显示了一个观念：就是大禹治水胜利，是从无数斗争中得来的。——根据以上传说，我们可以总结一下，那就是：(1)治洪水最早是以黄河下游为主。这一传说，到战国末期才移至上游龙门砥柱。(2)禹的形象是一个劳动英雄。他的事迹是古代人民传说与歌颂的对象。(3)据《论语》说他能"尽力沟洫"，是以"灌溉"为主，这似乎和古代东方亚细亚生产方式——灌溉有关。又各种古书上记载他的治水工具都是农具。这也该注意。(4)据《越绝书》引"风胡子说"，"禹时以铜为兵"。大禹时代应该是铜器时代了。

由以上的洪水故事传说，我们不难看出：中国洪水故事与巴比仑或希伯来的不同。例如：《旧约·创世纪》记挪亚方舟的故事，是受了上帝命令为了"避难"。（这一故事是起源于巴比仑的。）大禹治水却是为了"征服自然"。所以挪亚的故事，只适合宗教口味。而神话本质应当表现人民向自然作斗争取得最后的胜利的。只有这样，才是健康的思想。正因为有大禹治洪水的传说，就教育了我们，使我们中国历代——由汉到清都非常讲究治水的工程。（《清文稿》志传记治水的故事特详。）这与今天新中国的大兴水利思想是一贯的。这是中国神话中优秀的传统本质。由此出发，像什么"精卫填海"和"愚公移山"的神话传说，皆是由这种处处表现向自然作斗争的精神派生、蜕化而来的。甚至像陶渊明诗中所歌颂的"刑天之民"（见《山海经》），就是把头斫下仍然要向统治中心——上帝做斗争。而《西游记》把孙行者号称"战斗胜佛"，也应该认为是中国神话传统本质积极的体现。至于逃避水灾的传说,在古代也有过。像《天问》中有"水滨之木,得彼小子?夫何恶之?媵有莘之妇"的句子,这是说伊尹的母亲(有莘氏)怀着伊尹时,梦见神女对她说:"臼灶生蛙,亟去无顾。"不久臼灶中果然生蛙,母去东走,回看其邑,尽为大水。母被淹死,化为空桑之木。木中生一小儿,便是后来的伊尹。这件事《吕氏春秋》和《天问》王逸注所说大略相同。但是这种避灾的故事在洪水故事中,地位只是次要的。清代康熙十七年水漫泗州城,到今日也有这样的话:说是有神教人看到州衙前的石狮子眼中出血,便要快走,不可回头看。后来有人在石狮眼中涂上猪血,大水果然来了。这就是由"有莘之妇"避水故事承袭、演变来的。

另外,我还想附带说一说关于西南民族治洪水的故事。《华阳国志》载:古蜀杜宇,在亡国时称帝,号曰"望帝",以褒斜为前门,以熊耳、灵关为后户。会有水灾,其相开明决垒山以除其害。望帝即将帝位让给他,自升西山隐居,后化为杜鹃鸟云云。因此,后来蜀人听子规鸟鸣,即认为是杜宇的声音。此事虽然屈原赋中不见,但传说的基本精神是治水除害,这和大禹治洪水的神话,恐怕是一个来源。

(四)古英雄记——在屈原的《天问》中提到的"羿",是一个古英雄。现在我们把可能引证的材料联系起来谈一谈。

先说"羿"字。说文弓部"䎱"是帝喾的射官。《论语》也说"羿善射"。我们知道人类能利用弓箭是中石器后期——亦即新石器初期才有的。它不但是武器,同时也是生产工具和一种乐器的开始。(管弦字从弓,可以推知创琴瑟的神话,必在此期以后。)古英雄羿的出现,至早不能超过这时期以前。中国古书上说的羿有各种不同的时代——或在帝喾时,或在帝尧时(这是射日的羿),或在夏初时(这是有穷后羿)。因为羿在古代不是专名,而是善射者之公名。有如大巫推"巫咸",尧时有巫咸,殷也有巫咸,"扁鹊"是名医,黄帝时有个扁鹊.后来战国时的名医"秦越人"也叫扁鹊一样。不特如此,就在今日也还有这一类的具体例子。例如:十七世纪南方匠人雷发达应募到北京参加营造宫殿,经历清朝末年已经七代,都称"样子雷"(或作样式雷)。我们说羿应该理解为公名的根据在此。

《天问》上说:"羿焉彃日?乌焉解羽?"这指的是尧时的羿,是说他射落九日的故事。中国古神话羿是英雄形象的集中,他等于印度古史诗中的"罗摩"和希腊古英雄"赫拉克利斯"。而羿与后者尤其相类。他在当日以他的无比的勇力,绝顶射艺,为人民除害,立了八大功劳。八大功劳:第一,是射日。关于十日的灾害,除《天问》王逸注而外,还见于《山海经·海外西经》《吕氏春秋·求人览》《淮南子·本经训》。屈原的《招魂》里也说到东方的可怕是十日代出,流金烁石。当十日并出,焦草木,杀禾稼,民无所食的时候,尧乃令羿仰射之。羿射中九日,日中九乌皆死了,并且把羽毛堕落地上。第二,是射河伯。这在《天问》里有"何射夫河伯,妻彼洛嫔"的句子。据王逸注说:河伯曾经化为白龙,游于水旁,羿见了射它。把河伯的左眼射瞎了,河伯就跑到上帝面前去告,也没有得直。又据《淮南子·氾论训》:"羿除天下之害,而死为宗布。"高诱注说:羿是尧时的一个诸侯,因为河伯溺杀人民,他才把他射瞎左目的。第三,是杀封豨。第四,是断长蛇。我们看《天问》里有"冯珧利玦,封豨是射"的句子。再看《淮南子·本经驯》说:当尧之时,封豨、长蛇皆为民害,尧乃使羿断修(长也)蛇于洞庭(在巴陵),擒封豨于桑林。《山海经·海内经》上也有同样的记载。第五,是诛凿齿,凿齿是怪人。据传他齿像"凿子"一样,吐出在口外,长可三尺,很凶暴。

羿和他战于寿华之野,羿是用的弓矢,凿齿是用的盾牌。大战结果是羿把他射杀了。这故事《山海经》的《海外南经》、《大荒南经》及《淮南子·墬形训》里都有。内容大致也相同。第六,是杀九婴。九婴大约是个长颈项的怪物,可能是蛟龙一类的东西。据《淮南子·本经训》说:"羿杀九婴于凶水之上"。为什么说是个长颈项的怪物呢?因为九婴即"勾婴",婴可能是颈。第七,是缴(射也)大风。《淮南子·本经训》说:"羿缴大风于青丘之泽"。又据高诱注:"大风是风伯,能坏人屋舍。"这好像我们今天的"龙卷风"。高诱注中又说:"一曰鸷鸟"。《离骚》中的"蜚廉"——风神,就是鸟形的神。令人联想到甲骨文字中风字作"𠘨",正像鸟形。据此,就知道羿所射的一定是个兴风作恶的怪鸟了。第八,是杀猰貐。《淮南子·本经训》说:"羿上射十日而下杀猰貐"。高诱注:"兽名。状若龙首。或曰似狸,善走而食人。"《山海经·北山经》、《海内南经》亦都记载这个怪物。羿因为他食人,才把他杀了。

特别是《淮南子·本经训》在说羿除了八害以后,总结一句是"万民皆喜"。因此,羿的除八害颇与希腊赫拉克利斯立十二大功相同。但赫拉克利斯立的十二大功,有些是故造奇迹,不像羿除八害是完全为人民服务。

如果我们把羿的故事传说总起来看,可以得出这样一个结论,那就是:(1)羿是善射英雄。弓矢到了中石器时代才有,羿之出现,必存此后。(2)羿之所以成为大英雄,完全是因为他能战胜一切自然敌人,为民除害,与禹治水的精神正同。(3)羿杀封豨长蛇,可以看出古代人兽相搏的情况。是当时现实生活的一种反映。(4)古代人动作是以集体为主。羿是个个人英雄(因为善射是个人技术)。这个夸大了的个人的幻想,是生产力提高的幻想。——再说:羿的形象和功劳是人民忘不了的。他究竟有没有缺点呢?可以说，是有些的。他大约有些过于天真的地方。例如：他收藏的"不死之药"被他妻子嫦娥偷吃了奔向月中。又如：他一生善射，把技术都教给学生，可是最后终于被他所教的学生"逢蒙"杀死了。这都是他平日过份把人当好人看待，太缺少警惕的结果。因此，我们说羿的形象，是有一些天真的。天真虽然于自己不利，但却不是个阴险狡猾、卑鄙无耻的人。他是个内外一式的英雄，仍不失为可爱。

现在我们再把大禹和羿这两个人的神话传说结合起来看，就可以看出中国古神话反映出中国古代人民最优良的品质。凡是为我们古代人民所歌颂、所喜爱的神和英雄，他们必须具有以下的条件：(1)能征服自然灾害，为民造福，对于一切困难不低头。(2)并且是不断劳动的，以群众利益高出于个人利益的。(3)同时又是毫无宗教的柔软、懦怯性，而是永久斗争下去的。(4)斗争可以一直到死不休(如"刑天"，如"精卫")；可以把事业传诸子孙(如"愚公移山")；即使是斗争者的遗物，也还可以发展壮大(如"夸父逐日"，弃其杖，化为邓林的传说)。(5)对上帝常常不满(屈原作品中对上天向不说好话，见《离骚》、《招魂》)，对统治阶级反抗(如"刑天"、如"孙行者")，对旧制度憎恨抗争(如《孔雀东南飞》一诗结尾的冢上鸳鸯；如梁山伯、祝英台的化蝴蝶)，而最后胜利一定属于被压迫者。

正因如此，所以我们史不绝书的历代人民革命起义，都能把侵略者打垮，推翻。直到今天，我们民族所以取得反封建主义、反殖民主义的革命胜利，以及能不断地和大自然作斗争的精神(如治淮、根治黄河等)，这可以说都与我们祖先创造神话、歌颂英雄事迹的教育启发是分不开的。这就是我们祖国文学遗产的最可宝贵之处。

三 《天问》的精神本质

事情还得说回来。《天问》里既是保存着这许多古代神话传说，或许有人要问：屈原是不是神话传播者呢？答覆是：不！屈原不是一个神话传播者，相反的他是一个神话的怀疑者。《天问》与屈原其他作品不同，说得更明确些，屈原写《天问》，不是从感情出发，而是从理智出发的。他虽然在一百多个问话中分别引用或举出各种各样的神话传说，在今天我们应该认为这是研讨古代神话材料的一座宝库；然而我们伟大的诗人——屈原，对所有这些材料一一加以怀疑，一一予以反诘。他对于一切传统的东西，都一一用"何"、用"安"、用"焉"、用"谁"一类的问词，加以诘难。对事用"何"、用"胡"，对地用"安"、用"焉"，对人用"谁"来表明了他自己的不信任。

我们知道，中国古代的正统经典，它们对神话是一概加以高度"历史化"的，换句话说，本来神话传说是人变成神来体现的。而古代经典却用"历史化"这一法宝，把神变成人了。儒家利用这个办法，来证成他自己的理想，从而扩大宣传说教的效率。我们的诗人就不这样。他不要什么说教。他对于传统的东西，一律质疑，一律给以破坏。例如：他说"遂古之初，谁传道之？上下未形，何由考之？"他写《天问》一开口就对于当时开辟的传说不满意！他说："八柱何当？东南何亏？"就打破了地放在柱上的可笑的谬说。他说："何阖而晦？何开而明？角宿未旦，曜灵安藏？"又说："日安不到？烛龙何照？羲和之未扬，若华何光？"就肯定了光明只是从太阳发出的，别的东西皆不能代替。他说："羿焉彃日？乌焉解羽？"这两句连古英雄事迹都动摇起来了。同时还否定了"日中有乌"和"月中有菟"的传说。（如"夜光何德，死则又育？厥利惟何，而顾菟在腹?")又如他说:"雄虺九首?倏忽焉在?"是不信蛇能有九头的。他指出:"女岐无合,夫焉取九子?"把各种荒诞无稽的感生说,一扫而空。他说:"化为黄熊,巫何活焉?"明斥"鲧殛于羽山,其神化为黄熊"传说的不合理。因为屈原不信人能变形,正确认识到:"人"和"兽"是应该有区别而不混乱的。这就摆脱了古代人把人和自然不分的混沌观念。他说:"何所不死?长人何守?"这不但不信古人传说有什么"不死之国",而且对当时燕齐间方士宣传的什么"求仙",什么"长生之术",予以致命的打击。后来秦始皇、汉武帝如果有此等敏锐的眼光,便不会受到那些方士们的愚弄,造成许多笑话,让司马迁作《封禅书》来嘲讽他们。再有就是从古以来关于"昆仑山"夸大传说。《山海经》中把昆仑写成是天帝下都,是群神汇集的乐园。奇迹最多,灵异惊人。而我们(的)诗人却提出:"昆仑县圃,其居安在?增城九重,其高几里?"对它的存在有疑问了。到了张骞寻河源,便将这古来一个美丽的迷梦戳穿了(打开《史记·大宛传》的论来一看便知)。在近代有许多探险家到过昆仑山,所见到乃是一带终年积雪的大荒山,证明这一很早提出的疑问的正确性。

屈原这许多对于神话的怀疑和反诘,我们必需理解他的精神本质。他不像那些把神话历史化的人,拿理性化的历史去说教。他从幻想的自然观和社会观的迷雾中飞跃出来追求唯物的真理,是科学思想的开端。我们可以这样说:人类智慧的发展,到此大大地进了一步。

大家都记得,我们几年前纪念世界四大名人时,是把我们的诗人屈原和创造"天体运行"新说的伟大波兰科学家尼古劳斯·哥白尼并列的。固然屈原在科学上的成就不能和哥白尼比并。这是历史条件的规定。但是屈原在他所生的时代里,他的敢于怀疑传统学说而企求真理的精神,在古代可算是首举义旗的。《天问》这篇大诗,早在公元前三世纪末年已经打下了哥白尼思想的奠基石。恩格斯曾经把哥白尼看作是把科学从神权束缚中解放出来的革命战士。而我们伟大诗人屈原,则可说是冲破人类原始误解的黑夜中的举火者了。

可惜的是在屈原死了不久,中国就遭到秦始皇任用李斯等法家的机械冷酷的统治。不久,又遇到汉武尊崇儒术、罢黜百家的腐蚀政策,把中国学术引入了经院的铁门。两千多年思想上的枷锁,直到今天才真正扭断。幸而前此我们尚有过王充,有过孔融,有过范缜,有过刘知几,有过李贽,有过归庄等唯物主义思想者。他们的影响,虽因历史条件的限制,不能十分发扬光大,但都是《天问》精神在长夜漫漫里继续不断的流星闪光。

我们古神话所遗留下来的伟大优美的文学与教育意义,和我们的诗人——屈原大胆的怀疑、追求真理的唯物主义精神是并垂不朽的。

胡小石

宋 云 彬

■殷明华

青少年求学

1897年8月16日,宋云彬出生于浙江省海宁硖石镇东南河一个开锡箔店的小商人之家,父亲宋文虎。

宋云彬的到来,给这个家庭增添了许多欣喜。生男如弄璋,生女如弄瓦。宋父经营的是一个小杂货铺子,卖的是香烛、锡箔、草纸、小竹编等日用品,家业微薄,遭遇乱世,苦心支撑,实属不易。宋家世代香火不旺,人丁稀少,儿子的到来,小小家业也可谓后继有人。更令人高兴的是,宋家不久又添一女,取名宋蕙芬,小名大阿宝。宋父儿女双全,日子平静温馨,岁月静好。

云彬的母亲王氏,勤劳贤惠,里里外外操持家务,带管孩子。她时常带孩子走过东南河街。东南河有蒋氏,为本邑名门望族,世代经营典当,子孙多读书、富藏书,人才辈出,为镇上所艳美。

1906年,宋云彬9岁时,进入镇上米业学堂读书,是该校第一批新生。

当时,硖石镇的米业交易处于鼎盛之际,西南河从新桥到大瑶桥一带,形成了一个米市,南来北往的商人汇集在这里,安徽、江苏等地的大米,通过这里中转,源源不断地运送到萧绍一带。米市的兴旺,带动了一系列相关行业。不少商人赚钱精明,又兼见多识广,对于知识的追求也比一般人的眼界开阔得多,尤其对新事物更易于接受。米业学堂是由镇上一些米商集股创办的,以招收米业子弟为主。学制四年,地点在硖石方便弄底。

比宋云彬晚一年进该校的校友马君松在其《思念母校——忆安澜与米小》一文中,作了有关这所学校的叙述:

> 米业学堂设在硖石方便弄底,本来是一只小庙惜字庵……米业学堂比起安澜学堂(设在盐官)来,开通多了,大门不挂虎头牌。安澜大门像牌坊、像衙门。两旁高挂虎头牌"学堂重地,禁止喧哗"……当时我们学校的课堂只有两小间和北部三间平屋,学生虽不多,仅一百十几人,但总觉得局促狭窄,难以舒展……初等小学在后面左侧大厅,高等小学在前面两间及池边一厅一厢,不像教师与学生宿舍完全分开,住宿生也不过十几个,分两间宿

舍,其他都是本镇走读生。①

从原有的私塾办学,到开办新式学堂,米业学堂也堪称"标新立异二月花"了。学堂的规模不大,但学生有120多位,是令人瞩目的。宋云彬的同学当中,也涌现出不少才俊,诸如何竞武、马锡武等。何竞武后来入保定军校,参加北伐战争,任国民革命军总司令部野战铁道交通指挥官,中原大战期间任国民革命军总司令部副官处处长,后任平汉铁路运输司令等。宋云彬还有一位同学,从蒋氏宅第出来,叫蒋复璁,后来渡海去台湾,创建了台北故宫博物院。这所小学,还走出过诸如中科院院士沈鸿这样的知名人士。一所县城小学校,区区一两百个学生,竟在中国近代史上留下如许响亮的名字,米业小学可以称得上青史留名了。

学校的校长及教员,大都是清朝秀才,且多为饱学之士。这在马君松的回忆当中如是写道:

> 校长谈抚堂(钦邦),教员朱起凤(丹九)、吴清(小鲁)、蒋冠千、金振(守常)、尤桢(斡臣)、陈达斋大都是清朝秀才。除朱丹九先生是海宁新仓人,其余大都是硖石人。尤斡臣先生最通新学,他的弟弟是嘉兴秀水小学堂校长,种种新花样跑在其他学堂前面,如创立学生军乐队,增开英文课,破除迷信,评论世界大势,介绍新知识,使我们这批喜新厌旧的同学们,追随不倦。②

在这个思想开明的环境里求学,宋云彬没有学成一个"冬烘"

---

① 马君松:《思念母校——忆安澜与米小》,载《水仙阁》2016年第4期第11页。

② 马君松:《思念母校——忆安澜与米小》,载《水仙阁》2016年第4期第11页。

(注:糊涂懵懂,迂腐浅陋),他头脑灵活,兴趣广泛,善于接受新思想,为他后来的人生作好了铺垫。

讲到对旧教条和迷信思想的蔑视和嘲弄,宋云彬和他的同学老师有过一次壮举,在马君松的回忆里,记述得颇为有趣:

> 一天尤先生上格致课,讲到药房里有一种硝酸,可以熔化钢铁,如果浇到人身上,马上化成一摊水。宋云彬和几位同学听了,既害怕又高兴,下课以后,和几位住校生一起商量,凑了五角小银圆,去西药房买了一瓶硝酸,决定在半夜里,在所有的菩萨头上涂上硝酸,叫菩萨头落地,让那些佛婆们以为菩萨自刎,大家散伙,让出佛堂给大家作课堂。
>
> 到了夜晚,夜深人静,何竞武、宋云彬、张志元等几个年龄大的学生,带着几个年龄低的学生,用竹筷夹着棉絮,蘸了硝酸,把所有的泥塑木雕菩萨涂了硝酸,满心欢喜地逃回家,等待第二天奇迹的发生。可是等到第二天起来,佛殿里早已香烟缭绕,所有的菩萨安然无恙,这让大家疑惑不解。
>
> 后来大家去问尤先生,尤先生哈哈大笑说,你们早来问我,就可以省掉了那五角洋钱,硝酸可以熔化钢铁,对泥木却是无可奈何。你们为学校扩大学堂,有这样的热心,决心,很好。我看索性把全部泥菩萨丢在小池里,看它们怎样。大家都热烈呼应,结果,几十个菩萨全部落水,连烛台、香炉等统统投进池里。佛婆们束手无策,瞠目结舌。①

---

① 马君松:《思念母校——忆安澜与米小》,载《水仙阁》2016 年第 4 期。

像这样离经叛道的事情,老师和学生竟然干得出,不亚于一次革命。

后来的结果,便是学堂赢得了几间课室,算是打了一个大胜仗。这样叛逆的事,对于向往新鲜刺激的孩子们来说,是一种莫大的鼓励,后来一直成为何竞武、宋云彬他们最难忘的回忆。

宋云彬在十多岁时,另有一桩事情使他记忆深刻并感到痛快——辛亥革命,清王朝被革掉了,连带把头上的大辫子革掉了。在此之前,他每天第一件事,就是伺候这个大辫子,每天早上他的母亲逼着他打辫子,母亲说,辫子松乱,是最不体面的事,然而对于不拘小节的小云彬来说,这实在是麻烦事。有一次,他和同学与一位顽固老先生就要不要扎大辫子进行辩论,宋云彬说:清王朝一倒台,"大辫子"一样要被革掉。我堂堂中华,被"大辫子"搞得千疮百孔,现在是恢复的时候了。革命党现在的势力越来越强大,"大辫子"该到革除的时候了!

他们的论争,被尤斡臣先生听见了,他冷冷地说:"你们不要太高兴了。革命不是这样容易成功的。一次革不成,二次,三次,也许四五次都说不定。"尤先生是宋云彬所敬佩的老师,因为他认为尤先生的头脑最清醒,思想最先进。先生的话,对于孩子们来讲,自然有几分泄气,但他们对于新思想的关注和讨论没有停止。这里,也可看出米业小学的办学氛围体现着一定程度的自由、开明和时尚。

捣毁佛像是孩子们的一次恶作剧,革掉"大辫子"的论争,也只是时代风尚之下思想萌芽的一个例证,要讲到对宋云彬影响最大的,当是教国文和历史的老师朱起凤。朱起凤的学问和人格,对宋云彬未来人生道路的走向是潜移默化的。终其一生,宋云彬首先是一名著名文史学者,一位出版家,一位出色的杂文家,也是早期的一名有影响的教育者,然后才是国家行政机构中的一位官员。

朱起凤是我国近代著名的训诂学家,他编著《新读书通》(后来改名为《辞通》),被世人所称重。朱起凤生于晚清,海宁人,祖上为名中医。清末移居于硖石,始写《蠡测篇》,后改名为《读书通》,又更改为《新读书通》。有暇,则手不离笔,稿纸满几床。他的卧室,悬有一门联,上联已不详,下联为:"等身著作读书通"。《读书通》后来由学生宋云彬点校编辑,在上海开明书店印刷出版,改名《辞通》。煌煌巨著,三百多万字,出自一人之手,实属罕见。

当时,朱起凤受聘于米业学堂,在该校教国文和历史。清政府腐败至极,丧权辱国,民不聊生,朱起凤关注时局,每天必读《上海日报》,对于时势,辄多批评,不予宽容,爱国热情,超乎常人。他上课时,每每借古讽今,痛斥权奸误国,致生民涂炭。

米业学堂学制四年,宋云彬读完后以"最优等"的成绩拿到毕业文凭。此后,有的同学就读军校,有的进省城杭州就读,各奔前程。

宋云彬此时十分矛盾,到底是进一步求学,还是在家经营自己的家业?父亲已经去世,妹妹阿宝才七岁,母亲一人挑不起家庭重担。作为家中唯一的男人,母亲是多么希望他读书有成,能继承父业,将现有的那爿店接过来,撑起这个家。但宋云彬的志向并不在此,他除了帮助母亲照料一些日常事务外,兴趣还是放在学习上。白天劳作,打理店务;夜晚,一截蜡烛,刻苦夜读。他的内心涌动着一种冲动,期望着某一天,也能到省城杭州去深造。对于儿子的想法,母亲十分理解,因而并没有去数落或责难他。

辛亥革命前夕,整个社会情势像一个火药桶,新旧各方势力相互冲突制约,黑云压城,山雨欲来,一场大革命即将到来。1911年

10月10日,辛亥革命在武昌爆发。清政府倒台,头上的"辫子"终于被革掉,宋云彬对此非常欣慰,这是他所梦想的。这种形势,让年轻的宋云彬内心激起冲动,他觉得不能再守着这么一点小家业,自己的志向在广阔的天空里。他决心参加省试,到杭州去读书。

1912年,宋云彬考入了杭州崇文中学,这是杭城一所著名的学校。遗憾的是,第二年他就因病中途退学回硖石老家。

辛亥革命以后,民国政府号召组织学生军,总部设在南京,朱起凤亲自率领第一班部分毕业生,如骆何坤、马锡武、张志元等到南京参加。后来学生军解散,骆何坤到保定军校,改名何竞武。宋云彬在母亲王氏的强烈反对和严加看管之下,没有去成。因为其父此时已经去世,家里只剩母亲和妹妹,他得分担起家庭的一部分责任。

他蛰居在这个小县城,协助母亲经营着锡箔店。生活的艰辛,使他更早地接触了下层百姓,看到百姓在死亡线上挣扎的苦难,也使他更早地懂得社会的黑暗与不公,他的内心逐渐产生一种平民意识和悲悯情怀,尽管他自己也濒临于下层不远的地位,但毕竟还能衣食无忧。宋云彬此时年方十五六岁,正处于世界观形成时期,这样一种环境和生活状态,使他更倾向于下层人民,使得他后来能够认同和接受共产主义思想。

宋云彬蛰居于水月亭,他家距离蒋氏宅第不远。世事动荡,蒋家已经衰落,但依稀保留当年鼎盛的余韵。蒋氏所居,原是明代夏锡陛的"安拙园"。园内有一银杏树,据传是东晋时所植,历经千年的沧桑依然生机勃勃,高耸入云,荫翳蔽天。从远处遥望,层层叠叠的民舍丛中挺出一片绿荫,树干通直,姿态优美,春夏翠绿,深秋金黄,特别引人注目。宋云彬时常凝望着蒋氏宅第的那棵大银杏,心想:学校之路已断,但学业绝不可废。蒋家子弟一直书香传承,不也是靠一代代的累积吗？不上学校又算什么,现在书报印刷业兴起,总是有书可读,命运全握在自己手里!

三更灯火五更鸡,正是男儿读书时。他自学更加刻苦了。

吴甲丰在他的《试谈宋云彬先生的学术工作》一文中,曾谈到宋云彬青年时代的治学方法:

> 记得有一次偶然问他"怎样把学问搞得那么好时",他衔着烟斗慢吞吞地尚未回答,不料宋师母却插进来说:"你云彬哥年轻时可用功哩,深更半夜躺在床上还要看书;在床头搁板上点一支洋蜡烛,总要烧光了才放下书本。"①

就这样,一个青年蛰居于江南古镇一隅,默默地修炼着,在等待着宝剑出鞘的那一日。

三年后,即1915年,宋云彬与孙秀珍结为夫妻。从此,这位贤惠的妻子陪伴了他一辈子,不管是他日后居于省级干部的位置,或者被打成右派,下放至干校劳动,她始终不离不弃。而宋云彬在家庭生活上,也秉承儒家的道统,糟糠之妻不下堂,对孙秀珍有情有义一辈子。

结婚后的生活,依然是风平浪静,宋云彬继续读他的书。这期间,他订阅了一本深刻影响他思想的重要刊物《新青年》,正是这本杂志,改变了他的人生道路。他后来在《鲁迅作品给我的启发》一文中,回忆起当年读《新青年》杂志时的情形还历历在目,他写道:

> 我那时因为体弱多病,失学在家,为了自修,我订阅了《新青年》,而且从它的前身《青年杂志》订阅起。我爱这本

---

① 吴甲丰:《试谈宋云彬先生的学术工作》。

宋云彬和女儿宋蕴庄

期刊,每当邮递员把刚出版的那一期送到我手里的时候,我总是立刻把它拆开来,贪婪地一篇一篇读下去。①

《新青年》犹如一扇窗户,不断地把外面世界的变动传递到社会的每个细微的角落,唤醒那些沉睡的人们,让他们与时代脉搏共振着。宋云彬身在低微之处,和很多短衣帮一样,夏秋之季,裸足在大街上走来走去,似乎和芸芸众生没有什么区别,但他的心灵则蒙《新青年》新思想的浇沃,不断地生长着,因而得以站在高处,追随着最新的潮流,只要机会合适,这只不为人知的蛹,将破茧蝶变,在大时代中翩翩起舞。

1918年5月,鲁迅在《新青年》杂志上发表了中国现代文学史上第一篇白话小说《狂人日记》。5月15日,宋云彬读了这篇小说后,触动很深:

---

① 《鲁迅作品给我的启发》,载《宋云彬文集》第2卷,中华书局2015年版,第515页。

鲁迅先生在《新青年》上发表的《狂人日记》，我当时受到了不可言语的形容和感动，从此我就用另一种眼光来读中国历史，他给予我的影响太大了。

我那时候已经喜欢写写短文章，写过近乎"鸳鸯蝴蝶派"的东西（短篇的笔记小说之类），但是因为看《新青年》的缘故，渐渐不满意"鸳鸯蝴蝶派"的作品，所以一看到《狂人日记》，我就懂得像这样的作品才是文学作品。①

平心而论，鸳鸯蝴蝶派的作品，虽有世俗媚俗的一面，但它无论在内容和形式上，都突破了传统旧小说，揭露了社会的黑暗腐败，在写法上，吸收了欧洲小说心理描写、情景描写等手法，体现了当时中国文学的最高水平。在以鲁迅为代表的新文学问世以前，它算得上是最新的文学。而鲁迅横空出世，截断污流，以如椽之笔，痛挞社会时弊，以风卷残云之势，荡涤社会黑暗，有识之士如宋云彬等才蓦然惊醒：原来还有这样的文学！

鸳鸯蝴蝶派文学之后，又出现了所谓"黑幕"小说。"黑幕"小说的流行，比之以前的鸳鸯蝴蝶派，简直是一股逆流，是文学思潮的倒退。以鲁迅为代表的"为人生"的左翼文学，好比给了宋云彬一面照妖的镜子，照出了"黑幕"小说的丑陋形秽。1919年1月，宋云彬写信给《新青年》杂志编辑钱玄同，不无忧虑地指出：

近来黑幕小说日出不穷，每天报纸上黑幕出版的广告，总有三四起之多。有一位书业中人对我说，黑幕书销路之广，出人意料。那些正当杂志，如《科学》等，购者反寥寥无几。唉！先生！我国人看书的程度低到这样，真

---

① 《鲁迅作品给我的启发》，载《宋云彬文集》第2卷，中华书局2015年版，第516页。

可令人痛哭！这些黑幕小说,所叙的事实,颇与现在之恶社会相吻合,一般青年到了无聊的时候,便要去实行模仿,所以黑幕小说,简直可以称作杀人放火奸淫拐骗的讲义。①

在那古镇一隅,在摇曳的烛影里,宋云彬一遍又一遍地阅读《新青年》,阅读鲁迅的作品。可以这么说,这本杂志,促进了青年宋云彬世界观的形成,也让宋云彬找到了自己的精神偶像——鲁迅。尽管宋云彬一生都没有跟鲁迅见过面,也没有跟他通过信,但他终其一生敬仰鲁迅,捍卫鲁迅,那是不争的事实。鲁迅不仅影响着他以后的文风,更深刻地影响着他的思想,成为他人生道路上的精神导师。可以这么说,从接触《新青年》杂志开始,青年宋云彬逐渐成了一个"激进派",后来更因机缘巧合,遇到了宣中华、安体诚,促使他加入中国共产党,成为一个革命者。

跻身报界

蛰居于硖石老家,宋云彬发奋读书,也并非两耳不闻窗外事,处身于风云变幻的时代,身边发生的事无不激荡着他躁动的心。

1919年5月13日,海宁各界在硖石召开万人国民大会,公众决定,开除卖国贼陆宗舆②的乡籍。这场声势浩大的社会活动,正是对五四运动的声援。宋云彬参与其中,深受民族主义教育,他感

---

① 致钱玄同的公开信《〈黑幕〉书》,《新青年》第6卷第1号。
② 陆宗舆,北洋政府1913—1916年驻日公使,参与了丧权辱国的"二十一条"谈判,出卖中国利益。1919年五四运动中,与曹汝霖、章宗祥一起被称为"卖国贼",其后便被开除乡籍。

觉到,要参与到社会活动中,动笔写文章,发表对时事的意见,是最好的途径。他开始关注海宁本地的教育问题。从现有资料看,1919年11月发表在《教育杂志》上的两篇文章,是他60年文化苦旅的起点。

这两篇都是谈教育问题的。在《私塾的废弃和学校的改良》中,他针对海宁学校里学生天天减少,私塾学生却天天增多这股逆流,明确地提出了批判:

> 可怜孩子们受了好多年的私塾教育,连生活技能都没有,更别说什么科学知识,这种可怜的孩子,我们总要快快援救他才好!
>
> 我们要援救这班孩子,第一个问题,自然先要把私塾统统废弃了,用新教育来教育这班孩子……如果学校办得好,学生的父母决不会不肯把学生送到学校里来,所以废弃私塾先决的问题,是改良学校。①

在第二篇《"试验主义"的初等教育》一文中,对新型的教育,宋云彬提出了自己的见解:

> 我们现在要晓得儿童本来有一种可能性,他自己可以发展自己。他的发展会很新奇,而且各人有各人的发展,我们万万不可预定了方针教授他,应该用"试验主义"随时启发他的本能。②

宋云彬用通俗而又犀利的笔锋,对历经数千年的旧式教育作了批判,他提出的"试验主义"教育,在当时是一种先进的理念,在以读经为主要内容,以死记硬背为主要教学方式的当时,实在是大

---

① 《宋云彬文集》第3卷,中华书局2015年版,第3页。
② 《宋云彬文集》第3卷,中华书局2015年版,第1页。

胆而先进的。他开始突破一个小商业者的束缚,振起翅膀,飞向广阔的社会。

1921年11月,宋云彬24岁的时候,经业师朱起凤的儿子吴文祺等人介绍,来到了杭州,在《杭州报》任编辑。这份《杭州报》创刊于当年的1月份,地址在杭州太平坊,创刊人为宋云彬同乡、周王庙人许行彬。出于乡谊,许行彬是提携这位小老乡的,宋云彬也受到了许行彬的诸多影响。

许行彬从浙江高等学堂毕业后,做过教书先生,搞过商贸,但最终选择了跟随孙中山的道路。他加入同盟会,决意推翻腐朽的清王朝。为了全力支持孙中山的革命事业,许行彬不止一次把祖上传下来的金银财宝、良田美地变卖后资助同盟会。为此,孙中山把许行彬引为密友,每次见面总要向他行脱帽礼。

辛亥革命成功后,许行彬坚拒孙中山邀约留在南京政府共谋国事的计划,决意把事业的立足点放在经营《浙江白话新报》等多种刊物上。

《浙江白话新报》始发于宣统二年(1910),它倡导白话,反对女子缠小脚、男子留长发,抨击封建迷信,其超前意识当时无人比肩。许行彬生性耿直,敢于直言,自然会得罪权贵,招来牢狱之灾,他在1911年、1913年、1926年间曾三次入狱,幸得同乡杭辛斋、蒋百里、王国维、嘉兴沈钧儒、褚辅成等极力营救,才得以获释。

许行彬的新闻出版事业是成功的,《浙江白话新报》发行量最高时达四万多份,主要的一个原因就在于这张报纸有观点、有棱角、信息量大,通俗易懂,生动活泼,除此之外,报纸上的策论用笔生动,嬉笑怒骂皆成文章,除了许行彬亲自操刀外,杭辛斋、邵飘萍、陈独秀、陈布雷等当时堪称一代文杰的大家,源源不断地为这份报纸提供精彩的稿源。

许行彬反帝反封建的思想,嬉笑怒骂的文风,都给宋云彬以直接的影响。

1922年夏初,宋云彬离开《杭州报》,6月,任《浙江民报》副刊编辑。同年又转入《新浙江报》,任该报主笔,兼任副刊《新朋友》负责人。他以"无我"为笔名,经常撰写文章,抨击军阀政府的腐败,揭示人民所遭受的灾难祸害,深受读者的欢迎。

他反对言论禁锢。在一篇反对言论统治的文章中,他讽刺性地写道:"我认为枝枝叶叶的删,总管不是根本解决,索性把省内的各报馆都封起来,把外省的报纸,一概禁止入口,那才是根本解决!"

他反对资本家的压榨。在一篇《青年会聚餐和杭州的资本家》一文最后,给资本家指出:"你们不要吝啬,你们要想想,你们的钱,是否在工人手里掠夺来的,你们拿掠夺工人的钱财替工人组织俱乐部是极应该的啊。"

他反对军阀操持议会。在《早知今日何必当初》一文中指出:"这回反对军阀秉政的议员原不过极少数的几个,几个极少数人的奋斗的成绩,早被一个叫作什么许国桢的一纸意见书,扫荡尽了。还有叫做蒋玉麟的,在那儿劝反对军阀秉政,你们现在明白了,这些所谓人民代表的议员是靠不住的,我们还是自己起来,赶快召集全省法团会议。"

他反对封建礼教,主张婚姻自由。

1922年初,硖石镇上的新派诗人徐志摩与夫人张幼仪因性情不合离婚一事,在社会上引起不小风波。徐家在海宁是绅士之家,讲究传统礼教。离婚,在这种家庭里是视作大逆不道的事情,怕影响声望。社会上也无人敢公开讨论此事。就连维新派代表人物梁启超亦提出质疑。宋云彬对此事却有他独特的见解,他认为徐志摩身上的"浪漫故事"里充满着反抗的精神,当徐志摩与张幼仪的

《离婚通告》要寻找刊物准备发表而受到阻止时,是宋云彬帮着联系给予刊登。

徐志摩、张幼仪的《离婚通告》刊登后的第二天,宋云彬立即写了一篇《读徐志摩、张幼仪离婚通告以后》,文中写道,在家乡"有时候朋友中谈到志摩与幼仪离婚一事,好像他们犯了说不出的罪恶;连谈论问题的人,也像犯了罪"。他宋云彬,不但敢谈,而且敢写。

宋云彬和徐志摩,一个生于硖石的东南河街,一个生于西南河街,间隔一条窄窄的市河。两人同年出生,徐志摩比宋云彬大七个月。虽然两人出身于不同的阶层,生命中的交集也不多,但宋云彬对于这位所谓"中国的布尔乔亚"的开山诗人,也是末代的诗人,却一直是寄予同情和支持的:

> 我们曾为辩论苏联革命,弄到面红耳赤,甚至于不欢而散,好几天见面不交谈。然而他不存一点恶意,他也反对帝国主义的进攻苏联。过了好多年,他忽然写文章,对于苏联婚姻制度表示叹服,这是因为他自己被婚姻问题所困扰之故。我曾经调侃他:"为了婚姻自由,我想你现在愿意做一个苏联公民了。"他显出一副尴尬的神气,说:"我是中国人,但现在已懂得苏联。"

> 我个人对于志摩的了解,觉得他确有一种反抗的精神,他是旧家庭、旧社会的叛徒,只是身份和教养限制了他,使他不能成为一个革命的诗人。然而他在文学方面的成就,自有其不能抹煞的地方,将来的文学史家,会给他一个相当的地位的。

> 有一点我可以肯定地说,假使志摩还在,即使不能和他的老朋友一多、努生诸先生一起搞民主运动,但决不会站在极端反动的立场。因为他有一种反抗精神,他是旧

家庭、旧社会的叛徒。他活着的时候，虽然不能算是进步的文艺作家，但他有一种沸腾的热情，他要寻求人生的真理。他决不愿意玩玩小摆设，决不愿"案上终年学画蛇"，决不向人说"请到寒斋吃苦茶"①。仅仅这几点，他就有转变到像闻一多先生那样的可能。②

这篇文章写于1947年，距徐志摩去世已经16年。这是宋云彬对这位同乡和朋友的中肯评价和深情怀念！

在这期间，宋云彬发表大量的杂文和社评，观点鲜明，文风犀利，充分地揭露社会黑暗，抨击军阀政府的腐败，反对封建主义，追求民主和自由。这些文章，在杭城乃至浙江全省范围都颇有影响，为此拥有了一大批忠实的读者，成为人们心目中的"激进派"。

这年初，宋云彬回到老家过年，结识了海宁的一位贤达朱宇苍先生。

朱宇苍是海宁盐官人，宣统元年他以海宁县第一名毕业于海宁州中学堂，由清政府学部奖给"优贡"（即优拔贡生），后来任教于海宁州小学堂、海宁州中学堂，也做过国学大师章太炎先生的西宾，以教读其子夷吾、大可，其学问得到太炎先生的首肯。五四运动之前，他创办过海宁第一张报纸《海宁日报》，集资在盐官建造海宁第一个运动场，创办了海宁私立愚移初级中学，是当地一位学识与威望极高的教育家。朱宇苍所做过最著名的一件事，即是五四运动爆发后，他与王国华（王国维之弟）主持的海宁教育会，联合海

---

① 出自周作人所作《偶作打油诗二首》。第一首为"前世出家今在家，不将袍子换袈裟。街头终日听谈鬼，窗下通年学画蛇。老去无端玩骨董，闲来随分种胡麻。旁人若问其中意，且到寒斋吃苦茶。"

② 《关于徐志摩》，载《宋云彬全集》第2卷，中华书局2015年版，第657页。

宁县商会、农会,举行了全县公民大会,议决开除卖国贼陆宗舆的乡籍,并在县城三处地方各立一碑,碑文曰"卖国贼陆宗舆"。朱宇苍还担任海宁县政府教育科长。他著作丰富,著有《虚字用法》《挽联作法》《音韵述》等,且编注有《楹联集成》《幼学琼林注》《学生字典》等教育读本和工具书。

宋云彬三年前曾在家乡的《海宁教育》上发表过有关教育改革的文章,当时朱宇苍主导着海宁的教育界,对这位青年的文章还有一定的印象,此时两人相识,自是一见如故。结识朱宇苍,宋云彬也得以在家乡的圈子里打开局面。

此时的宋云彬,在家乡已经有一定的社会影响,更由于他关注社会问题并敢于秉公直言,不久即当选为海宁县议员。

当选县议员,要具有相应的资格,或是有较广泛的社会影响,有一定的社会地位,或相当的经济实力。据海宁百岁老人马君松回忆:

> 就民国十一二年,海宁县第2次组织县议会,由各区自治会召开选举会,选民并不限制用无记名投票,票数多的当选为议员,次多为候补议员,每区议员人数,是由县里预定的,硖石区4人……参议会人数极少,大都是豪绅、富商,如何产生已不大明白,好像是由县知事圈定的。开会由议长召集,每件议案由议长登台宣读,议员自由发言,赞成、反对或修改。议长负责解释、答辩、负决议之责。举手在出席人数超半数即通过成立。①

宋云彬当时是硖石区所推选出来的议员。他个性耿直、敢于直言,并不会去考虑能否逢合主政者的心意,因而往往与议长等不

---

① 马君松:《民国时期海宁县议会记略》,载《水仙阁》第38期,2016年10月。

合。有一次,参议会讨论《取缔乡村茶肆案》,老派绅士认为,乡村设立的各个大小茶肆,荒废了务农,影响了生产,而且三五成群,聚在茶肆,易造谣生事、抗租抗粮,于社会极具负面作用,应加以取缔。

> 我与宋云彬诸人比较年轻一派,觉得农民不是牛马,劳动终日,总得稍事休息闲谈。同村近邻即能互通消息,也是正常需要,不同意取缔。结果闹成僵局,作为悬案问题。①

另有一事,也能见得宋云彬为民请命的民本思想。

1922年7月,海宁境内发生重大涝灾,8月又遭遇一场大暴雨,水灾将全县大部分稻田淹没,发生严重饥荒,农民背井离乡外出逃荒。时为县议员的宋云彬不忍父老乡亲如此受苦,因此与朱宇苍委员等人联名写信致县议会,请求召开临时紧急会议,请拨蠲免抵补金,来缓解农民目前的困苦。但是县议会无动于衷,历经数月未见动静,宋云彬于愤怒之下毅然辞去议员之职。

东山会议

在杭州任报刊编辑期间,宋云彬的人生道路发生了一个重大的转折,他从一名思想进步的知识分子,成为中共早期的党员,这源于他结识了两位重要的人物——一位是中共早期共产党员安体诚,另一位是名重江浙的学生运动领袖宣中华。

安体诚,河北丰润县人,早年就读于天津政法学校,毕业后由学校资助留学日本,其间结识周恩来。回国以后,他又受李大钊的

---

① 马君松:《民国时期海宁县议会记略》,载《水仙阁》第38期,2016年10月。

影响,接受了马克思主义,加入了中国共产党。

安体诚是1923年受中共党组织派遣来到浙江杭州的。他的身份是杭州政法专门学校的教师,同时也兼任杭州《向导》刊物发行部主任一职。实际上,他是以中共杭州党小组组长、支部书记的身份来浙江开展党的工作的。他的身份十分有利于他开展此项工作。

安体诚来杭州的重要任务之一,是在浙江省各个区县组建基层党小组,发展党员,充实党的力量。他和杭州的报业从业者有着密切的联系和往来。宋云彬这个思想激进、富有正义感的年轻人,引起了安体诚的关注和重视。安体诚知道这是一个可以培养发展的好苗子,便主动向他靠近。

安体诚虽然只比宋云彬大一岁,但思想比他成熟得多。安体诚常常念叨的让劳苦大众当家作主的思想,是极易引发宋云彬共鸣的,而他提出的普及平民教育,也说到了宋云彬的心坎上。经安体诚介绍,宋云彬参加了浙江省平民教育促进会,和安体诚共同当选为该会的宣传股干事,致力于开启民智、改善民生的事业。

一天,宋云彬和安体诚、宣中华小聚。宣中华是浙一师的教员,善于讲演,他怀着激情讲起了"一师风潮"事件。起事的导火索源于学生施存统的一篇《非孝》发表于《浙江新潮》,文章洋溢着强烈的反封建精神,得到了时任校长经亨颐的支持,当局罢免了经校长的职务,经校长的左膀右臂,一师的"四大金刚"陈望道、刘大白、夏丏尊和李次九也宣告辞职。这一事件,引发了学生的集体抗议。宣中华领导了学生罢课请愿运动,引发了大规模的学潮。学潮的结果,便是政府的屈服,罢免了教育厅长夏敬观。

言者投入,仿佛又置身于当日情景,而听者动容,仿佛亲身受到洗礼。宋云彬既折服于宣中华的领袖魅力,也感受到学生和工人当中蕴藏的巨大力量。他情绪激动,白皙的脸上泛起红光,明亮的眼神坚定深邃,胸中燃烧起反帝反封建的火焰。此刻,他觉得不能再愤世嫉俗,也不能只停留于对旧世界的口诛笔伐当中,他渴望亲身投入到风起云涌的社会实践洪流中。

这是宋云彬一生中的重要时期,与安、宣交往,无形中为他增添了力量。他开始接受共产主义思想。这思想犹如一束光芒,照向了黑暗的角落,照亮人生前行的道路,宋云彬顿有豁然开朗的欣喜,自此,他明确了奋斗的方向。1924年8月,宋云彬由安体诚、宣中华介绍,加入中国共产党,成为中共党员,自此踏上了一条终生追随中国共产党,从事进步文化事业的道路。

中共早期的主要活动,一为发展党员,建设地方党组织;二为积极领导开展学生运动和工人运动。宋云彬作为中共党员,也亲身参与了为工人争权益的斗争。这位身材颀长、身着长衫、文质彬彬的书生,写文稿是强项,跑联络是尝试,都忙得不亦乐乎。尤其值得记载的,是他率领工人群众捣毁汉奸王克敏家祠的壮举。

王克敏,浙江杭州人,是被钉于历史耻辱柱上的大汉奸。晚清之时,他是驻日本公使馆参赞。旅日期间,王克敏充当了清政府控制留日学生代理人的角色。从日本回国,他先后在清政府度支部、外务部任职。辛亥革命后,政局变化复杂,王克敏认识了不少金融界的大亨,在他们的扶持下,王克敏摇身一变成为北洋政府的财政总长,成了革命的对象。

冲击王家祠堂的运动酝酿既久,宋云彬和中共杭州支部负责人安体诚等,带领群众上千人,来到杨公堤附近的金沙港。王家祠堂平日门前冷清,突然聚集那么多人,让王家人着实吃了一惊。群众闯入祠堂,捣毁器用,砸烂家具,声讨王克敏为虎作伥的行径。军警闻讯而来,和群众几次冲突,群众冲锋数次,争执中,部分群众受伤,被捕三十余人。后来经过交涉,群众全部获释。这次运动,给王克敏及北洋政府官员一个警示,也提高了中国共产党在群众中的威信,显示了革命的力量。

宋云彬在这次斗争中经受了锻炼,为初创的中共杭州党组织作出了贡献,其工作也得到了安体诚等负责人的认可。

1924年3月,国民党浙江省临时省党部在杭州建立,宣中华、沈玄庐等九人为执行委员。临时省党部机关办公地点在杭州荐桥街严衙弄。

宋云彬加入共产党组织时,正值国共两党合作时期,共产党员以个人身份加入国民党,并帮助组建、发展国民党。宣中华从莫斯科回国后,根据党组织的决定,参加了国民党,并接受了国民党中央组织部的指派,在杭州做筹组国民党浙江省各级党部的工作。宋云彬在宣中华的领导下,在浙江临时省党部内工作。此时军阀孙传芳统治浙江,国民党不能公开活动,各县市发展国民党员,筹组国民党党部,都在秘密或半公开下进行。1924年下半年,杭县、江山、宁波、绍兴四个县市临时党部先后成立。海宁、平湖、临海、永嘉等县也派出了筹备员。海宁的筹备员就是身为共产党员的宋云彬。①

在这样的大背景下,1924年4月,宋云彬受国民党浙江省党部的指派,作为海宁县筹备员,回故乡海宁参与国共合作,以共产党员身份筹建国民党海宁县临时党部。

此时宋云彬由于长居在杭州,对家乡的许多情况已经陌生,如

---

① 严永顺:《早期的共产党员 著名的文化人》,载《海宁文史全编》,光明日报出版社2013年版,第608页。

何打开局面？他想到了海宁乡绅朱宇苍。

听了宋云彬要自己协助其在海宁建立国民党临时党部，发展国民党党员的设想，朱宇苍毫不犹豫地答应了。

1924年暑假，朱宇苍举办小学教员讲习会，利用这个机会，他和宋云彬等各自准备好选题，进行宣讲。宣讲的内容，主要是关于孙中山先生的三民主义，有关"联俄、联共、扶助农工"三大政策，打倒列强，废除不平等条约等方面。这些宣传使教育界要求入党的人数逐步增加。这些人回到各自区里后，多数又成为进行宣传和发动入党的积极分子。宋云彬的筹建工作进展很快，他率先在硖石成立了第一个区分部。之后，盐官、长安等区部也分别成立。在各区党部活动的基础上，国民党海宁县临时党部基本完成筹建工作。

1925年4月，国民党海宁县第一次代表大会在海宁盐官孔庙旁边的明伦堂召开，省临时党部负责人沈玄庐到会指导，会议选举宋云彬、朱宇苍等七人为常务执行委员。会议又成立海宁县小学教师联合会。这标志着国民党海宁县临时党部正式成立。

此后，在宋云彬和朱宇苍等人的领导下，海宁党部举行了要求改善生活、增加薪水、在田赋中增加教育附捐的罢工斗争，造成了很大的声势，一定程度上改善了基层教师、工人的工资收入情况。

孙中山逝世（1925年3月12日）后，11月23日，国民党右派林森、居正、邹鲁、谢持、戴季陶、沈玄庐等十余人，以祭灵为由，纠集在北京西山的碧云寺，非法召开了"国民党一届四中全会"，公然反对孙中山先生"联俄、联共、扶助农工"的三大政策，并通过了几个决议，明目张胆地提出反共反苏主张，以图对抗广州国民党中央和国民政府，破坏国共合作。与会人员形成了"西山会议派"，这个会议史称"西山会议"。

为了反击"西山会议派"破坏国共合作、反对孙中山先生的三大政策的反动行径,以宣中华为代表的浙江省进步人士决定召开会议予以反击,粉碎国民党右派分子的反革命阴谋。1925年11月的某一个夜晚,宋云彬与宣中华、顾作之、唐公宪、孙斌等人,在萧绍运河的夜航船中聚会,筹划举办会议事项。船外,夜色深深,风雨如磐;船内,灯光摇曳,群情激昂。豆丁般些微的灯火,划破漫漫黑夜,在夜幕中行进。宣中华压低声音说:沈玄庐也反共产党了,我们要召开一个浙江省各县市党部联席会议,挫败他的阴谋。

可是到哪里找一个适合开会的地方呢?一时没有统一的意见。宋云彬思量再三:老家东山,林壑幽远,不为人广泛关注,且又交通便利,岂不是一个适合开会的好地方。于是他提出建议,将会议地址放到海宁县硖石镇东山召开,一是表示与"西山会议派"展开针锋相对的斗争;二是东山脚下比较清幽,它地处沪杭线旁,交通方便,又远离省城国民党党部,不易受人注意,万一出现意外,也便于疏散开会人员。这一建议得到了大家的赞成。最后通过讨论决定,以国民党嘉兴县党部的名义向全省发出邀请,由宋云彬、顾作之、唐公宪三人为东山会议筹备的负责人。这次谋划,促成了海宁东山会议的召开。

宋云彬等三人经过紧锣密鼓的筹备后,选定东山脚下一处僻静的民居"嘤求社"作会场,并迅速完成了会前准备工作。

1925年12月15日这天,与会的人员来到海宁东山脚下,汇聚到嘤求社。出席这次会议的代表,来自浙江全省各县市的共产党员和国民党左派代表几十人,主持人是省党部执委宣中华,候补执委唐公宪、嘉兴县党部执委顾作之、海宁县党部执委宋云彬、平湖县党部执委丁济美、杭县党部执委孙斌、绍兴县党部执委宋敬卿等,此外还有来自宁波、永嘉、镇海、慈溪、诸暨、嘉善等县区党部负责人。

这次会议作出两项决议:第一,通电全国,声讨"西山会议派"的反动行径,维护孙中山先生的三大政策,在全国最早公开通电反对国民党右派的分裂活动;第二,成立国民党浙江各县市党部联席会议,代行被沈玄庐等右派把持的国民党浙江临时省党部职权。会议推选顾作之、宋云彬、唐公宪三人为各县市党部联席会议代行职权机构的负责人,办公地点设在杭州惠兴路14号(后迁头发巷15号),并定期出版机关刊物《三民周刊》。这次会议的召开,得到了国民党中央的支持和认可,对反击"西山会议派"的斗争起到了积极的作用,同时也打击了国民党右派在浙江的势力,保证了浙江国共合作统一战线的巩固和发展。

东山会议的召开,不仅给海宁历史增加了光辉的一页,而且在浙江的国共合作史上也有着光辉的位置,它也是全国第一次国共合作时期国共两党关系史上的一桩重要事件。宋云彬,也因这次会议而成为国共合作史上的一位重要人物。

主编《黄埔日刊》

宋云彬以"赤色"的姿态战斗着,一直是军阀通缉的重要对象之一。1926年秋,应安体诚的邀请,宋云彬乘坐招商局新昌轮前往中国革命的策源地广州,他要去黄埔军校担任《黄埔日刊》编辑工作。

《黄埔日刊》创刊于1926年3月3日,它的办刊宗旨在其"创刊一周年特号"中明确指出:

"本刊是黄埔精神的结晶,它要以真确的革命理论,指导黄埔一万数千武装的革命青年去和敌人决战;它并要引导一般民众走上真正的革命道路。"

当时军校的教育长方鼎英称赞《黄埔日刊》是"革命洪钟",军校政治部主任熊雄题字:"东方被压迫民族的呼声,革命军人之道路。"①

《黄埔日刊》初期的编辑委员会,由军校政治部宣传科科长安体诚任主编,宣传股长宋云彬、李逸名等任委员,编委全部是共产党员,恽代英、萧楚女、熊雄、方鼎英、罗懋其等是主要撰稿人。

宋云彬在黄埔期间,担任了编撰股的股长,这段时间,正值国民革命军进行轰轰烈烈的北伐。为配合北伐,宋云彬在《黄埔日刊》发表了系列文章(这些文章主要收录于《宋云彬文集》第一卷)。他以笔为武器做宣传动员,开设《日评》《周言》《短剑》等栏目,每天发布时评。这些时评概要而言主要有以下方面:

一是政况述评,介绍北伐胜利形势,宣告军阀节节败退,穷途末路,起到了鼓舞军心、民心的作用。如在1926年12月27日发表的《西北革命军入洛阳》时评中,他介绍了当时的形势:

> 西北军的发展,不特完结了吴佩孚,动摇了张作霖,并且使南北势力联成一气。保障了我们已得的胜利,巩固了我们革命的基础,怪不得《东方时报》记者要在一个月前提心吊胆的叫北方军阀预防,只可惜吴佩孚已成强弩之末,张作霖又自顾不暇,革命军的努力终于一日千里地进展,军阀的崩溃已成无可挽救的形势。

二是揭露英美帝国主义对华种种花样手段,撕开其"和平亲善"的伪面目,揭批其借用反动军阀,残害屠杀共产党和进步人士

---

① 樊雄:《〈黄埔日刊〉考析》,载《黄埔》2006年第4期。

的暴行。

在《帝国主义者之真面目及其供状》中，宋云彬写道：

> 美帝国主义者向挟其"门户开放"之政策与亲善之假面具，对华作经济侵略，居然博得一般所谓高等华人者之好感。实则美帝国主义在华所处地位与英国等不同，故彼不必如英国之穷凶极恶狺狺然挟其"炮舰政策"以临我……

不管是"门户开放"还是"炮舰政策"，只不过是形式不同，实质都是对华的侵略。

在《谁说英国的外交政策……呢？》当中，他写道：

> 到了现在，那里有什么外交政策呢？只有帝国主义与民族革命的两种势力血肉相搏而已，我们已经明白，不打倒帝国主义，国民革命不会成功。尤其是大英帝国主义，他继续不断的向我们进攻，任意屠杀中国民众，我们非先把它打倒不可！

三是鼓舞黄埔学生军继续先烈使命，将革命进行到底。比如他在1926年11月27日的时评中讲道："千古艰难惟一死，先烈死得其所，了无遗憾，而生者应该前进不息，勇敢而毫不犹豫地肩负起这副重担。"

这段时期，由于革命形势的鼓舞，又由于宋云彬在相对稳定的学校环境里，他挥舞如椽之笔，撰写了大量富有战斗性的杂文。据和宋云彬在黄埔时同为编辑、后来参加"八一"南昌起义的李逸民回忆：

> 宋云彬同志是个才子，能写会唱……新旧文学都有根底，能写生动活泼的散文。宋云彬在担任《黄埔日刊》编辑时，亲自撰写了大量的署名文章，其中对时局的报

道、分析最有力量,影响颇大。①

在北伐进军的过程中,中国共产党人在军队、政治工作以及发动工农群众方面作出了巨大贡献。而宋云彬这位共产党员,在统一战线的岗位上、在政治思想上发挥了巨大的作用。

1927年4月12日,蒋介石发动"四一二"反革命政变,宋云彬遭通缉。他从广州到了武汉。是月,列席在武汉举行的中国共产党第五次代表大会。其时,沈雁冰(茅盾)在汉口任《民国日报》主编,他见到宋云彬,劝他参加编辑工作。宋云彬欣然同意留在了《民国日报》,同时又兼任武汉国民政府劳工部秘书。

7月15日,汪精卫反共,发动"七一五"政变。9月11日,"宁汉合流"。南京国民政府发布第一号命令,通缉革命志士,宋云彬亦名列其中。在经亨颐的帮助下,宋云彬离开汉口《民国日报》,和

1927年宋云彬在武汉

---

① 《李逸民回忆录》,湖南人民出版社1986年版,第36页。

沈雁冰等人一起离开武汉赴九江庐山。在风景奇秀的牯岭约莫住了二十天,宋云彬独自回到上海。因中共党组织已被破坏,他从此与党组织失去了联系。

宋云彬根据沈雁冰的介绍信,找到了在商务印书馆工作的叶圣陶。这是他们的第一次见面。

此后,宋云彬住在沈雁冰家里,有时也到隔壁叶圣陶家去坐坐,大家渐渐熟悉,成了朋友。而叶圣陶,则成了宋云彬一生中最为亲密和知心的朋友。

宋云彬开始适应上海文化界的生活,他身边的学者文友也逐渐多起来。与他交往的人物主要有茅盾、赵景深、叶圣陶、夏丏尊、王伯祥、陈望道、王燕棠等等,同一圈子里的海宁同乡也有多人,如吴文祺和妻子陈云裳,以及徐志摩、章克标等人。

经老友王伯祥的介绍,宋云彬化名宋佩韦担任了上海商务印书馆的馆外编辑,与吴文祺一起注释了《资治通鉴》,后来正式成为开明书店的员工,点校和编辑学术巨著《辞通》。

宋云彬作为文史专家的学术生涯就此开启了。

校雠《辞通》

《辞通》是一部解释古书中异体同义词语的辞典,作者是海宁人朱起凤先生,是宋云彬少年时代米业学堂的国文老师。

宋云彬对《辞通》有很高的评价。作为一名资深文史专业人士,他从小在朱起凤先生的门下受业,接受过音韵、训诂的专业训练。他阅读过许慎的《说文解字》,读过《尔雅》,也读过《佩文韵府》《经籍籑诂》《经义述闻》等清儒所著的语言类著作,并对它们进行过比较研究,认为《辞通》有区别于之前辞书的独特价值,在于它不仅有工具意义上的,还有文学和考古上的巨大价值。这正是宋云彬要竭力推荐此书出版的原因。

校雠出版这本书的另一个原因,则是宋云彬与朱起凤的师生之谊。

少年时期,他是朱起凤的得意弟子,衣钵传承也是他义不容辞的责任。他听过老师给他讲起编著这本书的经历,源于一个小插曲。

> 余尝于课卷中用三"呜呼"而三易其形体,先生愤然作色,曰:"汝知'呜呼'有十种不同之写法乎?"余瞠目结舌,不知所对。盖先生此时已致力于别体异文之搜集,然犹未暇详考其所以讹变之故也。①

这是宋云彬12岁入学时的一事,因这件事,朱起凤也喜欢这个会写多种异体字的学生,某次闲谈时,笑言编撰此辞书的起因:

那是光绪二十一年(1895),朱起凤在他外祖父、翰林院检讨吴浚宣的提携下,任海宁安澜书院教师。在一次阅改学生的课卷时,他把学生卷中"首施两端"错认为笔误,改批为"首鼠"。卷子发下后,众生大哗,讥笑说,《后汉书》都没有读过,怎能批阅文章!原来"首施""首鼠"是可以通假的。前者见于《后汉书·邓禹传》。朱起凤遭受到这样的奚落,深感学业上的不足,从此发愤,潜心于训诂学的研究。

朱起凤于硖石古镇东关厢之蒋宅②,心无旁骛,潜心读书写

---

① 《辞通》跋,载《宋云彬文集》第3卷,中华书局2015年版,第153页。
② 蒋氏为硖石望族,有老四房,在镇上各处均有房产。此处为东关厢之蒋宅。

作。他博览群书,用古人札记法,随手抄录词条数万条。有时为一个辞类的难解,穷思博讨,彷徨终日。一旦开窍,宿疑冰释,则欣然自乐。如是者三十余年,于此成就了辞书史上的一段传奇。

一本好书的问世,往往并不容易。《辞通》的出版,其间经历了十余年的曲折,宋云彬居功甚伟。

1918年,朱起凤将十多年来努力搜集的语言文字资料,经整理、编排、编次成书,最初取名为《蠡测篇》,继又改为《读书通》。他携书到上海,送请当时的学者、通人鉴裁、教正,收获不少激赏,但出版之事始终没有落实。朱起凤回到乡里,继续增补,随手记录,所录词条竟然远远超过原有规模。因为前人著作亦有以《读书通》命名,他将此书改名为《新读书通》。

几经曲折,1928年秋,宋云彬写了一篇题为《一部未出版的伟大辞书——新读书通》的文章,介绍这本重要著作,刊登在由孙伏园兄弟主办的《贡献》月刊上。

一天,开明书店的编辑徐调孚来宋云彬寓所串门闲谈,宋云彬竭力向他介绍《新读书通》的独创性及价值,说得徐调孚十分心动,答应向老板章锡琛推荐。徐调孚回到开明书店,适章锡琛和夏丏尊、叶圣陶都在,几个人一商量,觉得宜将此书出版。

宋云彬闻讯,即与朱起凤联系,朱起凤闻讯即携原稿亲临上海。他由儿子吴文祺陪同,来到开明书店。双方讲好条件,签订了协议,开明书店即开始运作了。因这本书里涉及训诂、音韵方面的知识广、术语多,编辑校对工作非一般文字编辑所能胜任。

由谁来承担这本煌煌巨著的校雠整理工作呢?章锡琛、叶圣陶、朱起凤、吴文祺等商议,都不约而同想到宋云彬。一则,朱是宋的授业恩师,同邑同乡,出版辞书,宋云彬最为热心;二则,宋云彬有扎实的旧学根底;三则,宋云彬蒙学之时,即对此书有所了解;四则,师生之间,商讨交流最无隔阂。此事遂定,开明正式邀请宋云彬为书店编辑,专门负责《新读书通》整理校雠事宜。

1928年冬,宋云彬进驻开明书店,担任编辑,开始校订恩师朱起凤编著的《新读书通》。宋云彬把此书重行厘订、编次,从原来的73卷改成24卷。他和恩师商量,征得朱起凤同意,将《新读书通》改名《辞通》。历经数年,认真从事,一一列举异文歧义及其出处。宋云彬在《辞通·跋》中说:"每遇疑难,辄商之先生,三四年来,往返函牍,亦既盈尺。"

宋云彬是个对工作极其负责的人,吴文祺在《辞通与开明书店》中如此评价宋云彬的工作:

> 云彬编辑此书,本着一丝不苟的精神……对其中书证亦抽样校核,间有改正。①

书将成之际,海宁朱宇苍受朱起凤之托,邀请章太炎为《辞通》作序。章太炎称赞该书弥补了从《尔雅》以来这方面辞书之空白,认为:

> 若朱公之书,方以类聚,辨物当名,其度越《韵府》,奚翅什佰。故知学者之作,与眷集典实以供词人摭拾者,用心深浅,区以别矣。

1934年,《辞通》终于与广大读者见面了,朱起凤27年来的心愿也实现了。它是继商务印书馆的《辞源》、中华书局的《辞海》之后,人们学习古代汉语的重要工具书之一。《辞通》的出版,宋云彬厥功甚伟。宋云彬在开明编辑的诸多书刊中,当以《辞通》为显赫。因编辑此书,他在出版界开辟了新天地,在学术上也跃上了一个新

---

① 朱子南:《对工作极端负责的宋云彬》,载《水仙阁》总第33期,2015年3月,第64页。

高度。

除了编辑这本煌煌巨著,宋云彬还为青年编写了大量文史读物,在普及文史知识方面,他也作出了重要贡献。

据宋云彬同乡、海宁人章克标在《开明函授学校简述》中回忆:

> 开明书店章锡琛、夏丏尊等人,早有办函授学校的意见。到1933年正式创办,校名是"上海市私立开明函授学校"。开明函授学校以夏丏尊为校长。国文的讲师为夏丏尊、叶圣陶、宋云彬、陈望道。历史的讲师为王钟麒、宋云彬、倪文宙。还出版有《开明中学讲义》共十三种。其中,宋云彬和夏丏尊、叶圣陶、陈望道等人合编了《开明国文讲义》;《开明历史讲义》的编者是王钟麒和宋云彬。①

《开明国文讲义》中有"文学史话"一门,是由宋云彬本人编写的。该讲义说明了我国文学的源流和演变,但没有列举代表作品,而且说得比较简略。一个青年人,如果想读原作,可以根据这个线索去选读历代名作。这个索引和史话,对于青年的阅读是有指导作用的。这本史话,分成"诗经与楚辞""从汉赋到六朝骈文""唐诗与宋词""北曲与南词""小说的起源与发展""文学革命与新文学建设"等十多个章节,基本勾勒出中国文学发展的源流与演变。

十多年以后,宋云彬从桂林到重庆,在"文学史话"的基础上,重新删改补充,出版了《中国文学史简编》,并于1945年印刷出版。

在编写"文学史话"之时,宋云彬对明代的文学进行了深入研究,专章就明代的散文、韵文以及诗家之诗体和八股文作介绍。后来汇编成《明文学史》一书,1934年由商务印书馆出版。该书分

---

① 章克标:《开明函授学校简述》。

"明初文学""永乐以后的文学""弘治正德间的文学""嘉靖万历间的文学""明末文学""明代的八股文"等六章。

除了为函授学校编写讲义，开明书店还出版风行一时、被中学用作教材的《开明活页文选》共十册。为此，开明组织了专家为之作注。参与注释的有张同光、宋云彬、蒋伯潜、韩楚原、王伯祥、周振甫六人。

《开明活页文选》第二册，是由宋云彬作注释的。在这本集子中，收入了《荀子》《史记》等典籍中的46篇文章。

但这样的注释，其工程浩大不言而喻，有时简直是吃力不讨好的事情。所以与宋云彬多年一起工作的曹湘渠对宋云彬又感慨又钦佩，认为他就是那种为读者着想和认真工作的真学者，是一字一句都不会苟且的。

除了为读者编写文学史话，对选文作注释工作以外，宋云彬将自己的精力投入到学习与著述当中。他爱读历史，对于历史，他研读最为深入的是《史记》《汉书》以及《明史》和王阳明。这一时期，他出版有学术著作《王守仁与明理学》《东汉之宗教》，文学传记和历史故事《西厢记》《王阳明》《〈水浒〉节本》《陶渊明》《玄武门之变》以及《刘邦》《项羽》等，此外还有一些古体诗作，如《佩韦集乂山句》等。

在开明书店出版的书籍中，以教科书为最多，书店的读者主要是青年及学生。谈到开明书店，还有两本影响巨大的刊物不得不说，一是叶圣陶主编的《中学生》杂志，另一本是《开明少年》。《中学生》杂志于1930年1月由夏丏尊、叶圣陶创刊，直到今天依然是全国名牌刊物。延续近90年长盛不衰，堪称中国期刊史上的一个奇迹。

宋云彬在开明的近十年间，也经常在这两本刊物上发表文史专栏以及时事讲座文章。他用历史唯物主义的观点,向广大读者、学生普及历史知识,揭示历史发展演变的规律,引导青年用辩证的思维来看待历史和现实问题。发表于该刊物的主要有《我国历代的奴隶制度》《中国学校制度的沿革》《科举制度及其作用》等历史文献。

作为一名编辑,宋云彬搞教育虽属"副业",但因为开明书店出版物主要面向教育界,加以他跻身于叶圣陶等同侪,环境使然,躬行亲炙,他无意成教育家,竟也不可避免地成为教育圈子的一个历史人物。他那些涉及历史、文学、文学史各个门类的作品,数量之富,门类之广,都令人瞩目,除了得心应手的文史领域,他在教育、出版等领域也占据了一席之地。

在桂林"文供"任职

1937年"八一三"淞沪战起的前一天,宋云彬全家从上海的寓所撤出,匆匆回到海宁硖石老家东南河水月亭。

不久,海宁县抗日后援会分会成立,宋云彬被推举为硖石抗战分会宣传组长,与家乡一批有志青年开展宣传抗日救亡的活动。当时进步青年如吴梅(原名吴曼华)、陈才庸、蒋华等积极投身到宣传抗日的斗争中,他们在《硖石商报》上开辟《抗敌》专栏,并且经常召开时事座谈会、读书座谈会等进行抗日宣传,抗日的烽火在这个江南古镇蓬勃燃起。宋云彬是知名学者,在青年人中有很高的声望,他经常受邀参加活动。海宁抗日救亡运动的组织发起者吴曼华在回忆录中写道:

> 抗战初期,国民党不准许革命青年搞救亡运动。后来,虽然不公开限制抗日了,但偷偷摸摸还是在搞一些特

务活动。在鲁迅逝世一周年纪念会上,硖石分区有个叫严锦章的国民党员,在发言中污蔑鲁迅先生,并把国共第二次合作看作是共产党向国民党投降。宋云彬等人当即拍案而起,怒斥他的言论,驳得严锦章哑口无言。

日寇在金山卫登陆以后,海宁硖石与上海救国会失去了联系。沿沪杭线上溃退下来的官兵,在硖石镇上到处要吃的,而且拉夫、打人。我们看看形势不对,便由陈才庸摇了一只小船,到乡下去把宋云彬请出来,请他同米业公所的负责人谈谈,要他们开仓放粮。宋云彬果然来了,在史兴华家里吃了一顿饭,饭后商议明天如何行动,宋先生说:"你们不要傻了,我看国民党不像要抵抗的样子,还是走吧,我今夜回乡下去,以后只得到内地去了。"①

宋云彬觉得这批青年是抗日的有生力量,有热血有知识有行动力,就介绍他们到杭州和内地几个城市去,给了他们联系地址,让他们去找寻有关联系人,在更高的层面上,发挥他们的积极作用。一道去杭州的有陈才庸、吴梅、蒋保定(后改名蒋华)、史兴华、周俊娥、张纪斐、李欣然等。后来,史兴华和周俊娥经上海去了延安。这些青年在他的引导和帮助下,走上了革命的道路。

战火日渐逼近,宋云彬偕家人离开故乡向内地进发,到了女儿阿庄丈夫工作所在地湖南衡山,将妻子和儿子剑行在衡山安顿下来,自己联系了叶圣陶等老朋友,一道去了武汉。

1938年2月,宋云彬到达武汉,与沈雁冰、楼适夷、叶圣陶等在汉口发起成立大路书店,同时创刊《少年先锋》半月刊。3月,在

---

① 吴梅:《抗战初期硖石十多位青年找寻革命道路的经过》,载《海宁文史全编》,光明日报出版社2013年版,第115页。

周恩来的领导下,宋云彬与阳翰笙、老舍等发起筹建成立中华全国文艺界抗敌协会,简称"文协"。4月,应郭沫若之邀,参加武汉政治部第三厅抗日文化宣传工作。

武汉政治部第三厅厅长是郭沫若,厅长办公室主任秘书阳翰笙,科长有洪深、杜国庠、郑用之、冯乃超等人。

第三厅成立后,即进行抗战宣传。宋云彬在第三厅主要工作是起草文稿,编辑抗战宣传材料。根据周恩来的指示,5月,文协创刊了会报《抗战文艺》,宋云彬是该报的编委成员之一。他和吴组缃、傅彬然等文艺旗手以此为阵地,广泛地开展抗战宣传,极大地鼓舞了民众的抗日热情。

是年10月,武汉沦陷,宋云彬随政治部撤退到桂林,与胡愈之、张志让等差不多原班人马,组成政治部驻桂林办事处第三组,在桂林中学办公。

抗战时期的桂林,由于优越的地理环境及特殊的政治背景,荟萃了中国相当一部分优秀人才,而形成了一座名副其实的文化城。

宋云彬所在的机构划归到设在桂林的西南行营政治部,原来的办事处建制没有撤销,宋云彬仍任科员。如此,宋云彬须得兼顾两头的工作,工作量加大了许多。当时,桂林时常遭受日机的轰炸,工作环境也异常险恶,宋云彬的日记中有如下的记述:

> 闻警报,吐哺而走,避郊外山洞中。敌机在市区狂炸,有数处起火。一时余,警报解除,返桂林中学。惊悉同事张曙在其寓所被炸死,其爱子亦罹难,其夫人以外出幸免,孑然一身,悲痛欲绝。

> 上午十时三十分有警报,与鲁彦等避入附近水龙洞,至下午二时许方解警报。二时正进午餐,忽隐隐闻炸弹声,相率惊逃,有一同志手持饭碗,至中途摔去,窘惶可

知。后知此声来自城外某村,其地有汽油库,忽爆炸,全村被毁云。①

听警报、避敌机,奔走、接洽、会议、写稿、熬夜,忙忙碌碌中,不忘苦中作乐,仍抽时间和傅彬然等同仁好友喝点小酒,这是宋云彬当时的生活状态和乐观个性的写照。

某日夜晚,鲁彦、唐锡光偕同章锡珊来见宋云彬,好友久不相见,相晤十分愉快。言谈中,锡珊提议恢复开明时期的《中学生》杂志,宋云彬很是赞成,表示愿意担任刊物的编辑和撰稿人,虽然他公务缠身,但事关开明书店的事,他义不容辞。这足见宋云彬对开明书店的深厚感情。

不久,原开明书店出版的《中学生》杂志经同仁们讨论决定在桂林复刊,并易名为《中学生战时半月刊》,由叶圣陶任社长,宋云彬与王鲁彦、张梓生、傅彬然、胡愈之、贾祖璋、唐锡光、丰子恺等任编委。

由于《中学生战时半月刊》杂志是半月刊,稿子的需求量很大,虽然汇集了相当一部分笔杆子,但多数人是兼职任编辑,所以写稿子的压力很大。宋云彬也时常因写不出稿子而焦灼不安。

其时,宋云彬的妻儿已辗转旅居于重庆,重庆陪都也时常受敌机侵袭和骚扰。女儿阿庄给他的信中,惊恐之态毕露,言及重庆遭狂炸,死伤万人,阿庄一家迁离磁器口,避于一里外的山谷中。宋云彬牵挂着家人,萌生离开桂林和家人团聚的心意,但因行营政治部的工作需要,实在离不开,只得作罢。国事家事诸事多难,宋云彬感到颇为烦心。幸好有胡愈之、傅彬然等一班文友相伴。从那时的日记来看,宋云彬喜爱喝酒,差不多每日必饮,这大概是国恨

---

① 《宋云彬文集》第4卷,中华书局2015年版,第4页。

与离愁所致的吧!

那一段时间,宋云彬的生活过得十分艰辛。有一回,他从寓所到政治部,遇大雨,衣尽湿。大便不通四天,又头痛、口腔及牙龈肿痛,加桂林的天气,忽晴忽雨,闷热潮湿,其苦难言。回到寓所,服泻药,大泻几次后,疲累无力,整天吃不下饭,只吃一碗鸡球面而已。

尽管如此,稿子还是写了不少,或许是不堪的生活境遇,反倒能激起写作的潜能。这时期,宋云彬在《中学生战时半月刊》上发表了一系列宣传爱国主义的文章,如《认识你的祖国》《民族精神的力量》《林则徐禁烟百年祭》《甲午战争失败之原因》《"日本人是徐福的子孙"辨妄》等。正如广西师范大学刘泰隆在《爱国主义:宋云彬抗战杂文的总主题》一文中说:"宋云彬的抗战杂文就是高举爱国主义旗帜的一个典型。"

1939年5月,西南行营政治部通报,政工人员必须一律申请加入国民党,不申请者需说明理由。

宋云彬回寓所,详加考虑,决定拒绝加入国民党。他所申明的理由是:

> 自维才短,于分内事尚感不能应付,若更加以党内工作,势必捉襟见肘,用是踌躇,未敢遂奉命。然余非不愿入党也;余今之主张犹与十年前同,以为入党犹之处子适人,一朝加盟,终身以之,非审思熟虑不可。若在至短促之限期内贸然加盟,于己于党皆失之轻率。语有之"靡不有初,鲜克有终",正以举事之初未能详思熟虑耳。余雅不愿以至郑重之事而轻率出之。①

---

① 宋云彬1939年5月26日日记。

宋云彬拒绝加入国民党。① 不久他离开了西南行营政治部。

1939年7月,根据周恩来和中共南方局的决策,由胡愈之、沈钧儒等出面在重庆筹划,并通过救国会和广西方面爱国民主人士李任仁、陈劭先等人的合作,在桂林创办文化供应社,编辑出版进步书籍。

不久,宋云彬任出版部主任,并邀请开明书店唐锡光协助工作。在文化供应社的四年里,宋云彬主要的成绩可罗列为以下几个方面:

一是作为文供社编辑,主编《文化通讯》《国民必读》《野草》等刊物,创办《国文》杂志。

二是作为撰稿人,撰写有远见有深度的抗战时评,以鼓舞抗日士气;写作杂文,针砭时弊,出版两本杂文集《破戒集》《骨鲠集》。

三是进行学术研究,撰写《历史小品》,编撰《中国近百年史》。

宋云彬是《中学生》杂志的铁杆朋友,在文化供应社,依然为该刊写稿。他所撰写的《第二次世界大战的展开及其前途》《两年来抗战形势的开展》《对于敌犯桂南应有的认识与努力》《汪逆伪政权建立声中知识青年的任务》《当前的文化运动》《抗战三年的总检讨》等时局分析文章,立足于世界反法西斯大局,对中国的抗战作形势分析,视野开阔,烛照深远,分析透彻,斗志昂扬,犹如吹响的进军号角,对于看不到前途或者盲目乐观的普罗大众和青年而言,确有醍醐灌顶、拨云见日的明朗,读之浩气长舒,精神振奋。在《第二次世界大战的展开及其前途》中,他对第二次世界大战中英法等

---

① 第一次国共合作期间,宋云彬曾参与筹建国民党海宁县临时党部,并任国民党海宁县第一次代表大会常务执行委员,但目前并无资料可以确认他加入过国民党。所以这里表述为"宋云彬拒绝加入国民党"。

国采取的绥靖政策进行了透彻的分析,足可以看出其对英法国家战争性质深刻的观察与洞见,他也预言世界反法西斯战争终将取得胜利,在行文中充满了必胜的信念,极大地鼓舞了那些对抗战持悲观态度的中国民众。

1940年8月,宋云彬与夏衍、孟超、聂绀弩、秦似商议,发起创办《野草》半月刊。这本刊物,以发表杂文为主,兼及译作和文艺评论。

宋云彬写杂文,其实可以追溯到早年在杭州办报时期,当时正值五四新文化运动兴起之时,西方的各种新思潮冲刷着中国,宋云彬受到这些思潮的影响,又立身于媒体这个特殊的阵地,他以"无我"为笔名,向封建守旧思想和反动军阀发起攻击。大革命时期,他来到革命中心地广州,在黄埔军校编过《黄埔日刊》,也以笔为武器,猛烈地抨击一切反动的黑恶势力。大革命失败以后,他来到上海,潜心于学术研究,终日埋头于旧书堆里,既无所感,也就放弃了杂文写作,后来在《申报》上发表过四五篇,一个朋友向他进言,劝其多读书,少写这一类文章,原因就是,写这些东西,容易招怨,容易贾祸。他是接受这个好意的劝告的,此后就很少写杂文了。

此时来到桂林,因《国民公论》等刊物的需要,也因抗战的需要,宋云彬又开始了杂文的创作。特别是艾青在桂林主编《广西日报》的副刊《南方》,宋云彬寄去几个稿子,得到艾青的欣赏,陆续刊登出来。

宋云彬编《野草》,写杂文,态度是极其认真的。据同为《野草》编辑的秦似回忆:

> 《野草》由五个人署名编辑,只要人在桂林,每期的稿件,是大家都要看一遍,每轮到他看的时候,他总必正襟危坐,提着羊毫笔,咬着烟斗,一字不漏地看完。不论谁

的文章,看到了有不妥的字句或偶然的笔误,他总要给予改正才罢休。我往往就坐在桌子边等着,有时他也感到我有点不耐烦了,但他坚持这样做,他这种一丝不苟的工作态度使我肃然起敬……又有一次,记不得是谁的文章,用了一个历史典故,他为了核对事实,当着我面翻检开明书店出版的《二十五史》,足足翻了半小时。①

宋云彬崇敬鲁迅,他的杂文,受鲁迅的影响很深。虽然比不上鲁迅的成就,但也有鲜明的特点。

1940年,他将出版的杂文结集,出版了杂文集《破戒集》,1942年又出版了《骨鲠集》。

这一时期内,他除了出版这两本杂文集外,还选辑了《鲁迅语录》,编写了《历史小品选》,分别由文化供应社和桂林立体出版社出版。

《鲁迅语录》是在住院期间选编的。宋云彬在桂林时期,身体常为两疾所困,一是脚气病,即俗称的香港脚,二是便秘。桂林的气候,湿热多雨,容易滋生细菌,宋云彬脚疾发作,严重时无法穿鞋,在日记中,时常记录脚疾发作时,跣足而行的场景。有一次新买了一双皮鞋,穿了一次,脚后跟疼痛,转卖给同室室友,自己仍然穿着草鞋上班,说是舒适透气。脚疾严重时,无法上班,他的住院,即因为这些疾病。

在医院期间,宋云彬读了鲁迅的全集,忽然想到要记录精彩的金句和阅读的心得。将近二十天下来,也记录了两百多条。出院后,随时摘录,不断完善,聚沙成塔,想不到十分可观,共计366则。朋友怂恿,说是可以专辑出版,宋云彬十分心动。对于他而言,鲁

---

① 秦似:《宋云彬杂文集·序》。

迅是他精神上的导师,对于鲁迅的敬爱,他是终生不渝的。

1942年,宋云彬与叶圣陶、傅彬然一起创办《国文》杂志。正当宋云彬以满腔热忱投入到抗战宣传工作时,由于国民党政府的干涉,他被迫于1943年与陈劭先、陈此生、邵荃麟等人离开文化供应社。

在桂林近四年里,宋云彬编刊物、写杂文、做研究,接洽稿子,联系出版社,还积极投身各种抗日宣传组织,参与筹办各类协会和文艺机构,参加各种形式的座谈会和讲座等等,积极宣传抗战,在舆论界有相当大的影响。尤其他那明确的是非观,敢言天下事,论古今之是非的作风,受到了朋友和同事的敬重。

因为宋云彬杂文作品高产,当时圈内《文艺新哨》的《作家动态》中,已然将"作家"的桂冠赠给了宋云彬。但他从不敢轻易接受"作家"这个头衔,在《辞"作家"》的文章中,他这样表明了自己的心态:

> 居然把我也归入"作家"之列,使我十分惶愧。庄生有言"水之积也不厚,则其负大舟也无力,覆杯水于坳堂之上,则芥为之舟……"就像我,真是坳堂之上的一杯水,哪里当得起"作家"这大头衔! ①

从重庆到香港

1945年3月,宋云彬前往云南昆明,任英国心理作战部顾问。在昆明期间,他除了应付一些日常事务外,主要精力仍放在宣传抗日的工作上。如《进修月刊》创刊,他被聘任为编委;《青年知识》月

---

① 《宋云彬文集》第2卷,中华书局2015年版,第84页。

刊复刊,他给予热情支持。在此期间,他还广泛交游,与进步学者如朱自清、闻一多、浦江清、尚钺、李何林及李广田、唐兰、孙起孟、李思慕、楚图南等交往甚密,通过他们提高了自己的政治觉悟。是年6月,宋云彬经周新民、罗隆基介绍,以个人身份加入中国民主同盟。10月,他回到重庆,参加在重庆召开的全国各界救国联合会大会,在这次会议上全国各界救国联合会改名为"中国人民救国会",沈钧儒被推举为主席。

同年12月1日,大批国民党特务和反动军人分别围攻西南联合大学和云南大学等校,毒打学生和教师,并向学生集中的地方投掷手榴弹,炸死西南联大学生和青年教师4人,重伤29人,轻伤30多人,造成震惊中外的"一二·一"昆明惨案。

国民党的倒行逆施,激起了全国各界的强烈义愤。全国各地学生举行抗议和示威游行,各界人士也纷纷谴责国民党的暴行。12月3日,宋云彬与柳亚子等在中共报刊《新华日报》上共同署名通电,愤怒声讨国民党的暴行,要求惩办元凶李宗黄,慰问昆明"一二·一"惨案中受迫害的师生。

1946年1月9日,《民主生活》周刊在重庆创刊,发行人为沈钧儒,宋云彬任主编。发刊词指出:"现在是人民的世纪,人民是国家的主人。我们始终是站在人民方面的,我们愿意做人民的喉舌,用我们的笔来反映人民的公意,喊出人民的痛苦,启发人民的觉悟,协同人民前进,以发挥民主精神,实践民主生活。"①

《民主生活》周刊所刊文章,注重现实问题的批判,强调贡献具体意见,不尚空谈,并开通读者的互动渠道,开设"读者信箱",鼓励民众共同参与,充分发扬民主。宋云彬主持该刊期间,正值第二次

---

① 《宋云彬文集》第1卷,中华书局2015年版,第180页。

国共合作行将破裂之时,中共南方局设在曾家岩50号,只要在重庆工作过,很少有人不知道这个地方的。那时,宋云彬差不多每个星期都要去曾家岩一两次,聆听周恩来的报告。宋云彬在十年后他的《视察外记》中对此有专门的记述:

> 周先生每次做报告,楼下的两间屋子里总是坐得满满的,两间屋有墙壁隔开,旁边开了一个门,周先生就在门当中讲话,让两屋子的人都听得见。我最后一次到曾家岩五十号,是四月二号或三号,就是蒋介石在参政会里公然撕毁政协协议的第二天或第三天。那天晚上一个小小的宴会,设两席酒,主要是为快要离开重庆的几位同志饯行的。宴会结束后,周先生向大家报告目前的政治形势,有许多人发了言,对蒋介石的公开撕毁政协决议表示愤慨。我同沈衡老并排坐。衡老轻轻地问我,你听了周先生的报告有何感想?我反问衡老,您有何感想。衡老说,我看我们可以写文章驳斥蒋介石,并且指出蒋介石已经公开表示要撕毁这些决议了。我遵从衡老的嘱咐,回到寓里当夜写了一篇论文,题目叫《评蒋主席在参政会的报告》,在《民主生活》周刊第十二期上发表。①

《民主生活》周刊从1946年1月创刊到当年4月移上海出版,宋云彬编了12期。校对工作是由女儿阿庄协助完成的。

《评蒋主席在参政会的报告》这篇文章发表后,《民主生活》移往上海出版,由民主生活社发行。而宋云彬则应李重毅之邀,重返桂林从事民主运动。

---

① 《视察外记》,载《宋云彬文集》第3卷,中华书局2015年版,第300—301页。

是年7月发生了举世震惊的"李闻惨案",著名民主人士李公朴、闻一多相继遭国民党特务暗杀。李公朴是《民主生活》刊物的编辑,宋云彬闻此噩耗,十分愤慨,与柳亚子共同署名发出急电,抗议国民党当局的法西斯暴行。

由于内地形势越来越严峻,国民党政府对于一切宣传民主、主张和平的组织和刊物无一例外地圈入迫害之列,许多民主进步人士纷纷辗转至香港。

宋云彬于1947年2月,应陈劭先之邀,赴香港任文供社总编辑。其间胡愈之从新加坡来函,与宋云彬借商量文供社的前途命运问题,并经双方策划,为上海书店编写新加坡南洋华侨中学所需的一套教科书。该套教科书由宋云彬、孙起孟主编,叶圣陶校订,并组成由傅彬然、蒋仲仁、廖冰兄、秦似等人参加的编委会。这套教科书包括国语、历史、地理、算术、常识、自然、公民等各门课程,为解决华侨学校教科书缺乏发挥了积极的作用,亦缓解了文供社在经济上的危机。

5月10日,宋云彬五十大寿,和旧友陈其瑗、邓初民、易礼容相聚于彭泽民寓所。陈其瑗出示1927年南京政府通缉的革命党人名单,大家备感唏嘘。五人饮酒唱和,留下了诗文兼美的《唱和诗卷》。

五老会当中的陈其瑗,是一位著名的教育家。1946年,陈其瑗由美国回到香港,在中共及在港的民主党派和进步人士的指导协助下,筹办达德学院。学校被命名为达德学院,取于"智、仁、勇三者,天下之达德也"之义。

达德学院董事会成立后,李济深被选为董事长,蔡廷锴等23人为董事。陈其瑗被董事会聘为达德学院院长。宋云彬在达德学院任教中国近代史。

达德学院名师荟萃,聚集了一大批高层次的文化人,学生也大

宋云彬与夫人孙秀珍在香港汉口道寓所

部分是追求进步的青年,所以学校的风气非常高尚与纯正,教学水准极高,师生的精神面貌及整体素质也都是一流的。

1948年9月,《文汇报》在香港复刊,并同时开设七个周刊,分别由宋云彬、千家驹、孙起孟、侯外庐(后改为杜国庠)、茅盾、翦伯赞、曾昭抡担任。宋云彬主编《青年周刊》,每逢星期日出刊。他在发刊词中指出:"我们这个周刊,是属于青年的。我们希望凭藉这个周刊,增进中年人以至老年人对青年的了解,缩短青年人跟中年人的距离。……我们相信那位大学生的话:'一有问题,大伙儿来讨论,互相检讨,不客气的批评,所得的结论也就容易是客观的。'"本着这种办报精神,周刊办得很有生气,深受广大读者的欢迎。

是年,宋云彬手编的《中国近百年史》完稿,并由新知书店在香港出版。在该书的序言中,宋云彬直言:"现在坊间出版的中国近代史大都是在抗战前编写的,没有把轰轰烈烈的抗战史写进去,并且为了避免触犯当道者,对于大革命前后史事的叙述,往往转弯抹角,很少秉笔直书,这本书总算弥补了这个缺憾。"从这个序言中,可以看出此书的鲜明特点,更可以看出宋云彬耿介刚正的人品。

风雨同舟共商国是

1949年2月28日,应周恩来的邀请,宋云彬与陈叔通、叶圣陶、马寅初、包达三、郑振铎、徐铸成、曹禺、王芸生、柳亚子、傅彬然等27位民主人士和文化界人士,秘密登上轮船离开香港,欣然前往北平参加新的一届政协会议。

从香港到北平,一路惊险,一路艰苦,也是一路欢笑。北归之路,宋云彬和叶圣陶等都有专门的日记详细记录。叶圣陶称北归之路为"涓泉归海"。

宋云彬等27人,乘坐的是挂有葡萄牙国旗的华中轮。北上登船的前几天,宋云彬开始做行程的准备,行李于26日上船。但由于行李件数多,目标显露,容易引起他人的注意,所以得更加谨慎。当晚,宋云彬、傅彬然、叶圣陶夫妇、郑振铎父女以及万家宝(曹禺)夫妇由大中华旅社转移到大同旅社。第二天下午,赵超构、王芸生、徐铸成、刘尊棋也来到大同旅社集中。平时,这些学者大都穿西服,这次行程,由于需要冒充船员身份,大都改为短装,与平日习惯很不相称,大家相视而笑。下午4时许,圣陶夫人与曹禺夫人先登轮。晚上9时左右,中共方面派李实前来接应,引导宋云彬等一行登轮。

宋云彬与傅彬然、刘尊棋、曹禺、赵超构先下汽艇,此时,两名警士跃下汽艇,直奔到宋云彬面前,打开手电,对着他的面庞一照再照。宋云彬口衔烟斗,徐徐吸之,心中紧张,强作镇静。警士指着宋云彬身旁的帆布袋,盘问其中为何物。宋云彬缓了一口气,

民主人士从香港回解放区的船上留影。中排左起：包达三、柳亚子、陈叔通、马寅初；后排左起：傅彬然、沈体兰、宋云彬、张絅伯、郑振铎、叶圣陶、王芸生。

说："你们自己去检查吧。"两名军警打开布袋，细细检视，也不过平常行李，便不再盘查。走在后面的叶圣陶、郑振铎、王芸生和徐铸成等几位，见有警士下船，不敢向前，刘尊棋则返回岸上观察形势变化。

原来这两位警士看到这几人服装不合身份，兼又神色张皇，起了疑心，以为是走私或别有图谋之人。幸亏也未发现什么，也就不再盘查。两名军警离开，于是宋云彬等鱼贯上了汽艇。

下午1时许，轮船启碇。微有风浪，船体颠荡。夜晚，宋云彬时睡时醒，很不宁适。第二天，一艘白色兵舰紧随客轮并行，并向客轮打旗语。宋云彬疑为军警跟踪，他登楼遥望，只见海天相随，海风吹面。他口衔烟斗，心如潮水。此番北游，绝非寻常的旅行，而是去迎接一个崭新的局面,参与一项极其伟大的工作:参加政治协商会议,同时还要参加新政府的教科书编写和审定工作。但能不能胜任这些新的挑战,自己是相当模糊的。他祈愿从此结束流离漂泊的生涯,一家团聚,能在和平安宁的时代里从事自己喜爱的工作。如此想着,忽觉清醒愉快。

晚上7时,船上举办晚会。叶圣陶以此行为谜面,请打庄子篇名一。宋云彬给出谜底为《知北游》,意谓知识分子北上,向叶圣陶索奖品,请叶圣陶赋诗一首代奖品。

第二日早晨,叶圣陶送来诗一首:

宋云彬命赋一律,兼呈同舟诸公

南运经时又北游,最欣同气与同舟。
翻身民众开新史,立国规模俟共谋。
篑土为山宁肯后,涓泉归海复何求。
不贤识小原其分,言志奚须故自羞。

大家兴致勃勃,陈叔通、张季龙也各有和诗一首。

3月3日,船过福州洋面,接近长江口。上午10时座谈会,题为《文化及一般社会方面如何推进新民主主义之实现》,张季龙主持,宋云彬任记录。4日上午10时,轮船上又举行座谈会,叶圣陶任主席,谈今后新闻工作兼及电影。宋云彬灵感生发,和叶圣陶诗一首:

蒙叟寓言知北游,纵无风雨亦同舟。
大军应作渡江计,国是岂容筑室谋。
好向人民勤学习,更将真理细追求。
此行合有新收获,顽钝如余只自羞。

5日,船抵烟台,受到当地军政领导的热烈欢迎,仅逗留一天后,转而走陆路,行程十分辛苦。经过两天行程,9日抵达潍坊,然后于次日到青州,逗留二三天,皆受当地军政领导热情欢迎和招待。这一行二十余人,一路曲折艰辛,至 18 日终于抵达北平。宋云彬在日记中记道:

> 十时许抵北平东站,叶市长(叶剑英)及李维汉、郭沫若、马夷初、沈钧儒等约二十余人均在车站相候。

始来北平,一切都是新鲜的,不只是环境,还有人。虽然有不少旧友,但更多的则是新鲜的面孔。这一切,需要宋云彬较快地熟悉和适应。刚到北平的几天,除了参加中央政府各部门举办的招待宴会,宋云彬和老友们走走街道市场,感受新环境中的风土人情。

此段时日,经香港进入东北、华北解放区的民主党派领导人、无党派民主人士、文化界人士、科学家及部分家属等超过 350 人。到达解放区后,所有这些涓流汇海的民主人士,都受到了中共领导人和解放区人民的热烈欢迎和热情接待。

3 月 25 日,对于宋云彬而言是重要的一个日子。中共中央这一天迁来北平。毛泽东与其他高级干部要检阅部队,宋云彬等民主人士也受邀参加欢迎仪式。

> 五时许,毛等已至,军乐大作,并放照明弹数次。旋举行检阅,余等立车上绕场一周。今日因前往欢迎者人数过多,故另推代表若干,鹄立迎候,一一与毛握手。圣陶亦为被推代表之一。①

宋云彬踌躇满怀地要为新中国的建设大展宏图。4 月,他给尚在香港家人的写了一封信,表达了他对未来工作和生活的规划:

> 我从前常常对你们说,等到革命成功,建设开始,我

---

① 《宋云彬文集》第 4 卷,中华书局 2015 年版,第 129 页。

们要过几年艰苦的生活了。我这句话一点也没有错。从今天起我们必须把生活水准降低,能吃苦,能耐劳,不自满,不骄傲,这才配做新民主主义国家的国民。这些话都不是"八股",你们将来亲自看见种种情形,就会领悟。

宋云彬还要求家人加紧看书学习,做好参与新中国建设的准备。

这封信发出,距宋云彬到北平还不到一个月。

参加了中共各机构各组织举办的欢迎活动,参加了各类的茶话会和宴会,会见旧时朋友,宋云彬的情绪处于一种时闲散时亢奋的状态。这一阶段过后,他也逐步开始进入工作状态。

宋云彬参加筹建的第一个政府机构是教科书编审委员会。据他的日记记载,从3月18日开始,在到达北平之后的半年时间里,他除了参与教科书编审委员会的日常工作之外,还广泛地参与了新中国各个文教机构的组织筹建工作。

另一项重大的任务即是参加即将召开的新政协第一次全体会议,共同商议建国大事。

宋云彬由救国会提名,代表该会参加中国人民政治协商会议,并被推选为政协第一届全国委员会委员。9月9日,宋云彬赴青联会出席小组会议,商讨《共同纲领》。

9月21日,宋云彬和叶圣陶、周建人等赴怀仁堂,出席政协第一次全体会议。出席全会的代表共计662人。在宋云彬的日记中,作如是记录:

> 周恩来报告代表名额及到达北平代表人数,提出预先拟定大会主席团名单,计毛泽东等八十九人,又提出秘书长人选,均无异议通过。主席团全体登主席台,由毛泽东宣布中国人民政治协商会议开幕。军乐队演奏《人民

救国会出席新政协代表合影

解放军进行曲》,会场外鸣礼炮五十四响。毛泽东致开幕词,为在人民解放战争和人民革命牺牲的英雄们致哀,默念三分钟……①

宋云彬出席政协全体会议、小组会议共八次。在小组中,他分在第六组,讨论国旗、国徽、国都及纪年等重要问题。在小组讨论中,宋云彬积极建言献策,他两次率先发言,就国旗等问题发表自己的看法。9月23日的日记中,他如是记载:

> 上午赴北京饭店,出席由田汉、李立三召集之小组会议,讨论国旗、国都及纪年三问题。国旗图案应征者甚多……经第六小组整理后,选定三十八幅,彩印后装订成册,分发各代表参考。第六小组推荐"复字第三号"和

---

① 宋云彬1949年9月21日日记。

"复字第四号",征求全体代表意见……余对此两幅图案均不满意,发表意见,大致谓我们的国旗应该是红的(红色象征革命),此为先决条件,第四号图案三分之一为黄色,与此条件不合,第三号图案将一面旗割裂为二,尤为不合。与其就第三面第四面两幅图案选定,不如选"复字第一号"。发言者甚多,以赞成采用第一号图案者为多数。①

采用哪一号国旗,宋云彬是敢于发表意见的,而且他的意见确有见地,得到与会好多人的附议和共鸣。

他是认真履行一位代表的职责的。9月26日,朱光暄来,宋云彬约他去自己寓所,拿出国旗图案参考资料,两人再次斟酌挑选,都认为"复字三十二号"红色五星旗最好。

下午3时,宋云彬来到北平饭店,出席国旗、国徽、国歌、国都、纪年方案审查委员会会议。经第六小组再三研讨,认为"复字三十二号"最可取。宋云彬又一次发言:

> 余首先起立发言,除表示赞同第六小组之决议外,指出上星期五分组商讨时,第六小组推荐复字第三号及第四号之图案,先予人一种暗示,实为不妥。

在宋云彬等代表的建议下,审查委员会最终作出五项决定:

一、国旗,采用"复字三十二号"图案(即五星红旗),图案的说明是:红色象征革命;五星象征中国人民大团结。

二、国徽,根据国徽图案参考资料,邀请专家另行拟制。

三、国歌,在未制定正式国歌以前,拟暂以《义勇军进行曲》代之。

四、国都,拟定于北平,并改名北平为北京。

---

① 宋云彬1949年9月21日日记。

五、纪年,拟用公历。

这五项决定,将递交全体会议讨论通过。27日,宋云彬和叶圣陶,相与来到中南海怀仁堂,参加政府全体会议。在讨论五星红旗为国旗时,引发了辩论,宋云彬有意见想要发表,怎奈与会人员发言踊跃,时间不够,没有得到发言的机会。

政治协商会议是一次空前的盛会,由中国共产党、各民主党派、人民团体、各地区、各少数民族、人民解放军、华侨及其他爱国民主人士组成的662名代表出席,宋云彬名列其中。这次会议被后人称为"是中国人民的大团结,中国各个革命政党和阶级的大团结,是中国历史上从未有过的大团结"。对宋云彬来说,真是平生第一次遇到,会上,他履行了一位代表的职责,与其他代表共商国是,建言献策,并且不少建言得到了大会的采纳。

10月1日,宋云彬赴天安门参加开国大典,见证了中华人民共和国的成立。当毛泽东主席按下电钮,新中国第一面五星红旗冉冉升起,宋云彬凝望国旗,情绪激荡,他的视线随着上升的国旗,看向了更辽远的苍穹……

躬耕文教园地

1949年4月,来到北平尚不到一个月,宋云彬就开始考虑编纂中学教本这项工作。他在4月5日的日记写道:

盖以前为坚持抗战,争取民主,不得不凭藉党派做活动,今革命已将大功告成,此后建设事业需脚踏实地,空头宣传无用,余当脱离民盟,专心致志为人民政府编撰中学教本,庶几不背为人民服务之原则也。

编写教材,对于他而言,是有相当经验并且乐意从事的一项工程。

　　三天以后，在北平饭店，他出席了由陆定一、周扬、晁哲甫所设的宴会，席间共商如何组织教科书编审机构事项，凡参加这一机构的都受到邀请，这天来的人员有叶圣陶、傅彬然、胡绳、孙起孟等专家。华北政府主席董必武等也到场。商定的机构名称为"教科书编审委员会"，在中央政府未成立以前，教材编审机构暂隶属于华北人民政府。主任委员叶圣陶，副主任委员周建人、胡绳，宋云彬任编委。

　　当时，解放军部队刚刚渡过长江，南方有很多地区没有解放，还不具备在全国范围内建立教材编审委员会的条件。华北教科书编审委员会的主要任务，是着手审定和编写解放区和国统区的教科书，为华北甚至全国所有解放区提供统一的教科书做准备。

　　编委会首先要统一的，是与政治相关的文教类教科书，如国文、历史、政治等，这类教科书可从解放区的同类教科书改编而来。而对于外语、理科类的教科书，则涉及系统专业的知识，原来解放区的教科书过于浅近，但华北政府目前又没有条件马上去编写合适的教科书，只能选用国民党统治区内一些民间书局出版的较好的教科书，经审定与修改后，与官编教科书一同出版。所以教科书编审委员会在其职能上，还只有"审定"的功能，为以后"国定"教科书的出版做准备。

　　编审委员会成立之后，即召开第一次会议，主要商议分组事宜。出席者有叶圣陶、周建人、胡绳、傅彬然、王子野、孙起孟、叶蠖生、金灿然、孟超和宋云彬。此次会议，商议决定分国文、史地、自然三个组别。国文组为叶圣陶（兼）、孙起孟、孟超和宋云彬，宋云彬任小组召集人，每周开会商议一次。

　　不久，教科书编纂委员会办公地址迁移到北京东四二条五号。

1949年10月1日,华北人民政府教育部教科书编审会全体工作人员合影以庆祝中华人民共和国成立。二排右起第四位为宋云彬。

  宋云彬既在国文组,而担任总编审的叶圣陶除了编审工作,有时也亲自执笔写语文课文,1949年7月14日宋云彬日记写有:"第三册高小国语由叶圣陶改写一课,总算完成矣。"1950年3月24日宋云彬日记写有:"国文课本第一册尚缺两课,一为《开国大典》,一为《黄河》,几次起稿都写不好,甚为着急。"而3月27日的日记则写下了:"今日覃必陶允写《黄河》一课,而《开国大典》一课圣陶亦允撰写,殊可感也。"叶圣陶在开明任编辑时亲手撰写小学课文,即使在新中国成立后担任繁忙的行政工作时,仍是以大手笔写小学课文,确是如宋云彬所感叹的"殊可感也"。

  宋云彬在1950年3月1日的日记中写有:"语文课文修改完毕者六篇,请圣陶作最后之审阅。"宋云彬本人就是文史大家,他也编写了不少课文,但也有个别篇章被叶圣陶否决的,如《广西的瑶民》一文。这在宋云彬1950年4月14日的日记中有记载:"写《广西的瑶民》一文,备作初中国文教材,圣陶谓不合用,弃之。"日记所写的语言是平和的,宋云彬接受了叶圣陶的意见,并无不豫之色,一切按照是否合用这一原则决定取舍。这也是宋云彬对叶圣陶学识的尊重,并非因为叶圣陶担任编审委员会主任一职,而宋云彬为编审处长,是其下级而听从他的意见。在他们之间,于20世纪30年代在开明书局时就共事,以学术论交,也有私谊,上下级的概念在他们之间是极为淡薄的。

作为课文,对原有的文字会作一些必要的修改。对于一些大家的作品,在修改后也会分送原作者以征求意见。如宋云彬国文所选《屈原》,原作者系郭沫若,编辑部联系郭沫若先生,请他就原作进行删改,删改后寄回编辑部。

另外,编委会还就教材问题,听取了一线施教老师的意见,宋云彬1950年5月2日日记中记载:"初中国文第一册亟待油印,送请中学教师审读。"

这种教材编选工作的细致程度真是令人惊讶。

当然有人并不理解这种行为,时为出版总署署长的胡愈之就认为"编辑中学教本是极简单容易之事"。在编审局局务会议上,宋云彬就直言无忌地说:"编教科书与编《东方杂志》不同。"其坦诚直言的个性,也为人所钦佩。

叶圣陶、宋云彬对语文课本的版式也有极高的要求。因出版局送来的国语一、三两册样本没有按照宋云彬签字的清样付印,宋云彬就责令出版局重排。

除了编写中小学课本,宋云彬也编辑供理工学科使用的《大学国文》:

> 开始编《大学国文》,标点《国语》及《墨子》各一篇……整理大学国文材料……《大学国文》居然编好,送请圣陶复阅一过,即可付排矣。

保护古籍和文物

宋云彬在浙江的工作始于1951年。

1950年12月22日,宋云彬得中央人事部通知,他被提名为浙江省人民政府委员会委员,但人民教育出版社的工作仍在主持中。1951年1月22日,宋云彬接得浙江省主席谭震林的信,极表欢迎他去浙江工作之意。2月10日上午,宋云彬仍到人民教育出版社办公,晚上,由北京乘火车去沪转杭,出任浙江省省府委员、省文委主任、省文联主席等职。在编审教科书的岗位上,宋云彬坚持到最后一天。

2月10日晚上,宋云彬与周建人夫妇、许昂若夫妇、俞寰宸夫妇、沈兹九等一起离京赴杭。列车经过硖石时未停,宋云彬从左面车窗遥望东山,智标宝塔巍然独存,山上曾经葱郁的树木被日寇斩伐殆尽,尚未复原,显得萧疏,自1937年离乡,到此时已有十余年,往日情景涌现于脑海,乡思越浓,情不能已。

2月23日,宋云彬回归故里,向亲友分送在大井巷买的杭州张小泉剪刀、诸暨香榧、临安山核桃、兰溪蜜枣等土特产礼品。走过东南河水月亭,蒋家平仲园的那棵银杏凝立于早春里,虽然叶子凋零,但一千多年的岁月,每一个枝枝杈杈,仿佛都蕴含着无比丰富的信息。他见过蒋家后人蒋鹏骞(字霞举)、蒋鹭涛,和他们商谈衍芬草堂藏书的国有化收购意向,以使这些珍贵的古籍保存下来,传承下去,造福大众,这是令他欣喜激动的大事。

故乡之行后,宋云彬百感交集,某日在车上,他作成一诗,题为《一九五一年春返故乡有感作》。诗曰:

避寇离乡十四年,前尘如梦复如烟。

残阳犹照沈山塔,遗迹尚留白水泉。
黄土长埋亡友骨,青春争者祖生鞭。
相逢亲旧多衰病,我亦繁霜侵鬓边。

此后的几年,宋云彬在浙江担任了多个机构的重要职务:1952年10月,中央人民政府政务院总理周恩来颁发任命书,任命宋云彬为浙江省人民政府文化教育委员会副主任;1953年3月,浙江省人民政府主席谭启龙签发聘书,聘请宋云彬为浙江省文史研究馆副馆长;9月29日,中国民主同盟浙江省支部筹备工作委员会成立大会,这是浙江省第一次盟员代表大会,会上,宋云彬被推举为副主任委员兼文教委员会主任委员;1954年7月22日,宋云彬当选为首届省文联主席;1955年4月,周恩来签署任命书,任命宋云彬为浙江省体育运动委员会主任。

浙江是文化大省,新中国成立初期,浙江文物古籍损毁十分严重。鉴于这种愈演愈烈的情况,浙江省于1950年出台了保护古旧书刊等各类文物的规定。宋云彬担任的是浙江省文教委员会副主任一职,其重要职责,就是根据国家政策,修订文保政策,落实文保措施,并且身体力行,抢救整理古籍善本。

来到杭城,宋云彬参加了浙江省人民政府委员会的就职典礼,此后,他席不暇暖,回到了故乡硖石,此番行程,他要和同乡蒋氏商谈衍芬草堂捐献藏书事宜。

衍芬草堂,江浙著名藏书楼之一,是蒋光焴的藏书楼,其中思不群斋是专门用于珍藏明刊本、抄本及诸善本之处。咸丰七年(1857),海宁即将发生战乱,蒋光焴提前闻讯,旋即将所藏书籍装于箱箧,转移到海盐南北湖。后鉴于浙江形势难于预测,蒋光焴终于下定决心,又携着珍本善本,领着家眷避居绍兴、宁波,再经海路抵达上海,然后又溯长江北上,至湖北武昌、汉口,辗转多处。直至

1864年硖石形势平稳,蒋光煦才拥书返回故里。所幸的是,经历战乱,藏书虽有损毁,但总体上保存完好。

抗日战争期间,为避兵乱,蒋光煦的曾孙蒋鹏骞、蒋鹭涛将藏书运到上海,匿于某银行保险库中,整整八年。

宋云彬亲至衍芬草堂,造访蒋霞举,商谈藏书捐献问题。蒋霞举之前也对新中国文物保护的一些新政策有所了解。见面后,宋云彬和蒋霞举聊起了乡谊,然后耐心向他解释了浙江的文保政策:

"私人收藏的历代文物,仍为私人所有,任何人不得侵毁,政府应加以保护。搬移、转让时,须呈报政府或当地文物管理委员会。如无力收藏,可与海宁政府洽商。"

"各地的情况大都相似,像常州的铁琴铜剑楼,你也是知道的,瞿公去年就将他的一部分藏书卖给了国家,所得的钱款多少帮助解决了生活上的困难。另外,南浔嘉业堂藏书,国家也在接管。你们蒋家藏书,也是江浙有名,不久上面将有专门负责的工作人员会来调查。我是先来告知一下情况。这些书如何处置,还望蒋先生明断。"

蒋霞举也知道国家有关古籍保护的一些情况,知道宋云彬此番前来的诚意,表示这是一个大的决定,希望能够允许蒋家在一个月内拟好办法后,再行商谈。

1953年6月16日,浙江省文管会报告浙江省人民政府:

> 查海宁硖石蒋氏衍芬草堂藏书,已有近二百年历史,其中宋刊孤本、名人抄校之本,名闻全国者为数不少。自1951年以来,中央文化部社会文化事业管理局,曾派员先后向蒋家洽购,至本月(六月)初,钧府文化教育委员会宋云彬副主任,自北京致函本会郦承铨副主任,略谓中央社管局郑振铎局长,拟以一亿元收购蒋氏藏书归国家所

有，嘱代为接洽。旋又得宋副主任第二次信，谓社管局决定派赵万里南来办理此事，嘱我会与省立图书馆各派干部前往硖石协助点接。并云将该批图书，将来分别以一部分留浙江，一部分留华东，一部分归中央等语。①

蒋氏方面，蒋霞举征得族人同意，同意将全部藏书或出售或捐献给国家。

至10月10日，硖石蒋氏衍芬草堂藏书的收购工作基本完成。

衍芬草堂藏书，历经晚清战乱、抗日战争、解放战争，穿过了深邃曲折的历史隧道，这批珍贵的古籍最终没有散佚，而是汇入了北京、上海、浙江图书馆，宋云彬的内心无疑是宽慰的。

古籍的散失令人触目惊心，文物破坏也是如此。保护文物，急需从法律和制度等源头入手，狠抓落实。宋云彬在浙江主抓文教工作时，听闻和目睹过许多地区发生的破坏性事件，他在许多场合发表意见和建议，提出国家和地方各级干部，要重视文物保护工作。1956年6月14日，他出席全国人大会议，在会议上作了《重视文物保护工作》的发言，从制度设计、人才培养和文物保护修复等方面，提出了如下建议：

（一）全国范围内的古建筑是非常多的。欧洲十七八世纪的建筑物已经非常宝贵，而我们却把明代的建筑看得极平常。这显然是不对的。应该保护，清代太平天国以前的有代表性的建筑物也应该保护。

（二）我国到处有佛塔，不但点缀风景，而且具有历史价值，应该加以保护。有已经坍塌掉而特别具有历史价

---

① 浙江省文管会报告浙江省人民政府，为代中央社管局接洽收购海宁蒋家藏书一事报请核备。

值,一向为人民所喜爱的,如南京报恩寺塔,杭州西湖的雷峰塔,将来还得考虑重建。

保护文物不仅仅是文物管理部门的事情,所有地方文化教育部门、农业生产部门、工程建设部门和基层群众团体等都有责任。

这个发言专门刊发在当年6月的《人民日报》上。由于历史的原因,《中华人民共和国文物保护法》直到1982年11月才得以通过实施,但在当时,对文物保护的呼吁已引起了社会各方的关注。

1956年1月,浙江省龙泉发生了毁塔事件。事件不久,龙泉又发生大窑古窑址被严重破坏事件,造成难以弥补的后果。当地一位文化馆的文化干事尤文贵无比心痛,一方面追收未毁文物,另一方面,在有关人士的支持下,写调查报告向上级文物主管部门反映。

1956年12月13日,《人民日报》也刊文批评龙泉拆毁古塔破坏文物。文章一出,立即引起震动。

1957年5月,浙江省人民委员会就龙泉县拆毁古塔、烧毁文物事件举行会议,确定事件性质,讨论对相关人员如何处理。宋云彬力主对当事的主要责任人送法院法办。会议进行了5个小时,经反复讨论后,最后通过决定:罢免龙泉拆塔案的责任人副县长和相关领导的职务。

龙泉毁塔事件的处理结果,于宋云彬而言,不尽如人意,但却唤起了领导干部和人民群众文物保护的意识,对以后全国范围内的文物保护产生了积极的影响。

宋云彬保护文物,是不遗余力的。不仅仅因为他是文管会的官员,更源于他对中华传统文化的热爱。

杭州西湖边自古以来名人墓葬众多,旁边的孤山更是名人们

宋云彬（左一）与马一浮（左二）等在杭州

心仪的长眠之地。南宋隐士林和靖在孤山"梅妻鹤子"终老一生后，成就了此地作为名人雅士百年之后的"理想"安葬之地。晚清、民国之际，徐锡麟、陶成章等辛亥革命英烈陆续归葬孤山，秋瑾也被迁葬在孤山脚下。苏堤南头还有张苍水墓、章太炎墓，西泠桥下还有南朝名妓苏小小墓等。1956年春，一场声势浩大的拆墓运动席卷杭州西湖孤山，一个半月时间里，杭州有六百多座古墓被拆除了。

这个情况被宋云彬等民主党派人士得知，他们痛心疾首。宋云彬出于对文物保护的责任，打电话给周恩来总理，报告这一情况。

  周总理给省人委（省人民委员会）来长途电话，指示查明修复。省长沙文汉对此事并无所知，也不便追究，只好代人受过，立即进行检讨，并令工匠修复。①

---

① 陈修良：《宋云彬先生与他的民主言论》，载《红尘冷眼》，山西人民出版社，第3页。

由于周恩来的直接干预,才算阻止了这次大规模的文物破坏活动。1957年4月,《人民日报》第八版还刊登了宋云彬写的一篇文章《西湖上的三个坟》,强调这些古墓的重要意义:

> 结果,张苍水求仁得仁,西湖上多了一个民族英雄之墓,跟岳坟、于坟鼎足而三。西湖有了这三个坟,不但为湖山生色,为民族增光,对于爱国主义教育也起了很大的作用……我们应该把于坟和张苍水坟整理一下,恢复它的原来样子。①

在浙江,他还直接领导和参与了灵隐寺这座千年古刹的修复工作。

灵隐寺是杭州最著名的寺庙,1949年7月的一天,大殿正梁一根28米长的大梁折断,从屋顶倾斜下来,将原来的三尊佛像砸塌。造成倒塌的原因主要是大殿为砖木结构,年久失修,由于阴雨绵绵受潮腐朽,又遭白蚁蛀吃,主梁蛀空,无力支撑。当时杭州刚解放不久,百废待兴,政府一时无暇顾及修理,为安全起见,遂将大殿关闭,以防发生事故。

1951年夏季,时任政务院总理的周恩来视察杭州,作出修复灵隐寺的指示,宋云彬闻讯非常高兴。他来到浙江,之前一直有一桩心事搁在心头,就是要修复灵隐,为此,他曾在不同的场合向上级领导及其地方同志提及此项工程的重要意义。他虽非佛教徒,但深知灵隐寺的历史地位和文物价值。

在周恩来的支持关心下,1956年,由宋云彬发起并参与,浙江省人民委员会起草了修复灵隐寺的报告,编制了预算,向政务院申报。政务院研究后很快批复,同意修建计划,并拨款120万元,还

---

① 宋云彬:《西湖上的三个坟》,载《人民日报》1957年4月9日,第8版。

宋云彬在杭州学士坊寓所

批了一批物资,如木材、钢材、水泥、黄金等,为修复灵隐寺大殿提供了经济和物资条件。之后,又由省人民委员会文教委员会牵头,组成了杭州灵隐寺大雄宝殿修复委员会,主持修复工作,宋云彬任主任委员。

在灵隐寺大殿的修复过程中,涉及诸多细节,都需要宋云彬从中协调处理。在雕塑大佛像时,设计人员和佛教界人士出现了很大的意见分歧。美院教授更多考虑了佛像的审美功能,他参照全国佛像的式样,吸收了敦煌石窟佛像的元素,将释迦牟尼的头部发型进行了改造,设计成波浪形,而将其腿部和脚部隐藏起来。这种设计,在视觉中,更显佛像的庄严端肃。和原有佛像相比,改变并不太大,但在审查中遭到佛教界人士的反对,特别是佛教协会筹委会的人士和灵隐寺方丈大悲法师提出强烈的反对意见。他们认为按佛教典籍,佛像三十三相中有一名为"旋发青绀相",状为青螺,这已成为佛教传统,不能设计成波浪式样;至于腿部则要露在外面。当时双方各执己见,一时难以确定,将问题提交给宋云彬。宋云彬听取了各方意见,均有道理。考虑到此事的复杂性,宋云彬将此事上报政务院。依照周总理的指示,参照佛教界人士的意见,宋云彬要求设计人员对释迦牟尼佛像的头发和腿部造型进行了修改。

佛像雕刻至1957年告竣,标志着灵隐寺的修复工程完成。重修后的灵隐寺,规模宏大,香火旺盛,各地游客纷至沓来,成为中国佛教的十大名刹之一。

1957年7月,杭州文艺界开始举行反右斗争座谈会,宋云彬作为省文艺界的负责人,首当其冲,列入重点批判对象之一。

这一年,正值宋云彬花甲之年。

校勘《史记》擎大旗

1958年初,国务院科学规划委员会成立全国性的古籍整理出版规划小组,中央领导部门决定将北京的中华书局作为整理出版古籍的专门机构,由齐燕铭任组长。齐燕铭着手进行出版方向的变革,古籍出版工作已摆上了议事日程。而此前,毛泽东曾指示要将《二十四史》中的"前四史"标点出版。经规划小组商量,决定扩大为点校全部的《二十四史》。这是一个庞大、系统而复杂的文化工程。当时中华书局的编辑不多,需要充实力量,尤其是古籍方面的专业人才。于是,一批分居各地的专家学者被陆续召集来京参与此事。

在中华书局急需人才的时候,时任中华书局总经理兼总编辑的金灿然听闻宋云彬着手《史记集注》的事,他大喜过望。他慧眼识人,以超凡的勇气,冒着起用"右派"分子的风险,决定调宋云彬入京。他和齐燕铭商量,又向中央统战部提出调动宋云彬入京的建议。幸运的是,周恩来也听闻此事,向宋云彬伸出了援手。

在周恩来的关照下,经过中央人事、统战部门与浙江方面的商讨,履行必要的手续之后,宋云彬偕全家离杭赴京。

宋云彬此番北归,也是他正求之不得的。对他来说,搞古籍学术研究,是其当行。他接到通知,没有更多耽搁,于9月13日抵达北京。中华书局原计划给宋安排的住处是牛角湾10号的宿舍,后来实在因住房紧张,就把食堂改建了,腾出一间给宋云彬,在东堂子胡同55号。房间太小,一只长沙发和藤椅没地方搁,就放在过道里,书也摆不下,三副床铺板还是临时向书局借的。

抵京才始三天,16日一早,宋云彬就到位于东总布胡同10号的中华书局编辑部上班。由于办公室尚未落实,只有借时任中华书局编辑的海宁同乡陈乃乾的工作室。

> 上午七时一刻,赴中华书局上工,途遇孙明心,立谈片刻。历史一组负责人为余介绍同组同志凌珊如、徐溥泽、孟默闻、瞿蜕初、朱彦顺、原孝诠、刘光业。下午,陈乃乾为余介绍彼组(丛书组)同志章熊、周云青。周云青武进人,与余同一寓所,彼住楼上,余住楼下也。与人事科魏子杰谈车旅费及书籍、行李运费报销问题。云裳母女来。丁晓先夫人来。章雪村(注:即章锡琛,曾任古籍出版社总编)夫人介绍一女服务员,下星期可来上工云。

甫到北京,生活尚未完全安定下来,宋云彬即投入《二十四史》之首的《史记》点校工作。社里上上下下都知道,作为1959年国庆十周年的献礼,《史记》要在不到一年的时间内拿出来,时间极为紧迫。

点校古籍，首要的工作是统一体例，否则古书编纂就会失去规范。宋云彬接手后，发现原来的点校体例很不一致，便向金灿然提出了自己的疑问，并建议请顾颉刚、叶圣陶等商量确定点校体例以及底本等问题。后经讨论，决定由宋云彬起草《二十四史》标点的体例标准。因而，新标本《二十四史》的整体标点体例，都是由宋云彬策划起草的，当然后来也征求各方面意见，有所修订，但基础是他奠定的；而且按此体例，也由他来负责执行，《二十四史》最早出版的几部书他都任责任编辑，包括审读书稿、编辑加工、批注版式、填写发稿单、撰写内容提要，以至阅读初二三四校样和最后的付型清样，这一系列编辑程序。

10月16日，宋云彬完成7000字的《关于标点〈史记〉及其三家注的若干问题》长文，并作致金灿然信，交姚绍华转呈。当时中华书局的"十月人民公社"刚刚成立，"大炼钢铁"运动如火如荼，宋云彬23日、24日两天的日记记录了当时炼钢和标点《史记》交替进行的场面：

> 下午将下班时，忽得通知，有紧急会议，必须参加。六时，会议开始，主席报告本单位自二十六日起，每天须出钢二吨。人民公社全部社员除年老病废者外，皆编入炼钢部队。余被编入后勤第八组，组长凌珊如。会散后，匆匆回家吃饭。饭后即赴局参加劈木柴。十时半回家。
>
> 晨八时始到局办公。十一时，忽得通知，第八组全部组员参加劈柴。下午，第八组全体组员继续劈木柴，余以标点《史记》工作紧张，未参加，仅于下班前半小时参加十数分钟而已。

这段时间，宋云彬一直夜以继日地超负荷赶工。1959年4月，《史记》全书点校完毕。

《史记》点校定稿过程中,与宋云彬切磋最多的是叶圣陶和王伯祥。王伯祥是《史记》专家,参与商讨最多;在终校发现疑问时,叶圣陶则是主要请教对象。宋云彬与叶圣陶的往来信札至今仍保存在《二十四史》点校档案中,其中一则讨论《史记·汲黯传》中"黯褊心,不能无少望"一句的标点,宋云彬问:

> 我一向认为当以"黯褊"为读,"心"字属下为句,谓汲黯性子褊急,心里不免有点儿怨望。然而我讲不来文法,不能说出所以然。同时《辞源》《辞海》都有"褊心"条,《辞源》仅引《诗》"维是褊心,是以为刺",《辞海》索性连《史记·汲黯传》的"黯褊心"也引来作例子。伯翁《史记选》也以"褊心"连读,且加注释。顷读杨遇夫先生《马氏文通刊误·自序》,说到马氏误读古书,举出许多例子,其中一个就是《汲黯传》的"黯褊心不能无少望",说"应以'黯褊'为读,而马氏乃以'褊心'连读"。杨氏之言,实获我心。弟意如果史公原意亦"褊心"连读,则当作"黯心褊,不能无少望",庶合古文文法。但我对于文法实在懂得太少,所以往往知其然而不能道其所以然。不知您的看法怎样?

叶圣陶回信说:"今晨接惠书,灯下敬答所问,书于别纸。这类问题很有趣,我乐于想一想。"接着回答说:

> "黯褊心……"一句,照我想,还是要让"褊心"连在一块儿。"褊心"二字是个形容词性质的词组,与"小器""大度"之类相似。"黯褊心"等于说"黯褊急"。"黯不能无少望",很完整。现在插入一个形容性词组,说明"不能无少望"的缘故。如果作"黯褊",不知汉和汉以前有单用"褊"字的例子否。我猜想恐怕没有。我又猜想太史公这儿的

"褊心"就是从《诗经》来的。①

从点校本《史记·汲黯传》"黯褊心,不能无少望"句的断句看,宋云彬最终采用了叶圣陶的意见。

类似这样的标点断句和修正,宋云彬不断地反反复复,字斟句酌,几乎一直做到书籍付印之前,个中的艰辛,旁人很难理解。

古人说:"校书如扫落叶,旋扫旋生。"这样一部大书,初版有一些标点错误是难免的,但宋云彬仍因一些细小差错而十分自责。因为《史记》中"周公受禾东土,鲁天子之命"这一句多了一个标点符号,他在日记中说:"我心里很难过,怪自己为什么会闹出这样的笑话来。"他早年因病而辍学,但一贯勤奋自学,几乎苛刻地要求自己坚定前行,后又在长期编辑工作中深入钻研,终于成为名家。他参与点校的《二十四史》,成为海内外学界公认的权威版本。

在繁忙的点校工作中,宋云彬还要参加各种交心会议和写交心大字报,发言和吸烟的过度,对身体又造成了损害,喉头发炎,咳嗽不止,又有加剧之势。但尽管如此,宋云彬却感到格外的爽快,以每日校看《史记》清样百余页的速度进行着。

当时正值"大跃进"时期,"大炼钢铁"运动如火如荼,在这样的环境下,宋云彬回到家里还要熬夜点校,超负荷地工作。由于过度劳累,宋云彬一段时期还中止了连续数十年写日记的习惯。

他在1959年4月17日的日记中记道:"下午无会,赴中华书局取《史记》校样。《史记》百三十卷于昨日点校完毕……日记中断了两个多月,其原因为标点《史记》工作紧张,每夜工作到十点钟左右,精疲力竭,无兴趣写日记了。"此时,日记中断的空白,却是被忘

---

① 徐俊:《宋云彬与〈史记〉点校本》。

我的工作、舒畅的心情所填满。

是年4月29日的日记中,他记下了这样一段话:"下午三时赴政协参加周恩来主席召集之茶话会。周与余握手时谓'我前天听了你的讲话',态度极诚恳。"劳动节这天,他又写道:"周总理与余握手时,态度诚恳,轻轻语余曰'我前天听了你的讲话',语重心长,令人感奋。"

两天的日记中所说的"前天"是指4月27日。那一天,宋云彬上午参加政协大会讨论并发言;下午2时宋云彬在怀仁堂列席全国人大会议。应当说,周总理与宋的交谈,本是同一天同一件事,宋却以两天的日记而重复记之,可见周总理的话在宋云彬心里激起了何等巨大的波澜!

宋云彬的忍辱负重、卓越的才华和谦虚的治学态度,得到了书局领导和各方专家的肯定。他的"右派"改造计划也取得了初步成绩。

随后又是一大快事,宋云彬接到老友张惠衣(时任浙江博物馆馆长,海宁人)的信,信曰:"大著《史记校注》,闻将行世。津逮后学之功至深且钜,亦即屈子离尤乃有离骚者,不朽之盛业也。"

1959年4月16日,《史记》全书点校完毕!此书终于在国庆十周年前出版。新标《史记》全书130卷,230余万字。按照原有计划,"前四史"要在国庆十周年前作为献礼完成,但由于整理工作过于庞大,任务过于艰巨,"前四史"直到1965年才告完成。其余二十史,则因"文革"而中断。直到1971年,经毛泽东主席指示,《二十四史》再加《清史稿》整理工作再次展开。1977年,最后一本《宋史》面世,标志着《二十四史》整理出版工作全部完成。

事实证明,点校本《二十四史》及《清史稿》已经完全取代旧的本子,被公认为当前最好的整理本——"国史"标准本,享誉学术界、文化界,成为代表新中国古籍整理出版事业的标志性成果。中华书局点校本《二十四史》和《清史稿》成为海内外学术界通行的版本。

  遗憾的是,由于宋云彬当时尚为"右派"的原因,《二十四史》的《史记》点校本编辑名单里,没有出现宋云彬的名字,但大家不会忘记他。正如中华书局党委书记、总经理徐俊所说:"从标点到编辑出版,连同历次重印及线装本,宋云彬是自始至终的主事者。"

  宋云彬无愧为点校国史第一人。

  1960年11月,他的"右派"帽子被摘除,用他自己的话来说,成了一个"摘帽右派"。随后的近六年,即至"文革"发起前,宋云彬的日子过得平静且充实。他北京翠微路的居室前有着许多柳树。友人张宗祥作画《深柳读书堂图》,他将居室取名"深柳读书堂"。室外之柳,画中之柳,相映成趣,无愧人在深柳处,读书著文两相宜。他自谓"结庐在人间,而无车马喧"。他和中华书局的侪辈,在翠微路2号院那幢"翠微大学"里,度过了相对平静的学术研究岁月。继《史记》点校之后,他又完成了《后汉书》《梁书》等古籍的整理点校和编辑工作。

文人风骨

  在宋云彬哲孙宋京其的印象中,宋云彬不是一位省级官员、专家学者,他首先是一位深具家庭责任感的祖父,虽然在学术著述方面成绩斐然,令人景仰,但回归家庭时,是一位疼爱妻子的丈夫,一位嘘寒问暖的父亲,一位风趣幽默和蔼可亲的祖父。他戴着眼镜、叼着烟斗,温文儒雅;他说话娓娓道来、风趣幽默、笑容可掬。他重仪表、修边幅,风度翩翩,喜欢着中山装和白衬衣,有时拄着拐杖,走路四平八稳。

宋京其说:"他喜欢赤脚带我们在院子里种花、植草、养鱼,喜欢养金铃子、叫蝈蝈,我们生病的时候会开中药方子祛病,他也很注意锻炼身体,游泳、洗冷水澡、做体操等等。"

孙女宋京毅回忆,祖父在家里时,家庭生活的每个细节都会引起他由衷的快乐。在与家人分离的时候,也常常写家书。那时小京毅刚刚上小学,一次在给爷爷写信封时,把名字"云彬"写成了"彬云",宋云彬后来在日记里这样记载:"稚气十足,可爱也。"

在宋云彬的家书中,还可以看到这样的话:"阿阶、阿平,你们两个小宝贝为什么不写信给爹爹?"他总是嘱咐家人:"写得短点倒不妨,只要多来信。"

妻子秀珍,女儿阿庄(宋蕴庄),儿子阿龙(宋剑行),女婿、媳妇和两个孙子京其、京毅,以及外孙、外孙女的小名昵称常常出现在他的日记中。尽管自己一生起伏沉浮,常年如飞蓬飘泊,一家聚少离多,但即便相隔千里,他们心意相通,书信是他们之间联络最重要的方式。亲人的衣食住行、吉凶祸福、辗转迁移、就职离职,种种牵挂,殷殷情意,大都化为日记中温暖的文字。

1965年5月2日,是宋云彬和夫人孙秀珍50周年金婚。他在日记中写道:

> 与秀珍结婚五十周年,西人所谓金婚者也。上午九点偕同阿庄全家赴王府井中国照相馆照相,阿龙全家已先在照相馆等候矣。十一时,赴南河沿文化俱乐部聚餐,云裳亦来。吃的是恩顺居的菜,甚好。在文化俱乐部阿平又给我们照了几张相。餐毕仍赴阿庄家。阿庄约一裁缝来,为余量身,裁做布制服一套。

宋云彬善饮,但并不因此而糊涂,可谓"酒仙"。当时,与他并

宋云彬、孙秀珍夫妇结婚50周年时拍的全家福

称"四大酒仙"的是郑振铎、徐铸成、叶圣陶。宋云彬爱喝酒,几乎每天必饮,甚至到了每餐必饮的地步。

> 余最喜与云彬小饮清谈,彼风度潇洒,数十年如一日,不若一般自命前进者,一脸正经,满口教条,令人不可向迩也。

这是郑振铎对作家唐弢之言。寥寥数语,形神俱出,宋云彬风度之潇洒,直追魏晋,令人神往。

> 在上林春小饮,余与圣陶共尽白干十二两。至东安市场购烟丝、桃脯等。经过一西瓜摊,余邀圣陶伉俪同吃西瓜,圣陶谓这样吃不雅观,余谓反正没有熟人,吃几块何妨。正在立吃之际,忽有人拍余肩,曰:"吃不得的。"回

头观之,则振铎也,相与大笑。缓步归来,不坐车。①

这是宋云彬日记中的段子,读之令人莞尔。叶圣陶之淳朴敦厚、宋云彬之洒脱不拘,跃然纸上。

叶圣陶和宋云彬之情谊,真可谓是经过了最严格的时间考验,风雨不惧,坚如磐石。犹记1927年,大革命遭遇血雨腥风,宋云彬离开武汉,逗留庐山,牯岭之上,独立苍茫。人生之路,何去何从?此时幸遇叶圣陶,宋云彬才得以栖居开明,在这样相对安定的环境里,一个革命者的宋云彬淡下去,一个学术家的宋云彬立起来。叶圣陶对于宋云彬的意义,不亚于人生中一道恒久的光,春风得意时它存在,阴沉失意时更显明亮。

1927年在开明书店的相遇,之后持续到宋云彬的晚年。在不同的历史时期,无论两人或聚或散,情谊不散。除了工作学术上的联系,酒也是两位"酒仙"联系的纽带。两人对饮,在宋云彬的日记里比比皆是,几成常态。"知北游"到京以后,中央人民政府尚未成立,两人同在华北人民政府所辖的教科书编审委员会办公,叶是主任,宋是委员。两人同属开明系,相知相惜,简直是伯牙子期。

1958年,宋云彬遭受批判,原本身边的朋友,或是避他而去,或是相对无语。阴云笼罩,全家无欢,但叶圣陶并没有离他而去:

  自遭颠沛以来,友朋通信,惟朱宇苍、叶圣陶、王伯祥、傅彬然而已。今得昂若信,则增至五人矣!②

1965年9月19日,他在日记中写道:

  乃乾夫妇、圣陶及其儿媳妇夏满子、伯祥及其六女汉华先后到。伯宁带了照相机来,先给我们四个老头

---

① 《宋云彬文集》第4卷,中华书局2015年版,第159页。
② 《昨非庵日记》,载《宋云彬文集》第5卷,中华书局2015年版,第111页。

儿——伯祥、圣陶、乃乾和我——照了一张,然后全体照了相。今年是我和秀珍结婚五十年,五月二日曾在文化俱乐部聚过一次餐,今天特地邀请圣陶等欢聚……我今天很高兴,从五八年回北京以来,从没有这样高兴过……圣陶和伯祥送了我们一套茶具——江西窑深蓝色茶壶一把,茶杯边盆子各四只,极精细。①

陈乃乾是中华书局的同事,又是海宁人,老同乡。叶圣陶乃是国家部级干部,宋云彬虽已摘帽,毕竟仍是"摘帽右派",这样的欢聚,固然可以见得叶圣陶对朋友的忠贞不渝,同时物以类聚,人以群分,所彰显的,又何尝不是宋云彬的人品呢!这样的欢聚,此中包括的情谊,已经尽在不言中了。

1969年,已72岁高龄的宋云彬被遣送到文化部设在湖北咸宁的"五七"干校劳动改造。在这座名为"向阳湖"的农场里,他被分配在蔬菜班,安排看鸡鸭、掏大粪,整天赤脚趔趄于田间地头,上面分配他与傅彬然搭档抬大粪,傅体胖身矮,他体瘦身高,很不对称,但每次他总是把粪桶往自己这边拉,以使傅减少些负担,而他则付出了更大的体力。

1976年12月,叶圣陶去八宝山参加完郭小川的追悼会后,顺便探访了宋云彬。两人都已是耄耋之年的老人了,叶圣陶后来在日记里写道:"云彬心思木然如故,询余年岁者二回,谓余眉发白亦二回,他则似想不出话可谈。"

但最足于看出宋云彬为人处事性情的,是在杭州时为章太炎先生安葬一事,他的杭州日记也多次为此事牵肠挂肚。

章太炎是近代最著名的经学大师和小学专家,也是一位坚定

---

① 《深柳读书堂日记》,载《宋云彬文集》,中华书局2015年版,第352页。

的民族主义者,宋云彬对这位前贤有着高山仰止的崇敬之情。宋云彬曾多次写过文章,阐述过章太炎的学术思想。他在一篇《章太炎逝世三周年》的文章中说:"太炎先生的故乡虽还被敌人占领着,太炎先生的灵柩还在苏州,没有正式举行国葬,但在持久抗战的政略下,相信最后胜利一定是属于我们的,只要待失地收复,太炎先生的国葬,一定会在民众热烈欢腾的情绪下来举行的。"

待到抗战胜利后,战事又起,章太炎灵柩迁葬南屏山一事一直未果。

新中国成立后,章夫人汤国梨为太炎先生安葬事曾找过时任浙江省政协副主席、省文联主席、省文史研究馆副馆长的宋云彬。"不遇,留条而去"。此后,宋云彬为太炎先生安葬事多方奔走、写信、商谈,直到1955年4月3日,浙江省人民政府正式为章太炎先生举行了安葬仪式。并按照太炎先生生前遗愿,灵柩迁葬于杭州西湖南屏山麓荔枝峰下,紧邻张苍水墓。

宋云彬和章太炎生前并无交集,他也从未有求于名重天下的章先生,但在太炎先生过世后,他愿意不惮其烦,为此事呼号奔走,尽心竭力,最后得以力排众议而完成,则完全是出于对章先生学术人品的由衷敬意。龚定庵有云:"照人胆似秦似月,送我情如岭上云",宋云彬之高风,也当得起"秦时月""岭上云"了。

宋云彬爱喝小酒,爱唱昆曲,也擅长围棋。手谈之乐,伴随一生。据宋云彬自述,他爱好围棋的起因,原是象棋。小时候身体差,不能剧烈运动,于是闲时便以象棋消遣。后来认识了故乡的一位围棋能手韩楚原。韩楚原劝宋云彬学围棋,理由是象棋棋子越下越少,而围棋却是越下子越多,变化无穷。韩楚原为了让宋云彬喜欢围棋,用让子的方法,起初让十多子,慢慢越让越少,宋云彬的棋艺逐渐长进。韩楚原又引导他看棋谱,借他《仙机武库》

《寄青霞馆弈选》等典籍，宋云彬对于围棋更加增添了不少的兴趣。后来用了差不多半年时间，又研究《弈理指归》《桃花泉弈谱》等著作。

南京吴祥麐、宜兴潘朗东等围棋名家来海宁，宋云彬和这些高手也有过对弈，得到他们的指点。名家的提携，使宋云彬的兴趣大增，下围棋几乎成瘾，四五年中间，除了生病或是外出，差不多一天都没有间断。

宋云彬的棋友很多，如朱文叔、费孝通、张劲夫、刘道衡、狄超白等等，在那个娱乐甚少的时代里，打棋谱，下围棋，以棋会友，实在是一种非常好的文体消遣方式。宋云彬的可爱之处，是把下围棋看得非常认真。每次下了棋，在当天的日记中，必会认真记录胜负情况。

1979年2月，浙江统战部第30号文件发布，为宋云彬恢复名誉。文件称："宋云彬先生在1957年整风反右期间，提过一些正确的意见，也讲过一些错话，但不是在根本立场上反党反社会主义，属于错划，经中共浙江省委会1979年2月7日省委发〔1979〕15号文件批准，予以改正，恢复名誉，恢复原行政（9级）工资。"

两个月后，宋云彬就去世了，享年82岁。从1957年到1979年，从"右派"到"摘帽右派"，直至最终"改正"，宋云彬走完了他人生最后的22年。他说，他内心有三扇门没有打开。

宋先生的三扇心门，随着他的离去而永久地关闭了。

宋云彬一生多与文人雅士诗词唱和，书画流连，获赠加上购藏的作品颇为可观，如何处置这笔财富，成了宋家子孙三十多年间的心事。宋京其和家人，将这批字画通过嘉德拍卖行拍卖，所得一千三百多万，全部用以设立宋云彬古籍整理出版基金。2016年5月31日，该出版基金首届理事会第一次会议在京召开，标志着出版基金正式启动。会议讨论通过了《宋云彬古籍整理出版基金章程》,选举了首届理事会理事、监事名单。理事长是北京大学教授、中央文史馆馆长袁行霈先生。会议还确定了第一届"宋云彬古籍整理奖""宋云彬古籍整理青年奖"的评奖办法。此项评奖每两年举办一届。2017年6月,以宋云彬命名的首届"宋云彬古籍整理奖"颁奖典礼在北京国家图书馆古籍馆临琼楼隆重举行。2019年10月,第二届"宋云彬古籍整理奖"颁奖典礼在浙江海宁市政府隆重举行。

宋家后人坦言,这批书画是宋云彬生前的心爱之物,令它们真正发挥价值,化身为延续宋云彬未竟事业的动力,是对先人的最好告慰。

  从祖父逝世至今,已经过去了38年,当交出这批字画时,我突然有种如释重负的感觉,然而随着时间的推移,每当我看到家里存放字画的那只空箱子时,顿生一股股的凄楚,后来嘉德送回折扇的扇骨,王湜华先生安慰我说,字画不在,骨还在。确实,骨还在,祖父的精神还在,我们继承的就是祖父的"骨",祖父的精神。①

诚哉斯言!

"已有清名闻海内,侧身天地未蹉跎!"

---

① 宋京其:《首届"宋云彬古籍整理奖"颁奖典礼发言稿》。

宋云彬年表

虞坤林

1897 年(丁酉　清光绪二十三年)　出生

8月16日(农历七月十九日),出生于浙江省海宁市硖石镇东南河一个小商人之家。

1903 年(癸卯　光绪二十九年)　6 岁

妹妹宋蕙芬出生。小名大阿宝。

1906 年(丙午　光绪三十二年)　9 岁

入硖石米业小学,成为该校第一批新生。师承朱起凤。

1909 年(己酉　宣统元年)　12 岁

父亲宋文虎约于是年去世。与母亲相依为命。

1911 年(辛亥　宣统三年)　14 岁

读邹容《革命军》。辛亥革命胜利,对推翻清政府及头上辫子被革深感痛快。

1912 年(壬子　民国元年)　15 岁

进入杭州崇文中学读书。

1913 年（癸丑　民国二年）　16 岁

因病离开崇文中学，回到故乡硖石镇。

1915 年（乙卯　民国四年）　18 岁

与孙秀珍女士结为伉俪。开始订阅《新青年》杂志，并深受其影响。

1918 年（戊午　民国七年）　21 岁

在《新青年》杂志上，读到鲁迅的作品《狂人日记》，从此其思想和文风都深受鲁迅影响。

6 月 9 日（农历五月初一），女儿蕴庄出生，小名"阿庄"。

1919 年（己未　民国八年）　22 岁

1 月 15 日，在《新青年》第 6 卷第 1 号发表致钱玄同的公开信，题目为《〈黑幕〉书》。钱玄同复信同时刊登。

11 月，写成《私塾的废弃和学校的改良》及《〈试验主义〉的初等教育》文两篇。

1921 年（辛酉　民国十年）　24 岁

11 月，任《杭州报》编辑。该报由许行彬、沈定一等任主笔。

12 月 23 日（农历十一月初六），儿子剑行出生，小名"阿龙"。

1922 年（壬戌　民国十一年）　25 岁

6 月，任杭州《浙江民报》副刊编辑。同年任杭州《新浙江报》主笔，兼负责副刊《新朋友》，在这些报刊上发表时评，初露头角。

12月,辞去海宁议员之职。初识朱宇苍。

1924年(甲子　民国十三年)　27岁

结识杭州政法学校教师安体诚。暑期,回故乡海宁参加全县"小学教师暑期讲习会",并宣讲孙中山先生"联俄、联共、扶助农工"三大政策的重大意义。

8月,在杭州由安体诚、宣中华介绍加入中国共产党。

9月,与安体诚、查猛济、孙斌等人发起成立浙江省反帝国主义大同盟杭州分会。参加在浙江省立公众运动场举行的"九七"国耻纪念大会。会后与宣中华、安体诚、查人伟、俞秀松等率群众捣毁王克敏家祠。

10月,国民党海宁县临时直属党部成立,宋云彬当选为执行委员,朱宇苍为常务委员。海宁县小学教师联合会成立,在朱宇苍、宋云彬等人的领导下,举行要求改善生活、增加薪水,要求在田赋中增加教育附捐的大罢工。

12月,浙江省国民会议促成会成立,宋云彬为委员之一。

1925年(乙丑　民国十四年)　28岁

4月,国民党海宁县第一次代表大会在海宁盐官孔庙明伦堂召开,宋云彬等七人被选为常务执行委员。

7月,参加沈定一主持的"国民党浙江省临时党部执行委员会全体会议"(即"衙前会议")。宋云彬等为揭露沈定一等人的阴谋,谋划"东山会议"。

12月15日至18日,在海宁县东山麓召开"国民党浙江省各县市党部联席会议"(东山会议),维护孙中山先生的"联俄、联共、扶助农工"三大政策。公开通电反对国民党的"西山会议"。会议推选出唐公宪、顾作之、宋云彬为联席会议负责人,代行浙江省党部职权,筹备全省代表大会,以正式成立浙江省党部。

1926年(丙寅 民国十五年) 29岁

2月,继续在杭州担任编辑工作。离职赴沪任国民通讯社社长。

3月,在杭州头发巷参加国民党浙江省第一次联席会议。

6月,在《浙江潮》杂志上发表《五卅后帝国主义者进攻中国的形势》等反帝爱国时评。

秋,乘招商局新昌轮离开上海赴广州,在黄埔军校政治部宣传科工作,参与编辑《黄埔日刊》并发表大量时评与杂文。

1927年(丁卯 民国十六年) 30岁

4月初,自广州返上海,不久即回武汉。列席在武汉举行的中国共产党第五次全国代表大会。出任由沈雁冰主编的《民国日报》编辑,兼任武汉政府劳工部秘书。

"七一五"反革命政变后,宋云彬被国民党通缉,后与沈雁冰一起离开武汉赴江西庐山。秋,赴上海,化名宋佩韦任上海商务印书馆馆外编辑。

11月,与中共党组织脱离联系。

1928年(戊辰 民国十七年) 31岁

5月,在《贡献》旬刊上发表《介绍一部未出版的伟大辞书——读书通》,介绍业师朱起凤所编的辞书。本年冬,入上海开明书店任编辑。

1929年（己巳　民国十八年）　32岁

母亲王氏故世。开始为整理校对《辞通》做准备。

1930年（庚午　民国十九年）　33岁

开始整理校对《辞通》。

6月，完成《王守仁与明理学》。

1931年（辛未　民国二十年）　34岁

5月，《东汉之宗教》《王守仁与明理学》在商务印书馆出版。

8月，与张同光一起选注的《开明活页文选注释》第1册，由开明书店出版发行。

10月，《开明活页文选注释》第2册由开明书店出版发行。

1932年（壬申　民国二十一年）　35岁

6月，参与编辑《开明文学辞典》。

10月，负责注释的《开明文选注释》第3册印行出版。

本年，与吴文祺合编《资治通鉴注释》，由商务印书馆作为《万有文库》的一种，印行出版。

1933年（癸酉　民国二十二年）　36岁

1月，在《中学生》杂志上发表历史讲座《我国历代的奴隶制度》。

10月，在《中学生》杂志上发表《中国学校制度的沿革》。

本年，以宋佩韦的笔名发表《西厢记》，由上海新生命书局出版。

1934年(甲戌　民国二十三年)　37岁

1月,历时四载校毕《辞通》,并作跋文一篇。28日,由于被人陷害,在上海朱其华家被捕,押往南市公安局。

2月2日,由章锡琛等人作保释放。

3月,在《中学生》杂志上发表《科举制度及其作用》。

9月,人物传记《王阳明》由开明书店出版。

11月,与王钟麒合著的《开明历史讲义》作为《国学小丛书》的一种,由商务印书馆印行出版。《明文学史》由商务印书馆印行出版。

1935年(乙亥　民国二十四年)　38岁

11月,人物传记《玄奘》由开明书店出版。

本年,所撰48回本《〈水浒〉节本》,由开明书店出版发行。

1936年(丙子　民国二十五年)　39岁

7月,关注历史小品的写作,在《新少年》杂志上发表历史小品《玄武门之变》。此后,又陆续发表了《黟涉为王》《章太炎》等历史小品。

本年,在上海参加由沈钧儒等发起的上海文化界救国会(后改名中国人民救国会)。

1937年(丁丑　民国二十六年)　40岁

开始在报刊杂志上发表国内外时评文章。

4月,《玄武门之变》一书由开明书店出版。

7月,人物传记《陶渊明》一书,由开明书局出版。

8月,日本侵略者侵入上海,淞沪会战拉开序幕。全家离沪返回故乡硖石。海宁县抗日后援会分会成立,硖石设办事处,被推选为硖石抗战分会宣传组长。并与吴曼华、陈才庸等一起在《硖石商报》上办起了宣传抗日的副刊《抗敌》。

10月,动员吴曼华、陈才庸、蒋保定(后改名蒋华)等八名爱国青年,离开硖石赴前线参加战时服务。后蒋保定赴延安参加革命。

10月下旬,偕全家离开故乡。

1938年(戊寅　民国二十七年)　41岁

2月,与沈雁冰、叶圣陶、楼适夷等发起的大路书店在汉口开业。《少年先锋》半月刊同时创刊,宋云彬为发行者。月底,应郭沫若的邀请,宋云彬赴武昌县华林报到,参加武汉政治部第三厅宣传科工作。

5月,中华全国文艺界抗敌协会会报《抗战文艺》创刊,为编委会成员之一。

12月,赴桂林行营政治部第三科工作。

本年,发表了许多文风凌厉泼辣的杂文。

1939年(己卯　民国二十八年)　42岁

3月,应开明书店经理陆联棠之招,讨论决定《中学生》杂志在桂林复刊,并改名为《中学生战时半月刊》,社址在环湖北路17号。社长叶圣陶,宋云彬任编辑委员。致函政工部,申明拒绝参加国民党之原因。

7月,始编《鲁迅语录》。

同月,因拒绝加入国民党,被调离政治部。胡愈之拟办文化供应社,邀请宋云彬出任编辑。其间,他发表大量杂文。

1940年（庚辰　民国二十九年）　43岁

1月，与李鹤鸣共商编撰《中国近百年史》丛书，并初拟目录。

2月，从文化供应社编辑部调入出版部。

3月，参加在桂林召开之蔡子民先生追悼大会。

4月，应傅彬然之邀，自是月起为《广西日报》撰写"每周时事"国内部分。

6月，商讨《中学生战时半月刊》今后出版方针。

7月，与秦似接洽《野草》月刊出版事。

8月，《野草》月刊在桂林创刊，编委有夏衍、聂绀弩、宋云彬、孟超、秦似五人。

本年，发表了数量众多的战斗性杂文，如《鸦片战争的故事》《鸦片战争中的鸦片问题》《继续蔡先生的精神》等。

1941年（辛巳　民国三十年）　44岁

杂文集《破戒集》由桂林创作出版社出版。《鲁迅语录》由桂林文化供应社出版。

1942年（壬午　民国三十一年）　45岁

3月，赴桂林七星岩参加由戏剧春秋社组织召开之历史剧问题座谈会。

8月，选编的《历史小品》由桂林立体出版社出版。

9月，杂文集《骨鲠集》由桂林文献出版社出版。

1943年（癸未　民国三十二年）　46岁

1月，因国民党当局的反对及阻挠，与陈劭先等人被迫离开文化供应社。

1944年（甲申　民国三十三年）　47岁

9月，离开桂林，沿黔桂路西上，向重庆撤退。

11月，抵达贵阳。下旬离开贵阳，12月初抵达重庆。

11月下旬，应王若飞之邀，赴重庆曾家岩50号参加座谈会。会上，对几年来桂林文化运动情况及一路上看到桂、柳情况作了简要介绍。

1945年（乙酉　民国三十四年）　48岁

3月，乘飞机离开重庆赴昆明参加英国司令部心理作战部任顾问。

5月，接《进修月刊》来函，被聘为该月刊编辑委员，并被约编高中国文教材。

6月，开始整理《中国史纲》。由罗隆基、周新民介绍加入民盟南方支部。

10月，结束昆明工作，回到重庆。

1946年（丙戌　民国三十五年）　49岁

1月，民盟机关刊物《民主生活》创刊。发行人沈钧儒，宋云彬任主编。

4月初，赴曾家岩50号，参加欢送即将离开重庆同志的宴会，会上聆听周恩来作当前政治形势的报告。

同月，接桂林李重毅函邀，回桂林重新主持文化供应社编辑工作。

12月，与郑振铎、郭绍虞、马叙伦等人发起组织中国语文学会。

1947年(丁亥 民国三十六年) 50岁

2月,赴香港参加香港文化供应社工作,任总编辑。开始与该社同仁修订增补《初中新语文选》一套,由原来的6册扩大为12册。

12月,参加由柳亚子组织的扶余诗社,并任秘书之职。

本年,在香港达德学院任教。开始担任民盟南方支部常委。

本年,《中国文学史简编》由香港文化供应社印行出版。

1948年(戊子 民国三十七年) 51岁

4月,《文汇报》在香港复刊,被聘为该报副刊《青年周刊》主编。应王叔、王文彬之招,在港主持编撰小学教本。

本年,继续在达德学校任教。

本年,《中国近百年史》由香港新知书店出版。

1949年(己丑年) 52岁

2月,应周恩来之邀,与陈叔通、叶圣陶、马寅初、包达三、郑振铎、徐铸成、柳亚子等近27人,登轮离港,赴北平参加新的第一届政协会议。

4月,被聘为华北人民政府教育部教科书编审委员会委员。《进步青年》创刊出版,为编辑委员会成员之一。与周建人、叶圣陶、胡绳、孟超被推选为全国文代会南方团代表人员。

7月,出席新史学研究会发起人大会,讨论章程草案、成立筹备会等事项。

同月,出席首届全国文代会。

同月,出席在勤政殿召开的中国社会科学工作者代表委员会发起人会议。

同月,加入中国作家协会。

9月,新政协筹备会来函通知出席第一届新政协会的时间及有关事项。

10月1日,至天安门参加国庆观礼。5日,中苏友好协会总会成立,被选为理事会委员。24日,编审局人事调整,拟请宋云彬与叶蠖生主持教科书处工作。

本年,《高中本国近代史》由三联书店出版。

1950年(庚寅年)　53岁

1月,开始写作《康有为》一书。

4月,与魏建功、游国恩、周祖谟、赵雨陛、刘禹昌、杨慧珍等人在编审局座谈中学国文教本编辑方针。

5月,与叶圣陶、傅彬然、胡愈之、胡绳等赴天安门,参加"五一"庆祝大会。

6月,商讨大学文学院"中国通史提纲"问题,编写苏联百科全书中国历史拟要部分的旧民主主义革命史问题。

8月,与胡愈之、叶蠖生等赴教育部参加筹备人民教育出版社事。

10月,聘为《文艺报》顾问。

11月,赴北京师范大学为中小学教师轮训班讲演。

同月,出任人民教育出版社副总编辑。

12月,出席人民教育出版社成立大会。

1951年(申卯年)　54岁

1月,接中央人民政府人事处第21号公函,被任命为浙江省人民政府委员。

2月,离京赴杭,参加浙江省府委员就职典礼。浙江省人民政府委员会成立,出席大会及主席、副主席、委员就职典礼。下午赴省图书馆晤张宗祥,商谈天一阁藏书及硖石蒋氏藏书事。20日,中央人民政府主席毛泽东签署任命书,任命宋云彬为浙江省人民政府委员。23日,回故乡海宁硖石故乡探亲。24日,赴海宁县中,以《爱国主义与历史教学》为题向师生们进行讲演。晤蒋氏后人蒋霞举,动员他将藏书捐给国家保存为妥。

5月,出席全国文教委员会全体会议。

9月,出席在北京中国史学会召开的《纪念抗战胜利日座谈会》。参加省府会议,在会上通过文教委员会名单,当选为文教委员会副主任委员。

10月,出席浙江省各界人民代表大会。

11月,赴省公共体育场参加省首届体育大会开幕式。离杭赴京出席民盟宣传组织工作会议。

12月,参加讨论苏联百科全书中国近代史部分的起草。

本年,《康有为》一书由商务印书馆印行出版。

1952年(壬辰年)　　55岁

1月,赴省人民大会堂列席浙江省级机关第一次中国共产党代表会议。出席省协商委员会会议。

2月,搬入新居杭州学士路学士坊3号。开始编农民用历史课本。

3月14日,编定农民用读书课本毕,共计32篇。

3月,审阅苏联大百科全书中国史部门原稿。

同月,允为人民教育出版社编高中本国史。

同月,应聘担任杭市中学教师业余进修学校中国近代史课。

10月,中央人民政府政务院总理周恩来签发任命书,任命宋云彬为浙江省人民政府文化教育委员会副主任。

1953年(癸巳年)　56岁

1月,参加章太炎先生治丧委员会会议。

3月,浙江省主席谭启龙签发聘书,聘宋云彬为浙江省文史研究馆副馆长。

4月,被聘为杭州市都市建设委员会文物组研究员。

9月29日上午,中国民主同盟浙江省支部筹备工作委员会成立大会暨全省第一次盟员代表大会在杭州市人民大会堂举行。代表民盟筹备会报告本省盟务概况及今后努力方向。下午,民盟浙江省筹备委员会第一次全体委员会在杭州市政协礼堂举行,被推举为副主任委员兼文教委员会主任委员。

1954年(甲午年)　57岁

7月,当选为浙江省第一届人民大会代表。在全省首届文代会上,当选为文联主席。

8月,离杭赴京,参加全国"两会"。

10月,赴车站迎接印度总理尼赫鲁及其随员来杭访问。

11月,《中国近代史》由上海华东人民出版社出版。《康有为》由三联书店再版。

1955年(乙未年)　58岁

4月,参加章太炎先生安葬仪式。

同月,赴人民剧场作关于《红楼梦》之报告,历三小时,听众千余人。

同月,周恩来总理签署任命书,任命宋云彬为浙江省体育运动委员会主任。

6月,参加文联召开之扩大会议。

同月,同姚顺甫、赵得三、郭颂铭赴海宁硖石开始视察工作。离杭与王国松、文芸、沙文汉、姚顺甫、李士豪、田汉、袁牧之等赴京参加第一届全国人民代表大会第二次会议。

10月,开始注释《史记·魏其武安侯列传》。

1956年(丙申年)　59岁

1月,担任1956年浙江省国家经济建设公债推销委员会和浙江省扫盲委员会两个委员会的委员。

4月,出席政协浙江省委员会常务委员会第五次会议。以省政协副主席的身份代表政协作《中国人民政治协商会议浙江省第一届委员会常务委员工作报告》。

5月,浙江省青年文学创作指导委员会成立,由黄源、陈学昭、蒋祖贻、宋云彬等十人组成。

同月,主持灵隐寺修复工作。

6月,在全国人民代表大会上就文物保护工作问题作17分钟发言。

8月,以省文联主席身份主持召开浙江省各界人士纪念鲁迅先生逝世20周年活动。

11月,赴杭州市民政局开会,商讨灵隐寺佛像装塑事宜。

同月,赴重庆视察。

1957年（丁酉年） 60岁

1月，主持修复灵隐寺委员会会议，讨论塑佛像事。

同月，以政协副主席身份参加省第二届妇女代表大会开幕典礼。

同月，主持《东海》文艺出版社召开的部分作家座谈会。

同月，主持剧协召开筹备成立业余昆曲研究社的会议。

4月，以省文联主席身份在杭州市人民大会堂主持召开"百花齐放，百家争鸣"座谈会。

7月，杭州文艺界开始举行反右斗争座谈会。宋云彬作为省文艺界的负责人，首当其冲，被列为重点批判对象。

1958年（戊戌年） 61岁

4月，经浙江省人民委员会常务会决议，撤销宋云彬行政职务。省政协第25次常委会决议，停止杨思一、宋云彬副主席职务。

5月，接机关事务管理局通知，搬迁至涌金门外67号。

7月，应中华书局金灿然之请，赴京参加整理古籍工作。

8月，全家离杭赴京。

9月16日，赴中华书局上班，分配在历史一组工作。在陈乃乾工作室草拟标点《二十四史》凡例。

10月，赴小雅宝胡同访王伯祥，商谈标点《史记》事宜。

1959年（己亥年） 62岁

1月，发出《史记》第二批稿件的70万字。

4月，赴赵登禹路政协礼堂出席全国政协第三届委员会第一次全体会议。上午赴中华书局与傅东华等讨论"前四史"标点问题。下午出席全国人大会议,听取李富春、李先念、彭真等领导同志报告。赴中南海出席全国人大会议。赴政协参加周恩来主席召集之茶话会,周主席握宋云彬之手谓"我前天听了你的讲话",态度极诚恳,宋为之感动。

5月1日,赴天安门,参加五一节观礼。开始搜集资料,准备写《史记》点校说明。与陈乃乾等商讨《三国志》标点问题。《点校〈史记〉说明》完稿。

6月,赴政协出席文教委员会座谈会,继续讨论新编历史剧《蔡文姬》,并涉及历史人物评价问题,宋云彬在座谈会上发言,同意大部分人意见,为曹操翻案。

1960年(庚子年)　　63岁

1月,暂停《后汉书》校点工作,开始校点《三垣笔记》。

3月,继续校勘《后汉书》。

同月,出席全国政协会议。

同月,列席全国人大会议,听取周恩来总理作《当前国际形势和我国对外关系问题》的报告。

同月,出席全国文联第四次委员会扩大会议。

5月,赴政协参加文化教育组扩大座谈会,讨论《文物保护管理暂行条例》草案及《第一批全国重点文物保护单位名单》草案。

11月,"右派"摘帽。

12月,校《后汉书·马融传》毕。

1961年(辛丑年)　　64岁

3月,与北大研究生金竹槐、麻守中、曾伟强、黄品兰、徐苓谈注译《论语》问题。与北大青年教师向仍旦、吴忠烈谈整理古籍问题。

5月,参加文教组与民族组召开之座谈会,谈民族史如何编写问题。

7月,写开明创业史。

8月,在书局校对《史记勘误表》。

同月,受邀为北大古籍专业系学生和研究生讲《史记》,为期一学期。

9月,在中华书局为北大古代文化专业学生及研究生讲《史记》。

10月,迁入翠微路新居。

同月,在人民大会堂福建厅,讨论整理古籍问题。

12月,与杨伯峻商谈《续汉礼志》标点问题。《后汉书》全部校对注释完毕。

1962年(壬寅年)　65岁

1月,为期近一月的杭州、上海、苏州等地的参观访问后回到北京。

2月至3月,为二十多名北大研究生讲《史记》。

4月,与丰子恺合著的《弘一法师》一文完稿,后刊登于1963年第35期《文史资料》。

12月,修改《沈衡山年谱》交中华书局。中华书局出版宋云彬译注的《项羽》一书。

同月,开始写《读书漫谈》,至1963年结稿。

1963年(癸卯年)　66岁

1月,校阅《续汉书·郡国志》。

2月,校《后汉书·明帝纪》毕,开始注译《汉书·高帝纪》。

5月,开始编《刘邦年表》。

6月,开始注译《汉书·高帝记》。

8月,《南越赵氏年谱》校毕,送回《新建设》。

9月,参加中华书局座谈会,讨论《二十四史》标点工作问题。

1964年(甲辰年)　67岁

9月,写《后汉书》校点说明毕。

12月,历史人物传记《刘邦》由中华书局出版。

1965年(乙巳年)　68岁

5月,参加民盟召开的学术问题座谈会,作关于整理出版古籍工作情况的发言,并提出若干问题。商谈关于《南齐书·百官志》的标点问题。

7月,《陈书》校点稿第13卷毕,并写定校勘记。

8月,参加古代史组与近代史组联合会议,讨论近代史组写的影印《湘报》出版说明。

10月,与王仲荦、张维华商讨《南齐书》《陈书》的排样格式及校点方面诸问题。与赵守俨、王仲荦商谈《南齐书》序言问题。

11月,视察上海、江西。

1966年(丙午年)　69岁

1月,赴全国政协参加学习经验交流会。参加讨论王仲荦所写的《南齐书》出版说明。

3月,看《南齐书》校样毕。看部分《陈书》校样毕,交张维章。

5月,重新整理《梁书》第1、2卷校勘记。

7月,与谢方、宋茂华谈有关《后汉书》点校问题。

8月,被抄家。

1969年12月(己酉年)　72岁

被送往文化部湖北咸宁"五七"干校。

1970年(庚戌年)　73岁

秋,因病回北京。

1979年(己未年)　82岁

2月,错划"右派"得到平反。
4月17日,病逝于北京,享年82岁。

名作欣赏

怎样认识孔子

孔子是我们中国的保民开化之宗,应当受我们崇拜的。然而几千年来,孔子却被帝王和儒者们所利用着,随时给他蒙上各式各样的外衣,他的真面目已不复为人们所认识了。在科举时代,那些"束发小生",天天对着"大成至圣先师"的神主敬礼,口念着"诗云子曰",问他们孔子是何等样人,他们能回答出来吗?至于一般所谓"愚夫愚妇",他只晓得"关老爷""岳老爷",对于"孔夫子",他们虽然也曾耳闻,但是模糊得很的。大门边立着"文武军民人等至此下马"的石碑的"大成殿",老百姓就根本没有进去瞻仰的份儿,他们也不敢妄想进去瞻仰——其实即使进去瞻仰了,有什么用呢?

现在已经是中华民国二十八年了。所谓"民国",就是"以人民管理政治"的国家,那么,再不会有人利用孔子来欺骗民众或麻醉民众了,我们可以认识真正的孔子了。

在周朝末年,一般学者常以伯尹、伊尹、柳下惠和孔子相提并论,最尊崇孔子,并且愿学孔子的孟子也是这样。他对公孙丑说,"非其君不事,非其民不使,治则进,乱则退,伯夷也;何事非君,何使非民,治亦进,乱亦进,伊尹也;可以仕则仕,可以止则止,可以久则久,可以速则速,孔子也:皆古圣人也,吾未能行焉。乃所愿,则学孔子也。……自有生民以来,未有如孔子者也。"又说,"伯夷,圣之清者也;伊尹,圣之任者也;柳下惠,圣之和者也;孔子,圣之时者也。孔子之谓集大成。"可见那时候不过把孔子看作许多圣人中间的出类拔萃的人物而已。但到了后来,儒家跟方士渐渐糅合,孔子删定的六经,被认作巫师预言一类的书,甚至于有人认为孔子做《春秋》,是预先替汉家制法,等到"纬书"出现,孔子差不多被装成一个"妖道"了。纬书里记孔子端门受天书的故事,荒唐得可以,然而有些儒者们却很相信,以为孔子真是"玄帝"的儿子。自此以后,统治者借孔子以欺蒙民众,儒者们则先意承志,曲解孔子的学说,以献媚人主。衣钵相传,直到清朝末年,康有为以"经今文学大师"现身,极力替满洲作保全皇位的打算,最近郑逆孝胥也假借孔子,来替日本宣传其所谓"王道",呜呼,孔子真被糟蹋的不成样子了!

我们现在要扫除一切谶纬妖说,俗儒谬论,把孔子的真面目显露出来,看看他究竟立下些什么功绩,值得万世景仰。关于这一点,我以为章太炎先生解释得最为正确。他说,孔子的大功有四:(一)从前《尚书》百篇,年月阙略,不过是因事记录之书而已,一时看不出他的始末来。自从孔子作《春秋》,然后记年有次序,记事有头尾。左氏替《春秋》作传,司马迁、班固继承铨绪,作《史记》《汉书》,中国历史书才渐渐完备起来了,矩则相承,世世继续下来,使现在可以认识古代的社会,后人知道前人的事业。所以虽然屡次经过外来民族的侵略,甚至于异族入主中夏,然而民族意识不因之而澌灭,人民知道怀念旧常,得以幡然反正。孔子之有功于中华民族,这要算是第一。(二)古代礼不下庶人:当时的政典,掌在天府,其事迹略具于《诗经》《尚书》,"师氏"拿来教贵族子弟,平民就没有份儿去受教。所谓"宦学事师","官于大夫",这就是说明倘不做贵臣的仆隶,就无从知道朝章国典,更不懂得中国的历史。自从孔子观书柱下,述而不作,删定六经,布之民间,于是平民可以认识图史,知道朝章国典:这是孔子的第二种功绩。(三)古代所谓九流之学,无不出于王官。那些王官,各修一门,不遍览文籍,所以在学术方面,就不会有多大的成就。自从孔子把六经遍布民间,又自赞《周易》,吐《论语》,以寄深湛的思想,于是大师宏儒,接踵而起,虽然所见不能一致,而提倡振导之功是一样的:这是孔子的第三种功绩。(四)春秋以前,阶级层层,官多世卿。间有自渔钓、饭牛起家而为卿相的,乃是适逢王霸之君,偶然乘时而起,平时是没有的。这并不是草野无贤才,因为平民没有受教育的机会,就根本不能跟世卿竞争。自从孔子布文籍,又养徒三千,周游列国,深知各地的民情风尚,懂得应该怎样施政,怎样设教。他和他的门人们,都抱着从政的志愿,并且常与执政者争政见之短长。孔子死后不多年,六国起而世卿废,人民只要有学问,有政见,有经验,便都有做卿相的资格。从此以后,农工子弟不一定为农工,贵族子弟未必一定有官做,封建社会的层层阶级制度便荡平了:这是孔子的第四种功绩。把这四种大功绩总括起来,孔子便成为中国的保民开化之宗。所以他结论说,"世无孔子,宪章不传,学术不振,则国沦戎狄而不复,民陷卑贱而不升,欲以名号加以宇内通达之国,难矣。今之不坏,以先圣是赖,是乃其所以高于尧舜文武而无算者也。"我们现在崇拜的孔子,就是这样的孔子。

孔子为要行他的道,不能不从事于政治活动。但当时世卿秉政,贤路壅塞,而世卿既难猝去,所以他只想假借事权,便其行事;露骨一点说,就是只要有官可做,其行义不妨是从时而变的。因此,孔子之教,重在趋时。例如他说,"无可无不可。""可与,立;未可与,权。""君子之中庸也,君子而时中。"又如《荀子·仲尼篇》说,

"君子时绌则绌,时伸而伸也。"而孟子则称孔子为"圣之时者也"。君子时中,时伸时绌,这在孔子是不得已,为了要行他的道;然而流弊所及,便如《汉书·艺文志》所说"辟者随时抑扬,远离道本,苟以哗众取宠"。章太炎先生也说,"用儒家之道德,故艰苦卓厉者绝无,而冒没奔竞者皆是。俗谚有云,'书中自有千钟粟',此儒家必至之弊,贯于征辟、科举、学校之世而无乎不遍者也。用儒家之理想,故宗旨多在可否之间,论议止于函胡之地。彼耶稣、天主教、天方教崇奉一尊,其害在堵塞人之思想,而儒术之害,则在淆乱人之思想,此程、朱、陆、王诸家所以有权而无实也。虽然,孔氏之功则有矣:变神怪之说而务人事,变畴人世官之学而及平民,此其功亦绝千古。二千年来,此事已属过去,独其热中竞进在耳。"

章先生的话,非常深切而沉痛。真的,二千年来,孔子的精神已澌灭殆尽,只有他的"君子时中"、"时伸时绌"的趋时之教,却亘万而常新。其实孔子之所以待价而沽,汲汲于求得一半官职者,其目的是在行他的道,跟现在一般人所祈求的升官发财的目的完全不同,只是他的趋时之教,流弊太多,弄到后来,一切污邪诈伪,冒没奔竞的罪恶,都假儒家之名以行,这在孔子也是初料所不及的。

记得"五四运动"前后,为反对那些封建余孽借孔子来欺骗和麻醉民众,一时排斥孔子的言论风起云涌,有一位先生说得最好,他说,"我爱孔子,我尤爱真理。"现在我们纪念孔子,应该先认识孔子,否则便成为崇拜偶像,不是追求真理了。

(载 1939 年 8 月 20 日《中学生战时半月刊》第 8 期)

康有为和严复

毛泽东先生在《论人民民主专政》中说:"自从 1840 年鸦片战争失败那时起,先进的中国人,经过了千辛万苦,向西方国家找寻真理。洪秀全、康有为,严复和孙中山,代表了在中国共产党出世以前向西方找寻真理的一派人物。"洪秀全是领导太平天国的,孙中山是领导辛亥革命的,说起来青年们都知道。讲到康有为,一般青年恐怕只知道他是一个留着辫子不肯剪去的老顽固,想不到他是在中国共产党出世以前向西方找寻真理的代表人物之一。至于严复,青年们对他愈加陌生了。我现在来谈谈这两位先生,也许对于从事学习《论人民民主专政》的青年们会有一点儿帮助。

康有为(1858—1927)号长素,广东南海人。他是书香人家的子弟,父亲早死,祖父是一位程朱派理学家。他小时候受祖父的教育,后来在他的同乡朱九江(名次琦)那里读书。朱九江也是理学家,属于陆王一派。他在朱九江那里读了六年书,从理学到史学、经学,无不研究。后来他游历香港上海,觉得西洋人的殖民政治很完整,属地尚且如此,本国的政治更可想而知,因而联想到西洋人一定另有一套政治原理,决心要向西方国家找寻真理,就把江南制造局以及教会里所翻译的书都买来读了。其实那时候翻译的书大都属于自然科学以及工艺、军事、医药等等的,关于政治、经济、哲学的书,一部也没有翻译出来,但据说他读了那些书也颇有所得。他觉得西方国家确比中国进步。西方的自由平等之说,他自然也知道一点。而事实上"那时候的外国只有西方资本主义国家是进步的,他们成功地建设了资产阶级的现代国家"。我们中国,停留在封建社会阶段,经济文化都落后,再加上一个腐败守旧的满清专制政府,不但人民生活困苦,国家地位也降低到半殖民地了。他觉得要救中国,只有变法维新,要变法维新,只有学外国。但是,如果仅仅把外国的一些新道理讲给中国人听,大部分的中国人是不懂的,讲给统治阶级听,他们不但不接受,反要说你是大逆不道的。所以他不得不向旧的经书里去找新道理,建立他的新理论。换句话说,他不得不披上"经学"的外衣,来宣传他的变法维新的主张。

在讲康有为的那套变法维新的理论之先,要讲一讲"经学"。所谓"经",就是儒家的五种经典《易》《诗》《书》《礼》《春秋》。西汉时候专设(博士)官,教授弟子。当时所用的教本,都是用隶书写的(那时候还没有刻本。隶书是通用的字体,好像现在用楷书)。到了西汉末年,又发现了一些古本经书,是用古代文字(篆文)写的,从此经书有"今文"和"古文"的分别。传授今文的称为"今文学派",传授古文的称为"古文学派"。今古文不但字体不同(版本不同),内容也不同。例如春秋向来只有《公羊》《穀梁》二传(解说经文的叫做传)古文经里又添出一种《左氏传》来了。当时的经师"博士"大都不相信古文,刘歆(后来做王莽的国师)曾经为了争取《春秋左氏传》立于学官(照现在说,就是作为大学里的一门科目),写给博士们一封长信,就是有名的《移让太常博士书》。东汉以后,古文派比较得势,但两派老是争论不休。这两派对于经的见解和研究方法都不同。大抵今文派比较夸诞一点,喜欢附会经书,说一些离奇的话。因为古文派曾得势一时的缘故,西汉今文博士的学说传下来的只有《公羊传》的何休注。清朝嘉庆时候刘逢禄著《春秋公羊经传何氏释例》归纳出许多条理来,有什么张三世,通三统,绌周王鲁,受命改制等等。康有为抓住了这中间的三点(他不强调绌周王鲁这一点),来创立他的新理论。

什么叫做"张三世"呢?《春秋公羊传》说,孔子作《春秋》"所见异辞,所闻异辞,所传闻异辞"。东汉的何休加以解释说:"所见者谓昭、定、哀、己与父时也,所闻者谓文、宣、成、襄,王父时事,所传闻者谓隐、桓、庄、闵、僖,高祖曾祖时事也。"这就是说,孔子作《春秋》有三个时期的三种不同"书法"。鲁昭公、定公、哀公是孔子自己和孔子父亲所亲见的,叫做"所见之世"。鲁文公、宣公、成公、襄公正当孔子的祖父时代,孔子和孔子父亲都不及亲见,叫做"所闻之世"。从鲁僖公到鲁隐公(《春秋》纪事开始于鲁隐公元年)年代更远了,叫做"所传闻之世"。何休接下去又说,"以所传闻之世,见治起于衰乱之中,于所闻之世,见治升平,至所见之世,见治太平。"这样归纳起来,所谓"三世"就是衰乱世,升平世,太平世。张三世就是把公羊三世的道理加以发挥表扬。

什么叫做"通三统"呢?首先说这句话的是西汉末年的刘向。他说"王者必通三统,明天命所授者博,非独一姓也。"所谓"三统"是人统,地统,天统,或白统,黑统,赤统。从前人相信每一代的帝王都受命于天,都有一个来头——就是所谓"统"。例如三代,夏得人统,商得地统,周得天统。这些话现在看起来多么可笑,但里面也有一点道理,就是说,一代有一代的统,夏商周不相沿袭,既然不相沿袭,就应当随时有所改革。至于"受命改制",那是容易懂的,就是说王者新受天命必改易制度。

康有为根据了今文家的说法来创立他的新理论。他在甲午中日战争以前已经写了两部书,一部叫《新学伪经考》,一部叫《孔子改制考》。他认为那些晚出的古文经传,都是王莽的国师刘歆伪造的,都是《伪经》。既然是伪经,那么古文家的经学不能说是"汉学"(经学家都认为是上承汉代经师的学统的,所以经学也叫汉学),只能说是"新学"("新"是王莽的国号)。他认为周秦诸子都是假借了古代帝王的名义来宣传自己的改革(或说革新)主张的,就是所谓

"托古改制"。例如老子依托黄帝,墨子依托大禹,许行依托神农。尧舜是孔子所依托的人物,经书里竭力夸张尧舜功德,都不过是孔子的理想罢了。他认为孔子所作的《春秋》,看来好像极简单,里面可含有微言大义。《公羊传》的作者是懂得这些微言大义的。公羊家所说的"通三统""张三世",完全符合孔子的本意。通得"三通"的道理,就知道"五帝三王不相沿袭,譬之冬裘夏葛,势不两存",凡一切政治制度社会习俗,都应该随时有所革除,有所创立。懂得"三世"的道理,就知道从据乱世(就是前面说的衰乱世)到升平世,到太平世,社会是愈改革愈进步的:这就是康有为主张"变法维新"的理论根据。

　　康有为很巧妙地把公羊家所说的升平世、太平世和《礼记·礼运篇》所说的"小康""大同"配合起来。他先说,中国二千年来,从汉唐宋明到现在,不管什么治乱兴衰,总之是小康之世(也就是升平之世)。凡二千年来先儒所讲的种种道理,不分什么真伪精粗美恶,总之都是小康之道。现在中国已经小康了,如果不求进步,那是大悖孔子之道,也违反了历史进化的规律的。但后来他又认为目前还是据乱世,所以只能讲小康,不能谈大同。否则跨过了一个阶级,非但讲不通,行不通,而且要出乱子的。总之,不管目前是据乱世也好,小康世也好,应该求进步是一样的,只能讲小康之道,不应该高谈大同,也是一样的。目前再不能"不求进步,泥守旧方"的了,要改革,先从政治着手,而目前西方国家的立宪制度,比较中国的旧制度进步得多,确是小康之世的最良好的政治制度。因此他几次三番向光绪帝建议(当时称为上书),赶快变法维新(当时他说的维新,是根据诗经"周虽旧邦,其命维新"来的。意思是说,只要能改革旧制度,那么满清虽然是旧王朝,也受了新的天命了。跟我们现在说的维新,意义是不同的),而且要"大变"要"全变"。他又写了几本书给光绪帝看,一本叫《日本明治变法考》,一本叫《俄大彼得变政致强考》,一本叫《突厥守旧削弱记》(突厥就是土耳其),一本叫《波兰分灭记》,一本叫《法国革命记》。据说,光绪帝看到《波兰分灭记》,流泪说,"咱们中国怎么能不做波兰第二!"后来光绪帝依照他的建议,下了《变法定国是》的诏书,酿成"戊戌政变"。

戊戌政变牺牲了六个人(其中有康有为的弟弟康广仁和他的私淑弟子谭嗣同),康有为和他的弟子梁启超都逃到了外国。他在外国游历了好多地方,后来写成一本书,叫做《欧洲十一国游记》。说也奇怪,康有为在没有到过外国以前,仅仅看到上海香港的情形,研究一些西洋和日本的历史,模模糊糊的感染了一些来自西方资本主义国家的自由平等之说,居然创立新说,感动了满清皇帝,造成了因变法维新而引起的戊戌政变,可是他到欧洲去游历一趟,倒又守旧起来,顽固起来了。他以为百闻不如一见,在未到欧洲以前,想像欧洲许多国家总是什么都比中国好,实地考察以后,原来一切都不如中国,这是他的胡涂。无论如何,那时候西方资本主义国家,比起停留在封建社会阶段的中国来,总是进步的多。就是说,他们的生产方式比我们进步,他们的生活水准比我们高。如果照康有为的"三世"说法,那么,那时候我们是据乱世,他们应该是小康世了。但是康有为认识不到这一层。以后他主张"保皇",坚持君主立宪,反对民主共和(旧民主),一直到他死去。事实上在戊戌政变以后,清是完了,康有为也完了。他后来在《不忍》杂志上发表他以前所写的《大同书》,那是一种乌托邦的空想主义。虽然他的弟子梁启超竭力替他"吹",说《新学伪经考》是"思想界之一大飓风",《孔子改制考》和《大同书》好比火山喷火与大地震,又说他写《大同书》"一无依傍,一无剿袭",其实不过是中国原有的"天下为公"的大同主义和外来的乌托邦社会主义的混合物罢了。

但是,无论康有为后来怎样顽固,守旧,在戊戌政变以前不能不说他是"先进的中国人",不能不承认他是"代表了在中国共产党出世以前向西方找寻真理的一派人物"。他在学术上提倡疑古精神,说古书并不全部可靠,尧舜未必真有其人。他在思想上,是历史进化论者,否定了历史退化论或历史循环论,不承认封建制度为万年有道之长。他的变法维新运动,在中国历史阶段上有它的进步意义,至少暴露了满清政府的腐败,帮助了革命运动的发展。

下面要说到严复了。

严复(1853—1921)字几道,一字又陵,福建侯官人。他也是书香人家的子弟,早年进福建的"求是堂艺局"学海军,毕业后留学英国还是学习海军。那时候是科举时代,知识分子如果做不来八股文,考不取举人、进士,休想在社会上干事业。他因为不是科举出身,回国以后,没有人用他,也没有地方用得着他,他就重新学做八股文,应科举试,但没有考上举人,更不用说进士了。后来李鸿章要建立海军,为造就海军人才,办了一个"北洋水师学堂",请他当教授(后来做总办)。甲午中日之战,北洋舰队全部毁灭,全国人心愤慨,康有为等屡次上书请变法,光绪帝也颇想有所改革,特下诏书征求人才,他被人推荐,受光绪帝的召见。他很高兴,回来恭恭敬敬写了《上皇帝万言书》,预备向光绪帝有所建议,可是被顽固守旧的大臣捺住,上不得去,不久政变发生,光绪帝自己也被幽禁了。再过两年,义和团暴动起来,八国联军入北京,大局弄得稀烂,他从此躲在上海,前后七年,专门做译书的工作。

在叙述严复译书的情形以前,要谈谈过去关于翻译方面的情形。把外国文译成中文,是从佛教徒翻译佛法开始的。像五世纪初的鸠摩罗什,七世纪中叶的玄奘法师,都是翻译过许多佛经的。

他们的翻译工作做得很认真,规模也很大(组织一个机构,叫做译场,许多人在一起做翻译工作),所以佛经译出以后,不但丰富了我们的哲学,增添许多外来语(丰富了我们的词汇)还影响了我们的文章作风。十七世纪初,天主教徒利玛窦等来中国,带来的除《圣经》之外,还有关于天文、地理、算术等等图书,陆续译成了中文。但《圣经》的译本,说理既肤浅,文词又不雅驯,我们的"缙绅先生"是不看的。天文、地理、算术等等,属于自然科学,跟思想方面关系很少。到清朝末年,情形还是如此。前面不是说过吗?康有为为要了解西方各国的情况,把江南制造局以及教会里所翻译的书都买来读了,但只是一些属于自然科学以及工艺、军事、医药等等的,社会科学方面的一本都没有。一直要等到严复着手翻译西文书,才把西方的社会学说介绍到中国来了。

严复最先译出的一本书名叫《天演论》,是英国人赫胥黎(T. H. Huxley, 1825—1895)的著作,原名是 *Evolution and Ethics and Other Essays*(《进化与伦理》),讲的是进化论"物竞天择,适者生存"的道理。严复译这本书跟我们现在一般的译法不同,并非照原书一章一节的译,而把全章全节的文理融会贯通以后,重新加以组织,所以"词句之间时有所颠倒附益"。这一书刊行的时候,不写"严复译",而写"严复达",意思就是说并非直译原书,只是把原书的意旨达出来罢了。他是用文言译的,而且是"桐城派"的古文。每节之后又往往加上自己的按语,把中国的旧学说牵强比附上去。有时原文里所称引的西方的古书古事,他多改引了中国的古书古事,往往弄得非驴非马。用古文译外国书,在当时是不得已,因为那时候不通行白话文,如果用白话译,跟译《新旧约》那样,知识分子就不要看,所以不但要用文言译,而且文言要写得古雅,才会被人重视。严复虽然是学海军,读英文的,他的"国文"可也不错,中国的古书也看得不少,所以他译的《天演论》,一般知识分子都觉得不但内容新,文章也好,大家都爱读,一时风行全国。上海的澄衷学堂,曾用删节本《天演论》作为教本。当然,主要的原因,还是在进化论的道理开始介绍到中国来,那时候中国正受帝国主义武力侵略,经过庚子、辛丑的大耻辱,所谓"优胜劣败,适者生存"的公式确是当头棒喝,给了无数人一个大刺戟。几年之后,这种思想渐渐影响开去。我们在小学校里作文,"优胜劣败,天演公例"摇笔即来,而"天演""物竞""淘汰""天择"等等术语,常常在报章的论文里出现,成了一般知识分子的口头语。

严复译的书,除了《天演论》以外,还有亚丹·斯密司(Adam Smith,1732—1790)的《原富》(An Inquiry into the Nature and Causes of the Wealth of Nations)——这是正统派经济学的权威著作,耶方斯(William Stanley Jevons,1835—1882)的《名学浅说》(论理学初步,Primer of Logic),约翰·穆勒(John Stuart Mill,1806—1873)的《名学》和《群己权界论》(自由论,On Liberty),斯宾塞尔(Herbert Spencer,1820—1903)的《群学肄言》(社会学概论,The Study of Sociology),甄克斯(Edward Jenks)的《社会通诠》(政治学简史,A Short History of Politics),孟德斯鸠(Montesquieu,1689—1755)的《法意》(法律的精神,The Spirit of the Law)。他把西方的哲学、经济学、社会学、法学都介绍到中国来了。正像毛泽东先生所说的:"这些是西方资产阶级民主主义的文化,就是所谓新学……和中国封建主义的文化就是所谓旧学是对立的。"

严复译书非常认真。他自己定下三个条件:第一要"信",就是译得真实,正确。没有错误,第二要"达",就是把原意完全表达出来,第三要"雅",就是文章古雅,不庸俗。这三个条件,除了所谓"雅"之外,信和达的是从事翻译工作者所必需遵守的。为要做到信和达,他往往用十多天个把月的工夫想出一个新的译名来。他说,"一名之立,旬月踟蹰。"虽然他译的名词不见得都的当,例如经济学译为《计学》,社会学译为《群学》之类,但如"逻辑""自由"(他写作自繇)"权利"等等,一直沿用到现在,而"物竞天择""天演""适者生存"等等,当时的新学家都当作常用语了。严复为什么要提出一个"雅"字来呢?前面已经说过,如果不用古雅的文言,译出来的东西就不会被人重视。所以他不但自己的译文力求古雅,每一本书译好了,还要请当时古文名家吴汝纶写了序文,才刊印出来。那位吴老先生有时候见解倒比严复高明,例如他不赞成把赫胥黎原书所引的西方的古书古事改引了中国的。他写信给严复说:"执事若自为一书,则可纵意驰骋。若以译赫氏之书为名,则篇中所引古书古事,皆宜以原书所称西方者为当,似不必改用中国人语,以中事中人固非赫氏所及知。法宜如晋、唐名流所译佛书,与中儒著述显分体制,似为入式。"严复非但没有接受他的意见,还要把中国古书里的旧学说牵强比附上去。所以严复虽然译了不少外国书,但除了创立一些新名词之外,没有能够像晋唐高僧翻译佛经那样,自己创造出一种新的文章体制来(佛经中"如是我闻""所以者何""何以故""欢喜赞叹"等等,都是新创的语句)。

严复和康有为都是当时"向西方找寻真理的一派人物",但他们俩有不同的地方。康有为受了西方资产阶级民主主义文化的影响,回头来从旧经书里去找新道理,创立他的新学说新理论。严复只是把西方的新学说介绍进来,他自己并没有创立什么新的学说。他自己的思想实在是很混乱的。例如他的那篇《上皇帝万言书》,对于当时国内外的情势说了一大堆话还是说不清楚,对于变法维新,又赞成又像不赞成,说什么"一行变甲,当先变乙,及思变乙,又宜变丙,由是以往,胶葛纷纭。设但支节为之,则不特徒劳无功,且所变不能久立。又况兴作多端,动縻财力,使其为而寡效,则积久必至不支,此亦事之至可虑者也。"好在光绪帝并没有看到这《万言书》,倘然看到了,一定弄得莫名其妙的。但有一点,严复和康有为是相同的,那就是他后来也成了一个老顽固。他参加了袁世凯派人组织的筹备会,做了"筹安六君子"之一。晚年他反对白话文,提倡旧礼教。他虽然向西方国家找寻真理,介绍西方资产阶级民主主义的新学说到中国来,可是他自己的思想似乎并没有受这种新学说的影响,还是一个道地的封建老顽固。

(1949 年 8 月 21 日于北平)

钱 南 扬

■邓中肯

钱南扬(1899—1987),学名绍箕,一作肇基,字南扬,以字行,平湖曹桥吴汇埭钱家村人。1919年考入北京大学。求学期间,撰写了我国最早也是唯一一部研究谜语的专著《谜史》。1925年大学毕业后,一直投身于教育事业和学术研究。1934年发表《宋元南戏百一录》这一创造性的研究成果,奠定了近代南戏研究的科学基础,是继王国维《宋元戏曲考》以来在戏曲史研究上的又一重大突破。新中国成立后,主要编撰出版了《梁祝戏剧辑存》《宋元戏文辑佚》《元本琵琶记校注》《南柯梦记校注》《汤显祖戏曲集校点》《元明清曲选》《永乐大典戏文三种校注》《汉上宧文存》《戏文概论》等。这些论著在国内学术界影响巨大，尤其是《戏文概论》被公认为填补了中国戏曲史研究中的一个空白。在组织和推动民间文学、民俗学、戏曲史的研究工作中，作出了独特的贡献。他是继王国维、吴梅之后曲学研究的又一大家，是南戏研究的开拓者和集大成者，奠定了现代南戏研究的科学基础，构建了戏文研究体系，确立了中国南戏这一学科，因而被誉称为"曲学师范""一代宗师"。

汉上孤儿　北大才子

清光绪二十五年农历十一月十五日（1899年12月17日），钱南扬出生于浙江省平湖县西门外大街西仓桥东堍钱家房子。

早先钱家祖居处在平湖曹桥吴汇埭钱家村，世代务农。在钱南扬之前，他的母亲已接连生了两个女儿，其父求子心切，认为自家房子风水不好，又因做了一些生意，经济上尚宽裕，就在县城西门外大街的西仓桥东堍购买了两间临街房子，买后又加建了一间披屋，南面临河。这条东西向的河流名"汉塘"，河面很宽，西自嘉兴南湖，东至平湖东湖，进入平湖城关西水门后为城区市河，也称"汉水"。

搬进城里居住后，果然生了个男孩，全家欣喜万分。于是给这个能传宗接代的男孩起名绍箕，字南扬。但仅过了几年，钱绍箕的父母亲因病相继早早地去世了。钱家没有叔伯兄弟，仅有的两个姐姐也先后出嫁，年幼的钱南扬只好由姨母卞氏来抚养，直至成人。

卞姨母对这个小内侄细心抚养，尽自己的努力让他吃饱穿暖，还时不时地给他唱一些她自己会的本地民谣和"瞒瞒子"(平湖民间谜语的俗称),还会讲些民间故事和传说。想不到这些民间文学的东西,引起了钱南扬的浓厚兴趣,无意间在幼小的心田里扎下了根,日后竟唤起了他对民俗文学的自觉意识。

那时小城里弄的孩子都很喜欢玩猜人家唱的"瞒瞒子"——几个孩童围着一位会出谜面的能手,一起竞猜,谁猜中了就会获得一点小奖励,或是一只眉毛饺,或是一把盐津豆,称之为"彩头";有时却没什么物质奖励,纯粹就是一句褒奖而已,孩子们却玩得津津有味,乐此不疲。钱南扬话语不多,但抢答积极,加上从小有所积累,记性奇好,又肯钻研,所以在竞猜中得到的"彩头"总是最多。

光绪三十二年废除科举制度后,平湖县内开办的新式小学堂明显增多,不少适龄儿童在秋季纷纷入学。由于卞姨母特别宠爱从小没爹没娘的钱南扬,一直舍不得让他上学,怕在学堂里受同学欺侮。大姐夫看着已经虚龄8岁的钱南扬,就觉得不能亏待了这个小舅子,应该让他识点字,到长大了也就多一条谋生路子。看他虽内敛寡言,但又聪颖过人,怕耽误了适学年龄,就决定自己来教他。于是从1907年2月起,大姐夫就在家教他认字读书,一直坚持了五年。

民国元年(1912),教育部宣布废除"癸卯学制",公布"壬子学制",规定儿童7岁入学,初等教育学制为七年,其中初等小学四年,高等小学三年。此年钱南扬已经14岁了,大姐夫自感也没有能力继续教他了,而学堂里的必修课目又多又好,每周授课有30课时,既有国文、算术、修身,又有历史、地理、格致和体操,所以接受学堂教育才是正道,也不至于影响到他日后的升学。

这一年过完年,大姐夫就准备送钱南扬进学堂读书了。按他的年龄和学习基础,大姐夫想让他直接上高小学堂读上一二学年。

可是去学堂一咨询,说是初等小学是义务教育,孩童必须要有这个学历。于是只好先读初小,被安排在位于中城区的平湖公立第四初等小学插班就读。平湖公立第四初等小学是宣统元年(1909)正月创办的新学堂,由周恭威先生发起组织,校址设在原当湖初等小学堂内。原当湖初等小学堂的堂址在当湖书院旧址,离钱南扬家很远。钱南扬每天上学要从西门外出发,步行一直到接近东门,相当于横穿了整个县城,所以非常费时费力,就这样坚持了一年两个学期。

民国二年二月,春季开学了,钱南扬顺利升入了高小求学。他就读的是平湖官立高等小学堂,其前身就是创办于光绪二十七年的平湖县学堂,是全县规模最大、名气最响、师资最为强大的高小学堂,但更重要的是学堂离家不太远。钱南扬在这所位于梯云桥堍、佑圣宫旁的高小学堂里,读了两年半,成绩优异,深得各科先生们的赏识。民国四年他毕业时,学堂名称已更易为平湖县立东武高等小学校,后来又发展为完全小学,历经百年即现在的平湖市实验小学。

民国四年8月,17岁的钱南扬考入了浙江省立第二中学校(即今嘉兴一中)求学。这所学校的前身是光绪二十八年时任嘉兴知府刘毓森奉省令创办的嘉兴府学堂,是嘉兴的最高学府。走出小县城,离开了老家,只身来到嘉兴城里住校读初中,对钱南扬来说,简直是进入了一个新天地。

钱南扬在省立二中就读了四年。省立二中的课程内容尤其是"言文"科目吸引了钱南扬。这个"言文"科目分为国文和英文两部分。国学大师王国维(字静安,号观堂,浙江海宁人)的同父异母弟弟王国华(又名健安,字哲安),1916年刚从加拿大托朗托大学深造回来到省立二中任教,正好担任钱南扬班的英文教师。王国华英文水平很高,为人很随和,后来还担任过省立二中的代理校长。因为王国华先生的缘故,王国维几次来校看望他的弟弟,让包括钱南扬在内的一些学生亲眼见到了这位国学大师。其时,王国维刚从日本侨居回国,同乡邹安邀其到上海在英国人哈同创办的"广仓学窘"(为一学术图书编辑机构)任《学术丛编》编辑主任。其所著的《宋元戏曲考》已经影响很大,所以尚在中学求学的钱南扬就知道了这部被誉为"戏曲研究史上一部带有总结性的巨著"。

国文更是钱南扬所痴迷的科目,而让他最幸运的是竟遇上了词学大家刘子庚来任教国文。刘子庚(名毓盘,号噉椒,浙江江山人),是光绪二十三年的拔贡,曾授云阳知县,早在1901年就出版了词集《濯绛宦词》。1914年刘子庚从浙江第一师范离职,先来到嘉兴的秀州书院(秀州中学的前身)任教,过了一年,再来到省立二中任教,所以与钱南扬是同一年进校,只不过一位是国文教师来此供职,一位是平湖学子入校求学。更为有缘的是,四年后钱南扬考入了北京大学,而刘子庚也从省立二中离职进入北京大学任文学院国文系教授,延续师生间共研情缘,当然这是后话了。

刘子庚一生醉心于词学,不仅创作了大量词作,还出版了不少有影响力的研究著作。在省立二中时,他就开始了《词史》的撰写工作。写得得意之余,经常跟喜欢词曲的几个学生滔滔不绝地讲述自己跟国内词曲大家交往的逸闻故事。他与现代戏曲理论家和教育家吴梅是世交,所以他常常在学生面前提起"吴梅先生曲学如何精深、藏曲何等丰富"。也许其他同学听过之后并不在意,而钱南扬听了便很向往,"心中便开始产生研究戏曲之意"(《钱南扬自传》)。自此,他"每逢暑假回家,便参加家乡的曲会,学唱昆曲"(《钱南扬自传》)。平湖历史上属海盐县的一部分,盛行海盐腔,脱胎于海盐腔的昆曲在平湖城乡非常受人青睐,因而昆曲社团林立,演唱人员众多,交流活动频繁。清末及民国时期,城关的晨曦社、三聚堂等颇有名声,张传琨、汪容第、叶纯厚、陈不凡、徐嘉麟、葛继乔、莫孟弢、陈燮臣以及程步高、叶荣高、叶运升、陈景常等非常活跃;乍浦、新仓、广陈、钟埭、新埭等乡镇的清客奏班多达几十个。一等放假回乡,钱南扬便沉浸其中,还有几次有幸观摩到了在城隍庙、葛氏传朴堂、莫氏春晖堂举行的堂会曲叙,受益匪浅,进步飞快。

除了昆曲唱班,平湖民间也盛行唱猜"瞒瞒子"。"平湖瞒瞒子"这种益智游戏,老少皆宜,雅俗共赏,谜面文字生动有趣又别致有韵,内容五花八门,类别覆盖物谜、事谜、字谜、地名谜,数量多达千条以上。平湖不仅有民间谜语类的"瞒瞒子",还有更多数量的文义类灯谜;不仅大家会唱谜,还有人擅长制谜。钱南扬在中学期间,每逢休假,常与师友以猜谜为乐。成年后他回忆起少儿时期猜谜,自谦地说:"我虽既不善做,又不善猜,然也觉得很有兴味。"

1917年11月,老家东隔壁邻居王绍裘前来提亲。老王先生是看着钱南扬从小长大的,特别喜欢这个后生家,当然知晓他很聪明,读书很好,成绩一向非常优秀,在省立二中还经常考第一名。这桩亲事就由卞姨母作主答应了,王家二女儿王彤史准备婚配给钱南扬。那时卞姨母身体不好,时常病倒,家里缺人照顾,钱南扬既要外出求学,又要顾及姨母,处在两难之际,就同意了娶妻。

订下亲之后,卞姨母赶紧筹备婚事,并租用了平湖西门外大街徐婆桥西侧的冯家房子。这所冯家房子离钱家和王家房子不远,只隔二十来个门面,以后便于娘家人来照顾,因为钱南扬还在求学读书,日后也不知要到哪里供职,家里事务肯定顾不上,还有可能离多聚少。冯家房子坐北朝南,临着西门外大街,有三开间两进,临街门面房开设的是藤轿行（出租轿子和为客抬轿代步的商行），后进的两层楼房就是所租用的房子，比较宽敞，但建筑质量并不好。钱南扬的六个子女全都出生在这里。

1918年2月，趁放寒假期间，20岁的钱南扬与大他一岁的王彤史成了亲。11月，长女钱球出生，由卞姨母和王彤史一同抚养。而初为人父的钱南扬依旧忙于中学学业，只有寒暑假才能回家团聚。

1919年5月4日，五四运动爆发，其爱国浪潮迅速波及全国。正读中学四年级、临近中学毕业的钱南扬和同学们一起响应，参加了罢课游行，以"声援北京学生的正义斗争"。这次参加声援游行对青年钱南扬的触动很大。因北京大学是五四运动的发源地、新文化运动的中心，他十分向往，所以很快决定报考该校。

是年8月，钱南扬考入北京大学国学门中文科，预科二年，正科四年。钱南扬和张文澍（字馥哉，平湖新仓人，1913年考入北京大学国学门）、张庭济（字柱中，平湖新埭人，1917年考入北京大学英文门）是民国初期最早考入北京大学的三个平湖人。这自然是小小平湖县的一件大喜事，也是又一个"寒门出状元"的典型事例，被县城里千家万户作为身边鲜活的榜样常常挂在嘴上，去教育自家子女要勤谨上进、刻苦钻研。而钱南扬自身却非常淡然，只觉得自己运气好，只不过是报对了专业；也谈不上什么光宗耀祖，但对早逝的双亲算得上是个很好的告慰，对两个姐姐、姐夫和卞姨母、妻子以及岳家人也是莫大的欣慰和荣幸。

钱南扬选读了民间文学和小说戏曲专业，所在班共23人，涉及全国的17个省份。任教的教师有许之衡、钱玄同、鲁迅、刘师培、辜鸿铭、夏曾佑、胡适、德国人雷兴（Ferdinand Lessing）等。让钱南扬感到意外的是，与自己中学时的国文教师刘子庚先生竟又一次同时进了同一所学校，只不过这次刘先生当了教授，而自己则是个预科生,但这不影响他俩之间的个人情谊,相反日后刘先生把钱南扬视作兄弟,在曲学研究上给予他极大的帮助。

研究曲学,自己必须学会唱曲。为了学好唱曲,刘子庚替钱南扬专门介绍了一位笛师,每周两次,教唱昆曲;又介绍了一位票友,教其串演,直至可登台演唱。因此,钱南扬对研究戏曲的兴趣就更浓了,甚至到曲社里专学旦角的演唱和舞蹈身段,曾登台演过《游园》《思凡》等折子戏,学会了《琵琶记》《荆钗记》等十几出古典名剧。年轻时的习曲经历,对他日后的研究和教学产生了很大的影响,在晚年他曾对学生讲:"治曲不会唱曲,就如瞎子摸大象,只能触及皮毛,而无法研究戏曲音律方面的问题。"

钱南扬初入北京大学,其时五四运动的余波未息。他积极投身其间,参加了反对逮捕陈独秀、反对奸贼曹(汝霖)陆(宗舆)章(宗祥)的游行示威等活动。而五四新文化运动,则直接把钱南扬引入通俗文学的研究领域,继而占据了他预科二年的大部分学业时间与精力。

1912年,京师大学堂更名为北京大学。1917年,蔡元培任北京大学校长。上任伊始,他就大刀阔斧整顿,北大很快就成为新文化运动的中心。他提出的办学方针为"思想自由,兼容并包",又在校内大力提倡通俗文学,号召同学搜集民歌民谣;校刊副刊还专门辟有一块园地发表学生们所搜集的民歌民谣,并按日在《北大日刊》上发表一两首。

在这样的风气熏陶下,钱南扬对民间文学的兴趣被激发了,随即参加了蔡元培、刘半农等先生组织"歌谣研究会"采集民歌的活动。有一次,钱南扬听恩师刘子庚讲起自己手头正忙于《词史》一书的编撰,而许之衡先生正在整理"曲史"讲义,鲁迅先生也在筹划"中国小说史"。受此启发,他就想着要在"民间文学"里确定个"什么史"进行研究,但先生们都是大师,选题自然宏大,自己还是个预科生,就往显冷的小处选题。基于自己少儿时受家乡唱猜谜语的浸染,决定对"谜史"开始重点关注,并着手进行搜集与整理。为此他一有空就去北京旧书店及弄堂内收旧书报的担子上寻觅有关资料。有一次他看到几页旧纸片上印着一些谜语,就想办法去查找它们的出处。就这样,他积累了有关谜语的大量材料,还发现不同时代的编谜方法也有所不同。

国学门中文科预科二年的学业对钱南扬来说并不困难。所有必修科目的学习,他都非常投入,因而成绩也非常优秀。他常常能考到102分,因为不但成绩优异,而且他从小就习惯用左手写字,字迹端正清秀,老师就给他加了两分卷面分;也常常因为成绩突出而免缴了学费。但他在校学习并不轻松,因为一则要研曲学唱,二则要对谜史进行探究。经过一年多的努力,在读预科二年级的那一年,他终于完成了《谜史》一书的初稿。

1921年秋,23岁的钱南扬升入中文科正科一年级。正科四年实行的是选课制。就读期间,钱南扬选修了许之衡的"曲选""曲史"和"曲律"、钱玄同先生的声韵学、鲁迅的中国小说史等课程,当然,还毫不犹豫地选修了刘子庚的"词选"和"词史"。由于钱南扬好学勤勉,又肯钻研探究,深得先生们的赏识。他经常向许之衡(字守白,广东番禺人)请教曲律问题,许先生特把自己的一部大作《曲律易知》赠送给他。此书广博精深,钱南扬把玩不已,获益不浅,所以一直珍藏着。其时刘子庚主讲词史、词曲学、中国诗文名著选等课。1922年秋,正值钱南扬升入正科二年级就读时,刘先生编定了《词史》一书,共十一章九万余字,综述词自唐、五代、两宋、金、元下及明清千余年间萌芽、鼎盛、复兴的演变梗概,颇多独到见解。此书与鲁迅《中国小说史略》、黄季刚《文心雕龙札记》、刘师培《中国古文学史》同为20世纪20年代研究中国古典文学史的四部研究性著作。刘先生见钱南扬爱不释手,就随手签名送了爱徒一本。虑及这位青年学生有志于戏曲,还特地修书给吴梅先生,请求他收下钱南扬列诸门墙。

鲁迅先生的上课风范也给钱南扬留下了深刻的印象。鲁迅最恨别人突然闯进课堂打搅原本宁静的空气。有一次,有几个来参观的人踏进教室,鲁迅先生就干脆停止讲授,等到那几个人自觉不好意思退了出去,才继续上课,然后他教育学生:"要听课,应该一开头就来,这样一转,能听到点什么?这是损人不利己。"

1923年2月26日,钱南扬的《新年谜话》一文发表于《半月》第2卷第11号(春节号),此系他公开发表的第一篇论文。此后他以《春灯余话》为题于1924年2月至1925年4月分六次先后在《半月》发表有关谜语的文章。这些文章连同《"俗谜"溯原》《"俗谜"溯原补》,其内容实际上都源于《谜史》初稿。

自此以后,他在正科三、四年级这段时间里,在民间文学这个领域里不断探寻求索,收集了大量有关孟姜女、梁山伯与祝英台、目连戏等研究资料,但由于一些机缘,很快他又开始留意起宋元戏文了。

顾颉刚(名诵坤,字铭坚,号颉刚,江苏苏州人)是中国现代著名历史学家、民俗学家,古史辨学派创始人,现代历史地理学和民俗学的开拓者、奠基人。他于1920年在北大毕业后即留校任助教,第二年改任北大研究所国学门助教,1922年去了商务印书馆编纂中学历史教科书,1923年底离开商务印书馆,回北大研究所,担任《歌谣》周刊编辑,专心从事民俗学、民间文艺研究,并成为《歌谣周刊》的主要撰稿人。钱南扬就在这个时候结识了顾颉刚。对钱南扬来说,顾颉刚既是学长,也是老师;然而顾颉刚把钱南扬视作学弟,结为挚友——尽管两人相差六岁,但一见如故,十分投机,自此两人结下了长达六十多年的深情厚谊。

1925年的二三月间,钱南扬着手撰写《南曲谱征引传奇考》一文,但遇到了好多难解的问题。顾颉刚告诉他,可以找相关专家帮助解疑,也不一定非要上门请教,直接写信,既方便又可留下做文字资料,观点成熟的信件还可以当作论文日后直接公开发表。事实上确实如此,顾颉刚与胡适、钱玄同等人都是同校同系同门的同事,但平时问题讨论、学术研究,都是通过书信往来。这个治学办法,让钱南扬日后感到非常受用。

《南曲谱征引传奇考》一文后来并没有公开发表过,但围绕南曲谱日后却有了一系列论文问世,如《〈南曲谱〉及民众艺术中之孟姜女——致顾颉刚》(1925年)、《〈南曲谱〉一词两见之理由——致顾颉刚》(1925年)、《南曲谱研究》(1930年)、《曲谱考评》(1944年)、《论明清南曲谱的流派》(1964年)等。其中1925年发表在《歌谣周刊》的两文就是钱南扬写给顾颉刚的信札。

其时顾颉刚正在埋头作"孟姜女故事研究"。3月28日至4月20日,他先后四次致函顾颉刚,向其提供自己存藏的孟姜女研究资料。不仅如此,钱南扬还把自己辛辛苦苦觅得的相关书本和口碑资料,一股脑儿地全部供给顾颉刚,等于说自己放弃了这个课题。为此,顾颉刚于4月11日回函,表示非常快乐与感激。信中说:

> 钱先生这封信中,材料的广博、论断的精确,用不到我赞扬。我非常的快乐,竟得到这一位注意民众文艺的朋友。

这一年从3月直到7月大学毕业,钱南扬与顾颉刚往来书信不断,讨论孟姜女鼓词、《听稗》鼓词以及《南曲谱》等诸多细节问题,各自陈述看法,相互补充例证材料。所以钱南扬在顾颉刚编辑的《歌谣周刊》上相继发表了《孟姜女鼓词与〈听稗〉鼓词——致顾颉刚》《黄识康秦孟姜碑文考》《"俗谜"溯原》《"俗谜"溯原补》等六篇论文,有的还是顾颉刚自己抄录钱南扬的信件予以刊登在《歌谣周刊》的"孟姜女专号"上,足见两人在学术上的情谊之深!

1925年7月,时年27岁的钱南扬从北京大学国文学系毕业,其毕业证书署名为"钱肇基"。这时,他的次子钱玮也刚好出生。就在他大学求学期间,长子钱珂、次女钱琬分别于1919年11月、1923年4月在平湖出生。至此,他已经是两男两女四个孩子的父亲了。后来又有三女钱环、三子钱琇分别于1926年7月、1931年7月在平湖出生。六个子女分别名为球(女)、珂、琬(女)、玮、环(女)、琇,之所以都带有斜王旁,源于王姓,是为了尊重妻子。钱南扬深受五四精神影响,讲究男女平等,尊重个人权利,所以本想让一半的子女姓王,但遭到妻子的坚决反对,最后只好作罢。

青年时期的钱南扬

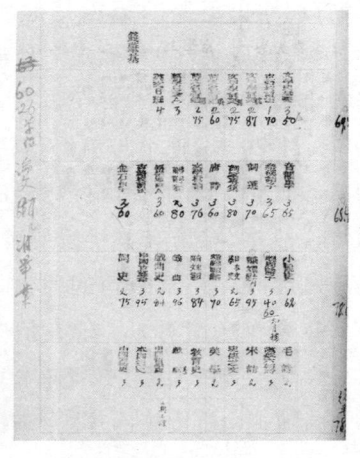

钱南扬在北京大学国文系正科四学年的成绩单

他在北京大学的另一大收获是,在国学门中文科预科和正科共六年中,与同班同学相比,无论是必修科目还是选修科目,其学习成绩显然是出类拔萃的,而且他早早地涉入学术研究之中,在大学预科一二年级时就完成了自己的第一部专著,大学毕业前已经正式发表了七篇论文,更重要的是他已经厘定了自己今后专攻民间文学与民俗学、戏曲史的学术方向,初步形成了自己的治学方法、论述特色和研究风格。

辗转浙地　拓荒寻觅

1925年8月,大学刚毕业的钱南扬在回到老家平湖作短暂休假后即开始谋职,由顾颉刚介绍到了宁波,在浙江省立第四中学(宁波中学前身)任国文教员。

之所以要到宁波去任教,是因为喜欢做教师,并为了谋生,养家糊口,而更重要的原因是他所钟情的民间文学与民俗学、戏曲学,因为他所关注的"梁祝""目连戏"等,有许多相关的资料与实证都在宁波一带。

8月20日,他就拟就《万喜亮的石像》一文。此后他利用周末和节假日时间,广泛搜集散失在民间的资料,包括刻本、手抄唱本和传说故事,寻访有关梁祝的碑记、庙宇、坟墓等关联物。其间,他仍与顾颉刚保持着密切的通信,把自己觅得的有关孟姜女的资料与信息全盘送给对方。他在信中说:

> 兹奉上《孟姜女》唱本二种,宁波蝦辞二种,对唱小调十五种,工尺谱一种。小调中有非宁波出品者,然已传入宁波,至少亦受一点宁波化矣。有土语不解者,可问马师幼渔也。宁绍戏剧之盛,非他处可比。……顷弟方从事

研究,明年夏更拟一至绍兴……《目连》乃"高腔"。弟每疑"高腔"在"昆腔"之前,未识阁下以为何如?宁波戏班有昆戏,有"目连戏",有"绍兴戏",弟已约订一昆班吹手,以度曲为名,著手调查。据说诸班俱无《孟姜女》剧,唯最下流一种"串客"所组织者(即上海大世界新世界专唱哥哥妹妹之"四明文戏")也许有之。唯在宁城此种久经官厅禁止,无从调查。

11月25日,顾颉刚收到并翻阅钱南扬所赠资料,回信说"使我眼界一开,极快"。信中所说的"唱本二种"是宁波老凤英斋刻本《孟姜女五更》(题"新出口唱湖北调")一册、宁波所购的上海蒋春记书局石印本《孟姜女寻夫》(即江浙最通行之唱本)一册,"工尺谱一种"是指经钱南扬订正工尺的《纳书楹曲谱》本梆子腔《孟姜女》剧本工尺谱一篇,还有校勘过的宁波凤英斋刻本《十二个月孟姜女》(首页题《孟姜女过关》)二册。

在宁波的一年,钱南扬一边教书,一边基本上都在潜心搜集与整理研究梁祝故事。在12月的《北京大学研究所国学门周刊》上接连发表了《梁山伯祝英台的故事》和《目连戏与四明文戏中的孟姜女》两文。

1926年7月,钱南扬从省立四中离职,也顾不上三女儿钱环刚刚出生,大半个暑假去了绍兴搜集目连戏等地方戏曲资料。8月底去了位于临海的省立第六中学任国文教员。9月30日,顾颉刚领到厦门大学8月份薪水,就还给钱南扬替他购书的钱款;他感到钱南扬屈就在中学里教书,未免太浪费了人才,就想推荐他到厦门大学去就职。但钱南扬以孩子多而且年龄还小为故,婉言推辞了。实际上此时他真正放不下的就是实地的调研和手头的研究。

这一年的秋天,钱南扬抽空又奔赴宁波,对目连戏及其起源再作实地调研，不久纠正了自己"绍兴乃目连戏之发祥地"的看法。在收到顾颉刚寄赠的著作《古史辨》、花鼓词《英台歌》等数种资料之后，钱南扬仍然感到这方面的资料欠缺，许多问题还不能够迎刃而解。于是，他在报刊上登载公开征求梁祝资料的信息，以求获得更多的研究资料。

在临海任教期间，钱南扬写成了《祝英台故事的歌曲》《目连戏考》《梁山伯祝英台的故事（续篇）》等文章，在《北京大学研究所国学门月刊》和《国学月刊》上接连发表了《〈千字文〉院本之前后》《梁山伯祝英台故事歌曲序录》等论文。

1927年8月，钱南扬在结束了临海省立六中一年的任期之后，又来到杭州的省立一中任教国文，任期仍然是一年，即此年的8月至次年的7月。那个时候的中小学，聘任一般都是一年一签，双方满意了再续签。但钱南扬觉得一年一签是再好不过了，这样可以不受羁绊，期满就可以离开，可以去更多的地方进行实地调研，以便广罗更丰富更翔实的一手资料。所以以后他在浙江大学文理学院、松江县中、宁波市立女中、武汉大学、绍兴县立中学、省立杭州高中、平湖县中、吴兴县中、省立湖州师范学校等学校任职时基本上都是"一年一签"，有的只有半年，长的也不过二年，最长的只有在杭高、联高各待了五六年。

在省立一中（杭州高级中学的前身）任职一年期间，有一件重要的事情发生了。1927年4月，顾颉刚赴广州任中山大学历史系教授兼主任、图书馆中文部主任，代理语言历史研究所主任。8月，他来杭州作较长时间的停留，钱南扬即去杭州与他会了面，顺便把冯贞群的《宁波历代志乘中之祝英台故事》稿转交给顾颉刚。9月，钱南扬动身赴杭工作后，与顾颉刚相处半个多月，不仅一同出游访友，还一起购书，到三义楼用膳。顾颉刚仍然记得钱南扬在初读大学时就完成了《谜史》,就商量是否将它出版。

顾颉刚在中山大学主编《中山大学语言历史研究所周刊》,还担任了《语言历史学丛书》总编辑,负责历史学和民俗学两类丛书的编纂。1928年3月,顾颉刚写信给钱南扬,将《谜史》列为广州中山大学语言历史研究所《民俗学会丛书》之一准备正式出版。4月,钱南扬在杭拟就《〈谜史〉引子》一文。7月,《谜史》被列入"民俗学会丛书之十一"由中山大学语言历史学研究所出版。当年10月至12月,《申报》四次刊登了《谜史》广告;次年2月28日,阳冰于《申报》发文,着重提及《谜史》。

这一年,正值钱南扬虚龄30岁,《谜史》的出版也被看作是他"三十而立"的一条最好的注解。《谜史》是我国最早也是至今唯一的一部研究谜语的专著,是我国民间文学与民俗学的"开山之作",开创了谜史研究的先河,为我国谜史的研究作出重要贡献。出版之后好评如潮。顾颉刚在《〈谜史〉序》里称:

> 我敢说,今日研究古代民众艺术的,南扬先生是第一人,他是一个开辟这条道路的人。

王季思在《〈谜史〉新序》中云:

> 当时钱先生只是一位大学生,却别具慧眼地在民间文化之花——谜语的处女地上开始筚路蓝缕的拓荒工作。他是以科学态度来整理这一民间文化遗产的第一人,首创之功不可磨灭的。

胡寄云在《谜书考》中给予《谜史》较高的评价,云:

> 钱氏对于民俗学,喜搜求研究,故是书考源举例,深中窍要。书凡十章,春秋汉代一章,汉魏六朝一章,魏晋六朝一章,唐代一章,宋代二章,元明一章,清代一章,谜语书籍一章,余论一章。所论采自史乘文籍,准古证今,足资探讨。

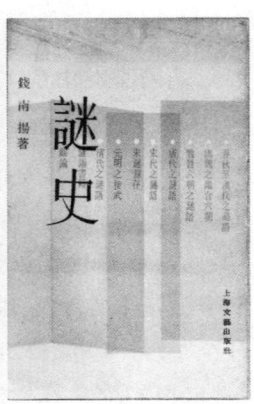

1928年初次出版、1974年香港版和1986年上海版的《谜史》封面

日本京都大学教授赤松纪彦评价：

　　这本从《左传》以下庞大的文献中用心收集的"谜语"例子，并试图把直到清代的整段历史弄清楚的书，却是五四时期新潮流中打开眼界做学问的少壮学者的处女作。

海上名医吴莲洲在收到钱南扬的赠书后，特赋诗云：

　　我闻古良史，厥惟称南董，钱子不羁才，学富号五总。
　　余力攻廋辞，数典期无遗，穷原而竟委，春秋到今兹。
　　贻我双鲤鱼，中有一卷书，雒诵不忍释，津津味有余。
　　余生癖嗜虎，手此喜欲舞，多君逻辑功，坐令快先睹。
　　是编尤难得，校勘且加墨，案头时披读，如获百朋锡。

同乡同学好友陆维钊收到钱南扬的赠书后，也赋诗题词：

　　昔闻盲左传庚癸，秦客而今信有之。
　　太息苏黄文戏集，史臣终古忽廋词。

　　河鱼麦曲费追寻，离合应怀北海尊。
　　不是江南钱阿九，更何人与话春灯。

但钱南扬本人并不满意,他不断加以修改并完善,6月25日即拟就《〈谜史〉的错误》一文;1930年4月25日,又写了《〈谜史〉的新材料》一文;1934年7月23日在朋友处发现了三种谜语罕见版本,后在1984年2月《谜史》"再版前言"里就加以说明。1981年陆滋源在准备出版《中华灯谜研究》,请钱南扬审阅时借到一册1928年出版的《谜史》,在这本自留本上钱南扬记满了"错字正误""眉注""夹注"以及"附页"。1983年,正在攻读研究生的张新建也曾在钱南扬的案头看到过这本自留本,只见每页的空白处留下了积年增补、辨误、修改的墨迹,密密麻麻,几不可辨!1989年人民日报出版社为出版《中华谜书集成》丛书征集古近代谜书时,钱玮出示了父亲生前所藏的谜书,只见钱南扬在1942年7月30日对《曲园三十家谜选》(即《三十家灯谜大观》,清光绪十八年刻本)的批注以及1959年1月10日抄写并注的《新小说谜选》,也是蝇头小楷,密密麻麻。

《谜史》初版后,有评论家说他"别具慧眼",但家人们笑他怎么编出这么一个"冷门货"。他捧着样书笑着说:"这是讨众人的喜欢。你们不是都喜欢猜谜语吗?看看这个书后,能知道它的来源、变化,不是更好吗?"事实证明他的话是对的,这部书资料翔实可靠,极具参考价值和学术价值,具有首创性、奠基性、不可替代性和无法逾越性,因而在我国民间文学史上享有很高的地位。《谜史》初版后,在大陆、台湾、香港一版再版,直至2018年中华书局出版《谜史丛谈》时已是累计第十次出版了。

1928年的下半年,钱南扬从省立一中离职,旋即在浙江大学文理学院中文系担任助教。这是他首次在高校任职任教。

进入1929年公元新年后,钱南扬回平湖老家为家里办了一件大事情。因为孩子多了,原本的住房有点紧张了,他就决定修缮老房子并进行扩建。就在这一年的寒假过年前,他支出包括《谜史》在内的数年攒下的稿费积蓄和父亲生前在藤轿行的一点股份,在楼房后面的空地上建了三间简易平房,腾出楼房里的一间铺了木地板,买了个书橱,装上了书架,四壁修葺一新,挂上了自己与胡适的合影以及胡适书赠的一副对联。

胡适(字适之,安徽绩溪人)是钱南扬北大求学时的老师,也是学术研究上的挚友;1927年钱南扬到杭州工作后的两年里,两人交往甚密,书信往来探讨小说史与戏曲史方面的问题。胡适看到他在中学里教书,觉得很屈才,便写信要他去北京大学任教;但钱南扬感到自己研究的根基在地方民间,就推却了。后来,这件事不知怎的被顾颉刚知道了,写了一封信数落了钱南扬一通:"你未免太骄傲了,不识抬举,连胡教授的好意也不领情……"但顾颉刚不知道钱南扬把胡适的这封信一直珍藏着,几十年跟随他走南闯北。

胡适与钱南扬(国画,绘者王红蕾)

胡适来杭时，两人相见甚欢，还一起合了影。但钱南扬为人一向很低调，在别人面前毫不张扬，更不炫耀，所以至今对这两位大家的名人轶事知者甚少。但胡适提倡的"大胆假设、小心求证"的治学方法，对钱南扬在学术研究上的影响很大。

因为书斋处在天井的东北角，朝南正对着汉塘，所以名之为"汉上宧"。"宧"的本意是屋室的东北隅；《李巡曰》"东北，阳气始起，育养万物，故曰宧"，因此"宧"也可以引申为"养育"的意思。可见哪怕一个书斋名，钱南扬也倾注着一片对故乡水土养育之恩的深深感念。后来他把自己那些单篇论文汇编出版时也就题名为《汉上宧文存》，后来又有了《汉上宧文存续编》。

他对这个属于自己的书房非常满意，一放假回家就一头扎进其内，自得其乐。写稿劳累之际，就和孩子一起度过闲暇时光，共享天伦之乐。据次女钱琬回忆，她约八九岁时，父亲回平湖过暑假，一天在书房里手拿《谜史》叫孩子们围着猜谜语，他们小的几个乱猜瞎猜，他就说不要小看猜谜，它能让我们动脑，变得聪明，还教我们怎么猜怎么去打开思路；已上了高小的大哥钱珂最会动脑，那天就获得了奖励。

这一年的春天，钟敬文（名谭宗，广东汕尾人）正好来浙江大学文理学院兼课，与钱南扬同事。钱南扬在杭州与钟敬文等同道好友筹划要做成一件大事情——创建中国民俗学会。此年3月，他们趁顾颉刚5月要回北京任燕京大学国学研究所研究员兼历史系教授并主编《燕京学报》之前，邀他来杭访问宣传，到浙大演讲，作为创建中国民俗学会前的鼓动。

春夏间，中国民俗学会创建，主要成员有钱南扬、江绍原、钟敬文、娄子匡等，在浙江除杭州外还有绍兴、宁波、湖州、吴兴、永嘉等县及广东、福建、安徽、四川等地先后建立了分会，学会宗旨是"收集、研究中国各地民俗,并从民族学、文化史和社会学等多种角度对它进行考察"。杭州总会办有《民俗周刊》(为杭州《民国日报》的副刊,钱南扬、钟敬文负责编辑,出刊一百多期)和《民俗学集镌》(为民俗学与民间文学理论丛刊,潘子农等负责编辑);各地分会都有自己的刊物,主要有:《民间月刊》(绍兴,钟敬文、娄子匡、陶茂康编辑,共出刊12期)、《妇女与儿童》(宁波,后更名为《孟姜女》,娄子匡主编)、《民俗旬刊》(宁波、福州)、《民俗周镌》(湖州)、《民俗半月刊》(湖州)、《民俗周刊》(绍兴、潮州、厦门、徽州、重庆)、《民俗》(漳州)。《民俗周刊》和《民间月刊》还出版过《月光光歌谣专辑》《老虎外婆故事专辑》《歌谣专号》《巧女故事专号》《女俗专辑》《紫姑神专辑》等。在总会和各地分会刊物上经常发表论文和作品的有江绍原、娄子匡、钟敬文、钱南扬、朱自清、赵景深、叶德钧、叶镜铭、曹松叶、翁国梁、孙佳讯、钱小柏、钱巽盦、林培庐、谢云声、张长弓、张清水、袁洪铭等。

中国民俗学会出版的重要书籍有《中国民谭型式》(钟敬文)、《故事的坛子》(刘大白)以及《新年风俗志》、《巧女和呆娘的故事》、《李调元故事》等。杭州《民俗周刊》于1931年夏出版《民俗学专号》和翌年8月出版《民俗学集镌》两书,发表了钱南扬和黄石、钟敬文、刘大白等人的论文,杨堃博士曾称之为"我国民俗界未有之大著作",颇得国内外学者的好评。此后不久,钱南扬自己动议出版《民俗旧闻集》一书,列入学会所编丛书,后因故未果。

中国民俗学会直至抗日战争全面爆发后才被迫中断,各种刊物继承了五四新文化的优良传统,十分重视人民群众的文化创造。它是继20世纪20年代末广州中山大学成立的民俗学会之后又一个重要的研究基地,扩展了中国民俗学和民间文学的学术活动。因此,钱南扬等几位作为发起人、组织者和编稿者,功不可没!

这一年7月,钱南扬从浙江大学离职后,与顾颉刚到苏州同访吴梅(字瞿安,号霜厓,江苏苏州人),吴梅特设午宴宴请了钱南扬、顾颉刚、顾廷龙(名潜,号起潜,江苏苏州人)等人。其实早在读大学期间,钱南扬就见过在北大执教"曲学"的吴梅教授,但1922年秋吴梅应时任东南大学(南京大学前身)国文系主任陈中凡之邀受聘于东南大学而举家南归了;后来,刘子庚特地写信给吴梅让他收下这位有志青年,但钱南扬感到吴梅是一位曲学大家,自己只是一名尚未入门的学生,所以一直不敢贸然前去求教。直至今年春节书斋"汉上宧"修好后,转托老朋友顾颉刚请吴梅写副对联。等对联寄来,打开一看,吴梅在落款里称钱南扬为"仁弟",方知吴早已认了,收下了这位高足。这次与吴梅的会面,使钱南扬涉猎了大量戏曲资料,大开眼界,也深受鼓舞,回来后就着手撰写《宋元南戏考》一文。

此年8月,钱南扬经好友陆维钊介绍到松江县立中学任国文教员,其间有幸与作家施蛰存同事,但只任职半年,次年上半年为了研究"梁祝"又去宁波转任宁波市立女子中学(鄞县中学的前身,即今宁波二中)的国文教员。在松江和宁波的一年里,他写成并在《民俗》《岭南学报》及《松江县立中学月刊》上相继发表了《冯贞群〈宁波历代志乘中的祝英台故事〉附记》《曲牌上的"二郎神"》《祝英台故事叙论》《词曲中的祝英台牌名》《读日本仓石武四郎的〈目连救母行孝戏文研究〉》《祝英台唱本叙录》《关于祝英台故事的戏曲》《宁波梁祝庙墓的现状》《越娘背灯》等大量文章,还为苏瑗的《灯虎》、冯沅君的《祝英台的歌》、黄朴的《祝英台与秦雪梅》写了按语或跋文。其所编著《祝英台故事集》被列入《民俗学会丛书》之三十九,由中山大学语言历史学研究所、中山大学民俗学会出版。

在此后的四年里,钱南扬继续辛勤耕耘于民间文学与民俗学的田地,不仅写就和发表了《毛际可〈灯谜〉校勘记》《徐文长型的故事》等民间文学论文、《从祭祀说起》《签诗小考》等民俗学文章,还将《姚复庄先生著述考》等几篇组成"四明访书记"系列、将《张大帝》等几篇组成"民俗旧闻"系列先后分别在《北平图书馆馆刊》和《民间月刊》发表。

1931年5月,汪伪政府在广州成立。7月,日本帝国主义屠杀中国农民,制造了"万宝山惨案"。钱南扬义愤填膺,当即辑录了清季嘉善知县江峰青的《莲廊雅集》中"讨日本"的灯谜,以《诅咒日本之灯谜》为题于8月1日在上海《文虎》杂志第2卷第15期上发表,还附言:"甲午迄今,且四十年,然徒详空言,不求实际,事过境迁,积久淡忘,以致依然故我,受人侵略。倘人人能如中山先生之发愤图强,积四十年如一日者,则日本虽强,尚敢正觑我乎?"志在唤起民众抗日救国。其拳拳爱国之心,溢于言表。

为推动民俗学会的发展,钱南扬竭力支持各地开展民俗学事业,他为上海《文虎专刊》题写刊名"文虎";1931年初捐款五元资助宁波市立女子中学学生自治会出版刊物《竹洲》,并将新作《〈倚楼灯虎〉叙》一文发表于《竹洲》第一期。他由文虎结缘得识了寓居沪上的吴县人曹叔衡、吴莲洲以及上海"大中虎社"诸君,又与淮安"商旧谜社"交往甚密,尤与"淮安虎头"顾震福情深意笃。1932年,顾震福的大作《跬园谜刊三种》刊行,钱南扬特题词致贺:

灵心妙手费推详,欸唾珠玑入锦囊;
肯与苏黄斗才思,未妨游戏老词场。

分曹射覆各呈能,今古盱衡感不胜;
愧乏史才编《谜史》,一般兴味付春灯。

1933年3月1日,钱南扬在平湖创刊《民俗周刊》,打算在平湖成立中国民俗学会分会,可惜因时局动荡不安,最终没有办成。

辑佚钩沉　搜求考证

钱南扬从事南戏研究,其实早在1924年看到《南曲谱》就开始了。只不过当时他的主要兴趣点还在民间文学这一块上,所以着重从民间文学的角度进行研究,发表了四篇有关《南曲谱》的论文。但此时钱南扬研究的重点已经开始慢慢地向南戏转移了。

南戏是我国戏曲史上第一个成熟的戏曲形式,因其源于南方的村坊小曲、里巷歌谣,所以备受统治阶级的摧残、文人学士的鄙视,或明令禁毁,或辗转改易,妄意增删,面目全非。故长期以来无人问津,整个明代只有徐渭写过一本《南词叙录》,且十分简略。清末京师大学堂图书馆曾有许多词曲书籍,监督刘廷琛视为淫词艳曲,认为有伤风化,结果统统烧掉。自明嘉靖至清同治年间,虽有戏曲理论家、批评家论及或考证南戏,但或人微言轻,或偏见颇深,更谈不上系统,并没有扭转视听,以致南戏几乎不为人知了,直至王国维在《宋元戏曲史》里再次提出湮晦已久的宋元南戏。

在研究南戏过程中,钱南扬发现王国维的《宋元戏曲史》虽有两章专谈南戏,但由于当时有关南戏的材料尚未大量发现,因而有关南戏的论述尚多缺漏,在"曲录"中也没有为南戏立目,而且把宋元南戏作品都误入明无名氏的传奇之下;更重要的是长期以来由于学术界没有弄清宋元南戏产生的时间及源流与变易,所以对金元时期北曲杂剧异峰突起、蔚成大观以及后来明清传奇的兴盛等一连串问题,都不可索解,而王国维对南戏的源流、演变也不甚了了。钱南扬称之为"一个失去了的环节"。正因为这个"失去了的环节",人们只知道北曲杂剧而不知道有南戏,而一般学者都认为南戏是北曲杂剧流传到南方后因"南方人不习惯"而改成的。

于是钱南扬发愿研究宋元南戏,誓补王氏之失,把这个中国戏曲发展史"失去了的环节"作为自己学术研究的主攻方向。但由于历来受到封建文人的歧视,正史艺文志都不予载录,明代对宋元戏文也不大看得起,任其散佚,到了清代就几乎散佚殆尽,简直没人知道这个剧种了,因此迫切需要广泛钩辑散佚或湮晦已久的戏文与相关文献资料。钱南扬认为,对古典戏曲的研究,必须建立在坚实的史料基础上,若没有翔实的史料作为依据,那就成了空谈。所以他就整天埋头于浩如烟海的古籍资料中,开始了辛勤的拓荒工作。为此,他还曾去闽南实地考察了解尚在流行的古老剧种莆仙戏、梨园戏等,从剧目、曲词、唱腔、表演等多方面去寻求宋元南戏的遗响,以论证宋元南戏的流传与演变之迹,不仅扩大了宋元南戏的研究领域,也为后来莆仙戏、梨园戏的研究开辟了新途径。后来他在一篇"小记"中云:"年来车驱南北,尘泌短衣,作辍靡常,迁延八稔。"可见其搜寻、考据之苦!

经五年的广泛搜求、缜密考证后,至1930年5月15日钱南扬终于写完了《宋元南戏考》一文。此文于当年6月在《燕京学报》发表后,立刻引起了学术界的关注,既是钱南扬在戏文研究上一个真正显山露水的成果,也是他学术研究中的一个新起点和重要转折点。《宋元南戏考》成为近代南戏研究史上第一篇学术论文,但钱南扬并不满足于此,自认为"这篇文章不触及南戏存亡问题,它是为了目前搞辑佚工作的,将来还想发表这方面的专论",所以这对他近六十年的戏曲史研究来说,仅仅是"第一回合"。

自从1929年7月拜访了吴梅之后,接连三个暑假钱南扬都到苏州吴梅家中的书斋里勤读曲谱,而且得到了吴先生的直接指导。

吴梅在度曲、谱曲上皆极为精通,对近代戏曲史有很深入的研究,在戏曲创作、研究与教学方面成就尤为突出,被誉为"近代著、度、演、藏各色俱全之曲学大师"。其家中藏书甚富,计有四万余册,书楼名为"奢摩他室",收藏着六百余种珍贵的戏曲典籍,其中不乏精本、善本、孤本,是全国首屈一指的藏曲大家。另有一室,收藏着明嘉靖善本多种,名曰"百嘉室",意即收罗到一百部明代嘉靖刊本。每当钱南扬上门求教,吴梅总是倾箧而出,让他饱览所有,因而钱南扬能够看到在北大也难以看到的明清时期的一些南曲谱,在这些曲谱里收录了许多宋元南戏的佚曲。

吴梅十分器重钱南扬这位门徒。第一次专程赴苏州向吴梅请教时,钱南扬是下了火车,先找了一家客店,把行李放下,然后才上门。吴梅知道后,就要他一定住到家里来,并亲自到客店中将他的行李拿到家里。后来每次到苏州请教,钱南扬都吃住在吴梅家里。20世纪30年代两位痴迷南曲的师生间的故事被学界传为佳话。

1930年8月,钱南扬从宁波市立女子中学离职,应顾颉刚邀请,任武汉大学特约讲师,讲授戏曲史和词学概论,同事有朱东润、游国恩、刘永济等。这是他继在浙江大学任教之后第二次到高校任教。《戏曲史》一稿就是在此期间所撰的讲义。9月,他将《南曲谱研究》一文发表于《岭南学报》第1卷第4期,11月拟就《张协戏文中的两桩重要材料》一文,后发表于《武汉大学文哲季刊》第2卷第1号。

在武汉大学任职一年后,1931年8月钱南扬回到平湖,几乎一年时间闭门不出,一则在家养病,二则潜心研究从吴梅处所抄录的曲谱,同时遵吴梅所嘱抄录自己搜到的姚燮(字梅伯,号复庄,宁波人)旧藏本《锦香亭》《临凡引》《盘陀山》三种曲。但终因生计所迫,在家一年后去了绍兴县立中学(绍兴一中前身)任国文教员,仅一学期后又去了省立杭州高级中学任国文教员。在此期间,他一面上课,一面仍用大部分时间研治戏曲史,除继续摘录、积累有关南戏、谜史的资料外,还搜集民间流传的孟姜女、梁祝等故事材料。

就这样,他又下了五年之功,在《宋元南戏考》的基础上,广泛钩沉辑佚,终于完成了《宋元南戏百一录》一书初稿的写作。不久,顾颉刚来信告知将此书列为《燕京学报》专号,准备交由哈佛燕京学社出版。

接到顾颉刚来信,钱南扬思忖着待杭高这学期教学工作一结束就立即去北平,赶在暑假去出版社校对之际,再作一次搜集与补充。他在日记所记"尝三至苏州,一至北平,以搜求资料"中的"一至北平",就是指这次为期长达36天的苏州与北平之行。

实际上,钱南扬要是待在平湖家里也是可以校对《宋元南戏百一录》的,一想到大学毕业后离开北平已经十年了,非常想念,所以决定再往北平一游,好与朋友故交交流,以冀有新的发现。但更重要的是钱南扬自认为《宋元南戏百一录》"清交督趣,急于观成;挂漏之讥,在所不免",想在出版前再作一次努力,尽可能补入更多的南戏曲目,所以决定在途中转道苏州,先到恩师吴梅先生那里再寻觅一番,以期补阙。

7月3日,钱南扬从平湖出发,乘"大利班"轮船抵达上海。考虑到此次路途遥远,辗转多处,加上时局动荡,北方兵荒马乱,内弟王士华就随姐夫一路同行,多个照应。王士华有三个姐姐王琴史(嫁与平湖新埭俞氏)、王彤史(嫁与钱南扬)、王璞贞(嫁与庄一拂)和一个妹妹王琼娥。王士华的陪同,使钱南扬一路上省心不少。两人从上海转乘车至苏州后,即往双林巷拜谒吴梅,于奢摩他室读曲、抄曲。

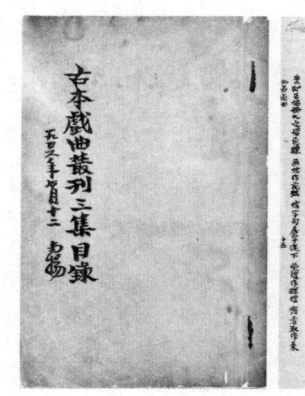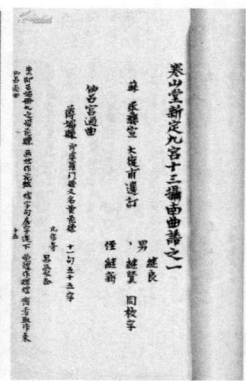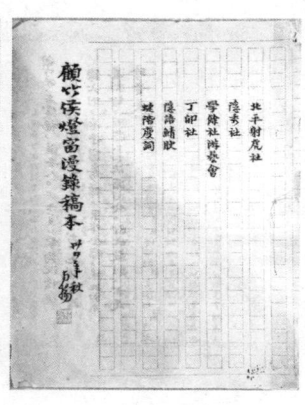

钱南扬手抄的稿本和曲谱

这一次,吴梅给钱南扬出示了精写残本《南九宫谱大全》六册,只见卷首钤有"珊瑚阁珍藏印"六字朱文印,才知是纳兰性德的旧物,十分珍贵,得窥一斑,他非常欣喜。7月15日再至吴梅处,并请求书写对联。吴梅应嘱选宋词"隔纱窗日高花弄影""倚孤舟酒醒梦无痕"和元曲"海风吹下空翠""香心淡染清华"集为两联,亲笔书赠,以示师生之谊。

7月17日抵达北平后,钱南扬遍访沈缉成、佘坤珊、赵万里(字斐云,浙江海宁人)、马廉(字隅卿,浙江鄞县人)、孙楷第(字子书,河北沧县人)、魏建功(字天行,江苏海安人)、马裕藻(字幼渔,浙江鄞县人)、容肇庚(字希白,号颂斋,广东东莞人)、容肇祖(字元胎,广东东莞人)、顾登爵、顾廷龙、郭绍虞、吴世昌和吴洪业(字鹿苓,号煨莲,福建侯官人)兄弟,得以阅见多种戏曲、谜语罕见之本,幸遇郑振铎、陈西滢、吴文藻、张宣泽、蒋恩钿等人。在北平图书馆读到孤本明蒋孝《旧编南九宫谱》、元明戏曲选本六种、宋明刻本两种和张禄的《词林摘艳》,浏览了明尊生堂、世德堂、富春堂、容与堂、文林阁、继志斋所刻南戏。其间在赵万里处得以看到康熙刻本明凌濛初《南音三籁》四册,冰释了数年的考据疑团。在老朋友顾颉刚的帮助与照顾下,耗时19天,在燕京大学校印所校对完《宋元南戏百一录》。

10月,顾颉刚在杭州花了十天时间为《宋元南戏百一录》作序,长达18000字,其中称:

> 这一本书,目的固在辑佚,但看他的总说,论结构,论曲律,其精密已远过前文(指《宋元南戏考》,本文作者注);在现在所有的材料之下,能作如此的研究,已可说达到了顶点。

1934年12月,钱南扬"以八年心力为此"的《宋元南戏百一录》列为《燕京学报》专号之九由哈佛燕京学社出版,书名由叶恭绰(字誉虎,号遐庵,广东番禺人)题签。这项创造性的研究成果,是继王国维《宋元戏曲史》之后在南戏研究领域里又一重大的突破,奠定了现代研究南戏的科学基础,被推崇为奠定中国南戏学科的

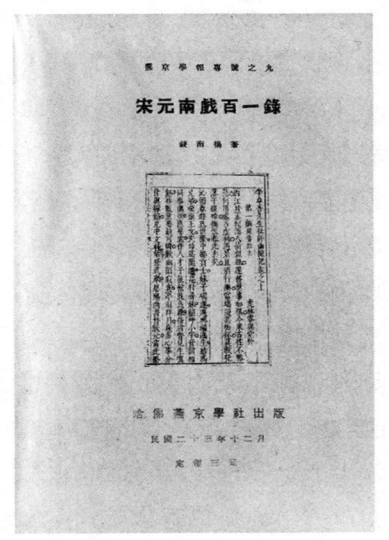

《宋元南戏百一录》
(1934年)封面

基石。至此,他完成了对南戏研究的"第二回合"。

容媛(广东东莞人,容庚、容肇祖之胞妹,时任燕京大学哈佛燕京学社中文秘书)在介绍《宋元南戏百一录》时撰文称:

> 钱君生长浙西,对于南戏有精深研究。五年前曾作《宋元南戏考》一文,先考南戏目录,次论南戏内容,颇为详尽。而钱君复屡次增订,历时五六载,以成此文……顾颉刚先生序谓"在现在所有的材料之下,能作如此的研究,已可说达到了顶点",诚非过誉也。

《艺风》第4卷第1期刊出《钱南扬氏的新贡献》,称:

> 搜集的勤劳,考证的周密,很使国内外的专门学者表示钦佩。论者把它比拟于故考证家王国维的《宋元戏曲史》。

陆侃如、冯沅君伉俪在《南戏拾遗》中评价说:

> 剧曲的辑佚工作也不少,其中关于南戏的就有两种:一是赵景深先生的《宋元戏文本事》,一是钱南扬先生的《宋元南戏百一录》。这两部书对于戏曲史的贡献是很大的。

《宋元南戏百一录》不收《宋元戏文本事》所误收的两支,赵景深直叹这"正是比我细心的地方"。他如此称赞钱南扬:

> 钱南扬先生的《宋元南戏百一录》,它所收录的南戏残文比我的《本事》要多出不少……他的毅力和细心显然是超过了我的。我和他两书辑录的时间是极相近的,可是他运用的参考资料有许多是我所不曾触及的。

然而,钱南扬自己在《宋元南戏百一录》"附记"之补记里说:"明张牧《笠泽随笔》之《百二十家戏曲全锦目录》、清钮少雅之《九宫正始》,迄今未得,心常耿耿。"可见,虽已收录了102本戏文,他仍抱有遗憾。尽管知晓另有曲目存在,但不见其本,他是断然不加揣测的。钱南扬作戏文研究,从资料钩辑、考证入手,有多少米做多少饭,有多少资料做多少文章,没到手的米绝对不做,绝不主观臆断、捕风捉影,每一观点的提出都以翔实的资料考证为基础,即使有偏颇,也是凿凿有据、自成一家之言。所以,《宋元南戏百一录》对他而言不是终点,相反还有更长的路需要奔跑,因而日后才会有《宋元戏文辑佚》和《戏文概论》的问世。

1935年4月29日,吴梅读到了《宋元南戏百一录》,并在当天的日记里记下:"南扬所有材料,出自余藏者几半,而书中不提我一字,反请顾颉刚作序,盛道王国维,我亦置诸不复矣。"但第二天再读,便认为"亦有好处"。吴梅发出这样的"牢骚"或许是对钱南扬有所误解。钱南扬为人拙朴方正,不善言辞,在生人眼里则近于木讷。实际上他对吴梅一直心存感念,时常向学生道及恩师的教诲、关怀之恩,并直言:"我的《宋元南戏百一录》就是在吴先生家中看书、收集材料写成的。"而他自己对待学生也是关怀备至,甚至待如亲子,就是对吴梅风格的一种继承。《宋元南戏百一录》发表时,钱南扬正处于学术生涯的早期,不提"吴梅"恰是其独立学术人格的体现,免得人家说"拉大旗作虎皮",靠老师的名声为自己学术声誉的获取增加筹码。至于"请顾颉刚作序",是两人深厚学术友谊的表现;"盛道王国维",则体现了他开阔包容的学术胸襟。所以,钱南扬治学深得吴梅真传,精通曲律而不囿于曲律,对王国维之学亦时有资取,曲、文并重,考、论结合,在戏曲的音乐性和文学性方面均有深研,不愧为治曲者的典范。而吴梅毕竟是大家,这种遗憾只是在日记这种私密性很强的文字里偶尔流露,从未在公开场合表达,而且第二天他便释怀了,对钱南扬的著作从学术角度予以客观评价。他的这一情绪的流露,也从侧面反映出对钱南扬的看重。

家里人看到《宋元南戏百一录》出版后,有时又要揶揄钱南扬一番:"你又在炒冷货了,有什么用啊!"他却毅然回答:"做学问,'拓荒补阙'才有意义。"是的,拓荒补阙、析疑辨讹正是钱南扬一生治学的最大特色。他刚走上学术之路时就选择了无人问津的《谜史》,继而又踏进了杂草丛生的南戏研究领域,筚路蓝缕,知难而进,开辟了南戏研究的道路。其之所以能拓荒补阙,固然是学识渊博,但关键还在于学术上的远见卓识。曲彦斌在《"谜史"与"市语":钱南扬别辟蹊径独树其帜的研究》一文中说:"钱氏20岁即完成了堪谓经典的传世之作《谜史》,业已'得道',若当即打住不再作为,那还有后来一系列别树一帜的同样经典的戏曲论著么?……钱氏一生多舛,然矢志不渝执着若痴,正是其学品人品之可贵可敬者也。"

1934年春,上海传经堂朱瑞轩在徽州发现了失传数百年的明刻本《童痴二弄》,经顾颉刚点校并作序后,再请周作人、郑振铎、钱南扬、胡适之撰跋。9月,钱南扬细读刻本,如获至宝,拟就《明刻本冯梦龙编童痴二弄山歌跋》之后,非常欣喜。更令他欣喜的是,在这一年的年末及次年初春,先后结识了夏承焘(字瞿禅,温州人)和王季思(名起,永嘉人)。初次遇见钱南扬给夏承焘留下的印象就是"其人木讷,不善应答";王季思是经陆维钊介绍的,钱南扬留给他的印象是一样的:"是一个老老实实做学问的人,受多大的委屈他都不说话!"实际上,钱南扬的性格属于慢热型,而且只关注感兴趣的学术话题,不愿在无关紧要的寒暄上浪费时间。对他的这一特点,夏承焘后来很快就习惯了。

这一时期的钱南扬依旧执着于南戏研究,不仅发表了《浙江的戏剧》《宋金元戏剧搬演考》等文,还出版了《元明清曲选》一书。有关南戏的演出,以前治曲者很少涉及,可他认为:"对于戏班的组

《元明清曲选》(1936年)

织、戏剧的规模、搬演的情况等等,往往谈得很少。诚然材料不多,不易下笔,确是事实。可是这也是戏剧史的重要部分,不应知难而退。"钱南扬不仅在整个南戏研究这块荒原上努力开拓,而且在戏剧表演这块更为荒芜的学术领域上辛勤探索,所以他这一阶段的研究成果在当时引起了很大的反响,受到了学术界的关注。而《元明清曲选》被列入"国文精选丛书"之一出版,上编精选散曲37家,下编精选戏曲19家,编首冠以总说,每家作品加以说明、附以注释,宋元方言考解尤详,最属难得。此书流传甚广,影响颇大。此书自1936年初版后,一版再版,正中书局在南京出了四版,在上海又出了一版,至1976年在台湾推出了第十版。

在杭高时期,钱南扬不仅执着于南戏研究,还热衷于民间文学与民俗学的组织建设。1936年5月,北大文学院长胡适、师大教授钱玄同、燕大教授顾颉刚等发起组织风谣学会,钱南扬积极参与;8月,胡啸风展示以百则谜语入画的画谜,钱南扬拟就《减字木

兰花·奉题胡啸风先生画谜》一首,后发表于《文虎半月刊》第二卷第七期,这是迄今为止唯一发现钱南扬所填写的词:

  帝京遗物,前代风流犹未沫。花样翻新,绝倒淮西大脚人。 图开七巧,争似藏头诗句好。画里推寻,别有天孙织锦心。

  钱南扬还活跃于戏曲会唱活动上,经常参加杭州昆曲社团的"雪社"活动。1935年春,雪社举行了江浙沪曲友会唱,参加者主要有钱南扬、陆蔼堂(女儿钱球的公阿爹,浙江海宁人)、溥侗(红豆馆主)父女、徐涛(字炎之,浙江金华人)与张善芗夫妇等,许闻铎(字伯遒,浙江海宁人)司笛。

  自1933年2月后,钱南扬第二次在杭州从事教育工作。他在杭高任职了六年(不含省立联高),这是他时隔五年后再一次就职的学校,也是他一生中除了南京大学供职时间最长的单位。在杭高,他一如自己固有的工作态度,细致温和,认真负责;1936年2月还当选为杭高就业指导委员会委员。

  工作与生活相对稳定了,钱南扬便于1936年9月接了要上中学的长子钱珂和次女钱琬来杭生活。钱珂很快进入了杭高求学,而钱琬则一直等到10月才在时任之江大学教授夏承焘的帮助下进入杭州弘道女中就读。至此,钱南扬才安了心,边教书边写书。

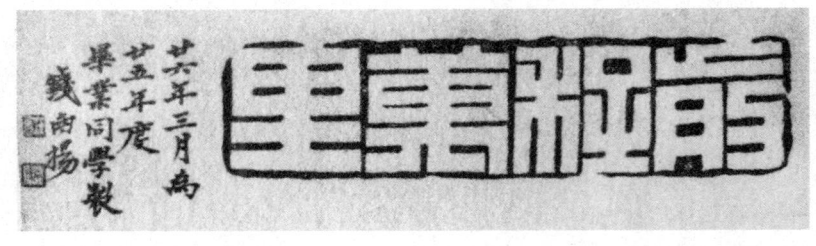

钱南扬1937年3月为杭高1936年毕业班同学所作的"前程万里"

但是好景不长。1937年11月5日（农历十月初三），日本侵略军在杭州湾北岸漕泾、金山咀至白沙湾、全公亭一带突然抢滩登陆,淞沪大会战至此结束,抗日战局态势急转恶化。日寇登陆点之一的白沙湾、全公亭就是钱南扬家乡的两个小镇。日寇自海上登陆后,一路烧杀掳掠,全塘首当其冲,新仓尸骨遍野。在侵占新仓、广陈后,日军再分向新埭、平湖县城。11月18日平湖沦陷,随后海盐、嘉兴、嘉善等很快相继沦陷。

钱南扬闻讯,心急火燎,想方设法让妻子与年龄尚小的子女在平湖沦陷前逃至杭州,全家才得以团聚。不久,在平湖西门外徐婆桥西侧所租居的冯氏房屋连同自建的平屋被日寇炸毁,书斋"汉上宦"连同所藏文稿书籍同归于尽。至12月23日,杭州沦陷,钱塘江大桥为阻断侵华日军南下而被炸毁。沦陷前杭城的许多学校开始分批迁往浙南,教学已陷于停顿状态。钱南扬一家大小几口人就在惶惶不安中在杭城度过了一段难捱的战乱日子。

碧湖南田　空对残月

1938年6月,浙江省政府决议将省立杭州高级中学、省立杭州初级中学、省立杭州师范学校、省立杭州女子中学、杭州民众教育实验学校、嘉兴中学和湖州中学等七所省立中等学校合并组成浙江省立临时联合中学,设高中、初中和师范三部,校址在丽水县碧湖镇。

至1938年底,时局越来越吃紧,有的同事携着家眷出城逃难去了。钱南扬一家决定再观望一段时间,好不容易在杭州过了年。1939年2月,钱南扬决定全家逃难南下,从此跌入了长达六年颠沛流离的生活。

钱南扬背着书稿,偕妻子带着五个孩子(长子钱珂已跟随杭高迁徙队伍去了碧湖),踏上了艰难的逃命之路。一家七口从杭州出发,沿着钱塘江步行而上。由于幺儿钱琇才7岁,老四钱玮、老五钱环也不过十三四岁,加上路途遥远,体力不支,所以一路上走走停停,停停走走,天黑投宿,天亮再出发,无处安顿,毫无目的地只管前行,只想远离炮火越远越好。

到了淳安的一个小镇富得源时,碰上了同样逃难至此、来自浙北的三个中学生。出于一个教师的本能,钱南扬说"兵荒马乱的,我们不能不管这三个没家的孩子",就接纳了他们,尽管此时生活极度困难,但还是让八个孩子一起生活了半年多,直到那三个学生跟随全家人一起进了省立联高。

就在3月的某天,同样在逃难路上的吴梅在云南大姚县病逝,年仅55岁。一代曲学大师,竟然客死他乡,作为"吴门五学士"(钱南扬、卢前、任中敏、王玉章、蔡莹)之一的钱南扬,后来在联高闻说消息后唏嘘再三,扼腕痛心。

钱南扬他们一行十个人,经严州、金华、兰溪,直到6月走到了江西上饶。此时,省立联中奉命分为各自独立的三所学校——浙江省立临时联合高级中学(简称"联高")、浙江省立临时联合初级中学(简称"联初")和浙江省立临时联合师范学校(简称"联师")。钱南扬打听到地址后,决定从上饶往回走,到碧湖去找联高。

8月,联高校长张印通(字心符,嘉兴人)先生聘请钱南扬任国文教员,一家人才算有了个栖身之地安顿下来。长子钱珂、次女钱琬、次子钱玮、三女钱环都进了联高或联初、联师就读。但长女钱球经不住颠簸之苦,患了骨结核,卧床不起。长期躺在床上的钱球经常看到父亲大冬天只穿件灰布长衫,手里拿着个小布包,里面包着教科书,早早出门,上课从不脱班。她对小弟钱琇说,父亲真可怜,这么冷的天,还要出去上课,我们却还赖在暖烘烘的被窝里。

在碧湖期间,大家的生活条件都非常艰苦,老师们的生活际遇与学生几乎相同,但呕心沥血地教育学生,爱护学生胜过爱护自己的子女。钱南扬家子女多,经济尤其困难。但只要有平湖籍的学生碰到什么困难,他总是尽力帮助,或提供饭食,或给点钱钞,甚至接到自己家里同吃同住。那年平湖的一个小女生名叫高玉芳,跟人几经辗转,南下寻到了联初,在最困苦的时候得到了钱南扬的帮助。后来高玉芳嫁与梅元泰,梅元泰是抗日英烈梅元白的弟弟,跟后来成为钱琬丈夫的陈保三同在空军部队里,所以说来也是一种情分。后迁居台湾新竹的高玉芳回大陆探亲时,对钱南扬外孙女陈娴感慨地说:"当年要是没有钱南扬先生,就没有我的今天!"

省立联高的校舍是破庙、草棚,师生多半无家可归,教室里仅有白坯的板条桌凳。学生都是靠"战区学生救济金"过活的。据当时联高的学生回忆,那时是"饭吃不饱,课上得好"。同学们点的是桐油灯,用的是绿草纸,穿的是旧轮胎做的鞋子,睡的是茅草床垫。山里冬天特别冷,有的同学脚被冻得失去了知觉。但大家都意气昂扬,刻苦钻研学问。大家都无家可归,寒暑假也生活在一起,长年累月患难与共,攻读与共,磨炼与共。据学生高炳生回忆,国文老师钱南扬满腔激情地给大家讲岳飞的《满江红》、孔尚任的《桃花扇》和杜甫的《茅屋为秋风所破歌》,满腔忠贞,甘于清苦,不图荣利,在课堂上的有声教学和在课堂外的无言熏陶,使联高学生当年能生活在崇高的精神境界中,也让他们一生受用不尽。

在碧湖期间,钱南扬教学生记日记,自己编选《历代名家日记续选》,撰写《日记的格式和方法问题》,把自己的日记题为《十六年八月》和《北行日记》作为范例。这些文章陆续发表在《战时中学生》上,以让更多的学生学习。

钱南扬引导学生进行拓展学习,自己撰写有关国学的资料,后来将这些资料整理为《由诗至词、由词至曲——中国文学史话》《漫谈国学》,也发表在《战时中学生》上。

钱南扬还特别注重写作教学,对学生习作细加点评。发表于《战时中学生》上的《钱南扬先生评语及意见》中,对联高六位学生的文章进行了点评,极大地激励了学生们的写作热情。这六位学生大多也能在《战时中学生》发表作品,增强了才干,日后都成大器,其中吕型伟在新中国成立后任上海市教育局副局长,为中央教育科学研究所研究员;翁心惠任宁波市副市长;周槐庭为浙江师范大学教授。

那年海宁籍学生查良镛(金庸)写了一篇文章,得到了时任高三国文教师钱南扬的赞扬并大加鼓励。此事金庸直到晚年还清晰记得。金庸始终认为《虬髯客传》是我国武侠小说的鼻祖。他深情地回忆道:"我一直很喜爱这篇文章。高中一年级那年,在浙江丽水碧湖就读,曾写过一篇《虬髯客传的考证和欣赏》登在学校的壁报上。当时学校图书馆中书籍无多,自己又幼稚无识,所谓'考证',只是胡说八道而已。其时教高中三年级国文的老师钱南扬先生是研究元曲的名家,居然对此文颇加赞扬。小孩子学写文章得老师赞好,自然深以为喜。二十余年来,每翻到《虬髯客传》,往往又重读一遍。"有关联高,金庸还记得的是1941年因讥讽训导主任沈乃昌(国民党督导)而遭开除,张印通校长深惜其才,便努力帮他转学。在张校长与旧同学好友余兆文的帮助下,金庸得以转入衢州中学。

当然,在碧湖极端困苦艰难的情况下,钱南扬仍然不放弃对戏曲的研究。尽管手头资料极其匮乏,他依旧不放弃对自己钟爱的

校长张印通(前排中)与联高教师于1943年在南田合影,第二排左二为钱南扬。

南戏作多角度的研究,包括曲谱、曲律、表演、剧场等。就在碧湖简易的书桌上,他为《汇纂元谱南曲九宫正始》写跋,完成编纂《冯梦龙墨憨斋词谱辑佚》,廓清了《宋元南戏目录》。

当时在"孤岛"上海,赵景深、庄一拂(名临,号南溪,浙江嘉兴人)要编辑出版专谈昆曲与戏曲史的一本刊物——《戏曲》月刊,想在1942年元旦出刊创刊号,特地来信约稿,请求钱南扬鼎力支持。正好在1941年暑假间王季思接受浙江大学龙泉分校聘请,路过丽水,来碧湖看望了钱南扬。到了龙泉后,他将自己的《西厢记》注本与《孤本元明杂剧》托人送钱南扬批阅并请序。为了支持曲友的这项事业,钱南扬在资料缺少、存稿不全的情况下,点着萤火般的油盏,在炎夏蒸笼般的陋室里,关门赤身,夜以继日地赶稿,终于按时完成约稿。这篇名为《〈西厢记〉杂剧校释序》的文章就发表在《戏曲》第1卷第1辑,后在第1卷第2辑上又发表了《墨憨斋词谱辑》

一文。

时至 1942 年 4 月,日寇从金华南犯,战火波及丽水。白天敌机经常临空盘旋扫射,警报频频响起,课业常被打断。5 月,省立联高决定迁移,一路迁到云和县,随后又继续迁到景宁县,再于 8 月落脚于青田县南田乡,11 月 2 日才复课,9 日补行开学典礼。

10 月 24 日,钱南扬认识了当地人刘耀东(字祝群,温州文成人),结为好友。在碧湖时钱南扬就看到过刘耀东的《括苍丛书初集》和《滑凝集》,知道他工诗、擅古文辞。刘耀东是明朝开国功臣刘基(字伯温)的第二十世孙,著有《刘文成公年谱》《南田山志》等,一生笃志于学,精于经史,与缙云赵明止、龙泉吴梓培、青田吴冠甫并称"括苍四皓"。

到了南田后,钱南扬看到了刘耀东手书诗作,才知他还擅长金石书法,有幸看到了他所收藏的韩湘岩《渔村记》传奇,这是姚燮《今乐考证》和王国维《曲录》均未收录的罕见本子。

而刘耀东早就听说钱南扬"其学甚渊博"。一次,刘耀东陪同钱南扬、崔东伯、孙孟晋登临华盖山、天耳山之后出示了《南田山志》,钱南扬给他校出了几十个讹字。其时,刘耀东正在撰写《韩湘岩先生年谱》,至 1943 年秋完稿;12 月 6 日,钱南扬就为他写好了《刘耀东〈韩湘岩先生年谱〉序》。让刘耀东更佩服的是,在如此困难的环境里,一年后钱南扬又有两项研究南戏的成果《戏剧概论》和《曲谱考评》在《文史杂志》上公开发表了。

刘耀东对联高的感情特别深。联高在南田三年的时间里,幸亏有他无私的帮助。他送书送物,捐款捐粮捐菜,两任校长张印通、崔东伯在钱粮断绝、难以为继时都得到了刘耀东的及时筹集帮助。

南田高处山中,四周九岭,出门少路,山径曲折,羊肠小道,崎岖险巇。由于浙东临时三中、温州中学、浙江省教育厅、浙江省通志馆等较多教育与文化机构都避迁在南田,所以师生用房极度紧张,联高只好在南田乡分散办学,连民房都被安排了学生寄宿。吃饭也经常成问题,常有几个学生跟着钱南扬来蹭饭,因为他们都与家里失去了联系,身无分文了。钱南扬对妻子说:"离抗战胜利的日子估计不会远了,我们一定要和学生们共渡难关。"其实,他自己家里也常有断炊之虞。有一天,家里已无钱买米了,联高教师的工资也不能正常发放,钱夫人就和一些教师家属一起做些香袋拿出去卖,或者向当地的山里人换一些米来。

好在刘耀东也给了一点接济,他还把自家的房子腾出来借给联高的好几家老师们住,把其中一楼一底房屋给了钱南扬一家七口居住。两家关系极其和睦,还攀了"过房寄拜亲",即刘耀东的儿子刘天健认了钱南扬夫妇为"寄父""寄母",做了干儿子。闲暇时,与钱南扬两人还下个棋,唱段曲。

那时,就读在联高的次女钱琬结识了在空军部队服役的陈保三。陈保三在筧桥空军学校毕业后负责保护抗战中的学校与师生安全。钱南扬很欣赏这位在这么艰苦的条件下竭力保卫联高师生的爱国青年,就同意他俩结婚。钱琬生下女儿陈娴后,忙于学业,就让幼小的女儿跟着外公外婆。钱南扬夫妇视在战乱中出生的外孙女为掌上明珠,处处护着她,有什么好吃的也先给她。这就引起了三子钱琇的不满。其实这个比外甥女只大九岁的小舅舅就把怨气哈到小姑娘身上,在背地里时常说:"你走远一点!这是我的爸妈,你找你自己的爸妈去……"小姑娘被说得哭了,一哭外公就知道了。钱南扬把小儿子拉进房里,还关上了门,在里面训斥他。小姑娘好奇,就趴在门上偷偷地从门缝里看,只见外公手里拿着一把尺,指着小舅舅呵斥:"你还敢不敢说这样的话?……"吓得小姑娘从此以后再也不会碰到点事情就去告诉大人了。

那时衢州机场已被日寇占领。有一次,美国"飞虎队"的一架战机在和敌机的鏖战中不幸被击中,飞行员跳伞,降落时被挂在山树上。刘耀东组织乡民解救了他,不料这让他在1951年"镇反"运动中又被加了一条"里通外国"的罪名。在以后刘家处于极度困顿的岁月里,钱南扬时不时地给刘天健偷偷寄去钱钞、粮票和衣物,以解燃眉之急。这是后话了。

钱南扬喜欢山景,任何时候一有机会就想爬山,但常遭到妻子的反对,因为王彤史裹足,一双小脚难以爬山。有个星期天,他对妻子和外孙女说:"今天我有空了,我们一起去买点青菜。"菜场就在后山山脚下,他却提议爬山过去,说是一则不必绕山走远路,从前山上,后山下,很方便;二则可以看看风景。王彤史拗不过他,就跟在他后面,三人开始爬山去买菜。谁知山路崎岖曲折,迤逦难行,绕来绕去,比在山脚下不知多走了多少路。到了那儿集市早已过时,菜场上空无一人。钱南扬被妻子数落了一顿,仍笑呵呵地求饶:"我有办法,我有办法!我们到山民家里去买菜。"然后找到了一户菜农家,那菜农拔了几棵菜,称也不称,象征性地收了一点钱。在回来的路上,钱南扬哈哈大笑:"你们看,今天买的菜既新鲜又便宜,多好啊!"他的笑声使妻子消了气,也不再抱怨了,但从此之后"爬山买菜"又成了家里咄落他的一个笑料。

刘耀东生前也喜欢寄情山水,十分钟情南田的山山水水。当年受乐清蒋叔南开发雁荡山的启发,他一直在谋划开发百丈漈。他自资、集资或募集劳力先后修建了观漈山路以及云表门、启后亭、观稼亭、九九亭、观瀑岭等,招引众多名人来南田游览。1944年7月,他看到在九年前开筑头漈至二漈的山路遭水流冲刷已残断多处,就想进行修复,但苦于战乱而又无劳力可使。他又看到向来勤于著述的钱南扬因匮于资料,难为无米之炊,百无聊赖,学生放假、自己闲暇时竟约人玩起了"斗牌",心里十分着急,灵机一动,便拉上钱南扬等人去修山路。

钱南扬他们几个人来到南田后,跟着刘耀东几次在山里领略了这里的美妙景色,尤其是看到刘耀东几经努力造设的观景设施,大为敬佩又感动。这一年的炎热夏季,在刘耀东的带领下,钱南扬与同道好友一起去修复这段山路。他们七人都已经是四五十岁的中老年人了,却穿着粗布短衣,手握铁凿杠棒,冒着酷暑烈日,在陡立峭壁间的山道上,哼唷哼唷地手搬肩扛。一帮文弱书生,竟干起此等重活,何其壮烈,何其撼动也!

至今,在文成县百丈漈镇境内头漈至二漈的岭头路边峭壁上尚保存着一块石碑,上面刻有刘耀东题写的《岭头摩崖题记》:

> 中华民国二十四年乙亥,伐山开径,串通二潭,创议者蒋叔南、陈敬弟、丁辅之、杨振昕也。越九年甲申,偕孙傅瑗、余绍宋、俞寰澄、许绍棣、钱南扬、洪癸春来,又复修岭矣。再明年丙戌秋,同以定邦、蓝钟伍、王超然及族子旭明来。——七十老人刘耀东祝群题

百丈漈岭头摩崖题记

1945年2月,钱南扬从省立联高离职,结束了在杭高(含联高)十一年半的教学经历。在时任浙江省通志馆特聘编纂、《浙江通志稿》副总编纂刘耀东的介绍下任省通志馆编纂,担任编次明代人物的职责。10月,全家随省通志馆迁回杭州。

在离开南田的那天,钱南扬和外孙女一起把学生送的、养了好久的一只小松鼠放回山林里。和这只可爱的小松鼠分别的时候,他三步一回头,依依不舍,毕竟它陪伴着大家度过一段艰难的日子,带来了不少的乐趣。

葛林影疏 夜深踟蹰

刘耀东之所以要荐介钱南扬到省通志馆任编纂,一则因为钱南扬具有这方面的才干,二则通志馆里资料多,便于研究,免得他因无聊而放跑了时光。钱南扬也求之不得,虽然到通志馆里要编写有关的人物传记,但聊胜于无,当时他居处南田,在南戏研究上无所作为,况且对有关人物的梳理也有利于戏曲研究。

省通志馆迁回杭州后,钱南扬一开始偕家眷暂住馆内宿舍,非常局促。后来被安排到葛岭上的一所破旧房子居住,其实以前是个看坟人住的坟屋。该房子地处偏僻的山林间,进出不便,而且房子实在太小了。照钱南扬的脾气与秉性,是绝对不会向工作单位提出诸如什么住所面积大一点这样的要求,哪怕自己确实存在着实际困难。不得已,他在1946年1月过年前让妻子和孩子们回到平湖,但平湖原本的房子在九年前被日军炸平了,只好另觅住所,最后在仓弄东面的过家浜23号里置办了一所平房。

而这年卞姨母也已过世。那时只有6岁的陈娴跟着外公外婆到小南门外、南水门斜对岸的墓地去扫墓,钱南扬指着一个小坟包

1947年钱南扬在浙江省通志馆

对外孙女说:"她是我的姨母,你得叫她'卞家太太',是她像阿妈一样把我养大。今后,如果我们不在平湖,每年清明来扫墓就由你负责了。"陈娴牢记在心,自从1958年在平湖参加幼教工作后一直去祭扫,从不怠慢。

　　杭州葛岭的寓所虽小,但远离尘嚣,非常幽静,钱南扬本人十分满意。抗战八年间,居无定所,更不要奢望一张书桌了。现在好了,尽管身处斗室,但可以安安静静地做点学问了。所以他非常珍惜来杭州的第三次工作,尽管这一次不是从事教育教学工作,但至少在开展研究上会有更多的便利。

　　在省通志馆的四年半里,钱南扬除了在《浙江省通志馆馆刊》上发表了《秀水张涟传》《瑞安高阳传》《孙诒让传》等几篇传文外,还在上海《大公报·文史周刊》《中央日报·俗文学周刊》《大晚报·通俗文学周刊》上发表了《浙江剧曲考》《镇海姚梅伯著述考》

《读〈孤本元明杂剧〉眉端记》《释"啴噷"》《〈十孝记〉非元戏》《谈〈古剧说汇〉》《读曲杂记》《〈乌阑誓〉传奇》等七八篇有关戏文的研究文章。《浙江省通志馆馆刊》第一卷第一期的"编后记"略谓:"本馆分纂钱南扬先生,长于文学,而于戏剧曲本,研究尤深,本刊兹录其《浙江剧曲考》一篇,多前任所未言者;考据精审,立论明通。……戏剧曲本旧通志所不屑记载,盖亦时代使然;今兹重修,必当增入,此其长篇之一斑也。"

1946年秋,杭州成立了昆曲业余组织"梅社",钱南扬等二十余人加入。杭州的昆曲社团以前还有雪社,但在抗战前就无疾而终,唱曲活动也因战乱而停废了九年。梅社设在梅花碑,成立后成了唱曲者的精神家园。第二年的2月16日,西湖曲社在湖滨的西湖饭店举行了昆曲会,这是战后第一次雅集。钱南扬与谭其骧(字季龙,浙江嘉兴人)夫妇、佘坤珊夫人、李思纯等人赴会,并演唱了《西楼记·楼会》一出。这让当时在浙江大学任教的李思纯(字哲生,四川成都人)大为惊讶,他不知道"治曲学甚精"的钱南扬还有这么一手!

其实钱南扬会唱曲已经有三十年了,能粉墨登场,反串旦角,实际上都是为了全面掌握古典戏曲艺术规律所作的尝试。有时候,有老朋友来访,只要会唱的,两人就合作演唱一出,他还要配上动作,反手翘起兰花指,跨出步数显身段。这场景恰巧被不明事理的街坊妇人撞见,就暗落落地透给钱师母讲,怀疑两个大男人之间有什么不可告人的秘密,钱师母听了哈哈大笑。后来这就成了家庭中经常用来逗趣取乐的一个大笑话。

1949年5月3日,杭州解放;5月11日,平湖也解放了。钱南扬不知道接下来会有什么变化,也不知道省通志馆会不会继续编志、自己将何去何从。8月,他索性从省通志馆离职回了平湖老家。

那时平湖县立初级中学（平湖中学前身）扩大了校园面积，扩增生源迅速，所以师资紧缺，戈宗法校长闻讯就要聘请钱南扬去任教国文。钱南扬想，反正自己赋闲在家，况且过家浜离县中也不远，向北走一段穿过仓弄就是学校了，也就答应了。他看到县中实行童军管理，统一校服，精神抖擞，感到校风优良。12月，还欣然为县中1950届春季毕业生的《毕业纪念册》撰写了序言，勉励学子"学业是没有止境的，终身研究不完"。

在平湖县中任教，而且学校就在老家附近，钱南扬感到非常适意。空余时间，常有在县中刚参加教育工作的青年教师张新德来找他下围棋，一老一少两人在斗室里杀得不可开交。有时候，张新德来时钱南扬正在吃晚饭。全家人口多，围着八仙桌坐，两人一面合坐一只条凳，唯独钱南扬一人独占一面。张新德心想，钱先生在家里地位真高啊，他家里没人敢跟他平起平坐，要么一定是要保证让他坐得舒服点。殊不知，真相是家里人谁都不愿意跟他合坐一条板凳，原来他是个"继手风"（左撇子），吃饭拿筷子也是用左手，坐在一起吃饭筷子会"打相打"（缠碰）。外人还以为他在家"独当一面"，其实没人愿意挨着他坐，即使家里来了个客人，也情愿三人挤在一起就座。

不知何故，钱南扬在平湖县中只教了一年，其中5月至7月还到浙江干部学校，被编入"一部五班八组"进行为期两个月的政治学习。

1950年3月29日，中国民间文学研究会成立了，郭沫若任理事长，老舍、钟敬文任副理事长，钱南扬被聘为顾问。6月12日，因老家乡下的薄田交了公，为解决生计，他致信在北京图书馆工作的同乡赵万里，请其托郑振铎再转请郭沫若，为其在中国科学院研究部门谋职，然而没有得到回应。8月，他就从平湖县中离职，去

钱南扬夫妇与小儿子钱璓、外孙女陈娴、孙女钱芵合影

了吴兴县立中学任国文教员。一年后,又转往湖州师范学校任国文教员两年。直到1954年秋,钱南扬由郑振铎介绍至北京任人民文学出版社第五组(古典文学)编辑,但到1955年初仅半年就离职了,据家人听他解释说是因为"自己不会讲北京话"而颇感不适。

自1950年至1956年长达七年的时间里,除了在平湖县中、吴兴县中、湖州师范及人民文学出版社任教任职四年半外,其余的日子,钱南扬基本上住在上海复兴中路女儿钱球家里的小阁楼上写稿,对"南戏三种"作校注,其中1955年春至次年夏天,有一年半的时间闭门不出,终于完成了《梁祝戏剧辑存》和《宋元戏文辑佚》两部书稿。

1956年7月,《梁祝戏剧辑存》由上海古典文学出版社出版;12月,《宋元戏文辑佚》也在上海古典文学出版社出版。

《梁祝戏剧辑存》是钱南扬集自己自大学之后30多年有关梁祝戏剧研究的汇总,是一部很有学术价值的研究专集。他对梁祝的研究首先是从故事的源流与演变开始的,去宁波实地调查了梁祝庙墓,然后扩大范围,研究梁祝故事的歌曲、唱本、戏曲以及词曲中的"祝英台近"等牌名。可惜他自此以后专力研究戏曲,无暇重

《梁祝戏剧辑存》(1956年)　　　《宋元戏文辑佚》(1956年)

理研究梁祝故事的旧作,因此生前未能编就更多的专集,这是十分遗憾的。

而《宋元戏文辑佚》是集30年钩辑、考订研究南戏之大成。1936年,即《宋元南戏百一录》出版后的第二年,北平发现了钮少雅和徐于室合编的《南曲九宫正始》。这部南曲谱虽出于清人之手,但由于编者引用了元代天历年间两部南曲谱的材料,加上编者治学态度十分严谨,故在谱中引录了730多支宋元南戏的佚曲作为范文。《南曲九宫正始》的发现,给钱南扬打开了新的视野,他意识到散佚的南戏资料尚多,因此又开始了新的探索。《宋元戏文辑佚》同时吸收了赵景深、冯沅君等学者的研究成果,将收录戏文扩大到167本(其中有传本者15本、全佚者33本、有辑本者119本),比起《宋元南戏百一录》增加了65本,使戏文佚曲及有关资料得以更加完备。这是迄今为止对宋元南戏的辑佚、本事考订以及有关资料最为完备的汇辑,为南戏学研究提供了丰富而翔实的宝贵资料。至此,他完成了对南戏研究的"第三回合"。

1956年5月26日,夏承焘至上海复兴中路钱球家寻访钱南扬,见他正在伏案写作《宋元戏文辑佚》一书,并告知自己"南戏三种已作校注,近与书店订了十年计划"。作为老朋友,夏承焘深知不善言辞的钱南扬有着深厚的治学功底,取得了巨大的成就,但离了职在家写作,虽有时间的保证,却无生活的基本保障,况且不到高校任职,真是白白浪费了这样难得的才人。夏承焘告诉钱南扬,不久前的4月30日,他与时任浙江省文教部副部长兼省文化局局长的黄源(字河清,浙江海盐人)座谈浙江文化时,介绍了钱南扬的南戏学、韩登安(名竟,浙江萧山人)的浙派印学、陈伯衡(名宪璇,山东汶上人)的碑帖学。6月30日,夏承焘向浙江师范学院(原杭州大学前身)中文系主任孔成九介绍钱南扬的曲学成就,孔成九表态可邀其来浙师院任教。夏承焘当即写信告知拟聘教职一事,钱南扬复函表示愿意赴杭任课,随后又寄去了简历表。但当夏承焘受孔成九委托致函邀请他前往浙师院教授古典文学、研究宋元戏剧,并告知课时每周约十五六小时,钱南扬却回信说"作家出版社约编《汤显祖全集》,故不能膺浙江师范学院教职"。后来夏承焘再次发信邀请,钱南扬才答应前来任教。这让夏承焘喜出望外。

8月,钱南扬任浙江师范学院中文系教授,其间吴熊和曾从其学,后成词学研究名家。自从《宋元戏文辑佚》作为对过去宋元戏文辑佚工作总结完工后,钱南扬把研究戏文的重心转移到支持宋元戏文面貌的具体作品的校注上。此外钱南扬这期间还在《浙江日报》发表了《谈本省戏剧文献》和《关汉卿和他的杂剧》两文。

1957年,由国家高等教育部审定的《中国文学史教学大纲》(综合大学中国语言文学系汉语言文学专业四、五年制用)由高等教育出版社出版,将钱南扬的《宋元南戏百一录》和《〈琵琶记〉作者

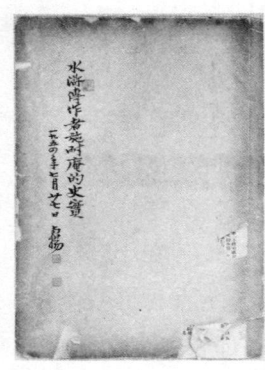 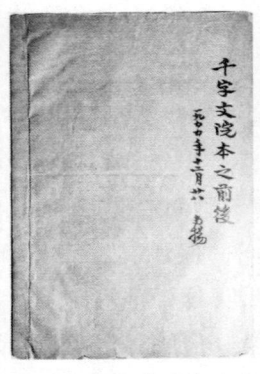 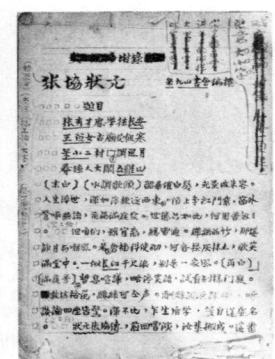

钱南扬自行装订的手稿

高明传》列入参考书目。应该说,钱南扬凭自己的声望与成就受到了社会的尊重。这一年的6月16日,由五名巴黎大学教授组成的法国汉学家考古团应邀来杭交流考察,钱南扬与夏承焘全程陪同,其间进行学术交流,并向团长、巴黎大学教授埃地安布尔赠送了《宋元戏文辑佚》。7月24日,浙江省第二届戏剧会开幕,钱南扬与夏承焘出席会议并在胜利剧院观看越剧《孟丽君》。

钱南扬刚到浙江师范学院时,居住在体育场路旧宿舍,后来搬到在文教区道古桥该院新建的宿舍4幢4号楼上,与姜亮夫(名寅清,云南昭通人)教授、好友陆维钊比邻,好友胡士莹(字宛春,浙江平湖人)教授就住在对门,刚刚从体育场路宿舍搬过来的夏承焘教授就住在楼下。有这么多同道好友住在一起,钱南扬感到非常幸运。此时,他那从小跟在身边的外孙女陈娴,正在浙江幼师就读,每个周末都来外公处逗留一两天,让他感到无比惬意。

在此任教期间,钱南扬确实度过了一段非常美好的时光。他先后完成了《〈南柯梦记〉校注》(汤显祖"临川四梦"之一)和《元本〈琵琶记〉校注》;还与胡士莹合作完成了《〈牧羊记〉校注》,由人民文学出版社打纸型后转中华书局,可惜未见最终出版。他与胡士莹两人亲如兄弟,既是同乡,又是同事,只要一有时间,两人就一起切磋学术问题,有时为了辨析一个问题,互不相让,争得个天昏地黑。正在一旁看书的陈娴就走过去说:"外公,胡家公公,你们就不要争了,各写各的看法,让别人去评吧。"胡士莹就哈哈一笑,对钱南扬说:"南扬兄,还是你家外孙女聪明。"胡石言(胡士莹之子)的母亲因病较早故世,听说胡士莹教授准备要娶贤淑的沈医师为妻,王彤史就忙着帮胡家操办喜事,足见两家关系非常亲近。

钱南扬喜欢吃糖,是因为自己消化不太好,吃糖可减轻胃肠负担、保护肠道。但他吃的不是那种包好的粒粒糖,而是散装的白糖或红糖,外出时用纸包上一小包,随身带着,在家时就用调匙舀一点直接放在嘴里。胡士莹过来闲坐,家里没啥好招待的,也就分给他一小包散糖,两人昂起头、相对着将糖倒进嘴里,甜了半天,也很满足。

钱南扬打算在浙江师范学院长期工作下去,好好珍惜这第四次到杭州工作、也是第三次在高校任教的机会,不再像以前那样漂泊不停、四处为家,也不再需要"打一枪就换一个地方"了。

然而树欲静而风不止!就在《梁祝戏剧辑存》被古典文学出版社第二次印刷、印数达到6600册时,反右运动来了。1958年3月25日,钱南扬遭到批判,学生张贴其大字报。6月7日,又要他在小组会上作检查。7月4日,他在校上课讲授《〈窦娥冤〉及〈击壤歌〉考证问题》时,遭到学生指责其"烦琐考证"。7月6日,全系大组会认为钱南扬"以考证代替作品分析,批判颇激烈"。7月9日,全系师生大会上有四五人向钱南扬、夏承焘、胡士莹提意见,主要是"重艺术,轻思想,超阶级"这三点。晚间会上,对钱南扬、姜亮夫所提的意见最多。晚间夏承焘被明确告知:"此次运动是接知识分子政治改造后的学术革命,要专家们的学术头脑起震动,要站稳政治立场。将来知识分子改造运动一步紧一步,这只是个开头!"

钱南扬听了默不作声。很快,他被打倒了——背了处分,还被降了职!到年底,他入不敷出,拿着手头仅有的公债券偷偷地向夏承焘换了116元现钱。

可是,还没完!在1958年"反右补课"中,有人竟诬告钱南扬"历史有问题",钱南扬未及辩解便稀里糊涂地背上了黑锅。是年11月,浙江师范学院与新建的杭州大学合并为杭州大学,而钱南扬被作为"白旗"连根拔起,被剥夺了教授的头衔。

1959年1月,钱南扬这位饱学之士只好退出杭州大学的新宿舍,无奈地搬到了杭州灵隐寺边上的白乐桥。白乐桥那边的一排老房子,原是旧时大户人家坟地的看坟屋,现归属于杭州大学用作教师居住的旧宿舍。这位已经61岁的老人,只好在那里暂且栖身。但他能够波澜不惊,宠辱皆忘,也能忍辱负重,随遇而安,况且眼下手头正忙着校注《琵琶记》呢。

高明的《琵琶记》是我国戏曲史上一部较有影响的戏文,版本繁多,光在明代就有十二种版本,后人篡改之处也很多。钱南扬就以基本上还保持着戏文原来面目的《校钞新刊本蔡伯喈琵琶记》为底本,参照其他多种版本及《九宫正始》,逐字逐句地作了校订,努力恢复它的本来面目,并且对其中的成语典故和较难理解的词语作了注释,以便今人阅读。

这一年的国庆节,已经参加工作的外孙女陈娴去杭州看望外公,陪陪外公。她兴冲冲地敲响杭州大学新宿舍的房门,却不见了外公。隔壁胡士莹神情落寞地告诉她,钱南扬被迫搬到白乐桥那边去了。陈娴又急匆匆地寻到了白乐桥。推开屋门一看,只见钱南扬上身穿着一件满是洞洞的汗背心,正伏在一张破桌子上校注着《琵琶记》,而那张破桌子已残缺了一只脚,用一根竹竿衬绑支撑着……陈娴泪奔如注,心头哽咽,嗫嚅半天只吐出一句话来:"这件汗背心上侪是破洞洞了,就丢掉好哩!"钱南扬微微一笑,轻轻地说:"有破洞也蛮好的,这样好透气呀。"

桃李不言　下自成蹊

1956年,昆剧《十五贯》晋京成功上演,"一出戏救活了一个剧种!"趁此时机,各地昆剧活动和研究得以渐次恢复。但南京大学的曲学研究因吴梅、卢前等教授的相继辞世,曲学薪火一度中断。

中文系主任陈中凡(字斠玄,号觉元,江苏盐城人)教授是蔡元培和陈独秀的高足,北大毕业后留校任教,和曲学大师吴梅比邻而居,两人从相识到相知而成莫逆之交。1921年,陈中凡受聘为东南大学国文系首届系主任,便把吴梅请来,使曲学在南京兴盛起来。

1952年高校院系调整后,南京大学的曲学无人为继而断档。此时陈中凡已是国内高校内稀有的一级教授,又任中国民主同盟江苏省委员会主任委员,德高望重。他认识到民族戏曲的重要价值,并认为吴梅曲学的核心特点是把戏曲作为一门艺术学进行研究,并素来是联系演唱实际,即理论与实践相结合的教风学风展开教学研究活动的。所以,他大力提倡要在南京大学中文系继承发扬吴梅曲学的优良传统。可他自觉自己只是吴梅的曲友,不足以承接吴梅的曲学事业,必须找到一位既是吴梅的嫡传弟子,又能理论研究兼度曲演唱的高校教师,方能真正恢复南京大学的曲学研究传统。

陈中凡读过钱南扬的《宋元南戏百一录》和1936年出版的《元

明清曲选》等名著,极其钦佩他的渊博知识和精深造诣;也深谙钱南扬拜吴梅为师后,穿越北南,进苏州吴家读曲而尽得演唱与研究的真谛。可惜两人素昧平生,从未谋面。陈中凡几次向校党委书记兼校长郭影秋(名玉昆,江苏铜山人)力荐钱南扬,再三称赞他的渊博学识和深厚功力,认为只有他能恢复吴梅曲学的范式与传统,只有他能承接南大的曲学事业。但不巧的是,浙江师范学院刚刚要到了钱南扬,声称决不放人。

  陈中凡提倡转益多师,第一步便准备派正在攻读研究生的吴新雷到浙江师范学院中文系游学,"短期进修二个月",以受业钱南扬教授;第二步,是想方设法请钱南扬来南京大学任教。这个"慕才计划"得到校领导的积极支持。吴新雷奔赴杭州在浙师院学了一个多月,得以亲聆钱南扬的教诲。回校后,他向陈中凡汇报了学习的收获,这就更加坚定了陈中凡要聘请钱南扬的决心。

  然而此时钱南扬竟被打倒而失业了!陈中凡闻讯,大惊失色,继而又觉得这是难得的机会。随后,陈中凡力排众议,大胆保举,他对此有自己的认识。他对郭影秋说:"从法律概念来讲,钱先生是没问题的人。如果钱先生触犯了法律,那就按律治罪,判刑入狱,但现在不是这种情况,他不是罪犯,只是人家不要他了,失了业,但仍享有公民的权利。如果南大加以吸纳,是'人弃我用',完全合法。……南大如果不要戏曲研究这个学科,不要继承吴梅曲学的优良传统,那就算了。如果要,正巧有这个好机会,赶紧去把钱先生请进来!"恰好碰上原任云南省省长兼省委书记处书记的郭影秋又是位有魄力、有担当、有远见的党政英杰,他尊重人才,爱护人才,爽快接受陈中凡激将式的建议,一口答应。

  系主任力荐,校长拍板,于是人事处马上行动!由于钱南扬已经失去了工作单位,就用不着发商调函,也不牵涉跨省跨校调动报批等一串麻烦事,只要按照失业人员重新就业的模式办理,手续十分简便。学校要求人事处以最快的速度给他报进户口,落实粮油关系,备好住房,以防外界从中干扰作梗,节外生枝。

1959年10月,一个金风送爽的日子,吴新雷再次奔赴杭州,接走了蜗居在白乐桥破旧漏屋里的钱南扬来到石头城南京。一下车,钱南扬第一桩事情就是要拜访郭影秋校长等校系领导和陈中凡教授。

就这样,钱南扬进入南京大学中文系任职,月薪150元,且分配给在大钟新村的教师住房一套,偕家眷住入。南京大学对他如此器重,让他衷心铭感。他对外孙女陈娴说:"南大非常重视戏曲方面的研究,我不会再离开这所学校了。一个人能从事自己喜爱的工作,又能得到领导的重视,实属不易,这是我今生最大的幸运!"所以他欣然接受陈中凡的委托,协同担任研究生的指导工作。因为钱南扬的到来,陈中凡在中文系古典文学教研组创办了戏曲研究室,钱南扬即加入陈氏领衔的戏曲研究室。此后,已过六十之寿的钱南扬连续多年为本科生开设戏文概论、明清传奇、戏曲选读和戏曲史等专题课程,并印发了课堂讲义,连研究生都来随班听

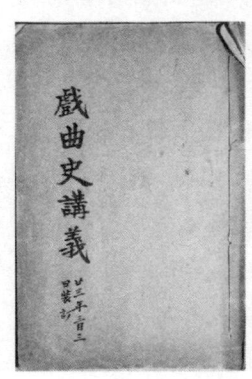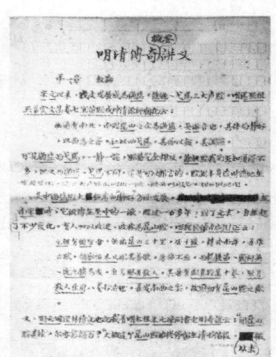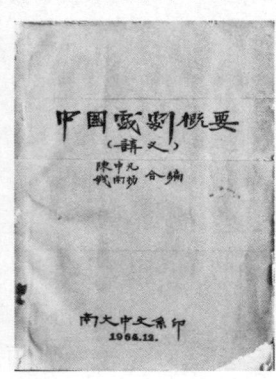

钱南扬编写的讲义

钱南扬手稿《中国戏曲的舞台艺术》

讲。不久,钱南扬就撰成《中国戏曲的舞台艺术》一文公开发表。吴新雷毕业后留校任教,仍继续来听钱南扬的课,得侍讲席甚久。后来的詹慕陶、金宁芬、金志仁等戏曲研究专家也都出于钱南扬门下。

他的《曲律简说》是专门为后辈初学者讲解撰写的。20世纪60年代初,他的一个晚辈在邻省一个地区举办一次地方戏曲剧团的编剧进修班,希望钱南扬与陈瘦竹予以指导。他欣然答应前往讲课。他带了《曲律简说》,先与听课者座谈地方剧团的各种情况,然后又通宵达旦地在讲稿上增补了密密麻麻的注脚,使讲课的内容更加接近听课者的水平与实际需要。最后,他还语重心长地说:"希望大家能掌握了解中国戏曲传统的这些艺术规律,能产生比前人更好的剧作,振兴发扬中国戏剧的优秀传统艺术。"

1960年7月至8月,钱南扬应邀在上海锦江宾馆参加《辞海》编纂工作。当时每位编纂人员每天可享受一块大冰砖,可他总是不吃掉,而是请宾馆里的工作人员把它放在冰箱里,下班后再去取。这期间,他就住在复兴中路的女儿钱球家里,穿过淮海路、南昌路,就到了锦江宾馆。下班时拿了一根线系住冰砖,急急忙忙地往家赶,因为他知道一到下午5点,那两个外甥就候在家门口等他回来,其实是在等这块大冰砖回家,要知道那是在困难时期,能吃上冰砖可是一种特殊的享受。同事都称赞他:"钱先生对孩子真是宠爱,连一块冰砖都舍不得吃。"他不好意思地回答:"我不是宠孩子,我是不爱吃才拿回家的。"

也就在这一年的7月,钱南扬集几年之功的《元本〈琵琶记〉校注》终于由中华书局出版。遗憾的是,当时学术界有一条不成文的禁例——凡是因受批判被打倒的作者,就不能公开发表署名著述,所以钱南扬只得从自己的学名"绍箕"中去掉了一个"绍"字,署名"钱箕"。但这终非长久之计,对南京大学中文系戏曲研究室扩大教研影响也很不利。这个令人憋屈的事情,让吴新雷久久愤愤不平,但钱南扬却微微一笑,淡然处之。

吴新雷后来去跟北京《戏剧报》的执行编辑戴不凡(笔名梨花白,浙江建德人)商量,能不能发一篇署名"钱南扬"的文章?戴不凡很同情钱南扬,也很想为他解困,但要发文,就一定要含金量高,

 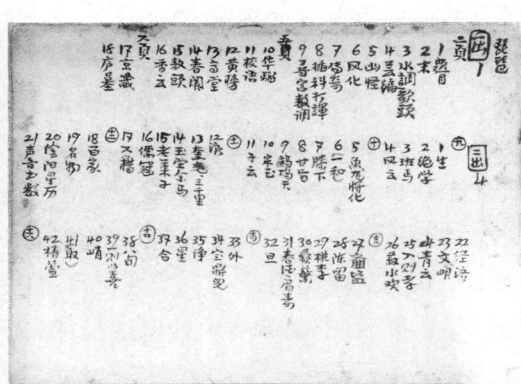

《元本〈琵琶记〉校注》(1960年)及作者钱南扬手迹

才能跟报社的编审沟通说合。

8月,吴新雷游学访曲京城,在路工(原名叶德基,浙江慈溪人)家看到了堪称孤本秘籍的魏良辅《南词引正》,是根据文徵明的真迹录下的。过去的戏曲史都说昆山腔是明代嘉靖年间魏良辅创始的,但魏在《南词引正》中却说昆山腔起始于元末昆山人顾坚与顾阿瑛,足足把昆腔的历史往前推了两百多年。承蒙路工先生的提携与侠义,吴新雷不仅把《南词引正》过录下来,还被允许拿去发表。

回校后,吴新雷将过录本送给钱南扬,以便让他"能在首都高层次的报刊上露名",从而能够恢复名誉,重回学术界。钱南扬欣喜万分,"认为这是研究昆曲起源和魏良辅革新声腔的一份新史料"。在征得路工同意后,钱南扬很快便写成了《魏良辅〈南词引正〉校注》。路工称赞吴新雷"雪中送炭,是义举",甚表赞同,并配合钱南扬写了篇短文《魏良辅和他的著作〈南词引正〉》,一起交给了《戏剧报》编辑部。

《魏良辅〈南词引正〉校注》一文公开发表后,像一颗重磅学术炸弹在昆曲界引起了轰动,并引发了专家们的高度关注与热烈讨论。钱南扬随即又写了《关于〈南词引正〉》一文,与人商榷了其中的两个问题,署名"南扬"在《文汇报》上予以发表。"钱南扬"的真名重返学术界,轰动了昆曲界。大家发现钱南扬又回来了。正在辽宁工作、写着《昆剧简史》的胡忌(浙江奉化人),看到好久没有公开发表文章的老师终于露了脸,大为震惊,也甚感欣慰。不久,中华书局将《元本〈琵琶记〉校注》进行第二次印刷,作者署名随即就改回了"钱南扬",而且特约钱南扬担任《汤显祖集》中戏曲集的校点工作。

自真名露世而恢复名誉后,钱南扬的著作一发不可收。1962

年11月,钱南扬点校的《汤显祖集》第3、4册"戏曲集"由中华书局出版。接着,《中华文史论丛》第2辑发表了钱南扬的《冯梦龙墨憨斋词谱辑佚》,第3辑上又发表了《谈吴江派》一文。特别是《南京大学学报》在1963年第2期发表了钱南扬的《汤显祖剧作的腔调问题》,1964年第2期又发表了他的《论明清南曲谱的流派》一文。如此这般,钱南扬的科研成绩在学术界又频频重现光彩,南京大学戏曲研究的名声也日渐誉隆。

1964年,钱南扬主要忙于与陈中凡合编《中国戏剧概要》(讲义),负责编写其中第二部分"宋元戏文",12月由南京大学教材科出版,用于课程教学。1965年,又忙于参撰《金元戏曲方言俗语辞典》一书。此书为南京大学中文系戏曲研究室众人合作的一项成果,但经历三个阶段:一开始由陈中凡发起,由戏曲研究室的同仁

1966年2月南京大学中文系教职员与研究生合影,前排左四为钱南扬。

共同纂辑《金元戏曲方言俗语辞典》；其后，与上海的一位学者合作，书名改为《宋金元戏曲词语汇释》；最后由钱南扬负责，进行勘定并大量补充，定名为《宋元明清戏曲词语汇释》，由南京大学印行，全书分上下两册，后因"文革"歇搁而未公开出版。

除此之外，钱南扬开始了《戏文概论》一书的搭建，同时依旧执着于对基本保持南戏剧作面目的现存五大剧本进行细致校注，要校定剧本里的脱、衍、讹、误，除了《元本〈琵琶记〉校注》已经出版，《〈南柯梦记〉校注》和《永乐大典戏文三种校注》尚未完成，而且要费时颇多。

由于全身心地倾注在戏曲史的研究上，此时钱南扬精力充沛而纯熟，他在研究与讲授戏文之余，还把触角伸向了明传奇，校点著名的"临川四梦"——《牡丹亭》《紫钗记》《邯郸记》《南柯记》及附录《紫箫记》，这虽然是国家下达的一个科研项目，但因为"文革"，直到1978年才结为《汤显祖戏曲集》由上海古籍出版社出版。

至此，钱南扬一生的治学大体上已经形成"四个中心"：以《谜史》为中心的民众艺术研究，以"梁祝"为中心的民间故事研究，以宋元南戏为中心的中国古代戏曲史研究，以"临川四梦"为中心的明传奇研究。

1960年至1966年，正是钱南扬在教学和科研两方面均获得丰收的时期，而且是在戏曲史、明传奇两个研究上呈现出纵深发展的最佳时期。然而，1966年5月"文革"爆发。其间钱南扬受到了猛烈的冲击。红卫兵造反派抄了他的家，许多珍藏的书籍、资料和财物，连同《永乐大典戏文三种校注》《戏文概论》等几种书稿均被抄没，几十年的心血积累付诸东流！他欲哭又不敢流泪。

有时为了教学和度曲需要，钱南扬跟同事、学生或昆剧团的演员，揣摩戏曲里的唱腔与动作，会反手翘起兰花指，跨出步数显身段。但这竟被诬为"男男女女"有作风问题,成了批斗他的一条罪状。

钱南扬次子钱玮在北京电影制片厂工作时与一位苏联姑娘恋爱结婚,中苏关系破裂后,儿媳只能带着孩子回了国;这桩异国姻缘终使钱玮妻离子散,还使他因"里通外国"的罪名被革了职,只好到南京来投靠父母。钱玮之痛,对一个家庭来说本来就已经很不幸了,但这也成了批斗钱南扬的又一条罪状。

他被关进了"牛棚"。但他自有一套对付关押仍然可以进行研究的办法,那就是白天在"牛棚"改造时,常常一声不响地独自蹲坐在墙角里,心脑却在默默地进行着思证,到晚上就偷偷地把它记下来。事后他曾回忆那段不堪回首的日子说:"其实我在'牛棚'里也没白白地浪费时间,只要静下来就思考,全身心地沉浸在构思中,把这些思考的内容深深地印在脑海里。"此时,他连大钟新村那套住房也不能住了,只好搬到南秀村的一间十来个平方米的小阁楼里。就在那最为困苦的时候,一个在香港的龚姓学生来信要钱南扬去那里定居,说是房子给买好,老师只管享福就行,但钱南扬还是婉拒了。

不久,钱南扬在劳改队被隔离审查,八年前所谓的"历史反革命"又被翻了出来。但没料到,不幸之中得了个大幸,专案组通过内查外调,却把他原本就蒙受的不白之冤给查清楚了。

原来当年在杭州被定为"历史反革命"而打倒,是因为有人揭发在1927年蒋介石发动"四一二"反革命政变后,钱南扬是平湖国民党县党部的"清党委员",诬告他是双手沾满鲜血的刽子手。经南京大学专案组内查外调,总算核实了钱南扬的真面目,原来他从来没有参加过什么国民党,更不可能是什么委员,"清党"与他无涉,也根本不存在"刽子手"的问题。

这个萦绕八年的冤假错案终于被查明了,钱南扬也得到了"解放",从"牛棚"里给放了出来。回到家里,他仍沉浸曲学,捧出未被抄走的旧稿加以斟酌修改,又凭着记忆重作《永乐大典戏文三种校注》《〈南柯梦记〉校注》和《戏文概论》等著作。

因为心有所寄,钱南扬就把那个年月里所遭遇的种种"奇遇"都当作是"特殊的游戏",一笑而过,安然处之。1967年12月22日,南京大学中文系三年级部分造反派学生为了证明所谓"反动学术权威""臭教授是草包""不学无术",对该系陈中凡、黄淬伯、钱南扬、王气中、赵瑞蕻、陈瀛等老教授发动突然袭击,要求他们默写指定的毛主席语录、毛主席诗词等流行政治语汇的具体内容。老教授们因无法一字不差地交出答卷而无法过关。

1969年2月8日,顾颉刚写下六百字的《我所知道的钱南扬》,希望通过此文能够保护钱南扬,但并没起到什么作用。10月20日,业已71岁的钱南扬仍然要随南京大学全体师生前往溧阳农场(即南大农场)参加体力劳动。某一天,食堂负责人在小黑板上写着"大块肉一角五分"。正在排队时有人说应该写成"大肉块",钱南扬大发高见:"大块肉不等于大肉块。大块肉一定是猪肉,决不能是牛肉、羊肉或狗肉;大肉块,可以是猪肉,也可以是随便什么动物的肉。"这个训诂让众人佩服得五体投地,在那个了无生趣的年月里可谓给大家开了一个独特的语义学演讲会。还有一次,大家看到报纸上的大新闻"中国以压倒多数加入联合国"纷纷奔走相告,钱南扬却和几位老教授在食堂门口展开了大辩论,钱南扬认为此标题存有歧义:"把多数压倒了,怎么还能通得过投票加入了联合国?"与一流训诂学家洪诚老先生争得面红耳赤,煞是可爱。

1973年,孙女钱萸(钱珂之女)决定登记结婚时,却遭到了母亲的强烈反对,一度陷入了十分为难的处境。这时,钱南扬对儿媳说:"半个多世纪前的五四运动时早已提倡婚姻自主,让孩子们自己做主吧,大人不要干涉儿女的婚姻自由了。"他对自己六个子女的恋爱婚姻一概不加干涉,更不要说对孙辈的婚姻大事了。就在钱萸出嫁前一天晚上,钱南扬把她叫到跟前,说道:"你出嫁后,到了婆家,要孝敬公婆,夫妻间要互敬互爱,家庭要树立起好家风,将来有了子女,要把好家风传下去。"平时很少说话的钱南扬,这一番语重心长的训话,让孙女一辈子铭记在心。尤其是在那个特殊年代,钱南扬还在用中华民族的古训来教导小辈,足见其对传统美德的恪守。

十年"文化大革命"给不少人造成了极大的精神创伤,钱南扬也不例外。但他那种沉潜、渊默、不张扬,在特定的历史环境中,又会发展成为一种乐观、坚毅和隐忍。1974年夏,胡忌大胆地专程到钱南扬所住的南秀村去探访,见到的依旧是钱南扬那一副慈容,倍感亲切。钱南扬带他走上阁楼,关紧了门,让他翻看手稿,然后轻轻地说:"这是我重新写的《戏文概论》,正在修订。""这是《永乐大典戏文三种校注》,定稿尚早,有的注文还找不着词语的出处。"胡忌看了肃然起敬,对自己停辍了《昆剧简史》而羞愧难当。那十年,由于种种复杂的政治原因,纯粹的学术研究已难得一觅,但钱南扬心宁如水,只沉浸在自己的古书堆里,不管窗外的冷风恶雨。胡忌因此对钱南扬身处厄境反而放了心。但当胡忌准备告辞时,一转身,却看见了钱南扬那件白汗衫一半是补丁、一半是小洞,心里酸楚万分,难过至极。

胡忌所不知道的是,实际上钱南扬向来朴素节俭,在家就套上破旧的衣裤,出门只有一件"出客衣裳"(体面衣服,平湖话)。所谓"出客衣裳",天冷就是一件浅灰色中山装,夏天就是一件灰布短袖衬衫,左胸前别着"南京大学"红底白字的校徽。凡上课、开会、有

钱南扬与夫人王彤史在浙师院教师宿舍

人来访,出去穿一穿,一回到家就脱下挂起来,夏天到晚上就洗,第二天干了又可以穿上了。这件灰布短袖衬衫还是在上海工作的二女儿钱琬出差到南京时给买的,钱南扬非常爱惜,就把它当成"出客衣裳"。他把省下来的粮票、布票,时常接济给需要救急的同事、朋友和学生。此时远在浙江文成的刘天健因家庭变故而困难,钱南扬闻讯后时不时地寄来钱钞、粮票、布票和衣物,这雪中送炭之情让他永远铭记。

　　钱南扬不善言辞,话语不多,但十分珍视与朋友间的情谊,不吝钱财,为此甚至甘冒政治风险。有一位也是研究元曲的日本友人给他寄来了一盆花,拿到包裹通知单后,王彤史说不要去邮局领了,现在工资被扣得很低了,这个月只剩五元的生活费了,花五元钱(付税)去领回一盆花有什么用呢?钱南扬态度却很坚决:"就是借钱,也要把它领回来!如果退回日本,怎么对得起朋友的一片心意呢?"这盆花最终是领回来了,放在窗台上,也很好看,可王彤史天天对丈夫抱怨着:"没饭吃了,我们就吃花吧。"钱南扬还是一本正经劝说:"我们还是要注意点国际影响,一盆花都领不起,要被日本人看低我们中国人的!"

其时昆曲已经听不到了,但样板戏响彻每一个角落;戏曲学不能讲授了,就只好讲讲样板戏了。南京大学中文系让钱南扬讲授样板戏,他拿出考订的本事,辨析唱腔,注释词语,依旧认认真真地做学问。中文系主任叶子铭教授回忆说:"粉碎'四人帮'以后,许多讲义、教材都废了,唯有钱先生编写的关于'样板戏'的讲义还很有价值,而且他的讲稿是蝇头小楷,漂亮极了。"

1976年真是个多事之秋,钱南扬夫人王彤史去世了,享年78岁。钱夫人王氏识字不多,但她一生竭力支持丈夫的拓荒事业。尤其是在到南京前的三四十年里,夫妻长期两地分居,大部分年月靠书信联系,先是让她妹子写信读信,后来要子女代劳,再后来就叫外孙女代笔。她只管在家养育好六个孩子,含辛茹苦,完全牺牲了自己,也毫无怨言。有机会到丈夫工作的地方去探望,总是带上丈夫喜欢吃的糟蛋、糟肉、糟鲤什么的。她对丈夫非常好,照顾得很周到。

而今妻子走了,留下钱南扬一个人孤苦伶仃地独自生活,还要做那些永远做不完的戏曲研究。自此以后,他每年暑假均到上海随女儿钱球生活,然而一到开学前即使学校没有课时安排,仍按时回到南京大学,因为春风暖了,眼前天清地明,他现在可以光明正大地忙起来了。

钱南扬首先要把"文革"里的损失给补回来,于是他一生中学术研究的代表性成果在几年内接连陆续出版。先把在"文革"时期完成的《永乐大典戏文三种校注》再作修改,于1979年10月由中华书局出版。接着,整理精选并再次补充修订自1936年以来的论文,结集为《汉上宧文存》,于1980年8月由上海古籍出版社出版。

紧接着,他在全面占有现存南戏资料的基础上,几度补充修订,完成了凝聚毕生心血的力作《戏文概论》,于1981年3月由上海古籍出版社出版。再接着,早在1957年就写好了"前言"、完成了初稿的《〈南柯梦记〉校注》,几经修订,于1981年7月由人民文学出版社出版。

与别的学者相比,钱南扬的学术著作并不算多,但他的每一部著作都可以说是精品,很有学术分量。《永乐大典戏文三种校注》早在1943年就动议了,然而历经劫难,成书时间长达36年。这也体现出钱南扬校注"字字落实"的一贯风格,哪怕就是一个方言词语都不放过。有一天,他在上海女儿家写稿,遇到了几个温州方言词的释义问题,就写信给夏承焘,请教《张协状元》中的温州方言。夏承焘当即回复:"告张协戏文中之温州方言,如圆丸同音,辣辣辣形容大声,猜度曰科,密闭曰迷,田间曰垟,吃打曰讨柴等。姜淮《歧海琐谈》多载温州方言,惜手头无此书。"回信发出后,夏承焘不敢怠慢,也知晓老朋友钱南扬的秉性,第二天赶紧前往浙江省图书馆借阅玉海楼钞本《歧海琐谈》,又觅得几条,立刻回信给他。《永乐大典戏文三种校注》出版之后,几十年间直到今天再没有出

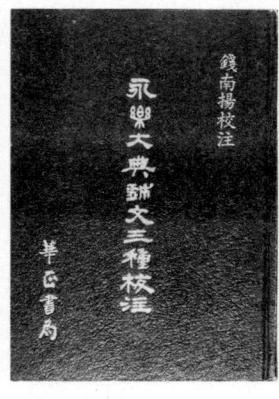
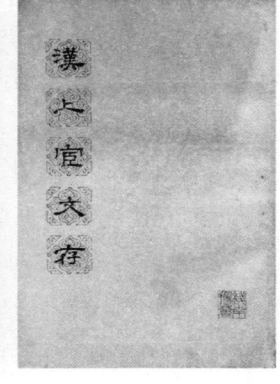

《永乐大典戏文三种校注》和《汉上宧文存》(1980年)

版过同类著作,只有一版再版,由此可见学术界对这部著作的高度认可。

王季思、康保成在《〈永乐大典戏文三种校注〉补正》言:

> 钱南扬先生的力作《永乐大典戏文三种校注》(以下简称《校注》),对这三个剧本(指《小孙屠》《张协状元》《宦门子弟错立身》,本文作者注)进行校点、注释,对读者帮助很大。《校注》体现出钱先生做学问的深厚功力和认真态度,为海内外学界一致推崇。我们在整理《全元戏曲》时,从中受益颇多。

洛地《词语十二——〈永乐大典戏文三种校注〉补注》谓:

> 钱南扬先生采用的是校字、注词、释句的方式,实际上是钱先生一生心得的浓缩。……可以说,若无钱注,如乱丝积麻般的原文,读者是很难读得下来的。

《戏文概论》系统地阐述了宋元南戏的源委流变、历史状况和内容、形式、演唱等诸方面的艺术规律,其资料之翔核、论述之全面、阐发之明晰,都是无与伦比的。如果说《宋元南戏百一录》的"总说"是20世纪30年代南戏研究的顶点的话,那么《戏文概论》

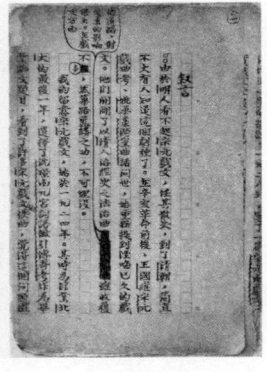

《戏文概论》(1981年上海古籍出版社版和2000年台湾版)及钱南扬手稿

就是80年代南戏研究当之无愧的科学高峰。《戏文概论》的问世，不仅填补了中国戏曲史研究中的一个空白，使中国戏曲史成为一部真正脉络明晰的通史，也为南曲戏文的研究揭开了新的一页，更标志着中国南戏学科的确立。至此，他终于完成了对南戏研究的"第四回合"。

"四个回合"，正是钱南扬毕生从事南曲戏文研究的艰辛历程和心血结晶。正如吴新雷在《钱南扬教授的名著〈戏文概论〉》一文中云：

> 这部学术著作的写法很别致，它不同于一般的戏曲史，也不是单纯的评论，而是将考证、探讨、资料和史论糅合在一起，言简意赅，不枝不蔓，因此显得很严谨很朴实，绝无空泛失真的虚话。

彭飞在《近年来国内宋元南戏研究的新成果》云：

> 《戏文概论》可以说是迄今为止一本最系统、最完整的有关南戏的专著。

南京大学招生分配办公室在其编著的《南京大学专业概况》中如此介绍钱南扬：

> 钱南扬教授是驰名国内外的南戏研究专家，在资料和考证至今无出其右者，被学术界公认为"第一"。近年出版的《戏文概论》，是国内的首创。

《戏文概论》出版之后，成为研究南戏的必备参考书，至今还没有一部能够取代它的研究著作。1984年10月，中国戏剧家协会授予钱南扬第一届戏剧理论著作奖和荣誉奖。1985年2月，再获江苏省哲学社会科学优秀成果荣誉奖。

但钱南扬并不满足于此，他还要把手头的多种著作仔细梳理一遍，尽可能给后人少留一些缺憾。所以他坚持在缜密考证的基础上，对以往的研究著作存在的偏颇，进行科学地纠正与补充。他对1960年出版的《元本〈琵琶记〉校注》再作修订，故校注极为允当精审，1980年12月交上海古籍出版社再版出版。80年代初，上海文艺出版社要求再版早期的著作《谜史》，钱南扬不仅将大半个世纪以来随时发现和积累的许多新材料补充进去，还对原著中存在的错误，都一一作了修改或纠正，为此前前后后耗费了五年的时间，才于1986年12月正式再版。

钱南扬为人质朴，谦虚诚恳，凡事认真。国内外一些学者甚至后辈，常将请所作的论著寄赠给他，请他"斧正""赐教"，其实只是客气说说而已，但他总是"来者不拒"，认真负责地仔细阅读文稿，遇到有商榷或可增补之处，他都用蝇头小楷，工工整整地在页边加上批注，提出自己的意见或尽力提供新材料，然后一定要告诉作者。他认为这对自己也是一次增进知识的好机会。张庚、郭汉城主编的《中国戏曲通史》上册出版后，曾寄了一本，钱南扬发现问题后就加以批注。待到1980年《中国大百科全书·戏曲曲艺卷》在南京召开编委会会议，他得知张、郭两人也到会，就特地带上批注本，跟他俩细谈书中的问题。

钱南扬治学如此认真细致，又能耐得住寂寞，这不是一般人所能做得到的。随着年龄的增高，他越发希望有个后生能够接牢他的班，把自己未竟的事业继续做下去。他常常感慨，家里这么多小辈，竟无一人肯继承他的事业，感到非常遗憾。外孙女陈娴倒是个合适的人选，"陈娴"这个名字就是他给取的，"娴"即文雅、文静、稳重，名如其人，其性格正是如此相符。早在她在读初中时，钱南扬就跟她说："以后我写书的底稿，就由你来誊抄，我和别人一样付你钱，这样你既可以练字，又可学到许多知识，还有零花钱。我希望将来你能继承我的事业。你喜欢戏剧吗？"陈娴一听要写小楷毛笔字的,就连忙摇头,推说自己的毛笔字太差,没有答应外公的要求。其实,写稿也不是一定要写毛笔字的,只不过陈娴初中毕业后考入了浙江幼儿师范学校,读了学前教育专业,也就不会再去研究曲学了。好在80年代初钱南扬可以招收研究生了,而且连招了两届,总算薪火续传。南京大学能够撑起曲学研究一方天空的,皆是出于钱氏门下的弟子和再传弟子。

钱南扬是一个典型的知识分子,淡泊名利,从不计较个人得失,始终过着一种平淡、安静甚至刻板的书斋生活。但他对"文革"中被抄没的手稿和书籍倒是念念不忘,而同样被抄没的财物,他却只字不提。陈娴最后一次见到钱南扬时,他还在问:"'文革'中失去的书,不知道有没有办法找回来?失去这些书,真是太可惜了,多少研究戏曲的珍贵资料就这样丢了!"他受吴梅、顾颉刚的影响,十分爱好藏书,收藏了大量有关谜语、梁祝、戏曲的书籍,可惜遭受日寇烧毁书斋"汉上宧"和"文革"抄没两次巨大损失。"文革"后,他的藏书又逐渐增多,仅谜语专籍的刻本、抄本就有百余种之多,再版《谜史》中所列的书目仅为其中一部分。

"文革"结束后,各高校开始恢复职称评定工作。由于杭州大学始终没有撤销对钱南扬的错误处分,他不去要求落实政策,也没向南大提出职称的要求,所以其教授头衔也一直没有恢复。如此安之若素,终于有人看不下去了!经任中敏(名讷,江苏扬州人)、唐圭璋(字季特,江苏南京人)、王季思等学者大声呼吁,南大中文系向江苏省职称办申报,于1981年获准,就在钱南扬82岁高龄之际,重新授予他被剥夺了22年的教授职衔,发给教授级工资。

那一天,一向替老师代领工资的俞为民把恢复教授职称后的第一个月工资替他领来后交给他老人家,告诉他工资已按教授的级别增加了,他却并不喜形于色,连数都不数,往桌上一放了事。

被剥夺头衔,背了黑锅,受了磨难,他不为心戚;被落实政策,恢复荣誉,归还应有待遇,他也不为狂喜。因为他对毁誉荣辱、功名升沉都已经漠然处之、置之度外了,他现在只关心培养后生与学术研究。

他在夕照暮年,却大放光芒,精神振奋,老当益壮,重理旧业,七老八十之年了,却又开始带研究生了。自 80 年代以来,钱南扬先生连续两届招收了中国戏曲史专业的研究生,先后培养了俞为民、滕振国和周维培、朱恒夫、张新建等杰出人才,还有中外高级进修生如徐州师大的赵兴勤、日本京都大学的赤松纪彦等,都是钱氏门下的嫡传弟子,形成了以钱南扬为学科带头人、以嫡传弟子和再传弟子为主流的学术群体,使南大戏曲研究始终处于国内最领先的地位。

钱南扬对弟子们悉心栽培,无论学术上还是生活上都无微不至地关怀,给学生留下了深刻印象。俞为民清楚地记得考取研究生后第一次见到钱先生时的情景,进门前他心里有些紧张又拘谨,心想先生是一个有名的学者,会不会有架子,对学生是否很严厉。

钱南扬在寓所与日本留学生赤松纪彦(后排右)合影,后排左为次子钱玮

当他走进房间时,钱南扬正伏案写作,见有人来了,便起身带着浓浓的平湖口音道:"请坐。"钱南扬看到自己的研究生很开心,言谈之间始终脸带微笑,毫无一点架子,非常和蔼可亲。其实,凡有人来拜访或上门请教,钱南扬都立刻停下手中的笔,起身让座,并递上一支烟,要是不吸烟的,就马上从床头拿出一块梨膏糖或花生糖,塞到客人手里,然后自己坐在床边,面带微笑,等着来人开口发问。他除了来人一进门所说的"请坐"两字外,一般不会主动说话的,这是他的性格,也是他的文风,所以其著作文字都十分精炼,意到即止,决不拖泥带水。

在指导研究生学习时,钱南扬从未说过一句教训或批评的言辞,只是以他自己的做法来指导该怎样学习和研究。晚辈或门生弟子向他求教乞于指点时,他总是有一问即一答,绝无闲言。答问中往往顺手翻书给你看,找出一些资料或自己的笔记,说"这里边有""我在上面写点意见,有点不同看法",如此等等。他自己以看、读、写为生,似乎也要教导你不必多"讲"。

在学术问题上,钱南扬十分民主,决不固执己见。当研究生们

钱南扬(中)
在寓所为研究生
上课

钱南扬先生与南京大学俞为民(后中)、复旦大学陆树崙(后左)等合影

对他的学术观点提出疑问或有不同见解时,他总是热情鼓励,决不压制。先前钱南扬与徐朔方就汤显祖剧作的腔调问题展开过讨论,徐朔方认为汤显祖的剧作是用宜黄腔的,而钱南扬认为是用昆山腔的。后来俞为民对这一问题作了探讨,产生了自己的看法,认为宜黄腔与昆山腔只是演唱风格不同,所唱的剧本体制是一样的,即都是传奇的剧本体制,所以汤显祖的剧作不仅宜黄腔能唱,昆山腔也能唱。当钱南扬听到学生的不同观点后,十分高兴,鼓励他把自己的观点表达出来。待俞为民写好后,钱南扬还将稿子推荐给有关刊物发表。在这方面,张新建也感同身受,钱先生虽然拜师吴梅之门,却不被吴门所囿;同样,他也决不让自己的弟子们被他所囿。

钱教授的教学方法也自有特色,一开始不是系统地讲授,而是开列一些书目,让研究生们自己阅读,在读书过程中发现了问题,然后展开讨论。他要求弟子们学会唱曲。在研究生课程中,设置了一门"度曲"课,而且是主课。他说自己年老中气不足了,就专门去请了江苏昆剧院的一位曲师来教唱昆曲。他平时讲话不多,但曲不离口。到了晚年,身体虚弱,又加上患有疝疾,不能久坐,于是写一会《戏文概论》,便躺在床上哼几支曲子。在1986年南大给钱南扬录像时,他还兴致勃勃地唱了《牡丹亭·游园》里的几支曲子,虽因年老丹田之气不足了,但唱来依旧腔纯板正。

钱南扬晚年授徒不太讲南戏,这是由于其时他的《戏文概论》《元本琵琶记校注》和《永乐大典戏文三种校注》刚刚陆续出版,因此专业课"南戏研究"就让弟子们自己读书,每周问疑一次。他亲授并看重的是另一门课即"戏曲理论",专讲王骥德的《曲律》。当时学界以西方剧论比附来印证传统曲论之风甚盛,李渔《闲情偶寄》也被极为重视,所以弟子们私下里非常希望钱南扬讲疏笠翁剧论或古代戏曲美学之类的,而不太理解为什么要讨论曲律这种被排斥为形式主义的东西,而且还是逐字逐句地细读。钱南扬就训导他们:"要学习古代戏曲,不了解它的声腔、韵律、格式、制法及唱

晚年钱南扬答学生问

为南大中文系录制戏曲资料

法,就难得其中三昧。这就是曲学之道。而沈璟与王骥德是古代戏曲学昌盛时期的代表人物,沈璟曲学著作除《南九宫谱》外,皆亡佚不显。在王骥德《曲律》中,举凡曲源、曲派、曲韵、曲谱、制曲、度曲文字,靡不兼备,正是曲学入门的好书。你们作为吴梅先生的再传弟子,不了解这些知识,焉能发扬光大祖宗的学问?"于是,弟子们老老实实地每周四上午去钱南扬家中听他讲疏《曲律》。

此时,钱南扬已高龄八十有三了,虽身体状况极差,但授课十分认真。每次都先串讲文意,介绍行文出处,指谪谬误错讹,然后再上下勾连,左引右喻,进行理论讲评。案头常放着《南曲九宫正始》《北词广正谱》《南北词简谱》等曲谱,并随时翻阅引证。他博闻强记,学识渊博,对杂剧、传奇、散曲作品烂熟于心,把《曲律》中艰涩深奥的曲学概念解释得浅显易懂。周维培发现钱南扬是近代以来最充分利用和挖掘曲谱价值的学者,钱南扬这种治学态度直接影响了他萌发继承钱南扬先生薪火、研究曲谱的念头。作为钱南扬的关门弟子,周维培后来留校任教,协助俞为民做钱南扬的学术助手,处理一些日常事务,并继续在钱南扬指导下读书、做研究,日后成了一位著名的曲学研究学者。

1981年,美国威斯康星大学东亚语言系主任周策纵来访问钱南扬,问:"在历代学者中您最推崇谁?"

钱南扬不假思索地回答说:"当然是清代乾嘉学派。他们的治学最踏实严谨,故所见往往超过前人。"

钱南扬对王国维的治学方法也很推崇。在南戏史料的钩辑与考订上,他直接吸收了王国维以乾嘉学者治经史之法治曲的方法,在南戏研究领域,资料搜集之广博、考证之缜密,都超过了王国维。他最不认同明代人的治学方法,认为他们做学问粗枝大叶,很不严谨。他在论著中对沈璟多有指摘,认为他的《南曲谱》所收的曲调或不加考证,或妄加篡改,因而错讹较多。

在长期的研究工作中,钱南扬始终坚持实事求是的治学态度,注重史料,注重证据,他认为做研究马虎潦草不得,贪图省事必将一无所获。言必有据,在没有掌握确凿的史料的情况下,决不臆测妄断。明代人由于看不到史料,往往道听途说,或妄加揣测,因此,对于前代人的论述,钱南扬十分审慎,从不循守旧说。关于戏文形成的年代问题,一般都认为起于宋光宗朝。王骥德、沈德符、吕天成等认为起于元代。钱南扬便根据明代祝允明《猥谈》记载的赵闳夫榜禁戏文一事,仔细查阅了《宋史》,查实了赵闳夫这一人物的身份,发现他就是宋光宗赵惇的兄弟,这就证明了在宋光宗朝就已经有戏文了,而它的产生年代当在宋光宗朝以前,这也就弄清了戏文产生的年代问题。

钱南扬对待研究生就像对待自己的孩子们一样,给予无微不至的关怀。学生中有人生病了,他必定要送些糖果点心,表示慰问。每次临近放假,他都要备上一些礼物,诸如印有"平湖秋月"等图案的月饼与彩色手帕、浙江产的桂圆、精美的糖果点心等等,每人一份,让带回家去。每逢节假日,他都要把家在外地的弟子们叫

钱南扬著作

来在他家吃饭。常常有学生寄来贺年卡,钱南扬的小辈看了喜欢,就向他要,可他总是拒绝而要好好地保留着,并解释说:"君子之交淡如水。虽只是一纸,包含着对师长尊敬和记忆,要留着它做个纪念。"珍惜师生间的情谊,后来就成了钱门的优良传统。

钱南扬自从20世纪60年代以来,一直居住在南京大学西侧南秀村20号的一个小阁楼里。二十多年中,他在这个小阁楼接待了无数慕名来访的后学,他的和蔼诚恳、淡泊名利和潜心学术无不给来访者留下极深的印象。弟子赵兴勤对来过无数次的这个居室非常熟悉。这是一个老式的木质结构的小阁楼,向阳的窗台下,横放着一张油漆剥落的旧写字台,台上除整齐地放置着书籍笔砚外,还有一叠摊开的文稿。写字台东侧靠墙处,是一张很宽的旧铁床。床的里侧,摆着一摞摞的图书。西侧便是两个书架,架上图书大多呈黑黄色,但摆得很有条理,其中就有北大许之衡赠送的一册《曲律易知》,六十多年了,唯有它一直跟在钱南扬身边。紧贴西墙的是一张小小的茶几,两边各放一把椅子,是专供招待客人的。房间中间,则是一张方形的饭桌。这一房间,极为普通,面积十分有限,既是客堂、饭厅,也是卧室、工作室,还兼给研究生上课的教室。

南大校长匡亚明复职后,得知钱南扬还是住在那个小阁楼里,便指示有关部门在底楼增配了约十平方米的一小间。直到1986年也就是他去世前一年,经中文系领导向学校争取,才将这一小间换成了二楼二十平方米的一大间,住房条件才算略有改善。

早在80年代初,钱南扬结集自己从1936年以来的论文时,题名为《汉上宧文存》,还请同乡陆维钊题了签。书斋"汉上宧"早在抗战时期已被炸毁,但他始终忘不了这个处在故乡平湖的温馨之屋。乡愁,这个浓浓的字眼,无数次地在他心里泛滥。先前,爱人还在世时,她时不时地从平湖带来糟蛋、醉鲤珠、糟鲤板以及各种腌制的咸抢蟹、苋菜梗、臭毛豆什么的。那就是正宗的平湖味道,从小吃到老,别说尝了,一闻就能唤醒对故乡的记忆。可是,现在没有了。

有一次,他忍不住写信给在平湖的外孙女陈娴,说想吃老家的"回菜洋芋头"。陈娴好不容易搞到了一瓮,但邮局不给寄。她苦苦哀求,最后总算允许了,但撂下一句话:"邮递过程中弄坏了,我们不管!"陈娴想,管你管不管,只要让一位游子吃到了就行。

还有一次,他写信说想吃"凉菜石花",自己会做,但要买些原

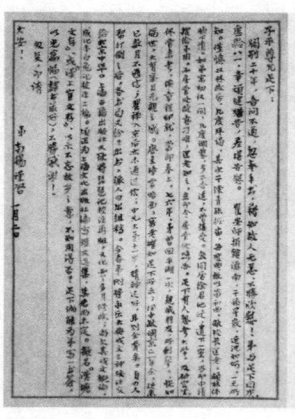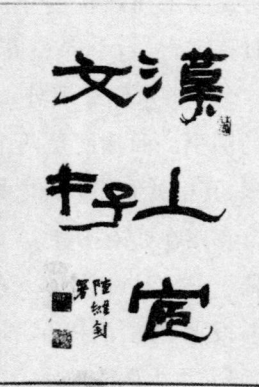

钱南扬写给陆维钊的信函(1979年)和陆维钊为《汉上宧文存》题签

料"风乓"寄去。俗称"风乓"的薜荔果,可沥淀粉,捣汁可做成凉粉,平湖人叫它"凉菜石花",清凉可口,是夏令冷饮极品。这可为难陈娴了,因为这个东西只有乡下有,不太常见,市场上也没得卖。实在没办法,最后买了些凉皮成品给他寄去。估计这让远在异乡的老人家大为失望了。

他离开家乡几十年了,但一开口仍带着浓重的平湖口音。一次,陈娴带着两个儿子去南京看望他。孩子们好奇地问他:"阿太,你在北京大学读书时,讲什么话?"他说:"一口京片子。"从此,"一口京片子"就成了他的代号,两个孩子常和他开玩笑,不时地说:"阿太,来几句京片子吧。"但他毫不生气,还说:"我的京片子可好着呢,就是不讲给小孩子听。"

在南京大学工作的 28 年里,钱南扬只回过平湖两次。一次是 1976 年的暑假,在王彤史亡故后,他料理好老伴的后事,借住在平湖中学的小礼堂里,与岳丈家的姐妹们叙叙面。另一次是 1978 年

1978 年夏钱南扬
在平湖南水门前留影

的夏天,回到平湖住在南河头八字桥塊外孙女陈娴的家里,直夸外孙女的两个儿子很聪明,嘱咐陈娴一定要好好培养,有什么困难,他一定尽力帮助。六年后,陈娴的大儿子考进了钱南扬曾经就读的北京大学。那次他还在南水门前拍照留影,并手指着南水门隔河对岸卞姨母长眠的地方怀念养母,还再三叮嘱陈娴:"留在平湖生活的只有你,你要记牢,我走了之后,一定要让我与外婆长眠在家乡。"言语之间表达出对家乡的深深眷恋。

钱南扬在世的最后几年里,江苏、浙江、北京以及全国各地的各种民间文学、民俗学、戏剧戏曲、昆曲等组织纷纷成立,先后被聘为江苏省昆剧研究会顾问、《中国戏曲志》编委会顾问、中国民俗学会顾问、中国民间文艺家协会江苏分会名誉主席、中国南戏学会名誉会长、中国昆剧研究会名誉理事、中国韵文学会顾问、江苏省民俗学会顾问、江苏省戏曲学会顾问……但他不为所累,依旧静静地写着稿,专注于自己的戏文校注,开始对成化本《白兔记》进行校注,指导俞为民完成对四大南戏"荆刘拜杀"(《荆钗记》《刘知远白兔记》《拜月亭》《杀狗记》)的校注工作,还与俞为民合作完成了两篇论文的撰写。

钱南扬把主要精力放在戏曲研究上,对民间文学仍然倾注着

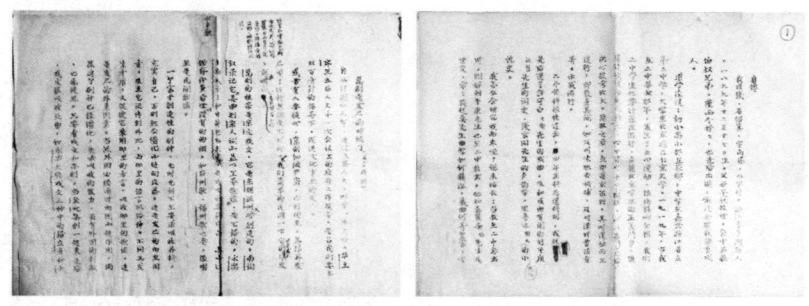

钱南扬的发言稿和自传稿手迹

原有的热情,不仅发表了《市语会钞》《从风人体到俏皮话》《民间文学研究经过略述》等文章,还竭力支持各地民间文学与民俗学组织的成立和开展活动,倡议筹备建立南戏学会。

1986年的夏天,陈娴从北京看望儿子回来,路过南京去看望钱南扬。只见他手拿放大镜正在看书,见了外孙女非常高兴,就问:"你两个儿子可好?他们需要买什么东西吗?"陈娴回答说:"我们什么也不需要,只想看看您。"钱南扬沉吟了一下,说:"那你坐一会儿吧。我有生之年,还想再出一部书,不过,可能已来不及了。"说着又拿起放大镜看起书来,完全沉浸到他的世界中去了。这是陈娴最后一次见到外公,想不到这一别就再也见不到他那慈祥的面容。钱南扬带着遗憾走了,还没来得及写完他的最后一部书。

弥留之际,钱南扬神志常失清醒,有时连熟悉的亲友都认不清了,但一提到戏曲专业方面的事,却能清晰地进行答问,并多次念及尚未完稿的《成化本〈白兔记〉校注》一书。

1987年4月18日9时25分,钱南扬先生在南京市上海路南秀新村20号寓所辞世,享年89岁。这天首届中国戏曲艺术国际学术讨论会在北京召开,与会中外学者七十余人闻讯起立默哀,并纷纷在白幅上签名悼念。德国文学博士、自由学者布海歌女士发言说:"读了钱先生的书,感到他是很伟大的。"日本山口大学教授岩城秀夫感慨:"非常钦佩钱南扬先生的学德。"中国社会科学院、中国艺术研究院、中国民间文学研究协会、中国戏曲志编辑委员会、中华书局、上海古籍出版社、南戏研究会等单位和各界中外友人,纷纷致唁电与唁函,可谓备极哀荣。

4月20日,南京大学为钱南扬教授举行追悼大会。大会收到了上百件唁电、唁函、悼文和挽联、挽诗、挽幛。兹选录一小部分。

南京大学赠挽联：

八千岁为春，八千岁为秋，大德享遐年，爱国育才甘淡泊；人不厌其言，人不厌其笑，戏文光彩笔，含章辞世倍荣哀。

南京大学中文系全体师生赠挽联：

自从五四运动以来，勤搜众艺，创第一部民俗丛书，舞榭歌台融彩笔；永别三千弟子而去，追溯前勋，渥六二年春风化雨，戏文讲义共新晖。

南京大学中文系戏剧研究室赠挽联：

志在南大，精治南戏，名扬南瞻，一代宗师归南极；心仪北雍，雅通北剧，首仰北京，四方弟子拱北辰。

中国民俗学家、民间文学大师钟敬文赠挽联：

《谜史》重刊，遗光不灭；西湖虽好，旧梦难寻。

中国著名词曲学家、戏曲理论家、敦煌学家任中敏赠挽联：

大是大非遗文用在，同门先萎何以为情？

著名戏曲史论家、文学史家王季思赠挽联：

等身著作，下脚功名，公道更何人，对此能无惭怍；

白下春风，碧湖夜月，清游长已矣，哭君亦自伤怀！

中国当代词学家、文史学家、教育家、词人唐圭璋拟词一首《浣沙溪·敬悼南扬兄》作赠挽诗：

戏曲宏扬举世尊，吴门失友自伤神，小楼南秀不成春。

多感高情分妙药，时蒙解惑赐鸿文，屋梁落月梦成真。

戏曲史家胡忌作赠挽诗：

凄风苦雨逐尘埃，端日作书再举哀。剩有金陵人踯躅，空望南秀影徘徊。宏文一代思遗墨，旧豪几番付劫灰。小阁修身甘淡泊，寸心早已到蓬莱。

时任中国戏曲学院院长俞琳赠亲书挽幛：

曲学师范。

5月21日，《新华日报》发布《中国戏曲史家钱南扬教授逝世》消息。

1990年清明节，在钱南扬先生诞辰91周年之际，根据其生前意愿，魂归故里，与妻子王彤史合葬于平湖乍浦九龙山公墓。静处山坡翠林，面朝大海，在故乡温暖的土地里，听着熟悉的家乡话，看着亲切的山山水水……

《中国戏曲曲艺词典》(1981年)、《中国当代社会科学家（第一辑)》(1983年)、《中国现代社会科学家传略（第六辑)》(1985年)、《当代中国社会科学手册》(1988年)、《中国现代民间文艺学家（第一分册)》(1988年)、《中国目录学家辞典》(1988年)、《江苏省高等学校教授录》(1989年)、《读书辞典》(1989年)、《中国古典文学辞典》(1990年)、《中国现代文学词典》(1990年)、《中国文学大词典》(1991年)、《中外艺术辞典》(1991年)、《中国大百科全书·戏曲曲艺》(1992年)、《中国现代社会科学家大辞典》(1994年)、《中国曲学大辞典》(1997年)、《中国文学通典·戏剧通典》(1999年)、《世纪学人自述（第一卷)》(2000年)、《中华谜海》(2000年)、《中国昆剧大辞典》(2002年)、《中国戏剧家大辞典》(2003年)、《中国近现代人物名号大辞典》(2005年)、《中国美术家人名辞典》(2007年)、《20世纪中国学术大典·艺术学》(2009)、《中国近现代高等教育人物辞典》(2012年)、《大辞海·民族卷》(2012年)、《浙江民国人物大辞典》(2013年)等数十种辞书或工具书，设专门条目收录钱南扬生平事迹。

钱南扬的系列南戏著作代表着20世纪中国南戏研究的最高成就，他也因此集南戏研究的开拓者和集大成者于一身，构建了一个较为完整的南戏研究体系,为南戏研究作出了无人可以替代的重大贡献,受到学界的高度赞誉。

"束发攻书到老翁,未曾一日辍研穷。"他为国工作了61年,在教育岗位上奋斗了53年,一生专心学术,不管外在环境如何变化,对于"五四"以来所尊奉的新治学精神却始终坚信不疑,在中国戏曲史研究、特别是南戏研究方面有开拓性的学术业绩,在民间文学研究等方面也多有建树,具有开启新风、建立学术范式的意义。1998年江苏省人民政府与省文联评出"20世纪江苏文化名人"119人,并于次年出版了《20世纪江苏文化名人》上下两册,钱南扬名列其中。2009年,为纪念钱南扬先生诞辰110周年,中华书局出版了六卷本《钱南扬文集》;10月,南京大学、东京大学在南京联合举办了"南戏国际学术研讨会暨钱南扬先生诞辰110周年纪念会",以隆重的形式纪念这位为中国戏曲研究作出突出贡献的学术大家。2018年11月,南京大学、上海师大、温州大学、浙江传统戏曲研究与传承中心在平湖联合举办了"钱南扬学术成就暨第八届南戏国际学术研讨会",并在汉水岸边举行了钱南扬纪念馆开馆仪

位于平湖汉水之上的钱南扬纪念馆于2018年11月正式开馆

钱南扬纪念馆内的"汉上周末戏苑"

式和《〈谜史〉丛谈》首发式,以此纪念钱南扬先生诞辰119周年和《谜史》首版出版90周年。

(作者邓中肯系浙江省民间文艺家协会会员、平湖市民间文艺家协会副主席)

参考文献:

[1]平湖县立初级中学编:《毕业纪念册》,1950年1月。

[2]南戏学会、南京大学中文系、江苏民间文艺家协会编:《钱南扬先生纪念集》,1989年。

[3]王季思、康保成在:《〈永乐大典戏文三种校注〉补正》,载《文献》1991年第1期。

[4]平湖市政协文史资料委员会编:《平湖文史资料》第3辑,1991年4月。

[5]《洛地文集·戏剧卷》卷一,艺术与人文科学出版社2001年版。

[6]陈娴:《永不忘却的背影——记我的外公钱南扬》,载《嘉兴日报(平湖版)》2008年10月24日。

[7]《谜史》,载《钱南扬文集》,中华书局2009年版。

[8]《宋元戏文辑佚》,载《钱南扬文集》,中华书局2009年版。

[9]《梁祝戏剧辑存》,载《钱南扬文集》,中华书局2009年版。

[10]《汉上宧文存》,载《钱南扬文集》,中华书局2009年版。

[11]《汉上宧文存续编》,载《钱南扬文集》,中华书局2009年版。

[12]《元本琵琶记校注》,载《钱南扬文集》,中华书局2009年版。

[13]《南柯梦记校注》,载《钱南扬文集》,中华书局2009年版。

[14]《永乐大典戏文三种校注》,载《钱南扬文集》,中华书局2009年版。

[15]《戏文概论》,载《钱南扬文集》,中华书局2009年版。

[16]吴新雷:《从凄苦失业者到曲学大家——著名戏曲史家钱南扬"被知遇"的人生故事》,载《中国文化报》2010年1月18日,第3版。

[17]陈娴:《仁者情怀,戏曲一生——外公钱南扬散记》,载《嘉兴日报(平湖版)》2011年11月9日。

[18]平湖市政协文教卫体与文史委员会编:《平湖近现代名人》,中国文史出版社2017年版。

[19]刘耀东:《疢庼日记》,文成县政协文教卫体和文史委员会编,2017年12月。

[20]赵兴勤、赵韡:《钱南扬学术年谱》(自印本),2018年。

[21]刘二安、徐成校主编:《谜史丛谈》,中华书局2018年版。

[22]《钱南扬学术成就暨第八届南戏国际学术研讨会论文集》(自印本),2018年11月。

钱南扬年表

邓中肯

1899 年(己亥　清光绪二十五年)　1 岁

12 月 17 日,出生于浙江省平湖县西门外大街西仓桥东钱家房子。学名绍箕(又作肇基),字南扬,以字行(发表文章时用名钱箕、钱九、钱南阳、南扬、南阳、南羊等)。父母早故,家中无叔伯兄弟,仅有的两个姐姐也先后出嫁,由姨母卞氏抚育成人。

1907 年(丁未　光绪三十三年)　9 岁

2 月起,在家由姐夫教读,直至入小学。

1912 年(壬子　民国元年)　14 岁

2 月,入平湖公立第四初等小学求学。

1913 年(癸丑　民国二年)　15 岁

2 月,入平湖公立高等小学堂求学。

1915 年(乙卯　民国四年)　17 岁

8 月,入浙江省立第二中学校(嘉兴)求学。英文教师为王国维同父异母弟王国华,因而得以亲见王国维。受刘毓盘影响,便产生研曲之意。自此,"每逢暑假回家,便参加家乡的曲会,学唱昆曲"。在中学期间,常与师友以猜谜为乐。

1917年(丁巳　民国六年)　19岁

11月,东隔壁邻居王绍裘前来提亲,由卞姨母作主接受王家二女儿王彤史。

1918年(戊午　民国七年)　20岁

2月,租用在平湖西门外大街徐婆桥西侧的冯家房子,与王彤史成亲。

11月,长女钱球出生,由卞姨母和王彤史一同抚养。

1919年(己未　民国八年)　21岁

五四运动爆发,在浙江省立第二中学校参加了罢课游行,"声援北京学生的正义斗争",故决定报考该校。

8月,考入北京大学国学门中文科,预科二年,正科四年,选读民间文学和小说戏曲专业,同班23人,涉及17省。教师有刘毓盘、许之衡、钱玄同、鲁迅、刘师培、辜鸿铭、夏曾佑、胡适、德国人雷兴等。

其时五四运动余波未息,钱南扬投身其间,"参加反对逮捕陈独秀的游行示威等活动",又参加了蔡元培、刘半农等先生组织歌谣研究会采集民歌的活动。刘毓盘为其介绍了一位笛师,每周两次,教唱昆曲;又介绍了一位票友,教其串演,直至可登台演唱。在曲社里专学旦角的演唱和舞蹈身段。常向许之衡请教曲律问题,并获赠许氏所著《曲律易知》一部。

11月,长子钱珂在平湖出生,由卞姨母和王彤史一同抚养。

1920年(庚申　民国九年)　22岁

秋,升入北京大学国学门中文科预科二年级。此年前后,探究谜史,完成《谜史》初稿。

1921年(辛酉　民国十年)　23岁

秋,升入北京大学国学门中文科正科一年级。正科就读期间,选修了刘毓盘的"词选""词史"、许之衡的"曲选""曲史""曲律"、钱玄同的"声韵学"、鲁迅的"中国小说史"等课程。

1922年(壬戌　民国十一年)　24岁

秋,升入北京大学国学门中文科正科二年级。

1923年(癸亥　民国十二年)　25岁

2月26日,《新年谜话》一文发表于《半月》第2卷第11号(春节号),此系公开发表的第一篇论文。

4月,次女钱琬在平湖出生,由卞姨母和王彤史一同抚养。

秋,升入北京大学国学门中文科正科三年级。

1924年(甲子　民国十三年)　26岁

2月,《春灯余话》一文发表于《半月》第2卷第10号(春节号),署名钱九。

6月,《再续春灯余话》一文发表于《半月》第3卷第19号,署名钱九。

8月,《春灯余话》(连载)一文发表于《半月》第3卷第22号,署名钱九。

秋,升入北京大学国学门中文科正科四年级。

是年,开始留意宋元戏文。

1925年(乙丑　民国十四年)　27岁

2月至4月,《春灯余话》(连载)一文发表于《半月》第4卷第5号、第8号、第9号,署名钱九。

约二三月间,着手作《南曲谱征引传奇考》一文。

3月28日至4月20日,四次致函顾颉刚,向其提供孟姜女研究资料。

4月14日晚,致函顾颉刚,讨论孟姜女鼓词与《听稗》鼓词。后该信题作《孟姜女鼓词与〈听稗〉鼓词——致顾颉刚》发表于《歌谣周刊》第93号(专号二:"孟姜女"八,1925年5月31日),署名钱肇基。

4月20日,顾颉刚抄其通信,备入《孟姜女专号》。

5月11日,《黄识康秦孟姜碑文考》和《〈南曲谱〉及民众艺术中之孟姜女》两文发表于《歌谣周刊》第90号(专号二:"孟姜女"七),署名钱肇基。

6月5日,致信顾颉刚,补充《南曲谱》一词两见之例证。后此信题作《〈南曲谱〉一词两见之理由——致顾颉刚》发表于《歌谣周刊》第96号(专号二:"孟姜女"九,1925年6月21日),署名钱肇基。

同日,《"俗谜"溯原》一文发表于《歌谣周刊》第94号(1925年),署名钱肇基。

6月28日,《"俗谜"溯原补》一文发表于《歌谣周刊》第97号(1925年),署名钱肇基。

7月,次子钱玮在平湖出生,由卞姨母和王彤史一同抚养。

同月,毕业于北京大学国文学系,毕业证书署名"钱肇基"。

8月20日,拟就《万喜亮的石像》一文,后发表于《北京大学研究所国学门周刊》第1卷第3期(1925年10月28日),署名钱肇基。

8月,任浙江省立第四中学(宁波)国文教员,任期一年(1925年8月至1926年7月)。

12月2日,《梁山伯祝英台的故事》(未完待续)一文发表于《北京大学研究所国学门周刊》第1卷第8期(1925年)。

12月9日,《目连戏与四明文戏中的孟姜女》一文发表于《北京大学研究所国学门周刊》第1卷第9期(1925年)。

1926年(丙寅 民国十五年) 28岁

6月12日,顾颉刚寄赠《古史辨》。

7月,三女儿钱环在平湖出生,由卞姨母和王彤史一同抚养。

8月,从浙江省立第四中学离职,任浙江省立第六中学(临海)国文教员,任期一年(1926年8月至1927年7月)。

9月,收到顾颉刚寄赠花鼓词《英台歌》等数种资料。30日,顾颉刚领到薪水,还欠款,并欲推荐至厦门大学任教。

秋,赴宁波,对目连戏及其起源产生兴趣。

11月7日,公开征求梁祝资料。

11月20日,《〈千字文〉院本之前后》一文发表于《北京大学研究所国学门月刊》第1卷第2号(1926年)。

12月2日,拟就《祝英台故事的歌曲》一文,后发表于《北京大学研究所国学门月刊》第1卷第5号(1927年2月20日)。

12月20日,《梁山伯祝英台的故事》(接续)一文发表于《北京大学研究所国学门月刊》第1卷第3号(1926年)。

1927年(丁卯　民国十六年)　29岁

1月4日,于平湖拟就《目连戏考》一文,后发表于《国学月刊》第1卷第6号(1927年9月)。

2月20日,《梁山伯祝英台故事歌曲序录》发表于《北京大学研究所国学门月刊》第1卷第5号(1927年)。

8月2日,拜访顾颉刚。

8月,从浙江省立第六中学离职,任浙江省立第一中学(杭州)国文教员,任期一年(1927年8月至1928年7月)。

9月15日,动身赴杭。17日,访顾颉刚,转来冯贞群《宁波历代志乘中之祝英台故事》稿一件。

9月18日至25日,在杭访友顾颉刚、张毓韶、陈万里等,与友游览西泠、烟霞、龙井等数处,下围棋,在三义楼聚餐。

冬,作为校外会员加入中山大学语言历史学研究所民俗学会。

1928年(戊辰　民国十七年)　30岁

4月,在杭拟就《〈谜史〉引子》一文,后发表于《民俗》第46期(1929年2月6日),署名钱南阳。此文《谜史》未现。

7月20日,顾颉刚拟就《〈谜史〉序》,称"今日研究古代民众艺术的,南扬先生是第一人,他是一个开辟这条道路的人"。

7月,所著《谜史》列入"民俗学会丛书"之十一由中山大学语言历史学研究所出版。

下半年,从浙江省立第一中学离职,任浙江大学文理学院中文系助教(1928年下半年至1929年7月)。

1929年(己巳 民国十八年) 31岁

1月,寄赠《谜史》给魏建功,并贺新年。

同月,修缮平湖老房子并进行扩建,腾出楼房里一间装修成书斋,名之为"汉上宧",挂上了自己与胡适的合影以及胡适书赠的一副对联。

3月6日至14日,陪同来杭拜访的顾颉刚访友、用餐、到浙大演讲,与钟敬文到车站送行。

春,与来浙大文理学院兼课的钟敬文同事。

春夏间,与江绍原、钟敬文、娄子匡等创建中国民俗学会。

4月27日,在杭拟就《读日本仓石武四郎的〈目连救母行孝戏文研究〉》一文,后发表于《民俗》第72期(1929年8月7日)。

6月25日,在杭拟就《〈谜史〉的错误》一文,后发表于《民俗周刊》第5期,《民俗》第96、97、98、99期合刊(1930年2月12日)转载,后收入《谜史》(中华书局2009年11月版)"附录"。

7月13日,与顾颉刚同访吴梅。

7月14日,吴梅设午宴宴请钱南扬、顾廷龙、顾颉刚等人。此后近一月,在吴梅处阅览南戏曲谱。

8月,从浙江大学离职,任松江县立中学国文教员(1929年8月至1930年1月),其间与施蛰存同事。

10月,写就《苏瑷〈灯虎〉跋》一文。

11月18日,拟就《冯贞群〈宁波历代志乘中的祝英台故事〉附记》一文,后发表于《民俗》第93、94、95期合刊(1930年2月12日)。

11月27日,拟就《关于收集祝英台故事材料的报告和征求》一文,后发表于《民俗》第92期(1930年1月25日)。

12月4日,《曲牌上的"二郎神"》一文发表于《民俗》第86、87、

88、89期合刊(1929年)。

12月16日,拟就《祝英台故事叙论》一文,后发表于《民俗》第93、94、95期合刊(1930年2月12日)。

12月18日,为冯沅君《祝英台的歌》一文(发表于《民俗》第93、94、95期合刊)拟就按语。

12月25日,为黄朴《祝英台与秦雪梅》一文(发表于《民俗》第93、94、95期合刊)拟就按语。

12月26日,拟就《词曲中的祝英台牌名》一文,后发表于《民俗》第93、94、95期合刊(1930年2月12日)。

1930年(庚午 民国十九年) 32岁

1月1日,《读日本仓石武四郎的〈目连救母行孝戏文研究〉》一文发表于《松江县立中学月刊》创刊号(1930年)。

1月7日,拟就《祝英台唱本叙录》一文,与顾颉刚合署的《关于祝英台故事的戏曲》一文拟就,两文后均发表于《民俗》第93、94、95期合刊(1930年2月12日)。

2月20日,编集的《民俗》第93、94、95期合刊《祝英台故事专号》出版,共收文章16篇,编入钱南扬除上述四篇外,另有《宁波梁祝庙墓的现状》一文(后收入周静书编《梁祝文化大观·学术论文卷》中华书局2000年10月版)。

2月,从松江县立中学离职,任宁波市立女子中学国文教员(1930年2月至1930年7月)。

4月25日,拟就《〈谜史〉的新材料》一文,后发表于《民俗》第109期(1930年4月23日),后收入《谜史》(中华书局2009年11月版)"附录"。

5月15日,拟就《宋元南戏考》一文,后发表于《燕京学报》第7

期(1930年6月)。

5月,编著《祝英台故事集》列入"民俗学会丛书"之三十九,由中山大学语言历史学研究所、中山大学民俗学会出版。

同月,《越娘背灯》一文发表于《岭南学报》第1卷第2期(1930年)。

7月,至吴梅苏州家奢摩他室阅览南戏曲谱,并抄录相关曲目。

8月,从宁波市立女子中学离职,应顾颉刚邀请,任武汉大学特约讲师,任期一年(1930年8月至1931年7月),讲授戏曲史、《词学概论》,同事有朱东润、游国恩、刘永济等。《戏曲史——宋以前的古剧》一文,或系此期间所撰讲义(见武汉大学文学院《武汉大学中文学科九十年论文集粹·文学卷》,武汉大学出版社2008年9月版)。

9月,《南曲谱研究》一文发表于《岭南学报》第1卷第4期(1930年)。

10月22日,拟就《天一阁之现状——四明访书记之一》一文,后发表于《北平图书馆馆刊》第5卷第1号(1931年1—2月)。

1931年(辛未　民国二十年)　33岁

年初,捐款五元资助宁波市立女子中学学生自治会出版刊物《竹洲》。《〈倚楼灯虎〉叙》一文发表于《竹洲》第1期。

5月18日,为《文虎专刊》题写刊名"文虎",刊载于该刊第2卷第7期。

6月22日,拟就《姚复庄先生著述考——四明访书记之二》一文。

7月25日,《从祭祀说起》一文发表于《开展》(南京)第10、11期合刊《民俗学专号》。

7月,至吴梅苏州家奢摩他室阅览南戏曲谱,并抄录相关曲目。同月,三子钱琥在平湖出生。

8月起,在家养病、写稿一年。

10月18日,《钱南扬先生手札》刊于《文虎专刊》第2卷第14期,为致谢云声信札手迹。

10月29日,接吴梅来信,遵嘱抄录姚燮旧藏本《锦香亭》《临凡引》《盘陀山》三种曲,仅月余抄成,即寄发吴梅。

11月18日,拟就《张协戏文中的两桩重要材料》一文,后发表于《武汉大学文哲季刊》第2卷第1号,署名南扬。

12月19日,《诅咒日本之灯谜》一文发表于上海谜社大中虎社社刊《文虎》第2卷第15期(1931年)。

1932年(壬申 民国二十一年) 34岁

1月15日,《毛际可〈灯谜〉校勘记》一文发表于《文虎》第2卷第16期。

1月22日,拟就《签诗小考》一文,后发表于《民俗学集镌》第2辑(1932年8月1日)。

8月13日,拟就《张大帝——民俗旧闻之四》一文,后发表于《民间月刊》第2卷第1号。

8月,任绍兴县立中学国文教员(1932年8月至1933年1月)。

12月,《姚复庄先生著述考——四明访书记之二》(含"小引")一文,后发表于《北平图书馆馆刊》第6卷第6号。

本年,手录吴莲洲藏英德堂刊本《新奇灯谜》,并作纠错。

1933年(癸酉 民国二十二年) 35岁

1月,《韩凭故事》一文,后发表于《民众教育季刊》第3卷第1

号(1933年)。

2月,从绍兴县立中学离职,任浙江省立杭州高级中学国文教员(1933年2月至1939年1月)。此期间,一面上课,一面仍用大部分时间研治戏曲史与民间文学,除继续摘录、积累有关南戏、谜史的资料外,还搜集民间流传孟姜女、梁祝等故事材料。

3月1日,在平湖创刊《民俗周刊》。

3月1日,《神马》一文发表于《民间月刊》第2卷第6号。

4月1日,《汉朝的取名》一文发表于《民间月刊》第2卷第7号。

6月6日,《九九消寒图》一文发表于《民俗》第122期。

8月1日,《徐文长型的故事》一文发表于《民间月刊》第2卷第8号。

8月,完成了《宋元南戏百一录》一书初稿的写作。

9月4日,在绍兴写下《宋元南戏百一录》的"附记"。

1934年(甲戌 民国二十三年) 36岁

7月3日,与内弟王士华乘汽轮船抵沪,转乘车至苏州,住中央饭店。

7月14日,往双林巷谒吴梅,于奢摩他室读曲、抄曲。吴梅出示精写残本《南九宫谱大全》。

7月15日,下午再至吴梅处,并请求书写对联。

9月,拟就《明刻本童痴二弄〈山歌〉跋》一文,后改题作《明刻本冯梦龙编童痴二弄山歌跋》发表于《浙江图书馆馆刊》第3卷第6期(1934年12月)。

10月,《北游观书日记》一文发表于《浙江图书馆馆刊》第3卷第5期(1934年12月)。

11月17日,拟就《北京大学教授剪影》一文,后发表于《青年界》第7卷第1号。

11月23日,拜访顾颉刚并赠送《桃李丛书》一部。

12月16日,与夏承焘初次见面。

12月,所著《宋元南戏百一录》列为《燕京学报》专号之九由哈佛燕京学社出版,书名由叶恭绰题签。

1935年(乙亥　民国二十四年)　37岁

2月,长女钱球嫁与海宁籍陆蔼堂之子陆善烜。陆善烜擅昆曲,能司笛。

春,杭州昆曲社团雪社举行江浙沪曲友会唱,参加者有钱南扬、陆蔼堂、溥侗(红豆馆主)父女、徐涛、张善芗夫妇等,许闻铎司笛。后经常参加雪社活动。

春夏间,去松江女子中学看望同乡同学陆维钊,经其介绍与王季思初次见面。

6月14日,与夏承焘晤面。

12月2日,夏承焘来杭高拜访并借阅《宋元南戏百一录》。

1936年(丙子　民国二十五年)　38岁

1月1日,《刘三妹之戏剧》一文发表于《妇女与儿童》第20卷第1号。

1月,云士(杜颖陶)于《剧学月刊》第5卷第1期(1936年)发表《介绍与批评:〈宋元南戏百一录〉》一文,推介该著作。

2月25日,当选浙江省立杭州高级中学就业指导委员会委员。

4月,重录《北行日记》,后发表于《青年界》第10卷第1号(1936年6月)。

4月,编注的《元明清曲选》列入"国文精选丛书"之一由正中书局(南京)出版。

5月16日,北大文学院长胡适、师大教授钱玄同、燕大教授顾颉刚等发起组织风谣学会,钱南扬等20人参会。

8月23日,拟就《减字木兰花·奉题胡啸风先生画谜》词,后发表于《文虎半月刊》第2卷第7期(1936年9月1日),目录署名"南扬",正文署名"钱南阳",此期封面由钱南扬题写刊名。

8月25日,在杭拟就《宋金元戏剧搬演考》一文,后发表于《燕京学报》第20期。

9月,接长子钱珂和次女钱琬来杭生活,钱珂进入杭高求学。

10月1日,致信夏承焘咨询女儿钱琬借读一事,后钱琬进入杭州弘道女中借读。

10月,《浙江的戏剧》一文发表于《国风月刊》第8卷第9、10期合刊。

11月,《浙江的戏剧》一文发表于《图书展望》第2卷第1期合刊。

1937年(丁丑 民国二十六年) 39岁

1月,《谈小筑(三则)》一文发表于《东风》第1期。

2月8日,至浙江省立图书馆借阅王芷章《清代伶官传》,兼访张慕骞、夏朴山、陈豪楚。

6月,《杭州日记》一文(节录一月)发表于《青年界》第12卷第1号。

11月5日,侵华日军登陆,平湖沦陷。当月,在家乡平湖徐婆桥西所租居的冯氏房屋连同自建的平屋被日寇炸毁,书斋"汉上宦"连同所藏文稿书籍同归于尽。

1939年(己卯　民国二十八年)　41岁

2月至7月,抗战逃难,自杭州经严州、金华、兰溪至江西上饶。

3月,吴梅于云南大姚县病逝,其门生弟子出类拔萃者甚多,钱南扬、卢前、任中敏、王玉章、蔡莹并称"吴门五学士"。

8月,任浙江省立联合高级中学(丽水碧湖,简称"联高")国文教员(至1945年1月)。

11月,长女钱球患骨结核,长年累月卧床。

12月12日,拟就《日记的格式和方法问题》一文,后发表于《战时中学生》第2卷第1期。

是年下半年或次年上半年,学生查良镛(金庸)写成《虬髯客传的考证和欣赏》一文刊登在校办的壁报上,得到时任高三国文教师、元曲研究名家钱南扬的赞扬并大加鼓励。

是年,次女钱琬与东北大学毕业、空军部队军官陈保三结婚。

1940年(庚辰　民国二十九年)　42岁

1月20日,《十六年八月》(日记)发表于《战时中学生》第2卷第1期。

3月7日,在碧湖拟就《由诗至词、由词至曲(中国文学史话)》一文,后发表于《战时中学生》第2卷第3期。

3月24日,在碧湖编选《历代名家日记续选》一文,后发表于《战时中学生》第2卷第4、5期合刊。

6月20日,《钱南扬先生评语及意见》(对"联高"六位学生文章的点评)一文发表于《战时中学生》第2卷第6期。

7月24日,在碧湖拟就《中山狼传——汉上宧杂记之一》一文,后发表于《战时中学生》第2卷第8期,署名南扬。

8月31日,在碧湖拟就《漫谈国学》一文,后发表于《战时中学生》第2卷第9期,署名南扬。

本年,次女钱琬之女陈娴生于丽水碧湖,陈娴从小跟随外公外婆生活,直至1958年参加工作。

1941年(辛巳 民国三十年) 43岁

暑假间,在炎夏蒸笼般的陋室里,夜以继日地完成了《〈西厢记〉杂剧校释序》。

9月21日,在碧湖拟就《跋〈汇纂元谱南曲九宫正始〉》一文,后发表于《文史杂志》第6卷第1期。

1942年(壬午 民国三十一年) 44岁

1月1日,《〈西厢记〉杂剧校释序》一文发表于赵景深、庄一拂主编《戏曲》第1卷第1辑。赵景深乃钱南扬朋友,庄一拂系钱南扬连襟。

2月1日,《墨憨斋词谱辑》一文发表于《戏曲》第1卷第2辑,后收入《汉上宧文存续编》,题作《冯梦龙墨憨斋词谱辑佚》。

2月4日,在碧湖拟就《宋元南戏目录》一文,后发表于《浙江图书馆通讯》第1卷第2期。

5月,随省立联高转移云和县。

6月,随省立联高又继续迁到景宁县。

8月,随省立联高落脚于青田县南田乡。

1943年(癸未 民国三十二年) 45岁

2月,正中书局推出《元明清曲选》第4版。

6月5日,拟就《〈西厢五剧注〉序》。

6月12日,向刘耀东借居房屋一楼一底。

7月13日,校《考古质疑》《周此山集》两书。

12月6日,拟就《刘耀东〈韩湘岩先生年谱〉序》。

1944年(甲申 民国三十三年) 46岁

7月,与刘耀东等七人一起在文成县百丈漈镇境内头漈至二漈修复山路。

12月,《戏剧概论》和《曲谱考评》两文发表于《文史杂志》第4卷第11、12期合刊。

1945年(乙酉 民国三十四年) 47岁

1月,从浙江省立联合高级中学离职,任浙江省通志馆编纂(1945年2月至1949年6月)。

2月15日,《秀水张涟传》一文发表于《浙江省通志馆馆刊》第1卷第1期创刊号。

5月15日,《浙江剧曲考》(据1936年《浙江的戏剧》修改而成)和《镇海姚梅伯著述考》(由1932年《姚复庄先生著述考——四明访书记之二》修改而成,并删去"小引")两文表于《浙江省通志馆馆刊》第1卷第2期,后收入《汉上宦文存续编》,《浙江剧曲考》题作《浙江戏曲考》。

8月15日,《瑞安高明传》一文发表于《浙江省通志馆馆刊》第1卷第3期,后收入《汉上宦文存》,题作《〈琵琶记〉作者高明传》。

10月,随省通志馆迁回杭州。

12月21日,与王季思同访夏承焘。

1946 年（丙戌　民国三十五年）　48 岁

1 月，举家回到平湖，家居仓弄东过家浜 23 号。

秋，昆曲业余组织梅社在杭州成立，社员有钱南扬等 20 余人。

10 月，《元明清曲选》由正中书局在上海出版。

11 月 13 日，《〈琵琶记〉作者高明传》（据《瑞安高明传》修改）一文发表于上海《大公报·文史周刊》。

12 月 5 日，《读〈孤本元明杂剧〉眉端记》一文发表于上海《中央日报·俗文学周刊》第 8 期。

12 月 24 日，《释"啤嘛"》一文发表于上海《大晚报·通俗文学周刊》第 17 期。

1947 年（丁亥　民国三十六年）　49 岁

2 月 16 日，赴湖滨西湖饭店参加昆曲会，演唱《西楼记·楼会》一出。与会者有谭其骧夫妇、余坤珊夫人、李思纯等。

3 月 1 日，《新世训》一文发表于《青年界》第 3 卷第 1 号。

6 月 9 日，《〈十孝记〉非元戏》一文发表于上海《大晚报·通俗文学周刊》第 32 期。

6 月 20 日，《谈〈古剧说汇〉》一文发表于上海《中央日报·俗文学周刊》第 33 期。

9 月，《孙诒让传》一文发表于《浙江学报》第 1 卷第 1 期（创刊号，瑞安孙仲容先生百岁纪念专号）。

11 月 19 日，《介绍几种讲考据的报纸副刊》一文发表于《图书展望》复刊第 2 期。

1948年(戊子　民国三十七年)　50岁

3月22日,《读曲杂记》一文发表于上海《大晚报·通俗文学周刊》第72期。

4月16日,《〈乌阑誓〉传奇》一文发表于上海《中央日报·俗文学周刊》第63期。

11月23日,在葛岭寓所拟就《读〈浮生六记〉》其一《沈复画侣》一文。《读〈浮生六记〉》后收入《汉上宧文存续编》。

1949年(己丑年)　51岁

7月,长子钱珂毕业于国立中正医学院医疗系。

8月,从浙江省通志馆离职,任平湖县立初级中学国文教员,任期一年(1949年8月至1950年7月)。

10月1日,中华人民共和国成立。

12月,为平湖县中1950届春季毕业生《毕业纪念册》撰写序言,勉励学子"学业是没有止境的,终身研究不完"。

1950年(庚寅年)　52岁

3月29日,中国民间文学研究会成立,郭沫若任理事长,老舍、钟敬文任副理事长。钱南扬被聘为顾问。

5月至7月,在浙江干部学校一部五班八组学习。

6月12日,致信赵万里,请其托郑振铎再转请郭沫若,为在中国科学院研究部门谋职。

8月,从平湖县中离职,任吴兴县立中学国文教员,任期一年(1950年8月至1951年7月)。

1951 年（辛卯年）　53 岁

8 月，从吴兴县立中学离职，任浙江省立湖州师范学校国文教员，任期二年（1951 年 8 月至 1953 年 7 月）。

同月，三子钱琇考上北京大学。

1952 年（壬辰年）　54 岁

12 月，《元明清曲选》由台湾正中书局初版。

1953 年（癸巳年）　55 岁

8 月，从浙江省立湖州师范学校离职。

同月，三子钱琇参军，在广州某空军部队服役。

1954 年（甲午年）　56 岁

秋，由郑振铎介绍至北京任人民文学出版社第五组（古典文学）编辑（1954 年秋至 1955 年初），次年初即离职。

11 月 14 日，拜访顾颉刚。

1955 年（乙未年）　57 岁

12 月 24 日，拟就《梁祝戏剧辑存》"后记"。

本年春至次年夏，在上海长女钱球家写稿。

1956 年（丙申年）　58 岁

5 月 26 日，夏承焘至上海复兴中路拜访，钱南扬正伏案写作《宋元戏文辑佚》一书，并告知"南戏三种已作校注，近与书店订十年计划"。

6月30日,夏承焘向系主任孔成九介绍钱南扬曲学成就,孔表态可邀其来浙江师范学院任教。

7月,《梁祝戏剧辑存》由上海古典文学出版社出版。

8月,任浙江师范学院中文系教授(1956年8月至1959年夏)。任教期间,吴熊和从其学,后成词学研究名家。

9月10日,《高明是怎样一个人》一文发表于上海《新民报晚刊》。

12月,《宋元戏文辑佚》由上海古典文学出版社出版,书名由叶恭绰题签。

本年,接受夏承焘建议合编《词曲词典》。

1957年(丁酉年)　59岁

2月27日,与夏承焘、胡士莹、王焕镳和苏联汉学家艾德林座谈。

3月17日,《谈本省戏剧文献》一文发表于《浙江日报》。

5月,《宋元戏文辑佚》于上海第二次印刷。

6月16日,拟就《〈南柯梦记〉校注》"前言",应杭州市文化局交际处之邀,与夏承焘赴车站迎接法国汉学家考古团。

6月17日,与夏承焘出席为法国汉学家考古团在大华饭店举行的晚宴,向团长、巴黎大学教授埃地安布尔赠送著作《宋元戏文辑佚》。

6月30日,宴请来杭的王季思夫妇等人。

7月24日,浙江省第二届戏剧会开幕,与夏承焘往胜利剧院观看越剧《孟丽君》。

7月,吴新雷受导师陈中凡派遣到浙江师范学院中文系短期进修二个月,得以亲聆钱南扬教诲。

8月11日,夏承焘自体育场路宿舍迁居文化区道古桥浙江师范学院新宿舍4幢4号,与姜亮夫邻居;楼上即为钱南扬宿舍,与陆维钊比邻,与胡士莹对门。

8月,由教育部审定的《中国文学史教学大纲》(综合大学中国语言文学系汉语言文学专业四、五年制用)由高等教育出版社出版,《宋元南戏百一录》《〈琵琶记〉作者高明传》被列入参考书目。

12月,《梁祝戏剧辑存》古典文学出版社第二次印刷。

本年,与胡士莹合作校注《牧羊记》,"由人民文学出版社打纸型后转中华书局",但未见最终出版。

1958年(戊戌年) 60岁

3月25日,遭到批判,被张贴其大字报。

6月7日,在小组会上作检查。

6月25日,《关汉卿和他的杂剧》一文发表于《浙江日报》。

7月4日,在校讲述"《窦娥冤》及《击壤歌》考证问题",被指责为"烦琐考证"。

7月6日,全系大组会认为钱南扬"以考证代替作品分析,批判颇激烈"。

7月9日,全系师生大会上有四五人向钱南扬、夏承焘、胡士莹提意见,晚间会上对钱南扬、姜亮夫所提意见较多。

本年,受到错误批判,被降职。

1959年(己亥年) 61岁

1月,被作为"白旗"连根拔,剥夺教授头衔,停止教职,搬居至杭州灵隐寺边上白乐桥杭州大学旧宿舍。

3月,《元明清曲选》由台湾正中书局推出第二版。

10月，由南京大学中文系陈中凡力荐，蒙时任党委书记兼校长郭影秋同意，偕家眷到南京，进南京大学任职，月薪150元，分配大钟新村教师住房一套。接受陈中凡委托，协同担任研究生指导工作，加入陈氏领衔的戏曲研究室。不久，撰成《中国戏曲的舞台艺术》一文。

1960年（庚子年）　62岁

2月14日，拟就《元本〈琵琶记〉校注》"前言"。

7月，《元本〈琵琶记〉校注》由中华书局出版，署名钱箕。

7月至8月，应邀在上海锦江宾馆参加《辞海》编纂工作。

8月，得吴新雷关于魏良辅《南词引正》的读书摘记，欣喜万分，"认为这是研究昆曲起源和魏良辅革新声腔的一份新史料"。

本年起，连续多年为本科生开课，因课精彩研究生都随班听讲。先后开设了"戏文概论""明清传奇""戏曲选读"和"戏曲史"等专题课，并印发了课堂讲义。

1961年（辛丑年）　63岁

4月1日，拟就《〈南词引正〉校注》一文，后发表于《戏剧报》第7、8期合刊（1961年4月30日），后收入《汉上宦文存》，题作《魏良辅〈南词引正〉校注》。同期《戏剧报》还发表了路工的《魏良辅和他的著作〈南词引正〉》。

7月19日，蒋星煜在《文汇报》发表《谈〈南词引正〉中的几个问题——昆腔形成历史的新探索》，对《〈南词引正〉校注》一文提出商榷意见。

9月2日，《关于〈南词引正〉》一文发表于《文汇报》，署名南扬，与蒋星煜商榷了二个问题。

10月11日,陪同夏承焘夫妇往百花书场听苏州评弹《三笑姻缘》。

10月,《元本〈琵琶记〉校注》由中华书局于上海第二次印刷,作者署名改回"钱南扬"。

12月,《元明清曲选》由台湾正中书局推出第三版。

1962年(壬寅年)　64岁

5月,《元本〈琵琶记〉校注》由中华书局于上海第三次印刷,作者署名为钱南扬。

11月,校点的《汤显祖集》第3、4册"戏曲集"由中华书局出版。

同月,《冯梦龙墨憨斋词谱辑佚》(据1942年2月《墨憨斋词谱辑》修改而成)一文发表于《中华文史论丛》第2辑(中华书局1962年11月版)。

1963年(癸卯年)　65岁

5月,《谈吴江派》一文发表于《中华文史论丛》第3辑(中华书局1963年5月版)。

6月,《汤显祖剧作的腔调问题》一文发表于《南京大学学报》第7卷第2期(1963年),对徐朔方《牡丹亭》"原不为昆山腔作"观点提出商榷。

12月19日,拟就《论明清南曲谱的流派》一文,后发表于《南京大学学报》第8卷第2期。

1964年(甲辰年)　66岁

12月,与陈中凡合编的《中国戏剧概要(讲义)》由南京大学教材科出版,负责编写其第二部分"宋元戏文"。

1965 年(乙巳年)　67 岁

本年,参撰的《宋金元戏曲词语汇释》(署南京大学中文系戏曲研究室编)由南京大学印行,全书两册,此为上册。

1966 年(丙午年)　68 岁

《戏文三种校注》等书稿均被抄没,几十年心血积累付诸东流。白天在"牛棚"参加改造,晚上回到家里,捧出未被抄走的旧稿加以斟酌修改,其《永乐大典戏文三种校注》和《戏文概论》的修改工作就是在"文革"完成的。

本年,被迫搬至南秀村 20 号一间十来平方米大的小阁楼里居住。

1967 年(丁未年)　69 岁

12 月 22 日,与陈中凡、黄淬伯、王气中、赵瑞蕻、陈瀛等被要求默写部分流行政治语汇的具体内容,因无法一字不差地答卷,未能过关。

1969 年(己酉年)　71 岁

2 月 8 日,顾颉刚写下《我所知道的钱南扬》六百字。但并未对钱南扬的遭遇产生影响。

10 月 20 日,随南京大学全体师生集体前往溧阳农场(即南大农场)劳动。

10 月,《谜史》作为"中山大学民俗丛书"第 27 册由台北福禄图书公司影印重刊。

1972 年(壬子年)　74 岁

7月,《谜史》列入"集思丛书第五种"由台湾集思谜社出版。

1973 年(癸丑年)　75 岁

7月,校点的《汤显祖集》第3、4册"戏曲集"由上海人民出版社出版新一版。

10月,《元明清曲选》由台湾正中书局推出第八版。

1974 年(甲寅年)　76 岁

夏,在南京大学南秀村寓所宴款胡忌夫妇。此时正忙于改写《戏文概论》、撰著《永乐大典戏文三种校注》。

11月,《谜史》由香港新风文艺出版社出版。

1975 年(乙卯年)　77 岁

10月,《元明清曲选》由台湾正中书局推出第九版。

1976 年(丙辰年)　78 岁

3月,在南京拟就《市语汇钞》"引辞"。

9月,《元明清曲选》由台湾正中书局推出第十版。

本年,夫人王彤史去世。自此,每年暑假均到上海随长女钱球生活,然一到开学前即使没有课时安排,仍回南京大学。

1977 年(丁巳年)　79 岁

秋,日本学者波多野太郎遇横滨望湖楼实事求是室拟文称:"像任先生和金陵的钱教授南扬先生都是非常刻苦钻研的学者,国家要挽留他们继续工作。"

1978 年（戊午年） 80 岁

2月，徐州师范学院青年教师赵兴勤赴南京大学中文系作为在职进修生跟随攻读中国古代戏曲及古代小说，其间赠赵《中国戏曲概要》《曲律简说》等多种书籍。

3月，在南京拟就《永乐大典戏文三种校注》"前言"。

4月，在南京举行的"三省一市昆曲工作者座谈会"上作了题为《昆剧是发展的时候了》发言。

6月，《汤显祖戏曲集》（全二册）由上海古籍出版社出版。

12月3日，拟就《元本琵琶记校注》"前言"。

12月，台湾长安出版社印行《永乐大典戏文三种·附录二种》，将《宋元南戏百一录总说》附录于中。

1979 年（己未年） 81 岁

6月18日，出席柳璋在南京大学作《印章篆刻艺术》讲座，柳璋作诗谢之。

7月22日，拟就《戏文概论》"前言"。

7月，拟就《汉上宧文存》"说明"。因1939年前租居过平湖城西冯氏房屋，大门正对汉塘，故颜其书室为"汉上宧"；本书仍用"汉上宧"之名，是为了不忘其本。

秋，俞为民考入南京大学中文系戏曲历史及理论专业，师从钱南扬攻读硕士研究生，读研期间笔录钱南扬口述《鲁迅先生讲中国小说史》一文。

9月15日，复赵兴勤信指导有关关汉卿生卒年考证路径。

10月，《永乐大典戏文三种校注》由中华书局出版，书名由柳璋题签。

11月18日,致函赵兴勤就《明代歌曲散论》一文提出修改意见。

本年,拟就《钱南扬自传》,后发表于《中国现代社会科学家传略》(山西人民出版社1985年9月版)。

1980年(庚申年)　82岁

4月,出席在南京召开的江苏省民间文学研究会第二届代表大会,被选举为江苏省民间文学工作者协会副主席。

6月,《宋元南戏总说》一文收入曾永义主编《中国古典文学论文精选丛刊·戏剧类》(台湾幼狮文化事业公司1980年6月版,1981年7月再版)。

8月,《汉上宧文存》由上海文艺出版社出版,书名由陆维钊题签。

9月,《永乐大典戏文三种校注》由台湾华正书局以精装本出版。

12月25日,顾颉刚因病逝世。撰写《我的书是颉刚老友鼓励下写出来的——悼念顾颉刚兄》一文。

12月,《元本琵琶记校注》由上海古籍出版社出版。

1981年(辛酉年)　83岁

3月17日至23日,出席在南京召开的"《中国大百科全书·戏曲曲艺卷》分编编委会筹备会议"。

3月,《戏文概论》由上海古籍出版社出版,书名由任中敏题签。

4月,《中国大百科全书·戏曲曲艺卷》编委会成立,受聘编委。

7月,《〈南柯梦记〉校注》由人民文学出版社出版。

11月24日,《北京晚报》推介《戏文概论》。

本年,因任中敏、唐圭璋、王季思等学者呼吁,经江苏省职称办批准,恢复钱南扬教授头衔。

本年,审阅《中华灯谜研究》一书初稿。

本年,美国威斯康星大学东亚语言系主任周策纵来访。

本年,两名日本留学生慕名前来拜访。

1982年(壬戌年)　84岁

3月,被重建的昆剧传习所聘为顾问。

4月,《文献》第1期刊发姚柯夫《我国戏曲史研究的一部力作——〈戏曲概论〉》一文。

6月,出席《中国大百科全书·戏曲曲艺卷》编委会在北京虎坊桥东方饭店召开的审稿会。会议期间,王季思商请共同完成《全元戏曲》,但因身体原因,未能付诸行动。

秋,朱恒夫、张新建、周维培考入南京大学中文系戏曲历史及理论专业,师从钱南扬攻读硕士研究生。

10月3日至6日,江苏省昆剧研究会成立,受聘顾问。

1983年(癸亥年)　85岁

1月,被《中国戏曲志》编委会聘为顾问。

3月10日,《治学经验谈》一文发表于《江海学刊》1983年第2期。

3月,《钱南扬传略》及附《主要著作目录》刊载于《中国当代社会科学家》第1辑。

5月21日至24日,中国民俗学会成立,同吕叔湘、吴文藻、季羡林、侯宝林等为顾问。

6月,《中国戏剧年鉴(1982)》由中国戏剧出版社出版,书中列条目介绍《戏文概论》。

8月,《中国大百科全书·戏曲曲艺》由中国大百科全书出版社出版,为该书撰写"宋元南戏"条目。

9月,任留学南京大学的日本学者赤松纪彦指导教授。

1984年(甲子年)　86岁

2月,拟就《谜史》"再版前言"。

8月25日至29日,江苏省民俗学会成立,受聘顾问。

11月14日,中国戏剧家协会主办"第一届全国戏剧理论著作奖"评选结果揭晓,8名学者被授予荣誉奖,钱南扬是其中之一。

11月19日至26日,中国韵文学会成立,受聘顾问。

12月17日,中国戏剧家协会"第一届全国戏剧理论著作奖"授奖大会在北京举行,《戏文概论》获奖。

12月,《永乐大典戏文三种校注》由台湾华正书局以精装本再版。

1985年(乙丑年)　87岁

2月,《戏文概论》获江苏省哲学社会科学优秀成果荣誉奖。

4月,中国古代戏曲学会成立,受聘顾问。

6月10日,出席第三届江苏省民间文学工作者代表大会,被推选为中国民间文艺家协会江苏分会名誉主席。

12月23日,南戏学会筹备工作会议召开,被推选任名誉会长。

12月,《〈西厢记〉作者问题的商榷》发表于《南京大学学报》1985年第4期。

1986年(丙寅年)　88岁

3月15日,中国昆剧研究会在北京成立,与邓力群、汪道涵、卓琳等 57 人被聘为名誉理事。

3月,江苏省戏曲学会在南京成立,受聘顾问。

5月,《回忆吴梅先生》一文发表于《戏曲论丛》第 1 辑(赵景深主编,甘肃人民出版社 1986 年 5 月版)。

8月,与俞为民合撰的《南戏、杂剧、传奇的区别》一文发表于《文史知识》1988 年第 8 期。

12月,《谜史》由上海文艺出版社再版。

本年,经南京大学中文系领导向学校争取,住房条件略有改善。

1987 年(丁卯年)　89 岁

2月,与俞为民合撰的《魏良辅〈曲律〉》一文发表于《中国古代文学理论名著题解》(吴文治主编,黄山书社 1987 年 2 月版)。

4月 18 日 9 时 25 分,逝世于南京市上海路南秀新村 20 号寓所。弥留之际,仍多次念及尚未完稿的《〈白兔记〉校注》一书。该日恰值首届中国戏曲艺术国际学术讨论会在北京召开,与会中外学者七十余人闻讯起立默哀。

5月 21 日,《新华日报》发布消息《中国戏曲史家钱南扬教授逝世》。

1990 年(庚午年)

清明节,在钱南扬先生诞辰 91 周年之际,根据其生前意愿,落叶归根,与王彤史合葬于平湖乍浦九龙山公墓。

名作欣赏

宋金元戏剧搬演考

引　辞

研究中国戏剧史者,对于戏班的组织,戏场的规模,搬演的情况等等,往往谈得很少。诚然,材料不多,不易下笔,确是事实。可是这也是戏剧史的重要部分,不应知难而退,现在不揣谫陋,姑且来试一下。见闻有限,失误必多,引玉抛砖,希读者诸君,不吝赐教!

本文所引用的三篇主要材料,在时代方面,事先须略加说明。《宦门弟子错立身戏文》,《永乐大典戏文三种》本,原题"古杭才人新编"。其中少数几套曲子,插入两三支北曲。案:《录鬼簿》卷下,谓南北合套创于沈和。沈和,是元中叶人。而本戏既南北曲并用,岂不是受了沈和的影响,则其时代当在沈和之后了。其实不然。我们晓得一种文体,总是渐渐衍化而成。本戏在套曲中偶然插入两三支北曲,实在不成其为合套,不过开南北合用之端,对沈和创南北合套一些启发而已。写作时代自然应在沈和之前。本戏以河南府为西京,以东平为府。考宋金元三史《地理志》,金以大同府为西京,以河南府为中京金昌府,元初两京都改为路,以河南府为西京的,只有宋朝如此;东平宋金皆为府,元世祖至元九年改路。可见本戏当出宋人手。

《庄家不识勾阑·耍孩儿套》，《朝野新声太平乐府》本，杜善夫撰。《道光长清县志》卷十一引《灵岩志》云：

> 元杜仁杰，字仲梁，号止轩，一号善夫；长清人。德行文章，冠冕南北。元世祖闻其贤，……以翰林承旨授公，累征不就。

这里说元人是错的。元蒋正子《山房随笔》云：

> 杜善甫，山东名士。……有荐之于朝，遂召之。表谢不赴，中二联云："俾献言于乞言之际，敢尽其忠；若求仕于致仕之年，恐无此理。"

朱经《青楼集序》也云：

> 元初并海宇，而金之遗民若杜散人、白兰谷、关已斋辈，皆不屑仕进。

可见金亡时杜已七十岁，且不再出仕元朝，自应作金人为是。而《错立身戏文》中已有北曲；且也提到杜善甫，如第十二出白云："你课牙比不得杜善甫。"故二者一宋一金，时代实差不了多少。惟金亡较早，在宋理宗端平元年，又四十余年才亡。

《汉钟离度脱蓝采和杂剧》，脉望馆《古名家杂剧》本，原无撰人姓氏，《也是园书目》列入原无名氏。其《油葫芦曲》云：

> 这的是才人书会划新编：我做一段《于祐之金水题红怨》，《张忠泽玉女琵琶怨》，做一段《老令公刀对刀》，《小尉迟鞭对鞭》，或是《三王定政临虎殿》，都不如《诗酒丽春园》。

所举杂剧有作者姓名可考者，《题红怨》为李文蔚作，《琵琶怨》为庚天赐作，《丽春园》为高文秀或王德信作，都是元初人，则本剧盖出元中叶人之手。

这三种资料,恰好出于宋金元三朝人之手。而演戏规模,三朝大致相似,故可相提并论。

戏班与演员

演戏最主要是演员,而演员必须有个组织——即戏班,故首先来谈谈。在旧社会,戏班大致可分二种:一是为统治阶级服务的,一是为人民大众演出的。前者又可分二种:一是供奉内廷的——即皇家的戏班,有教坊与钧容直的杂剧色。《东京梦华录》卷九"宰执亲王宗室百官入内上寿"条云:

>教坊色长二人,……皆诨裹宽紫袍,金带义襴。
>
>教坊乐部,……皆裹长脚幞头,随逐部服紫绯绿三色宽衫,黄义襴,镀金凹面腰带。
>
>诸杂剧色皆诨裹,各服本色紫绯绿宽衫,义襴,镀金带。

《梦粱录》卷二十"妓乐"云:

>散乐传学教坊十三部,唯以杂剧为正色。……色有色长,部有部头。……其诸部诸色分服紫绯绿三色宽衫,两下各垂黄义襴,杂剧部皆诨裹,余皆幞头帽子。

南宋盖即承北宋之制,故服色相似。惟南宋时,教坊与钧容直时置时罢。《宋史·乐志》云:

>高宗建炎初,省教坊;绍兴十四年复置;……绍兴末复省。宁宗隆兴二年,……大臣皆言:"临时点集,不必置教坊。"乾道后,北使每岁两至,亦用乐,但呼市人使之,不置教坊。
>
>绍兴中,钧容直旧管四百人,杨存中请复收补,权以旧管之半为额。寻闻其召募骚扰,降诏止之。……绍兴三十年,复诏钧容班可蠲省。

其演员之可考者,北宋时,《东京梦华录》"入内上寿"条云:
> 是时教坊杂剧色鳖膨刘乔、侯伯朝、孟景初、王颜喜而下,皆使副也。

《梦粱录》卷二十"妓乐"云:
> 向者汴京教坊大使孟角球曾做杂剧本子,葛守诚撰四十大曲,丁仙现捷才知音。

仅见此数人。南宋时,《武林旧事》卷四乾淳教坊乐部云:
> 杂剧色
> 　　德寿宫
> 刘景长　王　喜　茆山重　盖门贵　盖门庆
> 侯　谅　张　顺　曹　辛　宋　兴　李泉现
> 　　前教坊
> 伊朝新　王道昌
> 　　前钧容直
> 件谷丰　李外喜

二是承应官府的,有衙前乐。《宋史·乐志》云:
> 又有亲从亲事乐,及开封府衙前乐。……诸州皆有衙前乐。

《梦粱录》卷二十"妓乐"云:
> 绍兴年间,废教坊职名,如遇大朝会、圣节……,并拨临安府前乐人,……以奉御前供应。

则在南宋时,临安府衙前乐也兼供奉内廷了。其演员之可考者,仅见《武林旧事》"乾淳教坊乐部":
> 杂剧色　衙前
> 龚士美　刘恩深　陈嘉祥　吴兴祐　吴　斌
> 金彦升　王　青　孙子贵　潘浪贤　王赐恩

胡庆全	周 泰	郭名显	宋 定	刘 信
成 贵	陈烟息	王侯喜	孙子昌	焦金色
杨名高	宋昌荣			

《武林旧事》更有杂剧三甲：刘景长一甲八人，盖门庆进香一甲五人，内中祗应一甲五人，潘浪贤一甲五人。称甲，犹云部、色。宋彭乘《续墨客挥犀》卷五云："熙宁九年，太皇生辰，教坊例有献香杂剧。"进香，当即献香，盖承北宋旧制；内中祗应，即内廷供奉；自然是皇家的戏班。其中演员，有德寿宫的杂剧色，也有临安府的衙前乐人，正是因为拨衙前乐人供应之故。惟这里共有四甲，不知何故云"三甲"。

这种为统治阶级服务的演员，都来自民间，故《梦粱录》称他为"散乐"。《周礼》"春官"："旄人掌教舞散乐。"注："散乐，野人为乐之善者。"《新唐书·礼乐志》："玄宗为平王时，有散乐部一部。……及即位，……置内教坊于蓬莱宫侧，居新声散乐倡优之伎。"《唐会要》卷三十四开元二年："敕散乐巡村，特宜禁断！"一则曰野人之乐，再则曰巡村演唱，其来自民间甚明；而统治者攫为己有，也由来久矣。

至于金元情况，文献不足，一无所知。仅《金史·乐志》中，有禁伶人不得以历代帝王为戏；及太常乐工人数少，即以渤海汉人教坊及大兴府乐人兼习云云而已。

现在要讲到为人民大众演出的戏班了。他们是冲州撞府，沿村转庄，以演戏为营生，过着流浪生活，所以有"路岐"之称：

情愿为路岐。——《错立身》第五出《六么令》

是一火村路岐。——《蓝采和》第四折《庆东园》

剧团人数是不会十分多的，盖戏文脚色一般只有七种，见《永乐大典戏文三种》、《南词叙录》等书；而且每种脚色只有一人。如《错立身》，又少了个丑，共只六种；其第五出，末先扮家人，后扮王

恩深,明说"末改扮上",可见末只一个。此种情况,在《张协状元》中屡见,兹不赘。试再看《蓝采和》,其第一折正末白云:

> 小可人姓许,名坚,乐名蓝采和;浑家是喜千金,所生一中子是小采和,媳妇儿蓝山景,姑舅兄弟是王把色,两姨兄弟是李薄头。

也只有六人。就使再加上后场,——这里王把色即是后场人物,《都城纪胜》"瓦舍众伎"云:"杂剧中,……其吹曲破断送者,谓之把色。"充其量也不过十余人。《蓝采和》第二折末白:"我正是养家二十口,独自落便宜。"尚近情理,而《尾声》云:"再不将百十口火伴相将领。"则完全是夸大之辞。

此外,宋朝的业余演员也有个团体组织,叫做绯绿社,《都城纪胜》"社会"云:"豪贵绯绿清乐社,此社风流最胜。"《武林旧事》卷三"社会"云:"绯绿社,杂剧。"这是后世票房的滥觞。在初期戏文《张协状元》中已经提到它,可见它的成立是相当早的。

剧本和戏场

除了演员和演员所组成的戏班之外,剧本和戏场也是演出的重要条件。有了剧本,则手中有货;有了戏场,则演出有方。

讲到剧本,先要谈谈编写剧本的书会。书会中人称为才人,他们是不得志于时的,接近市民阶层的文人;与为统治阶级服务的文人,所谓名公者,是对立的。它起源于何时,不可确知。一般说来,宋金元三朝戏剧,大部分出于书会才人之手。当时温州有九山书会、永嘉书会,杭州有古杭书会,苏州有敬先书会等等。《武林旧事》卷六"诸色伎艺人"云:

> 书会:李霜涯,作赚绝伦;李大官人,谭词;叶庚;周竹窗;平江周二郎,猢狲;贾廿二郎。

此当是古杭书会。可见除编写戏剧之外,还兼写其它唱词。有他们编写戏剧,供应戏团,使戏场不断有新戏上演,对于戏剧事业的繁荣,起着促进的作用。直至明初,严禁歌舞,于是书会解体,不复存在。

讲到戏场,来源相当古,如《隋书·柳彧传》云:

> 自是每岁正月,万国来朝,……于端午门外,建国门内,绵亘八里,列为戏场。

这还是临时性的。到了唐朝,都集中在寺院里,如《南部新书》戊卷云:

> 长安戏场,多集于慈恩;小者在青龙,其次荐福、保寿。尼讲盛于保唐;名德聚之安国。

这才是经常性的。宋朝称戏场为勾栏,都集中在瓦子里。《梦粱录》卷十九"瓦舍"云:"谓其来时瓦合,去时瓦解之义,易聚易散也。"《东京梦华录》卷二"东角楼街巷"云:

> 街南桑家瓦子,近北则中瓦,次里瓦,其中大小勾栏五十余座。内中瓦子莲花棚、牡丹棚,里瓦子夜叉棚、象棚最大,可容数千人。

这是北宋汴梁的勾栏情况。又有临时性的,见前书卷六"元宵",卷八"六月六日崔府君生日、二十四日神保观神生日"等条。专供教坊、钧容直、衙前乐演出。南宋建都临安,比汴梁更为兴盛。即就瓦子而言,《梦粱录》卷十九"瓦舍",《西湖老人繁胜录》"瓦市",《武林旧事》卷六"瓦子勾栏"所载,共有二十三处之多;北瓦一处,即有勾栏十三座。这种勾栏,当然不限于京城,较大的都市都有,如《错立身》曾提到河南府勾栏,《蓝采和》曾提到洛阳梁园棚;又如《辍耕录》卷二十四有松江府勾栏塌倒事;可证。也有路岐不入勾栏的,《武林旧事》卷六"瓦子勾栏"云:

或有路岐,不入勾栏,只在要闹宽阔之处做场者,谓之打野呵。此又艺之次者。

《都城纪胜》"市井"云:

此外如执政府墙下空地,旧名南仓前,诸色路岐人,在此作场,尤为骈阗。又皇城司马道,亦然。候潮门外殿司教场,夏月亦有绝伎作场。其他街市,如此空隙地段,多有作场之人。

讲到勾栏的内部情况,主要有三部分:一,戏台;二,看席;三,戏房。《庄家不识勾栏套》云:

〔六煞〕见一个人手撑着椽做的门,高声的叫:"请!请!"道:"迟来的满了无处停坐。"……

〔五煞〕要了二百钱放过咱,入得门上个木坡,见层层垒垒团圞坐。抬头觑是个钟楼模样;往下觑却是人旋窝。见几个妇女面台儿上坐。又不是迎神赛社,不住的擂鼓筛锣。

这段描写还不够明了,把它和日本刻本《唐土名胜图会》所载的明朝《查楼图》对照,就明白了。《查楼图》虽时代较晚,然二者仍大致相合。看席有三等:一,神楼;二,腰棚;三,站着看。《蓝采和》第一折白云:

〔钟离上〕……〔做见乐床坐科〕〔净〕这个先生,你去那神楼上,或腰棚上看去。这里是妇人做排场的,不是你坐处。

庄家人得门上个木坡,木坡指梯子之类,可见他坐的是神楼。图中地位较高,正对戏台的就是神楼;两旁较低的,当是腰棚。在神楼里只能看见戏台上坐着做排场的妇女,戏台前站着看的三等看众,是看不见腰棚的。故《庄家不识勾栏套》中,没有提到腰棚。

戏台与看席的重要,可不言而喻;戏房也同样重要。倘然没有戏房,则上场前无处化装,下场后无处休息,也就演不成戏。

搬 演

搬演,也叫敷演,《错立身》第一出《鹧鸪天》云:"贤每雅静看敷演。"也叫作场或做场,同上第四出白云:"只靠一女王金榜,作场为活。"又第二出白云:"前日有东平散乐王金榜,来这里做场。"

戏剧搬演,因剧种不同,方式各异。现在先来看看宋杂剧。《武林旧事》卷一《天基圣节排当乐次》云:

> 初坐第四盏:杂剧,吴师贤已下做《君圣臣贤爨》,断送《万岁声》。
>
> 第五盏:杂剧,周朝清已下做《三京下书》,断送《绕池游》。
>
> 再坐第四盏:杂剧,何晏喜已下做《杨饭》,断送《四时欢》。
>
> 第六盏:杂剧,时和已下做《四偌少年游》,断送《贺时丰》。

又卷八《皇后归谒家庙·赐筵乐次》云:

> 初坐第四盏:勾杂剧色,时和等做《尧舜禹汤》,断送《万岁声》。
>
> 再坐第七盏:勾杂剧,吴国宝等做《年年好》,断送《四时欢》。

正戏之外,都有断送。断送,就是现在江浙方言的所谓饶头戏。《武林旧事》卷十,著录《官本杂剧段数》有二百八十本之多。然这里所举六本,除《三京下书》外,都未见著录,可见遗漏尚多。盖自北宋真宗初为杂剧词,见《宋史·乐志》;迄此南宋末叶,将近三百年，宜其剧本积聚之多了。然南宋末叶，民间戏文久已盛行，也惟有统治者抱残守缺，尚在搬演此种旧剧。

金朝沿袭宋制，用于宴乐，也有杂剧，见《金史·礼乐志》。惟不知何时，改称院本。《辍耕录》卷二十五《院本名目》，有六百九十种之多，分为十一类；并云："金有院本、杂剧、诸宫调，院本、杂剧，其实一也。"除其中若干条名目与宋杂剧相同，当出于宋杂剧外，其余绝大部分为金人所编撰。王国维《曲录》卷一考定为"金人之作"，是完全正确的。

院本的搬演，同样也有断送，惟不叫断送，而叫拴搐。拴，犹云系；搐，牵动，然必系住，才可牵动，故也有系义；二者实是同义叠用，谓把这段短剧和院本联系起来。《院本名目》第九类为《拴搐艳段》，都专作拴搐用的。《错立身》第十二出《天净沙》云：

做院本生点个《水母砌》，拴一个《少年游》，吃几个桩心擷背。

案《院本名目》第十一类《诸杂砌》有《水母》，与《录鬼簿》卷上高文秀《泗州大圣降水母》同一题材，乃是一出武打戏。因为《水母》是《诸杂砌》的戏，这里为了协韵，故下面加了个砌字。砌，谓砌末，大概这类戏中砌末用得特别多。拴，即拴搐，《拴搐艳段》中正有这个《少年游》。拴搐是同义叠用，故这里可以省去一个搐字，单称拴。

当宋元戏文、金元杂剧产生之后，宋杂剧、金院本自然大受影响。如初期戏文《张协状元》，正戏之前先有一段《诸宫调张协》，断送《烛影摇红》；《庄家不识勾栏套·六煞》："说道：前截儿院本《调风月》，背后么末《敷演刘耍和》。"么末，即金元杂剧。可见宋杂剧、金院本已由正戏而降为开场戏，此后逐渐为戏文、杂剧所淘汰。从此才是纯粹的戏剧，不再有百戏参杂其间。

演出前的准备工作,一是挂招子,如:

> 侵早已挂了招子。——《错立身》第四出《桂枝香》

> 〔生……看招子介〕〔白〕且入茶坊里问个端的。——同上第十二出白

> 正打衡头过,见吊个花碌碌纸榜。——《庄家不识勾栏套·耍孩儿》

> 昨日贴出花招儿去。——《蓝采和》第一折白

招子是彩色的,所以叫"花招儿",又叫"花碌碌纸榜";上面不但写着戏名,一定还有演员的名字,所以延寿马看了招子,便知道王金榜在作场。

二是收拾勾栏,如《蓝采和》第一折云:

> 〔末〕……王把色,你将旗牌、帐额、神巾争、靠背,都与我挂了者。……远方来看的见了呵,传出去说:"梁园棚勾栏里,末尼蓝采和做场哩。"

这里所举四物,旗牌不是插在戏台两侧,便是插在戏台里壁,只有这样,才不妨碍演出。帐额挂在台口上方,只要看山西洪赵县明应王庙大殿上壁画,画面是个戏台,台口上方挂着帐额,上写"大行散乐忠都秀在此作场"十一个大字(见一九五七年《戏曲研究》第二期),这里也当然写着蓝采和的名字。神巾争的"巾争",不见字书,疑即"帧"的俗字,明应王庙壁画,在戏台里壁也有两幅画,画虽两幅,内容是统一的,大概是降龙图之类,这里的神巾争,盖即此类。靠背是安放在椅子上的,至今犹然。接下去就是戏剧开场了。

这种剧团,演戏营生之外,还须负担承应官府的义务,叫做"唤官身"。如《错立身》第四出云:

> 〔桂枝香〕〔末上〕勾栏收拾,家中怎地?莫是我的孩儿,想是官身出去……

〔前腔〕〔净上〕适蒙台旨,教咱来至……。相公安排筵席,勾阑罢却,勾阑罢却,休得收拾,疾忙前去……

　　〔末〕孩儿与老都管先去,我收拾砌末恰来。

　　〔净〕不要砌末,只要小唱。

　　因为王金榜身体不快,没有及时到勾栏里去,她父亲收拾好了勾栏,就担心她莫非官身出去了?及至回到家中,果然碰到唤官身,王金榜只好抱病而去。盖遇到唤官身,倘然误了时刻,不能及时赶到,叫做"失误官身",是要办罪的,如《蓝采和》第二折云:

　　〔孤扮官人上〕……左右,拿过蓝采和来者!〔末上〕呀!可怎了也?误了官身,大人见罪,见今拘唤,须索见咱。

　　〔做见跪科〕〔孤〕你知罪么?不遵官府,失误官身,拿下去扣厅打四十。准备了大棒子者!

　　可见当时的演员,受统治者的压迫是很厉害的。不但担误了他们赖以生活的营业;而且弄得不好,还要办罪。这种唤官身之类,不能算演唱,只有在戏场搬演,为人民大众服务,才是正式演唱。

(选自《汉上宧文存》中华书局 2009 年 11 月版)

海盐腔到昆山腔

　　海盐腔创于张镃家歌儿,已见本编第一章。【张镃,字功甫,循王张俊之孙,生于绍兴二十三年(1153),豪侈而有清尚,曾在宋宁宗嘉泰年间(1201—1204)前来海盐,作园亭自恣,令歌儿衍曲,务为新声,所谓"海盐腔"。】到了元朝,又有所改进。《乐郊私语》云:

　　州少年多善歌乐府,其传皆出于澉川杨氏。当康惠公梓存时，节侠风流，善音律，与武林阿里海涯之子云石交。云石翩翩公子，无论所制乐府散套，骏逸为当行之冠，即歌声高引，可彻云汉，而康惠独得其传。其后长公国材，次公少中，复与鲜于去矜交好。去矜亦乐府擅场。以故杨氏家僮千指，无有不善南北歌调者。由是州人往往得其家法，以能歌名于浙右云。

这里虽没有指明海盐腔，然澉川，即海盐之澉浦，当然是海盐腔无疑。贯云石，畏吾人，见《元史》；鲜于去矜，渔阳人，见《新元史》；都是北散曲作家。即杨梓本人，也是杂剧作家，作品流传者，有《霍光鬼谏》《豫让吞炭》《敬德不伏老》三种。所以他们对海盐腔的改进，恐怕在北曲方面为多。

海盐腔的传入苏州，当在南宋中叶。《新定九宫十三摄南曲谱》卷首《谱选古今传奇散曲集总目》《荆钗记》下注云："吴门学究敬先书会柯丹丘著。"《山中白云词》有《满江红》《赠韫玉》传奇，注云："惟吴中弟子为第一。"学究为宋人语；《韫玉》传奇，《菉竹堂书目》作《东瀛韫玉》传奇，则原出于温州戏文。可见其时苏州既有书会，又有剧团，戏文已相当兴盛了。为什么知道当时传入的是海盐腔呢？第一，海盐腔发生最早，其时已具备向外传播的条件；第二，海盐、苏州相去不远，有江南运河联系其间，交通便利，且同属吴语区域，无方言之隔阂；第三，直至明中叶，吴中子弟还在唱海盐腔，如《金瓶梅词话》云：

> 四个戏子跪下磕头，蔡状元问道："那两个是生旦？叫甚名字？"于是走向前说道："小的是装生的，叫苟子孝；那一个装旦的，叫周顺……"安进士问："你每是那里子弟？"苟子孝道："小的都是苏州人。"
>
> ——第三十六回

海盐子弟张美、徐顺(疑即周顺,文字偶异)、荀子孝生旦,都挑戏箱到了。

——第七十四回

荀子孝等都是苏州人,因为唱的是海盐腔,所以称他们为海盐子弟。可见其时不但吴中仍在唱海盐腔,而且已传播到山东了。

在明代,海盐腔流传区域很广,如:

今唱家……称海盐腔者,嘉、湖、温、台用之。

——《南词叙录》

嘉兴之海盐,绍兴之余姚,宁波之慈溪,台州之黄岩,温州之永嘉,皆有习倡优者,名曰"戏文子弟"。虽良家子,不耻为之。

——《菽园杂记》卷十

我宜黄谭大司马纶,……自喜得治兵于浙,以浙人归教其乡子弟,能为海盐声。大司马死二十余年矣,食其技者殆千余人。

此道有南北,南则昆山之次为海盐,吴浙音也。其体局静好,以拍为之节。

——《玉茗堂文集》卷七《宜黄县戏神清源师庙记》

南都万历以前,公侯与缙绅及富家,凡有燕会,小集多用散乐,……唱大套北曲。……大席则用教坊打院本,乃北曲四大套者。……大会则用南戏,其始止二腔:一为弋阳,一为海盐。……海盐多官语,两京人用之。……今又有昆山,……靡然从好,见海盐等腔,已白日欲睡。

——《客座赘语》卷九"戏剧"

旧凡唱南调者,皆曰海盐;今海盐不振,而曰昆山。

——《曲律·论腔调第十》

这里除余姚子弟当是唱余姚腔外，其余都是海盐腔，即戏文的老家永嘉，也在唱海盐腔了。谭纶，《明史》有传，曾官台州知府。大约在嘉靖三十七年（1558）左右，以丁忧归，"以浙人归教其乡子弟"，当在此时。"浙人"自然是黄岩子弟。谭纶卒于万历五年（1577），至万历三十年（1602）汤显祖作《庙记》时，宜黄艺人已发展到一千余人；《冷赏》作者郑仲夔是明清间人，直到那时犹未衰落。惟完全归功于谭纶是不对的，汤显祖也曾"自掐檀痕教小伶"，出过一些气力。他们二人见解是一致的，谭既厌恶乐平、徽青阳的粗糙，汤又盛称海盐、昆山的静好，在他们的提倡下，止有由海盐而昆山，趋向更静好的途径。北京用海盐腔，可能是元朝时传过去的，也可能宋末传去的已是海盐腔了。

汤显祖论海盐、昆山二腔声情，都说"体局静好"。大概自有海盐腔，及渐向静好方面发展。在南宋时流传于吴中的一派，经过一百多年，到了元末，腔调的本身自然起了不少变化，又有人加以改进，曾一度有昆山腔之称。《南词引正》云：

> 元朝有顾坚者，虽离昆山三十里，居千墩。精于南辞，善作古赋。扩廓帖木儿闻其善歌，屡招不屈。与杨铁笛（维桢）、顾阿英（瑛）、倪元镇（瓒）为友。自号风月散人。其著有《陶真野集》十卷、《风月散人乐府》八卷行于世。善发南曲之奥，故国初有昆山腔之称。

《泾林续记》也载，明太祖朱元璋曾问耆老周寿谊云："闻昆山腔甚佳，尔亦能讴否？"然而这个名称，只像昙花的一现，后来从苏州流传于南京、山东一带的腔调，仍称海盐腔，不称昆山腔，则苏州本地可知。大概这个新腔只是量变，没有达到质变阶段；更因仅属清唱，没有群众基础的缘故。静好的腔调，最适宜于表达文雅细腻的曲辞。元末高明撰《琵琶记》，虽仍以本色为主，其间颇有几段典雅的曲子，自然最适宜于用海盐腔来表达。《南词叙录》说，海盐腔流传于嘉、湖、温、台，可见两浙海盐腔的盛行；可能元末已经如此，《琵琶记》受了它的影响。明人所以推崇《琵琶记》，盖正因其接近海盐腔，也即是间接接近昆山腔。明朝中叶，士大夫写作剧本的渐多，骤然增加了一批文雅细腻的曲子，不但静好的海盐腔获得广泛的运用，而且有时感觉到静好得还不够，有更深入一步的要求，昆山腔就在这样的情况下产生了。昆山腔是在海盐腔的基础上发展起来的，故两腔同具静好的特点，当然昆山腔的静好，比海盐腔又提高了一步。而《静志居诗话》卷十四"梁辰鱼"条云："时邑人魏良辅能啭哢音声，始变弋阳、海盐故调为昆山。"似乎昆山腔也继承了弋阳腔。这种说法是不对的。盖弋阳之调喧，正与静好相反，两者是不会合在一起的；而且在昆山腔里，也丝毫找不出一些弋阳腔的痕迹来。《南词引正》谓弋阳腔，"会唱者颇入耳"，然接着又云"惟昆山为正声"。这里的昆山腔，是指元明间的昆山腔，实则就是海盐腔。《南词引正》既认弋阳腔为非正声，自然不会去吸收它；或者因它也有入耳之处，把它作为借鉴，也说不定。

（节选自中华书局2009年11月版《戏文概论》中"源委第二"第四章第二节《海盐腔到昆山腔》，首句【】内文字为编选者据该书"源委第二"第一章相关文字编辑而成，以便本书读者上下相通理解。）

钱 君 匋

■钟桂松

故乡故家　求学求职

小镇上的小康人家

钱君匋(1907—1998),浙江桐乡人,曾用笔名程朔青、字文节等,是我国著名的集出版家、装帧设计家、金石篆刻家、书法家、国画家、音乐教育家、收藏家、散文家、诗人于一身的艺术大师。

1907年2月12日除夕,钱君匋出生于浙江省桐乡县的屠甸镇中街

46号——一个亦医亦商的家庭里。这是一个普通小镇上的平常家庭,左右隔开几间门面,分别是永和茶楼和丁广成袜店。钱君匋幼年时,与茶楼的张阿七、袜店的丁松林以及60号的沈伦昌、沈小狗经常在一起玩耍,成为跑东跑西形影不离的小伙伴,甚至跑到镇郊的农村,在湖畔、坟头嬉笑游戏,这些都在钱君匋记忆里留下美好快乐的印象。

屠甸镇不大,是杭嘉湖地区的一个普通小镇。镇离城较远,屠姓居民为多,所以称屠甸。

在钱君匋出生时,镇上只有一些卖手工制品的日杂商店和茶室,最新开的时尚邮政所,与钱家有点关系。新版《桐乡县志》谈到屠甸时这样描述:"屠甸于清初始成市镇。……民国时期,镇上有多家竹、木、铁器店铺,多为前店后作坊,多为自产自销。至抗战前有铁器店20余家,工人百余人。"①在钱君匋童年和少年时代,这个小镇的商业似乎也在缓慢进步,开始有了邮政所,有了酿酒业。钱君匋曾说过自己小时候的一件事,说当年他与几个小伙伴去玩,在酿酒作坊里喝尚未完全发酵的酒,结果大家都醉倒在酒缸边上,直到大人们寻找到这里才发现。当时说到这件趣事时,钱君匋似乎有点自豪,他认为后来自己有点酒量与小时候这次酩酊大醉有点关系。钱君匋的酒量后来在开明书店工作时有了新的高度,当时开明同仁叶圣陶他们一帮编辑朋友每周有聚餐,但参加这个聚餐有一个条件,就是必须一餐能喝五斤绍兴黄酒。钱君匋一餐只能喝三斤,是破格吸收进去的。自然,这是后话。

屠甸虽然历史并不久远,但小镇上的钱家,却有着悠久的历

---

① 桐乡市《桐乡县志》编纂委员会:《桐乡县志》,上海书店出版社1996年版,第67页。

史,相传,钱家是五代十国时期吴越王钱镠的后裔。钱家迁居屠甸小镇的时间并不长,他们原来世代居住在另外一个小镇——路仲镇,这个镇属海宁县管辖,在明末清初似乎比屠甸镇富裕一些,所以到19世纪,世居路仲的钱君匋祖父钱半耕迁居屠甸,另辟蹊径,重新开创家业。钱半耕是一位很有威望的中医,岐黄传世,晚年在屠甸镇上也是德高望重。钱君匋的父亲钱希林读过私塾之后,就随钱半耕学习中医。中医博大精深,没有三五年的钻研和师父传授是无法接手诊治病人的。而且,常规来说,学习中医首先要有习中医的秉性,即有耐心有毅力又能坐得住学得进。但钱希林在清末维新运动风起云涌的时代里,已经没有其父钱半耕那种耐心,他觉得饭碗不止是中医一只,多条路可以走。于是,他看到进镇的人逐年在增加但镇上的服务设施却没有增加时,他就开了个饭店,让进镇来办事的农民有个吃饭喝酒的地方,生意还算不错。钱希林头脑十分活络,开饭店,自己也能烧得一手好菜,可谓心灵手巧。钱君匋小时候吃过父亲烧的各种各样的菜,直到晚年还记忆犹新,他说:"我父亲烧得一手好菜,自幼尝尽了各种美味,如'清蒸河鳗'和'红烧河鳗'两种,当其盛入青花瓷盆中,每一段河鳗都是直立的,排得整整齐齐,端上桌来,香气四溢,其味清腴鲜嫩,入口即化,无与伦比,其形可说是一幅大画家塞尚的静物画。我在别的地方从来没有尝到过这种高烹调技术做成的名菜。"[①]但钱希林没有成为烹调大师,头脑太活络了,发现小镇上缺什么,就去经营什么,什么时兴的东西,也去尝试,很快,他成为一个小镇上的商业活跃分子。据说他开过饭店之后,又开过杂货店、商行,收购过本地的畜产品——湖羊皮、狗皮、黄鼠狼皮,甚至还收购羊毛、鸡毛、鸭毛。

---

① 钱君匋:《瑞金宾馆的美食》,载《新民晚报》1990年10月9日。

1903年(光绪二十九年)3月,海宁县硖石镇在南小街北首开办了邮政局,隔了两年后,屠甸附近的长安镇也开设邮政代办所,钱希林见屠甸镇上还没有这种新式的通信机构,便与硖石镇的邮局联系,于1906年在屠甸设邮政代办所。钱希林的这种创新和敢为人先的精神,对钱君匋潜移默化的影响非常大。钱君匋母亲程雪珍勤劳而又心灵手巧,持家有方,有时她还凭借自己的特长做些纸花出售,补贴家用。

总之,钱君匋的童年和少年时代,就生活在这样的小镇,这样的小康人家。

有毅力的小书法家

钱君匋在读小学之前,聪明、好动、淘气,他对绘画、书法、工艺、音乐等有着异于常人的敏感和喜欢。据说三四岁时,小钱君匋就用炭粒在人家的白墙上涂鸦,猪狗等是他人生最初的绘画对象。

大概在他五岁那年,钱希林背了一把椅子,送钱君匋到镇上陈家阁的私塾里,让他接受启蒙教育。在私塾里的钱君匋每天吟诵《百家姓》《千字文》《三字经》,单调得让他厌烦。钱君匋开始在"花折子"上画画。当时,屠甸镇上有位老画家叫朱梦仙,擅花鸟尤善画蝴蝶,人称"朱蝴蝶"。钱君匋常常在朱梦仙家的厅堂南檐下画桌边上,看他在"花折子"上绘画,常常看得入迷。1932年,钱君匋回忆幼年时说:

> 某天,梦仙君在他家的古旧的厅的南檐下,凑着温和的春日,正在描着《三国志》中的诸葛亮、赵云、刘备、张飞、关羽、曹操等人的戏装。我痴立在旁边,看他徐缓地谨慎地一笔一笔地描成了将军的盔,又在盔下描出了将军的威武的脸,或者是生须的,鼻子以下便描上一簇黑或

白的美丽的胡须,又描甲,以及刀、剑、枪、戟、令箭、令旗之类,再在各种小碟中,蘸了红红绿绿的洋颜色来敷到盔甲等处,于是便成了一幅使那时的我佩服到一百二十分的杰作。他的画,我每日去上学就可以顺便看见。①

朱梦仙老先生是钱君匋绘画的启蒙老师,他绘画时那种专注神情和一丝不苟的谨慎,深深地烙印在童年钱君匋的脑海里,给他留下了深刻印象。在朱梦仙的影响下,钱君匋买来"洋红、洋绿、折子",在塾师午睡时模仿着画。因痴迷画画,钱君匋还被私塾老师惩罚过。他对挨塾师打手心以及反抗记忆犹新:

> 有一次,因为画"花折子"不提防让塾师撞见了,被打了十下手心,下谕下次不准再描,同时,那天的《千家诗》背诵不出,塾师更是怒火难抑,又痛罚了数十下手心。我于是起来反抗,把塾师的朱砚抹到地上,旱烟袋抛出窗外。结果,我父亲便来把我读书而坐的那张自己家中拿来的椅子叫人搬了回去。我不再来塾攻读了。②

不去私塾听课了,钱希林把儿子钱君匋送进设在镇上寂照寺的石泾小学。作为新式学校,石泾小学里是不禁止画画的,不光不禁止,还鼓励学生画画,而且课本里也有五彩插图。这些,让钱君匋十分兴奋,有一种"因祸得福"的得意。他说:

> 出塾之后,翌日便进区立石泾初等小学(无须入学试验,可以随时入学),所读的是《共和国国文教科书》第六

---

① 钱君匋:《记幼年的艺术生活》(1932年作),载《书衣集》,山西人民出版社1986年版,第106、107页。

② 钱君匋:《记幼年的艺术生活》(1932年作),载《书衣集》,山西人民出版社1986年版,第106、107页。

册,记得其中有插图,而且有五彩的鸟类的插图。那时的乡人都说这是"洋书",在塾中读的是"本国书"。我读了洋书之后,对于绘画又得了一个进步,学会了画鸟。但先前往往会把小鸟画成老母鸡似的东西,或竟像一只四角菱,这时以后画鸟,总有些象鸟了。学校里对于图画是不加禁止的,而且提倡的,我亲近绘画的机会也就随之而增多了。①

在石泾小学读了没有多久,学校改名崇道小学,校舍也搬到寺桥南东侧。此时,钱君匋除了对绘画的兴趣依然浓烈之外,对书法的兴趣也日愈浓厚。崇道小学里的描红习字课勾起了钱君匋习字的兴趣,他的描红成绩一直为全班之冠,教描红的老师常常在学生面前对钱君匋的描红习字赞不绝口,钱君匋对习字一科愈加勤奋。钱君匋为了保持这个描红冠军,在寒暑假里也不停地练习。显然,童年时代老师的奖掖对一个孩子来说,可以直接影响其一生。

钱君匋对艺术的痴心仿佛与生俱来,痴迷程度可以用废寝忘食来形容,下课了,放学了,他的心依然被绘画和书法所吸引。当时崇道小学长廊边的矮砖墙,成了钱君匋课余练字的好去处,矮墙上面是一层方砖铺成,钱君匋就找一把小棕帚,蘸着清水,在方砖上写大字,依次写过去,写至最后一块方砖时,前面方砖上的水迹已经干掉了,又可重新蘸水写起来。他这样循环反复地练,在崇道小学传为佳话。当时小学老师钱作民看了钱君匋在方砖上写大字,便鼓励他说:"好,好!你小小年纪就写擘窠大字,很好。但是不应当满足,要多写多练,会练成一手好字的。不过,光练大字还不够,还要练蝇头小楷,小楷将来应用的机会更多。"

---

① 钱君匋:《记幼年的艺术生活》(1932年作),载《书衣集》,山西人民出版社1986年版,第107页。

钱作民虽不是书法家,却是一个优秀的小学教育家,他善于发现学生的个性和特长,善于用切实的眼光教育学生。钱君匋曾回忆说:"钱老师和丰子恺老师是好友,思想进步,重视孩子们的个性的发展。他说:'你们喜欢临什么贴,可以自由选择,我不强求你们千篇一律,但是一定要用功,把字练好。这样,日后找到工作,人家看不出你的深浅;否则,纵有一肚皮学问,因为字写得差,往往被人轻视,甚至找不到工作。'"① 钱作民在要求学生用功的时候,不忘讲述社会世态,让钱君匋这些学生留下了深刻的印象。钱君匋还记得,钱作民老师的每次表扬,"说得我心花怒放",给他的激励是显而易见的。钱君匋晚年满怀感激地说:"我知道自己是个很平凡的人。今天有点小名气,是和几位前辈的教诲分不开的。特别使我怀念的,就是我的启蒙老师钱作民……"

在钱君匋的成长道路上,钱作民是钱君匋最早的伯乐。钱君匋在初小三年级时,学习成绩优异,钱作民让钱君匋跳级,直接读五年级,即镇上俗称高小一年级,而且为了在县里教育局能录取通过,钱作民"瞒天过海",将钱君匋的本名"钱玉棠"改为"钱锦堂"——后来的"钱君匋"名字也是由乡音"钱锦堂"谐音而来。此举对家庭负担日渐沉重的钱家大有裨益,钱君匋感恩铭记了一生。但高小毕业后,因家中拮据,无力供他去嘉兴上中学,钱君匋失学了。此时钱君匋后面的两个弟弟一个妹妹也正在长身体的年纪,作为长子的钱君匋只好辍学去离屠甸小镇几里路外的桃园头小学当代课教师。这不是钱君匋的所愿,但生活所迫,他尝到了社会生活艰辛的味道。

---

① 钱君匋:《我和书法的因缘》,载陈子善编:《钱君匋散文》,花城出版社1999年版,第249页。

钱君匋在桃园头小学干得挺顺手,十分投入,虽然离家不远,他也借宿在周继云家里,以便和学生在一起,钱君匋给周家一元钱的费用,吃住在周家。周继云的母亲善良忠厚,待钱君匋非常好,直至钱君匋晚年,周继云母亲的形象还深深留在他脑海里。一个多月下来,原来乱哄哄的村小学被钱君匋调教得有模有样,不出数月,几十个孩子竟服了大他们没有几岁的"钱先生"。

钱君匋后来知道,这个桃园头小学是归屠甸镇学务委员会管理,而他这个"民办"教师的薪水由屠甸镇学务委员会发放。按县教育局的规定,钱君匋在小学教书的月薪是十元,但屠甸镇学务委员陈耐安看钱君匋年轻,侵吞了四元,对他说上面拨款只有六元。但是纸是包不住火的,没有几个月,钱君匋就知道了这件事。他找到陈耐安评理,陈耐安强词夺理,年轻的钱君匋自然不是陈耐安对手。倔强的钱君匋一个学期结束后就愤然辞职,以示抗议。

进上海专科师范学校

1923年,钱君匋辞去桃园头小学的教席后便失业在家,于是和父亲商量下一步怎么办。父亲也没有门路,两人一筹莫展。忽然,父子俩不约而同到想到了小学老师钱作民,钱希林说,我去请教请教钱老师,看看他有没有办法。于是,就去和钱作民商量。钱作民知道钱君匋的情况,也知道钱家生活的艰难,他说:我有个认识的朋友,石门人,叫丰子恺,在上海办了个学校,是专门培养艺术人才的。不知道能不能进去,能够进这个学校,将来回来当个小学老师,工作也是很稳定的。这样吧,我给丰先生写封信,我走不开,你们找个人陪同去上海面见丰子恺。就这样,在钱作民老师的推荐下,钱君匋的父亲向屠甸镇上的米行借了三百元,拿了钱作民的推荐信,去上海找丰子恺。后经丰子恺同意,钱君匋得以免试插班上海专科师范学校,专攻图画和音乐。

上海专科师范学校是一所私立艺术教育学校,创办于1919年夏,是吴梦非、丰子恺、刘质平等一起创办的,地点在上海小西门黄家阙路一弄内,吴梦非任校长,丰子恺任教务主任。这所私立艺术学校,分高等师范科和普通师范科,以培养中小学艺术教师为宗旨,男女同校,学制两年。钱君匋进入这所学校后,住在第二宿舍第一寝室,据他自己回忆,这个寝室在一个楼梯边上,只能住五个人,同寝室的有陶元庆、陈云、秦之君、张克明。与钱君匋同班的同学,还有刘竞媛、严慕霞、冯煊等。

在这所学校里,钱君匋的封面设计与书法得到正规训练和指导,还受到艺术大师们的艺术熏陶。在师辈中,除丰子恺之外,还有专教图案的吴梦非,吴梦非让钱君匋对图案这种艺术的认识有了新的提高,这种器物上装饰绘画的变形结构、色彩和纹饰图案,在艺术家眼里就是艺术地去理解,而不是技术地去模仿。这种线条纹饰需要想象,吴梦非的观点深深地感染影响着钱君匋,艺术需要想象——这是年轻的钱君匋得到一个非常深刻的印象。而且在吴梦非老师的指引下,钱君匋认真研究了日本装帧设计师杉浦非水和伊木钟爱的作品集,《杉浦非水图案集》《伊木忠爱图案集》两本书让钱君匋打开了眼界,在老师的指导下,他感到图案设计是可以谋生的。

在艺术上,钱君匋还有幸得到弘一法师的另一位弟子刘质平的亲炙。钱君匋进学校读书时,刘质平在教音乐,而刘质平的音乐课对年轻的钱君匋来说,竟是如此投缘!钱君匋一下子就喜欢上刘老师的音乐课,他的好学与刘质平执教的认真,相得益彰。钱君匋在音乐里找到了艺术的感觉,他在音乐里的悟性,与他的书法、绘画等竟如此相近!所以钱君匋后来在音乐上的造诣,对他后来开办音乐专业书店——万叶书店,与刘质平对钱君匋音乐的指导有着渊源关系,这恐怕是不争的事实。

还有,这所学校的任课老师都是有专长的人,吕凤子老师的书法、篆刻也深深地影响着钱君匋的发展。钱君匋好学,且学有基础、有根底,而书法、绘画都讲究个出处,而且从不张扬、不狂,因而深得老师的喜欢。在上海专科师范学校的两年学习期间,被吕凤子老师带着去见吴昌硕的往事让年轻的钱君匋铭记一辈子。光阴过去六十年后,钱君匋专门写了一篇长文《略论吴昌硕》,系统论述吴昌硕的艺术成就和艺术造诣,其中对吕凤子老师引见吴昌硕时的一幕叙述清晰:

我与缶庐大师,荣幸有过一面之缘。

1924年,我在上海随吕凤子先生读书,酷爱书法篆刻,课余时间,不是临写《龙门二十品》,便是奏刀摹刻吴昌硕、赵之谦的印谱。吕师是海人不倦的导师,给了我很多的鼓励,叫我买一套有正书局出版的《吴昌硕印谱》来仿刻,终因修养欠缺,仅得雏形,极少神韵。

大约是初夏时分,天气不冷不热,院子里浓荫遍地,碧草如茵,吕师对我说:"我要去吴昌硕老先生家里,你要想和我一道去吗?"吕师了解我的夙愿,这样安排,使我铭感。

我陪同吕师来到了北山西路吉庆里,房子很陈旧,家具却色调淡雅,卷起的帐子,有点微黄色,帐额露出几枝苏绣的梅花,显然是以他自己的作品为蓝本的。笔趣雄健老辣,花的颜色艳而不俗。

当时昌老大名,中外皆知,日本也有学生。

由于吕师和缶老很熟,因而未经通报,便走上楼去。

过去我精读过他的作品,那壮阔夺人的气度,使我把缶老想象成岸然伟丈夫,还未入门,他咳嗽一声,响若巨钟,人未见着,气势慑人,使我的呼吸益发紧张。我们径入先生画室,他正在凝神画着葡萄,一管大笔,边画叶子,边蘸清水,越画越淡,然后用焦墨钩出叶脉,如籀如隶,笔笔扎实。因为桌子比常见的画桌高几寸,他站着作画,大笔驰骋砍削,我看得大气也不敢出,根本没有注意到他的身材,吕师也在分享老人创作的喜悦,直到他停笔才和老人打招呼。他含笑向我们走来,我才看清楚,老人仪表完全出我所料,精干矮小的个子,很少占领空间,灰色眉毛,十分慈祥,目光炯炯,机智而略带幽默感,眼角笑纹翔舞,流露出乐天、谦逊、平易、洞察力很强,自有一种光风霁月净化他人杂念的魅力,迫使我总想多看他几眼,捧着热茶杯也忘记烫手了。

"坐吧!"老人招呼过一句,便和吕师谈论浙派皖派印章方面的学问,我只能一知半解,所以不曾记住,又是晚辈,更不敢插嘴。兀坐在吕师下首,比较局促。

"我这个学生钱君匋,也在练习治印!"吕师怕我受到冷落,有意打破僵局。

"你很喜欢刻印吗?"老先生向我点点头。

"是的!"我起立作答,垂手鞠躬。

"坐下来谈话,这么拘束干什么?你刻的印是不是带来了?"他的询问少许带点鼻音,浓烈的乡土风味,混杂在赣东浙西的语声中。

"老先生!我带来了!"

"拿来我看看!"

"请您老人家指教!"我双手奉上拓本。

他把拓本往桌上一放,戴上老花眼镜,默默地看着,左脚脚尖轻轻地扣击着楼板,仿佛在打着节拍。

他的双眉渐渐向鼻梁挤过来。

我的心往下一沉,真是太冒昧了:这样幼稚的习作怎么能拿来破费老先生的时光呢?

拓本放在桌子上了,我也更加后悔。

他沉吟片刻,两腮又绽出了笑影说:"就是太嫩了,刻个十几二十年会老辣起来的。刻下去好了!"

"他刻过您的印谱,对您老很钦佩!"吕师也有点兴奋。

"我的印不好,没什么道理,古往今来,大家名手太多,就是刻得跟我一样也没有什么意思。要破陈法!你学我的东西感觉到什么地方最难呢?"

"清楚的地方难,模糊的地方反而容易刻得像!"

"哈哈哈哈!你不懂,再过几年你就会反过来讲了。等你到了一定的火候,明晰也好,浑沌也好,都难都不难,气韵要贯注在每一刀每一画之中,全印要无懈可击。但是不要怕难,功到自然成!"

……

过了一会儿,他同吕师读到昆曲的发声韵律,我完全听不懂,但是拘束已被他洒脱和蔼的长者风度所扫除。

在归途中吕师对我说:"今天老先生对你不错,当面说出了你的不足之处,这是看得起你!一般后生来请益,多数只说'不错','好嘛'。'还能刻下去呵……'。极少面折人过,你要终生发愤治学,才对得起老先生啊!"

"是！我要终生努力！"①

钱君匋不光沐浴在有真才实学的老师的艺术氛围里,而且同学中还有陶元庆这样的莫逆之交。陶元庆虽然是钱君匋的同学,但实际影响上,对钱君匋而言是亦师亦友的。钱君匋的天才和好学,让陶元庆有知音之遇,所以,钱君匋在上海专科师范学校时,与陶元庆可以说是形影不离,艺术趣味、艺术爱好、艺术追求相近相同。他在《陶元庆和我》一文中,回忆了与陶元庆的友谊交往:

> 陶元庆和我认识在上海艺术师范,我们同住第二宿舍,而且又是同一寝室,床连着床。元庆长我14岁,当时已在《时报》主编《图画周刊》,为了没有专业文凭,所以特地辞职来校读文凭,他的绘画早已具备很深湛的水平。
>
> 我们每晚在熄灯后,经常要闲扯一阵连床废话才入睡,这些连床夜话,天南地北,毫无边际,涉及的范围很广。首先我们互相知道都是浙江人,而元庆是绍兴人,我是桐乡人。元庆是鲁迅在绍兴府学堂时期的学生,为鲁迅器重。元庆有一位同学许钦文也为鲁迅所器重,钦文和元庆在府学堂就成为莫逆之交,其亲密较亲兄弟有过之而无不及。现在我们在艺师同一寝室,也由初识而逐渐进入到感情深厚,最后也成为钦文和他一样的莫逆之交。元庆有一次柔声柔气对我说,他自己好比是《红楼梦》中林黛玉。这话和他的形象确乎有点相似之处,元庆虽是一介须眉,但其一举一动都有些像女性,他说话时常常把右手遮住嘴巴,声音很婉转,夏天不出汗,衬衫的领

---

① 钱君匋:《略论吴昌硕》,载晓云、司马陋夫编:《钱君匋艺术论》,线装书局1999年版,第50—53页。

上没有龌龊,坐着的时候常讽诵古诗词,性格很沉静。我听了他的话,细细体味,确乎有些像林黛玉的化身。元庆又说我年龄比他小得多,可以算是他的"丫头",而钦文则不然,钦文颇有雄赳赳的气概,年岁和元庆不相上下,他说可以作为他的"当差"。我打趣说那么"贾宝玉"呢?有没有人称"贾宝玉"的资格?元庆就没有回答,可见我们三人之间亲密程度了。

为了在艺师时期独占第一宿舍的第一寝室,每学期开学之前互相在信中约定到校日期,同时提前一日到达,提前缴费,以便分配在同一寝室,我和元庆在寝室里同在一张桌子上完成班上布置的作业,我的图案课作业经常得到他的指导而获得高额分数,我在书籍装帧上得以崭露头角,其功和他是分不开的!①

钱君匋的这个回忆,可以想见当时他和陶元庆两人关系之亲密。所以,钱君匋后来从事出版的封面设计得益于陶元庆,让鲁迅、茅盾等大作家感受到其一脉相承的艺术个性。

钱君匋和陶元庆从上海专科师范学校毕业后,还曾一同去台州省立六中任教,志同道合,难分难舍,尽管两人年纪相差十四岁。后来钱君匋在出版的封面设计生涯里,起步阶段每次得陶元庆的提携和帮助,当初陶元庆为鲁迅书籍作封面设计出名以后,面对纷至而来求他设计封面的人,陶元庆一一推辞,实在推辞不掉的,便和作者婉商,推荐钱君匋来设计。这让一直想在绘画装帧上取得成绩的钱君匋感动不已。所以,钱君匋后来"钱封面"的雅号里,有

---

① 钱君匋:《陶元庆与我》,载晓云、司马陋夫编:《钱君匋艺术论》,线装书局1999年版,第233—234页。

着陶元庆的功劳。钱君匋认为结识陶元庆是他一生的幸运。钱君匋是感恩的,后来陶元庆英年早逝,他与鲁迅、许钦文一起在杭州西湖边集资为陶元庆建墓立碑。后来每次去杭州,钱君匋总要去陶元庆墓地凭吊,怀念这位亦师亦友的同学。

现在看,陶元庆的治艺方法、治艺态度同样给钱君匋很大的影响。比如陶元庆封面设计谨严、构思缜密,常常引人遐想,给钱君匋的封面设计很大影响。钱君匋清楚地记得,陶元庆对每幅作品"构思非常缜密,一定要在写生稿上作仔细的取舍,化繁就简,突出主题,追求色调的对比与和谐,线条的书法化,有流畅自如,有屋漏痕的稚拙,形如块的组合又注意到表现主观的需要,不做无谓的拼凑,变形的地方使人叫绝,不同一般胡乱的、毫无意义的扩张描写,所以他的油画、水彩或水粉画,都是有独特的个性,高度的艺术水平,虽然是洋画,能融入中国民族形式的优点,而不碍洋画的表现"。

风云际会 一炮而红

人生徘徊的岁月

1925年夏天,18岁的钱君匋从上海专科师范学校(学校已经在1924年6月改名为上海艺术师范学校)毕业了。离开学校后,钱君匋去商务印书馆找沈雁冰,想从事出版工作。此时的沈雁冰正带头在商务印书馆闹革命,开展罢工斗争,刚刚毕业的钱君匋冒冒失失地去商务印书馆找他,自然是没有结果。

回到屠甸后,他给丰子恺写了封信,希望老师能给自己介绍一份工作。

1928年22岁的钱君匋

　　不久,丰子恺回信了。他在信里毫不留情地批评钱君匋:一封要求别人帮忙的信里,竟然措辞不当,错别字一堆,句子也不通顺,这样的文化水平,我能引荐介绍吗?所以,丰子恺口气严厉地告诉他:我不能给你介绍工作,你先把文化课好好补补吧!

　　老师的信,犹如当头棒喝,让钱君匋惊醒过来,他要补上文化这一课!于是,他就从读商务印书馆出版的《实用学生字典》开始,硬生生地从"丶"部、"一"部到"鼻"部、"龙"部,一个字一个词读下去、钻研下去,从早晨到晚上,除了吃饭睡觉,整整一个夏天。钱君匋将自己的全副精力都花在读字典、背诵字典上了,读了一遍,背了一遍,再读一遍,再背一遍。一部字典为钱君匋成为一代艺术大师奠定了最初的基础。

　　钱君匋在苦练苦读苦学的同时,和所有的年轻人一样,苦闷的骚动,只有不断写古诗写新诗。在钱君匋的文学作品中,诗词占了大部分。22岁时,钱君匋就在亚东图书馆出版新诗集《水晶座》;1933年自己编辑一部《君匋诗集》;1987年在学林出版社出版古诗词集《冰壶韵墨》。赵景深评钱君匋的诗时有一段很有趣的比喻："我该用什么来比拟君匋的诗呢？当你静夜在松林中散步的时候，一阵软软的风吹在你的脸上，这风，就是君匋的诗了！当你在床上假寐的时候，一阵淅沥而又哀怨的雨声将你滴醒，这雨，就是君匋的诗了！他的哀怨有如淡淡的影子，你无论怎么用手摸都摸捉不到，只能得其仿佛。"①

后来钱君匋在一篇文章中还谈到读书对成"家"的重要性，也谈到自己年轻时收到丰子恺一封批评信后苦读的事。他说："一切有所成就的人都必须读书，读很多的书，读书可以增加知识、拓宽眼界，对每个人的事业都有促进作用。……读书对于自己的专业能起到提高、更新的作用。在艺术上，有一种所谓书卷气，就是从读书中得来的，有学问的人写出来的文章，创作的绘画、书法、篆刻……具有深远的意境，迷人的魅力。"②后来，丰子恺感慨地说："真想不到啊！当年我的一封批评信，竟起了这么大的作用，竟然逼出一个作家和音乐家。"

不过，当年丰子恺听说钱君匋在病中收到信后如此奋发读书，也颇为感动。半年之后，丰子恺介绍钱君匋去浙江省立六中教音乐课。钱君匋欣然前往——因为上海专科师范学校里好友陶元庆也在那所中学教书，专教美术，还有海宁老乡章克标在那里教数学，虽未谋面，也早有耳闻，再加上有丰子恺的介绍，钱君匋下决心去台州省立六中教音乐。

章克标与钱君匋在台州省立六中相识两年后，在一篇文章中

---

① 赵景深：《水晶座·序一》，载钱君匋：《春梦痕》，上海书店出版社1992年版，第249页。

② 钱君匋：《成"家"必须读书》，载《上海语文》1989年第1期。

留下了这样的一个钱君匋的形象:

> 君匋和我相识,是那一年在台州的时候,我们同在一个以闹风潮出名的学校执教鞭。那时我们的卧室是紧邻的,所以他们的一举一动,我是很明了的。他平常不大开口说话,即开口也不多讲的,这一点很合我不会酬应的人的脾胃,所以他比较还和我话得来。但他早上老是懒在床上,用被蒙了头不起来,时常把窗户掩遮得不让一点光线进去,使白昼也同黑夜一样,却是我不大喜欢的。我时常早上要去闹醒他来,不使他安睡,虽则他原很可以安眠,因为上午大都没有功课的。每逢被人家闹醒时,他也不动怒,只用幽怨的眼光相你一相,因为他本来少说话的,所以仍是一句话也没有的。有一次,承他看得起我,把他的一首诗给我看了,说是睡梦中做好的。这是我看到他诗章的第一次。①

在学校里,从陶元庆那里,钱君匋学到了许多封面设计的"窍门",对封面设计真正感兴趣,是从台州省立六中感受陶元庆开始的。

但是,这种带点诗意的教书生涯时间并不长,学校里的派系斗争让钱君匋、陶元庆、章克标等年轻教师不得安生。于是,钱君匋离开台州省立六中去了杭州的私立浙江艺术专修学校任图案老师。

在杭州私立艺术专门学校教书时,几个经历相似的文学青年教师,组织了一个文学性质的音乐社团——春蜂乐会,业余从事音乐创作,专写歌曲,在上海《新女性》月刊发表歌曲作品。钱君匋并

---

① 章克标:《水晶座》序四,载司马陋夫、晓云编:《钱君匋的艺术世界》,上海书店1992年版。

由此不知不觉地渐渐向出版靠拢。关于这些音乐青年组织春蜂乐会以及这几个年轻人的经历,钱君匋的儿子钱大绪说:"父亲在1926年应浙江艺术专门学校之聘去了杭州,与同校教师沈秉廉、陈啸空、邱望湘等人组成春蜂乐会(全称春蜂音乐会),从事创作自由恋爱题材的抒情歌曲。这些歌曲曾风靡一时。五四以后反对包办婚姻,提倡男女平等,自由恋爱为广大青年的心声。歌曲被章锡琛刊登在其编的《新女性》杂志上,每期一首,一年下来有12首歌,再编成《摘花》以集子的形式在开明书店出版。第二年的《金梦》由商务印书馆出版。第三年编成《夜曲》在商务毁于战火。这些歌曲曾在校园流行,成为教材,开了校园歌曲的先河。"[1]其实,这是钱君匋最早的出版实践。在杭州这个充满艺术的氛围里,钱君匋最初尝试了出版传播的味道,而且他的这种尝试,一开始就紧紧跟上时代的步伐,注重年轻人的内心情感,唱出年轻人的心声。

"开明"的缘分

钱君匋以投稿的机遇,为从未谋面的开明书店章锡琛所欣赏,成为开明书店的一员。

钱君匋在《我在开明七年》中深情地写道:"我在开明的七年时间里,熟悉了编辑出版的业务,实际工作锻炼了我,培育了我,使我成长为一员还算合格的编辑出版工作者。同时,我在书籍装帧上立稳了脚,对音乐的编辑出版也有了一定的经验。这些事我是没齿不忘的。"对章锡琛,钱君匋在《忆章锡琛先生》一文中说,自己和他通信不止一次,"虽然还没有见过面,但已是相互了解的朋友了。

---

[1] 钱大绪:《时雨光万物——父亲的出版情结,万叶书店》,载《上海鲁迅研究》2007年春季卷。

等到《新女性》扩大成为开明书店,章老板想到我,要我进'开明'搞美术、音乐的编辑工作。我立即接受了他的聘请来到上海。到这个时候,我才认识了章锡琛。原来他是一位长者,待人和气直爽,有助人为乐的精神,真正是一位典型的绍兴人。"①

刚刚走进开明书店的情景,钱君匋记得很清楚,印象很深:"时开明书店设于宝山路宝山里60号,章锡琛住宅内,以客堂为门市部,楼上设编辑部,同事有赵景深、王蘧史、索非、王燕棠等。"②不久,赵景深被章锡琛聘为总编辑。进开明书店以后的钱君匋依然非常勤奋,编辑、装帧,自己创作,因此很快和同事打成一片,成为朋友。章锡琛的子女回忆说:"那时候,郑振铎、赵景深、钱君匋、索非、孙怡生几位先生帮助编辑、校对、装帧、发行等业务工作,一起住在我家,一同吃饭。人少事杂,生活艰苦,朋友来了也不分彼此,都把开明当成自己的事业,大家干得挺有劲。"③半个世纪后,钱君匋在《我在开明的七年》中回忆道:"记得当时先后进店的还有喜欢用紫墨色水写稿的赵景深,至今还健在台湾的索非和现在四川的王蘧史,不久又新添了王燕棠和郑××、陈云裳三位。章老板总管一切业务,兼编《新女性》月刊,赵景深分管来稿的审阅,索非分管出版印刷,王蘧史分管校对,我除分管音乐美术外,还要设计书面,王燕棠稍后进店,代替了去南洋教书的王蘧史,陈云裳协助他,郑××协助索非。我们几个人配合得很好,出版发行了很多受读者欢迎的好书。开明书店也从一粒小小的种子,发芽生长,一帆风顺

---

① 《忆章锡琛先生》,载《钱君匋散文》,花城出版社1999年版,第91、93—94页。
② 《钱君匋纪念集》,中国福利会出版社2007年版,第351页。
③ 出版史料编辑部:《章锡琛先生诞辰一百周年纪念文集》,1990年10月,第215页。

地成为一家中型的进步书店,声誉远播,在知识分子中影响很大。"①因为融洽的同事关系,开明书店初期办得风生水起,而钱君匋亲身感受其中的氛围,领悟开明书店发展的道理和规律,他是看着这棵小芽逐渐成长的。这一经历,为钱君匋后来自己办书店,提供了巨大的精神营养。因为在他看来,章锡琛先生办出版的风格,很符合自己的处事风格。章锡琛办出版的精兵简政方式,让钱君匋记忆深刻,他在回忆章锡琛时说:"章锡琛办店一贯精兵简政,在开明书店成立的头一二年间,他聘请了几位具有才干的人物。其中的赵景深,处事细致认真,所审阅的文艺稿件,要求颇高,出版后都能受到读者的欢迎。他自己写的作品,也是文笔隽美,思想犀利,水平很高。其次是王蔼史女士,校对工作极其认真,错字固然没有一个,就是标点,也没有不正确的,如遇不妥帖的句法,或感到不够完整的地方,她都能提请修改。章老板十分器重信任她。……再是索非,他熟悉出版方面的一系列工作,对印刷、装订厂能非常圆满地协调,所以'开明'的书,印制周期短,能如期出版,质量很好,还常常把差错消灭在印制过程中。他自己也是一位作家,喜欢写些散文,与巴金是莫逆交。"②所以钱君匋认为,这些措施,正是开明书店能够迅速发展的重要原因。

在开明书店期间,钱君匋借了章锡琛的光,认识了一大批前辈朋友,如沈雁冰、叶圣陶、郑振铎、徐调孚、周予同、杨贤江等,并且凭着聪明和才气,很快和他们建立了深厚的友谊。钱君匋在回忆章锡琛时说:"章老在'商务'工作的时期,有许多不拘形迹的朋友,

---

① 钱君匋:《我在开明的七年》,载《书衣集》,山西人民出版社1986年版,第132页。

② 《忆章锡琛先生》,载《钱君匋散文》,花城出版社1999年版,第93—94页。

如：沈雁冰、郑振铎、胡愈之、叶绍钧、徐调孚、周予同、王伯祥、顾均正、钱智修、杨贤江、张梓生、黄幼雄、樊仲云诸公。章老离开'商务'，创办了《新女性》——开明书店前身后，因所在地与'商务'近在咫尺，这许多老友差不多每天下班回家，总喜欢三五成群，来'开明'小坐，随便聊聊，互通一些新的消息。我当时在'开明'工作，经常碰到章老这些朋友，日子一久，我和他们也成为稔友。……章老的这些朋友与我都很亲热。我在他们的言谈、行动之间得到了不少学识，使我的视野宽阔起来。"[①]这些经历，对钱君匋后来独立走上出版之路，包括他以后的人生之路而言，都是极好的无形资源。

钱君匋进开明书店就生活工作在这样的环境气氛里，沐浴在前辈同事朋友的友谊和智慧里，强烈刺激钱君匋去努力。

有一次，经常在开明书店自己的刊物上写点文章的钱君匋收到叶圣陶的催稿信，叶圣陶信中说："你可得快点写，别人的稿子已全部交齐，就少你一个人的了。"钱君匋赶快开夜车完成任务，第二天亲自交给叶圣陶，叶圣陶说："很好，你很守时，看看这几个人，到现在还没有交来。"他忘记自己在催稿信上的话了。钱君匋一听，很惊讶，就提醒叶圣陶，说："还有人没有交来？你不是说就等我一个人了吗？"叶圣陶不紧不慢地对钱君匋说："这是我拿手的催稿法，你可以学着点。"后来，钱君匋自己组织稿子时，也常常使用这一招，果然，屡试不爽。

还有，钱君匋发现，叶圣陶编辑稿子，还有一招，就是在发表某个人的文章并且需要连载时，先将发表计划公布于众，让读者有所企盼，让作者不敢偷懒，按时送稿。

在装帧设计、图书编辑、音乐图书的选题等方面，钱君匋亦为

[①] 《忆章锡琛先生》，载《钱君匋散文》，花城出版社1999年版，第95—96页。

开明书店的同人所认可和推崇,也为鲁迅、茅盾、巴金等文学作家认可。因此,开明书店这样的缘分,对钱君匋来说,非同一般。

在前辈大师面前

钱君匋进开明书店不久,就认识了鲁迅。

钱君匋第一次偶遇鲁迅,是他1927年刚进开明书店不久的一个午后。钱君匋在《忆鲁迅先生》一文中,有一个详细回忆:

> 1927年的一个午后,我第一次见到了鲁迅先生。那时我正在上海宝山路宝山里六十号初创的开明书店工作。这家新兴的小型书店,是鲁迅先生的乡友章锡琛所创办的,当时只有赵景深、索非、王蔼史和我这几个工作人员。那天鲁迅先生来开明访问章锡琛,上得楼来,第一脚踏进我们的办公室。我见他穿着浅灰色的长袍,唇上留着一小撮胡髭,气概非常温文庄重,有一种极可亲近的样子。他向着我问章锡琛在不在,我很恭敬地告诉他在里面的一间,话还没有说完,章锡琛听见鲁迅先生,连忙撇开座上客,三脚两步地从另一室迎了出来,招呼着让到里边去了。先在座的客人夏丏尊,为了计划出版书刊,正到开明来商量,于是鲁迅先生同时会见了他。鲁迅先生访问完毕,辞出时又通过我们的办公室,章锡琛就为我们一一介绍。其时我正好是一个二十岁的青年,见陌生人常现木讷之态。鲁迅先生转过身去,看见开明所出的新书,便随手拿起几本来,问这些书的装帧是谁的作品,这时我才战战兢兢地指着《寂寞的国》和《尘影》《春日》这几种,说是我所作的。鲁迅先生看了又看,指着这种装帧诚恳地说:"不错,设计得很好,受了一些陶元庆的影响是不

是? 但是有你自己的风格,努力下去,是不会错的。是不是还有其他的作品? 给我看看。"我听了这番话,真是受宠若惊,不知如何回答才好。其实我当时所作的装帧还不成熟,更谈不上什么风格,这完全是鲁迅先生奖掖后进的话,我之所以把书籍装帧坚持到现在,鲁迅先生的这一番话,是起了决定性作用的。①

20岁时对鲁迅先生的印象,深深地刻在钱君匋的记忆版图上。这是钱君匋第一次与鲁迅零距离接触,也深深感受到他那渊博的学养和平易近人的人格。后来,陶元庆知道钱君匋与鲁迅有过不期而遇的缘分,便带着钱君匋去拜访他,钱君匋多年后对此回忆说:

> 这一年的十一月间,有一个上午,元庆来看我,邀我一起去鲁迅先生家看画像的拓本。当我们到了横浜路景云里,刚一进门,鲁迅先生就从楼上下来迎接。我们跟他上楼。大家随便谈了一些闲话。因为元庆常为鲁迅先生设计封面,不知不觉中便闲谈到这个上头去,并提出民族化的问题来,鲁迅一听,认为很有意思,便想到他所收藏的画像石拓片,于是取出来让大家欣赏探讨,并提醒我们是否可以从这种东西中吸取养料、由于拓片幅面过宽,只能一幅幅打开,摊在地上欣赏,楼上地方不够,便到楼下。鲁迅先生逐幅作了一些必要的说明,一直看到将近午饭时分。这些精美的画像拓片,对我的启发很大。后来我在许多封面中运用了这些画像的构图和技法,如《民十三

---

① 钱君匋:《忆鲁迅先生》,载钟桂松、郭亦飞编:《钟声送尽流光》,地震出版社2014年版,第149—150页。

之故宫》和《东方杂志》等书刊装帧。①

在鲁迅当年日记里,有五处提到钱君匋。一是1928年7月17日,那天天气晴朗,鲁迅偕许广平等同游杭州刚刚返回上海,此时,旅途劳顿的鲁迅在日记中写道:"得钱君匋信并《朝花夕拾》书面两千枚。"那天,21岁的钱君匋给鲁迅信上写些什么呢?事隔33年后的1961年钱君匋对此有个回忆:

> 鲁迅先生对书籍艺术一向非常重视,又是行家,所以他的著作以及他为人所编印的著作,其版式都非常优美,别具一格。他自己的著作,其装帧大部分出于陶元庆的手笔。元庆死后,鲁迅先生的许多书才自己来装帧,如《引玉集》等。只有《十月》和《艺术论》,以及后来的一本《死魂灵》和一本《死魂灵百图》,其装帧是我所作的。

到了下一年的7月间,元庆为鲁迅先生的《朝花夕拾》作好了极其优秀的装帧。印刷时,鲁迅先生怕形象和色彩与原作有出入,打算自己上印刷厂去看着印,又因有杭州之行,不能分身。这时,元庆远在北京。这件事就落在我的身上。我一向知道鲁迅先生对书籍印刷质量的要求很高,就一连跑了好几天印刷厂,在那里看着他们印制这个书面,对每套色彩都细致地校正了。我对书籍的印制质量严格要求的习惯,寻起根来,还是由于受到了鲁迅先生的影响。

《朝花夕拾》印完以后,我就附了一封信,一起托印刷厂送给鲁迅先生。那封信上所说的,除了关于《朝花夕

---

① 钱君匋:《忆鲁迅先生》,载钟桂松、郭亦飞编:《钟声送尽流光》,地震出版社2014年版,第150页。

拾》的印制以外,还告诉了鲁迅先生他所译的《思想,山水,人物》一书中的一个误译。①
……

钱君匋的回忆是正确的,当时鲁迅先生刚刚从杭州回到上海,不顾旅途劳累,当天就动手回信钱君匋:

君匋先生:

顷奉到惠函算书面二包,费神谢谢。印费多少,应如何交付,希见示,当即遵办。

《思想,山水,人物》中的 shetch Book 一字,完全系我看错译错,最近出版的《一般》里有一篇文章(题目似乎《信纸翻译之难》指摘得很对的。但那结论以翻译为冒险,我却以为不然。翻译似乎不能因为有人粗心或浅学,有了误解,便成冒险事业,于是反过来给误译的人辩护。

鲁迅　七月十七日②

钱君匋有幸与文坛巨匠鲁迅书信往来,并且直接聆听鲁迅对装帧出版的见解,直接感受鲁迅做事做人认真负责的态度,这让钱君匋终身受益。笔者在 20 世纪 80 年代碰到过这样一件事,当时桐乡君匋艺术院已经落成并开放,君匋艺术院的同志送钱君匋先生一份工作总结,但这份总结的字写得龙飞凤舞,钱先生看了一眼就让人退回去,让艺术院的同志重新写过。他说,这材料是给别人看的,怎么可以写得这样龙飞凤舞?给别人看的材料,一定要写得端端正正,这也是礼貌,尊重别人。后来我见他在包扎几本书,包

---

① 钱君匋:《忆鲁迅先生》,载钟桂松、郭亦飞编:《钟声送尽流光》,地震出版社 2014 年版,第 150—151 页。

② 《鲁迅全集》第 11 卷,人民文学出版社 1981 年版,第 626 页。

得方方正正,扎得紧紧的,一丝不苟。当时我在旁边问钱先生:"您这样一丝不苟是受谁的影响?"钱先生二话没有,一边包扎,一边脱口就说:"鲁迅。"

进了开明书店以后,钱君匋为了学习研究日本的书籍装帧设计,专门去内山书店买书,用于书籍装帧参考。其间,钱君匋也得到鲁迅的关照,钱君匋回忆说:

> 当时我觉得日本出版的书籍很可爱,因而经常要买些日本版的书。日本国人内山完造在上海北四川路魏盛里开了一爿内山书店,是唯一专销日本版书的书铺。第一次上这家书店,还是章锡琛带我去的,后来夏丏尊也曾经和我同去过几次。章锡琛、夏丏尊和内山完造都是好朋友,不过我跟他们去都是专门买书的,见了内山完造,也只是打个招呼,不曾作其他进一步的长谈。我买日本书愈来愈多,根据我的收入,往往买了这本,就不能买那本。有一次到内山书店去,可见一套多卷本的《世界标记图案大系》,开本很大,定价又贵,我很想买而又不敢下手。这一天正是隆冬,天气颇冷,我偶然闯进店堂中间,不料看到在一个角落里,鲁迅和内山完造两人围着火缸在饮茶闲瞎扯,鲁迅手里还拿着一根烟卷,神态非常自若。我见是鲁迅,便举手打个招呼,鲁迅一见是我,就招呼我过去共饮一杯。我们寒暄几句后,鲁迅便介绍我与内山完造相识。内山我早已见过,但因语言隔膜,没有交谈,只是彼此心里有数而已,这次鲁迅郑重地把我介绍给他,他对我非常热诚,邀我一同坐下围着火缸饮茶。鲁迅问我是否经常来这里买书,我说三日两头来看看,这里的好书实在多,买不胜买。鲁迅似乎意识到我买书或有困

难,便诚恳地用日语对内山说:

"钱君匋是我的朋友,他在新文艺界很著名,他买书较多,建议给他记账的优惠待遇,你看使得不使得?"

内山完造听了鲁迅的建议,立即作出决定:

"是的,我经常看到钱君匋先生来买书,是一位大主顾,你的建议很好,我完全同意,从今天起,开个户头,钱先生买书,照中国的习惯,按一年三结账不迟。"

鲁迅先生译毕了内山的一段话,我听了表示对两位的谢意。《世界标记图案大系》已出的五卷,我便一口气买了下来,沉甸甸地搬了回去。自此以后,我去内山买书,不愁囊中没钱,见好书就买,后来丰子恺先生为我画了一幅画,题云:藏书如山积,读书如水流。钱郎破万卷,博学难堪俦。

内山书店买书记账的人并不多,我因有鲁迅的支持,才得到记账的权利。①

鲁迅的这种关心,让钱君匋铭记了一辈子。钱君匋是感恩的,后来他走上出版的道路,利用自己的篆刻艺术,在自己人生最困难的时候,为鲁迅先生刻《鲁迅印谱》,以怀念这位在人生道路上扶持过自己的前辈。

在与鲁迅交往的时候,正是钱君匋在上海开明书店干得红红火火的时候,所以他有机会与于右任、夏丏尊等前辈也有交往,让自己的眼光日渐开阔,为日后在出版方面发展拓宽了思路。与于右任的认识交往,据钱君匋自己说是因为认识陈望道,是随着陈望

---

① 钱君匋:《想起鲁迅一件往事》,载钟桂松、郭亦飞编:《钟声送尽流光》,地震出版社 2014 年版,第 152—153 页。

道去看望于右任,从此认识于右任并且常来往的。钱君匋回忆说:"我们来到于氏的上海官邸时,碰巧他要出车去江湾、吴淞一带去凭吊十九路军抗击日本侵略军的战场。寒暄之后,邀我们同去,于是我们也登上了他的车,向江湾、吴淞出发。回来后,他又留我们在官邸张灯便酌。酒过三巡,我不揣冒昧,开口向于老请求写字。他满面笑容地答应了,并在席间为我挥写了八尺巨联'时雨光万物,大云庇九州'。然后兴犹未尽,又为我写了六尺联'险艰自得力,金石不随波'。这是我第一次获得于右任的手迹。归来后,展玩再四,彻夜难眠。以后凡有机会,都不放过请他写字,前后获得五十余件,再加上收购来的,不下七十余件。我都视同瑰宝。"① 从当时的情况看,因为出版上的事情,钱君匋与陈望道有交往,而且交往频繁。陈望道是浙江义乌人,生于1890年,比钱君匋大17岁,他既是中共创始人之一,又是新文化的倡导者,先后在上海做过报刊编辑,大学教授,1928年创办大江书铺,从事进步出版事业,此时与钱君匋是同行。20世纪30年代后期开始到他晚年,陈望道基本上在教育系统工作。所以,陈望道早年在当报刊编辑的时候,钱君匋就与他成为亦师亦友的朋友。钱君匋说,他是陈望道编的副刊《觉悟》上的作者,钱君匋的一些诗常在《觉悟》上发表。后来钱君匋为了提高自己的文化水平,还专门去听过陈望道的修辞学讲座。当时陈望道夫人蔡慕辉主编《微音》杂志,陈望道让钱君匋为之设计封面。所以,陈望道与钱君匋十分熟稔。

但是,钱君匋能够出入国民党政府监察院院长于右任的官邸,民间的说法是,当时于右任在上海新娶的夫人沈氏是钱君匋老家

---

① 《于右任和我其书法》,载《钱君匋论艺》,西泠印社出版社1991年版,第172页。

桐乡屠甸人,正因为有这一层关系,钱君匋成为于右任府上的常客成为可能。据说当年钱君匋在老家屠甸曾接待过于右任并请他为桐乡地方文献《檇李谱》题书名。于右任还为钱君匋老家写过"思源堂"匾额。

当时,钱君匋的篆刻水平也为于右任所欣赏,所以,钱君匋常常到于右任官邸拜访时,时不时为于右任奉上几枚印章,让于右任大为开心,往往此时于右任就挥毫为钱君匋写字。在于右任看来钱君匋是个肯学、刻苦,并且多才多艺的才俊,是忘年交。而在钱君匋看来,于右任是大书法家,他的草书"用笔结构不脱北碑的奇丽、野拙,又兼有三种草书的特点","为五百年来所难得"。所以他在与于右任的交往中一方面体味于右任的草书书写心得,从中感受他书法的真谛。钱君匋从于右任的书法创作中得到的艺术滋养是不可低估的。另一方面,感受于右任这样大家的气势,在于右任的气场里造就自己艺术的大气。钱君匋对于右任的书法,有一段颇具感性色彩的评价:

> 于右任初期的草书,仍旧延续着他写魏书、行书的那种磅礴之气,用笔险劲峭拔,大刀阔斧,有旁若无人的样子。如"典文集威凤,明德登大鱼"一联,及"清思抱明月,高怀对古松"一联,都有横扫千军之势,气魄过人,真若关西大汉,抱铜琶铁板,歌大江东去,令人叹为观止!又如"吟罢江山气不灵,万千种话一灯青。忽然搁笔无言说,重礼天台七卷经"的诗轴,写法较前两联,又有所不同,颇见蕴藉含蓄。这个时期是他草书的前期。他后期的草书,渐入云静恬淡的境界,一变横扫千军的风格,由此更上了一层楼。如"夫君子之行,静以修身,俭以养德,非淡泊无以明志,非宁静无以致远"的立幅,给人的感觉是一潭止水,

平静闲适,达到了信手拈来,皆成佳构的顶点。到了台湾以后,他的草书更见高雅,脱尽早期的特征,似乎是出于孩童之笔,仙姿缥缈,不可捉摸,随意挥洒,心旷意远。①

钱君匋这种观感,是与于右任长期交往心得的自然流露。而这种深刻的艺术感受,对钱君匋以后的艺术思考,常常有意想不到的效果。

在上海开明书店的日子里,二十多岁的钱君匋与敦厚温润的夏丏尊交往,后来钱君匋想这段时日便感满是幸福的事。1928年初,章锡琛聘请夏丏尊到开明书店担任总编辑。从此,钱君匋"在同这位长者的接触中,觉得他满腹经纶,为人正直,和蔼可亲。算起来我们之间的年龄要相差将近二十岁,但在工作中一点也没有觉察到他那么大年纪,而我又是那么小的年纪,相互之间,好像是同学一般,无话不谈,不拘形迹,谁也不会对谁有什么隔膜,融洽得像鱼水"。这种不分你我的融洽,让钱君匋更有机会零距离接触夏丏尊,领略夏丏尊丰富的人生经验和高尚的人格。

1929年开明书店出版《李息翁临古法书》,"后记"本拟由夏丏尊撰并书,但到临开印之前,夏丏尊十分诚恳地对钱君匋说自己的字不好,请他代为书写。后来钱君匋虽然用心抄了两份,但他认为夏丏尊来写更好,最后夏丏尊听从钱君匋的话,自己动手书写这篇后记。钱君匋回忆说:"有一天早晨,我走进办公室,见夏丏尊先生已经坐在我的对面。这位长者质朴持重,讷于言而敏于行,是我们年轻一辈的当然师表。他望着我说:'君匋!弘一大师的《临古法书》今天就要付印,我写了一篇《后记》,可惜我的书法较差,请代我

---

① 《于右任和我其书法》,载《钱君匋论艺》,西泠印社出版社1991年版,第174—175页。

抄一下作为原稿去制版行吗？'我说：'老夫子有命，当然可以，不过我写的字太嫩了，是不是合适，请你考虑。''先写出来看看，如果写成后你自己认为不满意时，那时再由我自己来写，也管不得丑媳妇见公婆了。就这样办吧，一言为定。'他说完后就干别的事去了。这天下午和晚饭后，我仔细把《后记》写了两遍，翌日见夏丏尊先生来了，请他过目，他看完了我写的说：'你很用功，写得不错，可以用，就用你写的吧。'我说：'丏尊先生，我思考了一个晚上，觉得我抄的东西不能用。''为什么？''你和弘一法师有几十年的交情，是他的知己、畏友、诤友，出一本书是不容易的。你写的端庄厚重，比我老练，内涵的美要多得多哩，不如存真为宜。我不顾一切直言了，表示对二老的敬重。抄了两遍，表示不是偷懒推辞。'丏老说：'好，真爽快，听你的话我自己抄吧。你写的两份我们各人保存一份，留作纪念。'"①事后，钱君匋非常感慨，觉得在开明书店和夏丏尊这样的前辈在一起工作，是一种幸运！

在开明书店的历史上，还流传着总编辑夏丏尊和钱君匋、索非这些早期开明人的融洽关系的佳话。钱君匋回忆说：

有一回，我和索非几个人闲谈着对联。我说以前曾经听到过一副为理发店所写的对联：

虽为毫末生意，却是顶上功夫。

大家听了，都说写得很好。丏尊先生见我们这样兴高采烈地谈论对联，就也来参加凑热闹，说，"我以前也拟过一副对联作为自况，联语是七个字一句：命苦不如趁早死，家贫无奈做先生。和你们刚才所说的那一联，是不是

---

① 《追念夏丏尊先生》，陈子善编：《钱君匋散文》，花城出版社1999年版，第82—83页。

一样描写了个中情况,技巧上的工整怎么样?"大家听了之后,一齐叫起来:"好极了,妙极了!"后来丏尊先生还要我为他书写这副对子,但是我自认为写得不够好,虽然写了出来,却搁着没有交出去,后来在不经意之中,被他发现了。他说:"写得不好不要紧,只要我欢喜,就不在乎写得好坏,作为纪念不是很好的东西么。"这一副对联就被他拿走了。①

1933年钱君匋结婚时,他仰慕弘一法师的字,想托夏丏尊向弘一法师求字。夏丏尊没有同意,认为把和尚的字拿来挂在新房里不妥当,但看到钱君匋真心喜欢弘一法师的字,不忍心拂逆小朋友的心愿,便将自己的一幅弘一法师的旧藏割爱赠予钱君匋,并在旧藏"一法不当情,万缘同镜象"的对子上题字:"君匋思得弘公法书,检旧藏赠之。癸酉秋日,丏翁记。"这样的真情割爱,自然让钱君匋感动一辈子。

夏丏尊赠予的弘一法师书法作品钱君匋一直珍藏着,直到"文革"开始,蕴含夏丏尊、钱君匋友情的对子被红卫兵抄走,经过18年劫难之后,弘一大师的真迹又回到钱君匋手里,连钱君匋都觉得"好像有神护着似的"。所以,每当提到这件事,钱君匋就心跳得厉害,他说,"我不禁思念着他们俩,泪水也潸然而下了"。其实此种缘分,是只有相知到深处才会有的一种情愫。

一炮而红的"钱封面"

钱君匋到开明书店接手设计的第一本书的封面,是当时年轻

---

① 《追念夏丏尊先生》,陈子善编:《钱君匋散文》,花城出版社1999年版,第82—83页。

而非常新锐的诗人汪静之的《寂寞的国》。钱君匋在《忆章锡琛先生》的文章里提到过这件事,他说:"我进开明去搞美术、音乐编辑,还担任开明的整个装帧工作。我第一件处女作是汪静之的《寂寞的国》作封面设计,这个设计曾得到鲁迅的赞许。"

钱君匋起初的封面设计除了汪静之的《寂寞的国》,还有黎锦明的《尘影》《破垒集》,谢六逸的《文艺与性爱》,索非的《苦趣》,佚名的《鸽与轻梦》,周作人的《两条血痕》,沈雁冰的《动摇》《虹》《雪人》《欧洲大战与文学》,胡愈之的《东方寓言集》《莫斯科印象记》,陈万里的摄影集《民十三之故宫》,刘半农的散文集《半农谈影》,顾正均翻译的童话《三公主》,章锡琛翻译的剧本《耄娜凡娜》,胡也频的散文集《鬼与人心》,柔石的小说《三姊妹》,赵景深、邱望湘的儿童歌剧《天鹅》、古籍《白雪遗音选》,丰子恺编的《西洋美术史》以及钱君匋自己的散文集《春日》、选编的《中国民歌选》等近四十种书籍。钱君匋还为开明书店的"发家"杂志《新女性》、商务印书馆的老牌杂志《小说月报》(郑振铎主编)、《东方杂志》、《妇女杂志》、《教

《小说月报》第二十卷第一号(1929年)

育杂志》、《学生杂志》等设计过封面。几年以后设计的封面有巴金的《家》、郁达夫的《达夫全集》、陈望道的《苏俄文学理论》、陈学昭的《时代妇女》、曹禺的《日出》,佚名《恋爱之路》《文学月报》创刊号封面,陈则恭等编的《小学活页歌曲》,还有鲁迅的《艺术论》《十月》《死魂灵》等。

因为封面设计起点高,所以没过多少时间,钱君匋就成为开明书店装帧设计的主要职员。钱君匋装帧的书籍,常常放在开明书店样书的显要位置,也成为章锡琛朋友们称赞的话题。随着钱君匋封面设计的影响在新文化阵营的扩大,装帧艺术界对他的封面设计的认可度也越来越高,"钱封面"的雅号在出版界不胫而走。

纵观钱君匋一生的封面设计,研究者认为大体上可以分为三个阶段。第一阶段是钱君匋进开明书店以后到1930年前后。这个时期,钱君匋主要是探索封面设计内容与形式的统一。就是怎么样能够在封面设计中,更好地体现内容,封面如何当好书的内容的"扩音喇叭"。在形式上,用钱君匋的话说,就是"封面设计是书籍的外观,不是整个书籍装帧"。二三十年代的书籍装帧,一般指的就是封面,不涉及其他。钱君匋进开明书店以后,章锡琛对钱君匋的封面设计的培养。用现在的话来讲,是压任务,让他在完成任务中体现自己的美学思想和价值追求。所以,当章锡琛将设计《新女性》杂志新的封面任务交到钱君匋手里时,钱君匋就暗自下决心,一定要把这本杂志封面设计好。他在设计《新女性》时,脑海里一会儿想到岁月,一会儿想到年,一年十二个月,一个月一本杂志,十二本杂志就是一年。一年有春夏秋冬四季,杂志是记录人间岁月的喜怒哀乐的,这又好比自然天象的阴晴圆缺,想着想着,钱君匋对这一封面的设计,在脑海里冒出一个一年四季的想法,何不用春夏秋冬四季的理念来设计呢!钱君匋的想法立刻为章锡琛所认同。钱君匋为《新女性》设计的"春、夏、秋、冬"四帧封面,据弘征在《有老声华蜚艺林》一文中描述:"春季的封面,以乳黄色为底色,黑色的燕子在柳叶中飞行,表现出一派生机勃勃的春景;夏季以湖蓝为底色,淡绿的芭蕉在细雨中摇曳,一只淡咖啡色的蜻蜓徜徉其间;秋季以深咖啡色为底色,秋菊岸然盛开,表现出萧瑟的秋,然而并不是凄清的神韵;冬季以乳灰为底色,常绿树苍绿不凋,无名的小白花勃然怒放,表现出虽是冰封大地,而自然界生命力依然。"①显然这是一年四季不同封面寓意以及它的艺术意境,反映出钱君匋的生命追求和审美观。它们别致而又简洁,朴实而又大方,单纯而又时尚的艺术效果,让读者眼睛一亮,老杂志的华丽转身,让开明书店的老板们感到莫大的欣喜。章锡琛没有想到,钱君匋对出版装帧会如此用心,会设计出如此契合时代要求而又和内容如此符合的封面!

　　茅盾当年从大革命的中心武汉潜回上海,在家里足不出户写小说,写出了《幻灭》《动摇》《追求》三部曲,震撼了中国文坛。他的作品,一时洛阳纸贵,也引起出版界的关注,钱君匋是茅盾的同乡,茅盾遂请钱君匋做封面设计。对此,钱君匋仔细研究了茅盾的小说,绘制了这样一幅封面:朱红的底色上,画着一个青年女子,她的正面脸庞,有一只蜘蛛从一条丝上挂下来,正好在脸庞正中。所以钱君匋只画右半边,左半边就不画了。这个封面的奇特画面,给人一种强烈的信息。即表示书中的女主人公既敢于冲击黑暗的罗网,但又对前途茫然的心情。钱君匋匠心独运的设计,得到茅盾的肯定。茅盾流亡日本的时候,创作了一部长篇小说《虹》,1929年

---

① 弘征:《有老声华蜚艺林》,载司马陋夫、晓云编:《钱君匋的艺术世界》,上海书店出版社1992年版,第351页。

在《小说月报》连载以后,1930年3月由开明书店出版,《虹》的封面也是钱君匋设计的。封面上,蔚蓝的天空,显现出圆弧的虹霓,远方有一点云彩,准确地表达了作品的主题和作者的祈望。因为钱君匋能够准确把握作者创作的思想和作品的内容,所以,茅盾后来在开明书店出版作品,也都是请钱君匋设计封面的。20世纪20年代,茅盾的另一部作品《雪人》的封面同样是钱君匋设计的。在淡淡的底色上,用浅红、浅灰和黑色绘成雪的变形图案,突出了雪的意境,让人感觉到那种"雪"的境界。后来,钱君匋回忆这个封面的设计时,认为《雪人》一书的设计,"着眼在'雪'这个字上,用雪花来变化,既表达了书的内容,又做了美的装饰。"1928年11月,开明书店出版茅盾的《欧洲大战与文学》封面,钱君匋设计得非常现代,一大片密密麻麻的外文字母,占了封面面积的90%以上,加上一些战争元素的图案,让人产生战争与文学的某种联想。这样的封面,在今天看来,依然没有过时。

钱君匋早期为巴金的作品设计封面时,巴金还没有出名,还是一个文学青年。1929年10月,巴金的《灭亡》在《小说月报》连载四个月以后,由开明书店出版。钱君匋为巴金的这部小说设计了封面,以黑白二色为基调,图案的线条,硬软结合,黑白分明,中间为红色的印刷字体书名,黑白之间的红色,主题非常突出。巴金看了非常喜欢。后来,巴金的一些作品,比如激流三部曲的《家》《春》《秋》以及《新生》等,也请钱君匋做封面设计。钱君匋清楚地记得巴金的《新生》,"这是一部中篇小说,书面的下端用黑色画了三级石头台阶,一枝小草从石头缝里顽强地生长出来,用小草象征新生,把石头台阶比作黑暗的势力。技法不用由浓到淡的照相机式层次,而以无数细点来表现疏密浓淡。设色简洁,只有红、黑两种,红色作书名,象征血,黑色象征铁,铁与血交融,暗示敢于向旧世界挑战的英勇气概,留给读者一种宽广的联想"①。

周作人的《两条血痕》的封面设计,是钱君匋进开明书店不久做的,当时的周作人在新文学领域已经占了一席之地。钱君匋凭借自己对作品的理解,大胆设计,在暗淡红底色上,用半个封面的面积,设计了三种形状的小品式的图案,而下半页则用印刷字体设计了四个字的书名,大部分是空白。这种疏密反差强烈而又不火爆的构思,即使现在看来也是很大胆的设计。所以香港媒体认为,钱君匋"早期的《鸽与轻梦》《两条血痕》和《山中杂记》……用简洁的笔触和色彩画出情调很浓的小品画,适当的配在书上,色彩虽然只有两种或三种,但他很留意和书面用纸颜色的配合。"②

今天我们观察钱君匋早期的封面设计,会发现他对于纸的颜色的选择和使用,是花了功夫的。因为有了底色的底气,钱君匋在封面的画面上,又能做到大胆而又和谐,故而封面使人感觉平和而又奇特。对钱君匋早期的封面设计,有的评论说,是他在封面设计的探索时期,一是探索适合于书籍装帧需要的形式;二是探索适合于自己的创作路子。这种分析归纳有一定的道理。其实,钱君匋进开明书店以后,在如何让封面设计更加符合书的主体内容方面是下了功夫的,他在封面设计上更加新型、现代、摩登、美观、协调,而且有些已经开始向民族风格倾斜了。这也是钱君匋早期封面设计的主要特征。如1929年出版的陈万里的《民十三之故宫》的封面设计,钱君匋将书面的四分之三(左边)用金黄色调,四分之一用土红色调,金黄色调象征了荣华富贵和威严,土红色调象征了故宫

---

① 钱君匋:《书籍装帧生活五十年》,载钟桂松、郭亦飞编:《钟声送尽流光》,地震出版社2014年版,第72页。
② 黄蒙田:《钱君匋的装帧艺术》,载香港《大公报》1981年8月20日。

的宫墙的色调,而圆形的装饰图案,则选择故宫所藏的中国古代铜器中的装饰纹样(龙和如意图形),从而整体上形成了庄严辉煌的装饰效果,概括出故宫建筑物色彩的特点。这也说明这一时期钱君匋在大量的装帧设计的创作实践中,已经在积极朝具有中国气派的方向去努力了。

在钱君匋封面设计的第二阶段也就是成熟和体现中国气派风格的时期。从时间上看,这个时期是20世纪30年代开始,一直到60年代初。其间,钱君匋封面设计的风格形成并成熟,且日臻完美。首先,钱君匋这个时期设计的封面,给人的感觉是构图均衡和谐,无论是《死魂灵》《苏俄文学理论》《日出》《波斯传说》《芝兰与茉莉》《新生》《献给孩子们》,还是杂志类的《文学月报》《上海文学》《文艺阵地》,都是很好的案例。画面给人一种宁静、协调的感觉,封面上的各种元素,或是一片叶子,或是一朵花,或是曲线,或是直线,或是汉字,或是外文字母等各种图案元素,相互之间成为一个整体,在体现主题中相辅相成、相得益彰。正如罗之仓指出的,相互之间的这种关系,成为"不能缺少某些点或线,不能移动书名的位置,不能调换一种颜色,甚至不能换成另一种纸(因为纸的色泽、质地已被组合进总体构思之中了)。"[①]否则这种和谐就会被破坏。其次,钱君匋的封面设计,对汉字的处理形成了自己的独特风格。汉字在封面设计中是一种主要的元素之一,或者说是一种关键元素,设计得好,即起到画龙点睛的作用。所以封面设计中对汉字的处理,是衡量封面装帧设计者水平的重要因素。而钱君匋本身是书法篆刻大家,对汉字的敏感和美感程度,异于常人,所以在这一

---

① 罗之仓:《钱君匋书籍装帧风格的分期》,载司马陋夫、晓云编:《钱君匋的艺术世界》,上海书店1992年版,第44页。

时期的封面设计中,无论图案字还是中国传统书法的行草隶篆,在钱君匋笔下,都处理得让人赞叹不已,尤其是手写宋体字,已经达到尽善尽美的境界,每一个字的笔画的粗细长短,在相互之间不能作丝毫的改动,而且这些汉字,好像有灵气似的,非常耐看。这大概与钱君匋有书法篆刻的深厚功底有关,当时新文学界的大师们对钱君匋的封面设计赞赏有加,是有道理的。其三,钱君匋的封面设计出现一种"跳格"现象,就是他设计的书籍在书架上是最先跳入读者眼中的,甚至到了二十世纪五六十年代,人们对钱君匋的书籍装帧仍有一种亲切感和怀旧感。这固然是与社会大环境有关系,但钱君匋封面设计的美学效果,已经深深印入人们的脑海里。

经过几年的实践,钱君匋的封面设计从30年代开始似乎走进了一个自由的王国,已经成熟和稳定,业务量也直线上升,每年有50至100面左右。钱君匋这时还是个30岁不到的小伙子,但上海滩的大杂志《东方杂志》《小说月报》《妇女杂志》《教育杂志》和《学生杂志》都请他设计封面;鲁迅不仅肯定钱君匋的封面设计,而且让他设计自己作品的封面,茅盾、叶圣陶、胡愈之、郑振铎、丰子恺、巴金、陈望道等都愿意请钱君匋设计封面。一时间,钱君匋的设计成为上海出版界一件值得叙说的风光事。

才华横溢的文学家郁达夫也是钱君匋年轻时交往的名家之一,他在钱君匋的印象里却是平易近人的。当时郁达夫专门到开明书店找钱君匋,请他为《达夫全集》装帧设计。封面设计出来后,郁达夫十分高兴,专门带了美味食品犒劳钱君匋,那时那情让钱君匋留下了深刻记忆。

纵观钱君匋作为书籍装帧设计师的成长过程,不少研究者认为,以1963年出版《君匋书籍装帧艺术选》为分界,钱君匋又走出自己既定成熟的模式,开始新的创新,进入第三阶段。经过三十多年的书籍装帧实践,钱君匋取得了辉煌的成绩,奠定了其在书籍装帧艺术史上的地位。《君匋书籍装帧艺术选》出版后,钱君匋对这本书非常满意,他在自编年谱中写道:"全部分色彩印,硬面精装,精美绝伦,为中国装帧艺术界最先出版之结集,可说独一无二,行销极广,人手一册。"也有人说,这本书的出版,在中国书籍装帧艺术史上"是开天辟地的一件大事"。可见其在中国书籍装帧艺术史上的地位。钱君匋在20世纪60年代以后,虽然装帧设计作品的数量不是很多,但其中体现他的创新思想和创新意识的作品比例很高。比如,钱君匋尝试用音乐的创作手法去做书籍装帧。他自己在20世纪80年代初回忆说:比如《献给孩子们》这本钢琴曲集,"我在大部分印黑色的封面的顶端画了一系列钢琴的键盘,而键盘的画法,又是似而不似,这样就表达了这本书是钢琴曲集"。这书在20世纪60年代初举办的上海书籍装帧展览上得过一等奖。还有《卡巴列夫斯基钢琴曲集》,也是钱君匋尝试用音乐的元素来设计封面的,当时他用一架三角钢琴的图案形象,设计的效果非常好。

在尝试封面设计中体现诗的境界和韵味方面,钱君匋也是不遗余力地去努力。比如得到广泛好评的唐弢的《晦庵书话》,就是钱君匋的一种诗化探索,他自己认为,这本书的封面设计,"同样也有这种诗的境界"。

至于用数字形态的变化来设计封面,钱君匋也作了新尝试,如《文学评论》等。甚至钱君匋在耄耋之年,还在孜孜矻矻创新,《钱君匋论艺》的封面设计,一方大印章占了三分之二的封面位置,"钱君匋论艺"五个字,大大方方端端正正地设计在顶端,整个封面有磅礴之势。80岁那年,钱君匋还设计并领刻了《茅盾印谱》,亲自篆刻了沈德鸿、沈雁冰、茅盾等本名、笔名29方,并且设计印谱封面。这帧封面同样是钱君匋晚年的精品之作,一方红"茅盾"的印章落在三分之二的黑色上方,左边的白色空白处,钱君匋用手写的"茅盾印谱"书名,从天到地,没有半点滞机,从天而降,一泻千里,让人百看不厌。

因此,现在回顾钱君匋在 20 世纪 60 年代以后的装帧设计,创新成为他后来几十年的主旋律,从设计元素的选择到用色,从构图到细节,处处体现其创新的成果和勇于创新的精神。

创办万叶书店　涉足收藏

白手起家

抗战爆发后,钱君匋经历了一段逃难生涯,他把这段经历写成散文,以《战地行脚》结集在广西桂林烽火出版社出版,真实、细腻地记录了其奔波逃难的经历。就是这次逃难,让钱君匋萌生了办出版宣传抗日的想法。钱君匋在武汉时,见到为抗战奔波的郭沫若,在长沙听到过郭沫若、茅盾等慷慨激昂的演讲,这让他热血沸腾。钱君匋想回上海,也想为这个多灾多难的民族和国家做点事情。

1938 年 7 月 1 日,钱君匋任经理兼总编辑的万叶书店在上海海宁路咸宁里 11 号悄悄地诞生了。

钱君匋在《略谈万叶书店》自述里曾经说过:

　　这几个青年,有的从事音乐工作,有的从事美术工作,有的从事中小学教育工作。他们都满怀着抗日救国的热忱,想为祖国出一些力,在抗战不久便成为"孤岛"的上海,觉得不能无所作为,但又不能赤膊上阵,在相互议论下,决定在各自的本位工作之外,再搞一点副业——出版事业。用出版事业这个工具来为抗日救国作些鼓动宣传,以配合当时的形势,作为自己对祖国的一些小小的贡献,于是诞生了这家小之又小的万叶书店。①

钱君匋从小做起,在出版社在有能力出整本书的条件下,钱君匋做起散页的文章,编印《小学活页歌曲》,薄利多销。因为这样的经营方式,印量可多可少,时间可长可短,规模可大可小,完全因市场而定。"《小学活页歌曲》内容是二三十年代刚刚出现的学堂乐歌,是沈心工、李叔同、邱望湘、陈啸空、钱君匋等人创作、改编、填词的歌曲。曲谱采用从国外传入不久的简谱,使用当时最先进的印刷技术铅字排版,谱面清晰,16开对折,不用装订。这些单页的歌片,钱君匋精心设计了封面。由四个高低音谱号,朱红、黑、翠绿三色巧妙组合。"②岂料,这《小学活页歌曲》一印行面世,立刻受到沦陷区学生的欢迎,一炮打响,活页歌曲选成为万叶书店几个年轻人掘得的第一桶金。

后来,《小学活页歌曲》连续出版了300种,合订了3本。钱君匋的儿子钱大绪就万叶书店创办的情况曾说:"父亲租了海宁路咸宁里11号二楼和亭子间作为万叶书店的店址,兼作他的创作室及卧室。朝南的窗口放两张写字台,紧接着放一张八仙桌供用餐用。隔一条走道,在门边上设有一床,以供休息。房内西侧有一个从地

---

① 钱君匋:《略谈万叶书店》,载《书衣集》,山西人民出版社1986年版,第139页。
② 黄大岗:《我国第一个音乐出版社》,载《中央音乐学院学报》2007年第2期。

板到天花板的大书架,用很结实的木料制成,上面可放很多书,还有几百个小间隔用来放万叶书店的活页歌曲选。父亲的合伙人多半是澄衷中学等学校的教师如陈则恭、陈学綮(我称二阿姨)、顾晓初、季雪云等人都没有出版经验。父亲担子很重,因为有了开明的经历,所以得心应手,万叶很快步入正轨。父亲初创资金不足,靠了认得印刷厂、纸行、装订所,都可以赊账,先把书出了,收到书款后再付账。活页歌曲选被各校选为教材,歌曲可由任课教师挑选,大受欢迎。为了及时发货,合伙人都很忙碌,我那时上小学,也帮忙找架子低部位的页子,大人们爬梯子找高的那部分。很快万叶就掘到了第一桶金。"①钱大绪在另外一篇文章中回忆万叶书店初创时的艰苦条件时说:"我和二弟挤在桌上睡,或在地上睡,把桌子让给叔父钱君匋睡。父亲和母亲睡在门边的铁床上。……电话是墙上挂机,拨号盘也是老式的。"②在这样艰苦的条件下收获的第一桶金,给钱君匋这些年轻人极大的信心。

钱君匋也看到,在"孤岛"时期的上海,学校是出版界可以发挥引领作用的地方。所以,活页歌曲选的营销成功,让钱君匋对教育市场的开拓有了新的计划,他开始组织教育界有经验的老师编写中小学学生的课外读物。这项工作,正是钱君匋他们几个年轻人的强项,因为李楚材本人就是位育中学的校长,编写、把握中小学学生课外读物是他的强项,只要有人指导,自然驾轻就熟。据《钱君匋传》载,当初钱君匋他们编的教辅材料主要有《国语副课本》

---

① 钱大绪:《时雨光万物——父亲的出版情结,万叶书店》,载《上海鲁迅研究》2007年春季卷。

② 钱大绪:《草创期万叶书店追记》,载君匋艺术院编:《君匋艺术》,2012年创刊号。

《算数副课本》《常识副课本》《小学生画帖》《儿童画册》《中小学图画教学法》《中小学音乐教学法》《幼稚园读本》《儿童画册》等。

钱君匋开始是想以书店的经营来补贴家用的,他虽然对出版有创新和发展的志向,但并没有想以此为主业,没有想到一开手却如此得心应手,教学辅助教材让钱君匋蹚出一条万叶书店发展的路子。但是,钱君匋毕竟是一个有情怀、有抱负也有才气的艺术家,所以当他在出版领域掘得第一桶金、第二桶金以后,逐步将视野拓展到抗战文艺领域。钱君匋曾经教过书的澄衷中学王鹏飞等几个高中生看到山河破碎的国家,私底下悄悄组织了一个"野马文艺研究会",想用文艺的手段投身抗日。他们找到钱君匋,希望万叶书店出版一份《文艺新潮》的刊物。钱君匋觉得此举与自己的抗日爱国情怀不谋而合,欣然接受王鹏飞等人的建议,同意出版。于是在万叶书店开业两个半月之后的1938年10月,正式出版《文艺新潮》创刊号。钱君匋以"宇文节"的笔名担纲主编。这是一份32开本的文艺月刊,从第三期开始,钱君匋专门邀请蒋锡金来参加编务。当时抗日的杂志在上海生存非常困难,但是,《文艺新潮》由于得到中共上海地下党组织的积极支持,楼适夷、阿英、巴人、白曙、关露等中共党员积极写稿,陈望道、黎君亮、钟望阳、许广平、罗洪、朱雯、赵景深等进步人士也鼎力支持,他们纷纷将自己的新作给钱君匋这个新办的杂志发表。尤其值得一提的是,创刊号就高举鲁迅的旗帜,封面上署"鲁迅纪念特辑",内容有"陶元庆的炭画《鲁迅遗像》,许广平汇编的以《论中国现代的木刻》为题辑录鲁迅致李桦的七封信,林之材的散文《用工作来纪念鲁迅》,王任叔的论文《鲁迅先生的第一篇小说》等"。(沈栖《记〈文艺新潮〉月刊》)钱君匋在创刊号上的这个编辑设计,不仅因为他与鲁迅有深厚感情,也充分体现了他出版思想的进步性。

钱君匋曾经对沈栖说过：封面上虽然标明是纯文艺刊物，但是"'纯文艺'仅是一个烟幕，以避日寇的耳目，便于通过和发行。这个刊物的宗旨是：用文艺这个武器来揭露、挞伐那些不共戴天的日寇，同时，唤醒国人一致起来抗日"。因此，《文艺新潮》上发表的作品，无论是小说还是诗歌，抗日的主旋律非常明显，这在上海的非常时期，是难能可贵的。

《文艺新潮》上发表的小说，也同样如此，茅盾的内弟司徒宗（孔令杰）的小说《人山》，描写主人公金生在日本鬼子面前，临死不惧，大义凛然，向乡亲们发出"打啊，兄弟们，待着等死吗？打啊"的吼声。罗洪的小说《我们十五个人》、征骅的小说《海轮上》等，都是宣传抗战的作品。另外，杂志还发表周文的报告文学《在重庆遇轰炸记》、钱君匋（笔名宇文节）自己的《向广德行进》等，都是反映抗日战争真实状况的。一卷九号发表王元化的《飞康号四旅客》，其中讲到这样一个故事："四个留在孤岛上的伤员，在同胞帮助下，乘船赴温州，经吴淞口，日寇上船检查，发现一伤兵，将他捕去。此时另外三个伤兵一齐站起来说：我们四个人本来是一起的，要捉就把我们一起捉去。于是四个伤兵都被日寇捕去，下落不明。"就这么简单，却让人的心灵受到巨大的震撼！更值得一提的是，《文艺新潮》在抗战中，曾经发表过来自陕北、皖南等抗日根据地生活的文章。据说这些文章都是中共地下党员白曙联系组稿的。从创刊号开始，《文艺新潮》相继发表了一组"陕北通讯"，如《让更大的困难到来罢》《苟同志》《几件事》《穿过了坟墓》等，以及"寄自延安"的报告《荒山上》《开荒小品》等。还有如二卷八号上的"万里来鸿"，发表茅盾从新疆寄来的长信。当时茅盾落在盛世才的手里，被软禁在迪化（今乌鲁木齐），外面的人都不知道茅盾生死的真实情况，所以钱君匋在《文艺新潮》上刊登茅盾的来信，吸引了无数关心茅盾安危的读者。甚至,钱君匋还专门直接刊登来自新四军以及无锡地区抗日游击战的文章报道,如《铁与火,贫困与困苦》等,把游击战的实际状况通过杂志传达给广大读者,进一步鼓舞人民的抗日斗志。

钱君匋在出版进步书籍、办进步刊物的同时,对和万叶书店有联系的进步人士也是非常关心。据钱大绪回忆,楼适夷当时生活没有着落,钱君匋知道以后,很快伸出援手,解决了他的生活问题。他说:"父亲得知适夷藏身在威海卫路同孚路转角处的酱园后面,他当时是党在孤岛文艺领导人之一,与组织联系时断时续,就从锡金那里要来地址,亲自送稿费上门,以解燃眉之急,自此结下深厚友谊。"①

事实上,《文艺新潮》创刊伊始,就团结了一大批左翼作家,也提升了万叶书店的品牌。巴金、许钦文、林淡秋、关霞、罗洪、叶君健等作家成为《文艺新潮》上的常客,后来,钱君匋还聘蒋锡金参加《文艺新潮》的编辑事务,蒋锡金当时是中共地下工作者。蒋锡金晚年写过一篇长文,回忆在万叶书店的那些日子,其中讲到编辑《文艺新潮》时说:"我参与这个杂志的编务,主要是钱君匋要我帮助他组稿。……因为这个刊物既有它存在的意义,就应帮助他维持下去,办得更适合于当前的需要;我同时正参与党的'文艺工作中心小组'的活动,和当时的文艺界接触较经常。对有些同志写稿和翻译作品的想法,我的心里也有数,只要一动员就能到手;……再如,我那时还在协助着适夷在上海编《文艺阵地》,所以,两个刊

---

① 钱大绪:《时雨光万物——父亲的出版情结,万叶书店》,载《上海鲁迅研究》2007年春季卷。

物的稿件作适当的平衡和调剂也是方便的。"①可见,对进步文艺界而言,《文艺新潮》与茅盾主编的《文艺阵地》是当时抗战时期两大文艺刊物。

钱君匋通过《文艺新潮》表明了自己的抗日、进步的立场,受到进步作家的欢迎和支持。之后他又顺势而上,借杂志的品牌编辑出版"文艺新潮小丛书",正式迈入正规出版机构行列。茅盾翻译的《团的儿子》、楼适夷翻译的高尔基的《老板》、瞿秋白翻译的普式庚(普希金)的《茨冈》等作品,就是作为"文艺新潮小丛书"出版的。此外,还有丰子恺的漫画集《大树画册》等,第二辑有庄瑞源的《香岛祭》、梅菫的《里程碑》等。但是好景不长,钱君匋和万叶书店的同仁高举抗日的旗帜,出版进步杂志和书籍,日寇当局当然不会坐视不管,汉奸们的嗅觉自然更加灵敏。所以《文艺新潮》出版到1940年上半年,日本宪兵就不断地到钱君匋的万叶书店搜查,并向他宣布:"你办的《文艺新潮》是反动的,危害邦交,扰乱租界治安,着即停刊。如不从,就没收财产,驱逐出租界。"②1940年5月1日,《文艺新潮》出版第二卷第七号后,被迫停刊。

日本侵略者扼杀进步文艺刊物、查封抗日杂志,在上海是家常便饭。所以钱君匋是早有准备的。钱君匋在1939年就与天马书店老板郭少卿秘密商量,决定搜集全国的抗日杂志上的抗日文章和相关作品,用上海联谊社的名义编辑,用《第一年》作为集子书名,假借美商"美灵登出版公司"和"香港美高未名书店"的名义,出版记录中国抗战历史的文集。这个文集出版以后,深受读者欢迎。

---

① 锡金:《关于〈文艺新潮〉及其他》,载《长春》1978年第7、8期。
② 钱大绪:《时雨光万物——父亲的出版情结,万叶书店》,载《上海鲁迅研究》2007年春季卷。

于是钱君匋他们又紧接着编辑《第二年》。钱君匋在《第二年》的序言中说:"我们跟敌人搏斗已经两年了,目前我们的文坛,在这民族解放战争的高潮中,也逐渐有了不少新的收获。为了纪念这两年来艰苦的战斗,我们决定继《第一年》后从许多心血结晶中选辑这本《第二年》,当作一块小小的纪念碑,来留下这一年间反映血泪并流的成果。"因为是假借香港出版机构的名义,所以钱君匋他们从《文艺阵地》《自由中国》《战地》《七月》《救亡日报》《光明》《呐喊》《烽火》等抗日杂志中选编抗日文章作品时,就放开手脚,无所顾忌地选编,其中有张天翼的《华威先生》、姚雪垠的《差半车麦秸》、丁玲的《重逢》《冀村之夜》、沈西苓的《在烽火中》、巴金的《给死者》、郑振铎的《我翱翔的天空》、沙汀的《贺龙将军印象记》、周扬的《从民族解放运动中来看新文艺的发展》、艾思奇的《抗敌文艺的动向》、任均的《起来黄帝的子孙们》、林秾的《八百勇士赞》、白曙的《红堡垒》等。在沦陷区的上海,出版抗日作品选集是要冒极大风险的。在深受读者欢迎的同时,日本宪兵闻讯也闯进了万叶书店,幸亏钱君匋已将《第一年》等转移到了别处,宪兵没有查到真凭实据,只好将钱君匋带到宪兵队问讯后放人。

钱大绪回忆说:"当时太平洋战争爆发,日寇进入租界,四处搜寻《第一年》《第二年》。消息传来,父亲连夜从栈房中取出抗日出版物,装成40大箱,送至徐家汇天主教堂办的徐汇中学地下室。日寇对于天主教堂和教会学校是轻易不敢下毒手的。旷日持久的搜查,终于在新生书店找到一本《第一年》,老板无意中提到万叶书店。于是先由密探进入万叶书店转了一下,出去领了一队日本兵来进一步翻箱倒柜,不见《第一年》的踪影,无奈搜去桌上的丰子恺《缘缘堂随笔》、程演主编的"内乱外侮历史丛书"的《甲午海战》、小学活页歌曲《宝贝,乖乖地睡到明天》,说有抗日内容,令父亲当晚去戈登路日本司令部听审。去后日寇以刑具相威胁,父亲一再说明是美商美灵顿出版公司出版的,要找就去找他们。日寇没有找到任何罪证,只好让父亲交保。这样的传讯多达七次,日寇毫无办法,也就不了了之。"

书店转型

抗战胜利以后,出版业也面临着大洗牌,一些汪伪出版机构纷纷关门息业,原来汪伪的教科书已经成为废纸。但此时开学在即,而新的教科书一时又编辑不出来,所以万叶书店的副课本成为当年的抢手货。钱君匋在年谱中书:"其时南京汪伪政府之伪国定教科书废止不用,上海各中小学无书可代,于是竞相采用万叶书店之小学《国语副课本》及《小学算术副课本》代用,因是连日赶印,发行量高涨,供不应求,鼠啃之书,亦全部售罄。"[1]据说,当时这每一种课本,每个学期要印10万套。万叶书店一下子成为上海的一颗出版新星。不久,万叶书店因为营业的需要,扩大了经营场所,购买了上海南昌路43弄26号的一栋三层楼房,作为新的店址。

步入规模出版后,万叶书店正式更名为万叶书店股份有限公司。实行公司化运作后,钱君匋的经营魄力得到空前发挥,除了购置万叶书店的业务店面外,钱君匋还投资创办了一家位于上海北四川路四达里的印刷厂。这个印刷厂主要是铅字排版以及简谱的排印,也是股份制企业,只有20个人,其中10个人是这个印刷厂的老板,还有10个人是印刷厂的学徒。在20世纪40年代,钱君

---

[1] 钱君匋:《略谈万叶书店》,载《书衣集》,山西人民出版社1986年版,第142—143页。

匋已经成为一个编辑、印刷、发行一体化的书店老板。同时,钱君匋还利用名人效应,继续编辑进步作家的畅销书,出版"万叶文艺新辑"丛书。

但没过多少时间,伴随着国民政府接收汪伪政权财产的结束,出版业的新一轮竞争又在上海这个出版重镇开始了。在激烈的竞争中,教材辅助读物的出版印行权,也被国民政府收回,后来,国立编译局经过全国性的筛选,给钱君匋来函,告知:万叶书店可以拥有国定的中小学教科书的印行权。随公函一起来的还有印行教科书的合同文本。这对出版机构而言,是发大财的极好机会,而且不是每个出版社都有这样的发财机会的。所以这在别人看来,钱君匋的发财机会是双手推不掉了。但是,虽然不是中共党员的钱君匋忽然有了强烈的政治意识,担心发财是发财了,但吃了人家嘴软,拿了人家手短。于是,钱君匋找个理由,放弃了印行国民政府教科书的专有权。

但钱君匋毕竟是出版行家,在老同学缪天瑞的建议下,他选择出版音乐作品作为万叶书店的发展方向。钱君匋在回忆万叶书店时说,"我在想,出版美术和文学、儿童读物,在编辑、技术上都比较容易,出版音乐书籍,因为情况复杂,比较困难,我既有这方面的知识和经验,如果我不去搞这一行,那就不会再有比我更内行的人去搞了。于是我就毅然决然地在万叶书店的后期,把原来平均从事儿童读物、美术读物、文学读物的出版,一下子改了个调子,停止了以上这些门类的出版,转到音乐上来,专门致力于这方面的出版。结果把儿童和美术读物转让给童联书店继续出版,文学读物转让给联营书店继续出版,专心致志地向音乐书籍大踏步进军,成为我国独一无二的一家音乐专业出版社,为新中国的音乐从业人员提供了不少音乐方面所急需的知识,付出了辛勤培育的汗水,转化为

万叶书店出版物

今天的人民音乐出版社。"①这一转向,让万叶书店在抗战胜利后又走出一条创新的发展之路。

转向后的万叶书店股份有限公司专门从事音乐出版,在出版业的红海里独创出一片蔚蓝色海洋,无论是经济效益还是社会声誉,得到了双丰收。在此后的几年间,万叶书店出版了两百多种音乐理论专著、歌曲集、乐谱,如《中国音乐史纲》《音乐技术学习丛刊》《民间音乐研究》《曲式法》《曲调作法》《对位法》《二胡演奏法》《弦乐器演奏法》《二胡基础教程》《大众音乐教程》《手风琴演奏法》《西洋歌曲译丛》《苏联音乐青年》《捷克斯洛伐克音乐》《记苏联群众歌曲》《西洋音乐史》《苏联音乐发展的道路》《布拉姆基及现代乐派》《贝多芬及浪漫乐派》《二胡曲集》《中国民歌选》《十日礼赞》《塞

---

① 钱君匋:《略谈万叶书店》,载《书衣集》,山西人民出版社1986年版,第142—143页。

外舞曲》《绥远组曲》《思乡曲》《摇篮曲》《群众口琴曲集》《音乐的构成》《小提琴演奏法》《万叶歌曲集》《新疆民间合唱选》等等,有些音乐书籍首印数不少,且一版再版,乃至十多版。这是钱君匋所做的一件功德无量的事,他为中国乃至世界的音乐事业作出了不可磨灭的贡献,被业界誉为"我国现代音乐出版事业的先驱和奠基人"。

收藏的酸甜苦辣

钱君匋在出版界声名鹊起以后,收入也丰裕起来,除了在出版方面投入扩大再生产以外,他克勤克俭,把收藏艺术文物作为另一种追求。

钱君匋的家乡老友范雪森是桐乡君匋艺术院建造时在桐乡的常任代表之一,他对钱君匋的捐赠过程,及捐赠文物的内情颇为了解。范雪森在回忆钱君匋的文章中,对他当时一次性登记捐赠的文物有数字记录:

经过20天的紧张而繁忙的工作,共计登记书画文物4083件。共分四类:(一)书画类,共1294件,包括明代文徵明、陈老莲、徐渭等22件,清代吴昌硕、赵之谦、任伯年等275件,近代谭泽闿、于右任等109件,现代张大千、齐白石、丰子恺、刘海粟、黄宾虹、陆俨少、潘天寿、徐悲鸿等732件,先生自己作品156件。(二)印章类,共1169件,包括赵之谦石章104方、吴昌硕石章152方、黄牧甫石章168方,其他名家石章67方,钱刻印章425方,先生自用印253方。印章中从石质看,有田黄5方、鸡血13方、冻石30方等。(三)书籍、拓本类(包括原拓)共1571件。(四)其他类,有瓷、陶、青铜器、笔墨砚共49件。在捐赠文物中,经专家鉴定,国家一级文物17件,即赵之谦的八尺花卉四屏条、金冬心的墨梅、陈洪绶的赏梅图、陈白阳的松石图、石涛的兰竹册页、吴昌硕的信札诗稿和印章6方、赵之谦印章3方、黄牧甫印章2方。

钱君匋第一件收藏的是他渴望学习的东西——一本罗振玉编的、珂罗版印制的《流沙坠简》。这部书对渴望了解书法历史面貌,从源头练起的钱君匋来说十分重要。

后来钱君匋收入渐丰,见到自己心仪的前代艺术大师的作品,他就一件一件地购进,一件一件地临摹,反复观摩。钱君匋以学习为目的收藏,使他的书法、篆刻及封面设计相得益彰。钱君匋回忆说,小时候在练习石鼓文时,没有钱去买一本字帖,因为买字帖需要两元钱,他没有钱但是实在渴望得不行,只好向母亲要了两元,用还带着母亲体温的钱去买了这部字帖。这种刻骨铭心的记忆,让钱君匋铭记了一辈子。

1937年全面抗战爆发后,30岁的钱君匋也饱受战乱之苦,他奔波在江苏常州、湖州、老家屠甸等崎岖小路上。钱君匋在《古铁篆刻遗珠》一文中说:"我在抗战开始的一年,避日寇撤退到湖州,有一天在街头的地摊上见到吴昌硕为于右任刻的两方上等鸡血昌化,一刻'于',一刻'右任',都是朱文,当时索价为银币80元,我身边虽带有不少现金,但我想到今后过的是流浪生活,经济来源已经断绝,靠身边的钱能维持多久不得而知,本来想买这两方名人为名人刻的印,只好硬着心肠挥手而去,不敢染指了。抗战胜利后,我在上海见到于老,谈起这件事,他顿足长叹不已。"[①]这样的遗憾,在钱君匋的收藏过程中,常常发生。

1940年3月,钱君匋在"孤岛"上海城隍庙的旧书店里,发现

---

① 司马陋夫、晓云编:《钱君匋艺术论》,线装书局1999年版,第84页。

了扬州八怪之一的李方膺的梅竹册页一部计十开,后来又找到李方膺的兰菊册页,也是十开。对李方膺,钱君匋是熟悉的,曾临摹过他的梅花,于是钱君匋多少带些激动买下了李方膺的两部画册。

后来,钱君匋收藏文物书画的名气渐渐在收藏和出版的朋友圈里小有名气了,前人书画的信息也源源不断地汇集到钱君匋耳边,钱君匋的收藏也不断丰富。1942年7月,钱君匋买到了文徵明的学生陈复道的四尺整张的《墨松》,不久,他又从文物捎客的手中买来徐文长的《芭蕉梅花图》,要价60元,因已破损,钱君匋找上海装裱名家严桂荣重新裱糊,竟花了120元!1943年5月,钱君匋又以100元的高价买下了明代书画家文徵明的长卷《窗前鸣珮》,这是一幅精品,长卷上有文徵明的引首、画心、拖尾,文徵明的"三绝"全体现了。文徵明的这件长卷,钱君匋买得称心如意,他后来带着长卷向名家显宝,马一浮、潘天寿、丰子恺、黄宾虹、齐白石、陆俨少等观赏过后,在长卷空白处题诗,留下了珍贵的记忆。如今这已经成为桐乡君匋艺术院里出镜率最高的收藏品之一。

20世纪40年代,对于钱君匋而言,无论是对书法篆刻的精研,还是对文物的收藏,对出版的追求,都是最好的阶段。沈周的《桃实图》、陈洪绶的《三高图》、蓝瑛的《秋水流水图》、张岩的《秋林山水图》、龚贤的《水墨山水图》以及齐白石的作品等,都在这个时期陆续购进,慢慢地"抱华精舍"的架势逐步形成。

钱君匋在书画收藏的同时不忘对印石章的收藏。新中国成立后,钱君匋从上海到北京上班,有一天与同事朱咏葵聊天时,朱咏葵告诉他,天津王幼章之孙手里有一批赵之谦的印章,在劝业场的古玩店里待售。钱君匋专门到天津劝业场的古玩店,他激动地看到赵之谦105方各类印章。古玩店老板要价2000元,相当于钱君匋一年的工资！钱君匋只好怏怏而回,但他的心已经留在天津劝业场,再也无法忘怀那批印章了。此后一段日子里,钱君匋茶不思饭不香,心里一直惦念着。后来,还是朱咏葵从中努力,钱君匋在1954年底,终于以1500元的价钱买回赵之谦这105方印章,这让他欣喜若狂。钱君匋事后回忆说:"积久的愿望一旦实现,真使我狂喜至极。"据说,他当天看着赵之谦印章喝了五斤绍兴酒。

1955年2月,同事朱咏葵告诉钱君匋,有个书画商手头有8本新罗山人的册页(共96张画),要价2000元。钱君匋让朱咏葵与画商协商,以1800元买进,为此,他卖掉了清代画家查士标的一幅画、徐悲鸿的一幅喜鹊图等藏件。但是,让他没有想到的是,画商册页中动了手脚,在一本中抽出几张,成了残缺。1957年春天,荣宝斋的一位朋友写信告诉钱君匋,说他们那里有一张新罗山人的册页,据说是钱君匋买的8本册页里取下来的,如果要,请寄200元来。钱君匋知道书画买卖中的潜规则,只好再花200元,买回一张新罗山人的册页。这一往事让钱君匋一辈子都忘不了,晚年他曾回忆说:

"记得买华新罗的画时,因为手头没有那么多巨额现金,于是忍痛卖掉查士标、吴昌硕、徐悲鸿的作品多件来凑数,并与物主协商分期付款而得到同意,才能买下。这一次把我的历年积蓄差不多都花了,但是我不觉得愧惜,倒是变卖查士标、吴昌硕、徐悲鸿三家的作品,非常觉得可惜！至今还经常出现在我的梦里,颇有'鱼我所欲也,熊掌亦我欲也'的样子,两者无法兼得,只好放弃其中之一！"[①]

齐白石的一张四尺整张《红莲鸣蝉》的收藏过程,整整让钱君

[①] 钱君匋:《春梦痕》,上海书店1992年版,第191页。

匋在心里、梦里牵挂了四年,心动了四年,钱君匋说:

"齐白石的一幅四尺整张《红莲鸣蝉》,1949年我经过北京,在琉璃厂一家画店中见到,这幅画悬挂在极显著的进门处,问价一百元连框,我嫌价太高没有买。1950年我又至北京,见此画仍旧挂在这书画店门前,我问价仍要一百元,不肯让一分一厘,我还是不肯下手。1951年再去北京,见此画还是高悬着,仍旧要一百元,不能还价,我只好悻悻然而去之。直到1954年我再从那家画店经过,想想还是依他们的高价吧,用一百元买了回来,重裱后挂在我上海客厅里。"①

在收藏过程中,钱君匋经历了酸甜苦辣,也渐渐形成了自己收藏的特色,尤其是印章。钱君匋从天津收藏了赵之谦105方印章之后,又陆续收藏了吴昌硕印章200方、黄牧甫印章156方,成为国内外收藏赵之谦、吴昌硕、黄牧甫印章最多的收藏家,"无倦苦斋"也渐渐形成了。"无",取赵之谦的别号"无闷"的"无"字;"倦",取黄牧甫别号中"倦叟"的"倦"字;"苦",取吴昌硕别号"苦铁"中的"苦"字,各取一字,是藏品特色,其实也是钱君匋自己刻苦的一种自励,有一种乐此不疲的意味。

钱君匋晚年在《学画、买画、失画、还画、献画》一文中说过一个发自内心的体会:

"学习绘画如果只靠阅读珂罗版画册是不好的,还应从名师学习。在旧时代从名师必须付出巨额的经济代价,而我是贫家子弟,没有那么多钱去从师学业,只能徘徊在珂罗版画册之间。往后经济稍宽,仍不拜师,却四处求同时代的书画家写些画些,一旦求得,再付出一些装裱费用,就可悬诸室内,时刻观摩,作为学习和借鉴,

---

① 钱君匋:《春梦痕》,上海书店1992年版,第191页。

这比从一位名师所接触的面要广泛得多,受益亦多。因此从那时起,我陆续求得了孙增禄、徐菊庵、朱梦仙、陈焕卿等同里书画家的手迹,再扩大到外地的于右任、谭延闿、谭泽闿、马公愚以及张大千、李苦禅、潘天寿、沙孟海、张聿声等的手迹。从这些手迹中我在书法上学到了波磔抵送等方法,在绘画上学到了用笔用墨,渲染着色的技巧。从学习同时代许多书画家的手迹中,我得以在绘画、书法中大开眼界,大幅度提高了一步。看了手迹,懂得书法何者为上,绘画以何者为贵,较之拜师受益更多。"

公私合营　浮浮沉沉

私私合作的上海新音乐出版社

新中国的诞生,让钱君匋看到人民翻身的那种喜悦和顺应时代潮流的趋势,对自己苦心经营的万叶书店的生存发展,充满了信心。在重新开张的万叶书店业务方面,钱君匋一心一意谋划音乐出版的专业化路子。他记得老同学缪天瑞告诉过他,万叶书店在音乐出版方面已经有了一个很好的基础,而且现在苏联的榜样说明,私营出版社肯定不是新中国出版的方向,一定要向国营企业方向发展,而且今后新中国应该有国家的音乐出版社,万叶书店坚持音乐出版这么多年,以后完全可以逐步发展成为国家音乐出版社。钱君匋把老同学的话默默地记在心里。

1949年10月,上海出版界就组织上海23名出版人赴东北、华北学习考察交流,钱君匋也是成员之一。看到老解放区的出版业的发展态势,钱君匋明白了万叶书店在新中国出版队伍里同样是可以有作为的。这次东北之行,钱君匋收获颇多,不仅在思想认识上,对新中国的出版前景有了新的认识,而且还见到了老朋友、文化部部长沈雁冰,以及胡愈之等。这些老朋友,过去都是同事、老乡,现在北京担任中央政府要职。在与沈雁冰、胡愈之等交谈之后,让这些年一直在出版界埋头苦干的钱君匋豁然开朗。同时,钱君匋第一次到北京、到东北,沿途风景也让他心旷神怡,留下很好的印象,他曾回忆道:

> 10月,上海出版界组织东北老区出版参观团,网罗上海新闻出版界作为团员,其中有毕青、吉少甫、王子澄、姚蓬子、赵家璧、张鸿志、应启元、徐鉴堂、黄菀乡、吴拯寰及余等三十余人,先抵北京,余为第一次晋京,随团住数日,分别拜访中央文化部部长沈雁冰、出版总署署长胡愈之。中国音乐家协会主席吕骥及赵沨,均为余之旧友。并与胡愈之商定于北海小山上展出余之书籍装帧作品二百余件,得出版总署同志之支助,盛况空前。
>
> 出关后先至沈阳,由新华书店接待,住于其新址楼上数日,参观书店、新华印刷厂并作座谈,学习老区出版事业模式,作为上海借鉴,游览北陵等地,生活甚为畅适。
>
> 后至哈尔滨,参观一如沈阳程式,座谈连续多次,新知不少,游松花江,在江上滑冰,尽兴而归。
>
> 又至安东,车经瓦房店,以苹果代午餐,至安东参观王子造纸厂,始见造纸先后过程,复游安东大桥,此桥南达朝鲜。
>
> 再赴大连、旅顺,均属游览性质,参观火车头俱乐部,遇作家芳草,谈甚欢。至旅顺,参观博物馆,所藏木乃伊多具,均完好如生。并有欢喜佛一大尊,供于楼梯分岔处

之平台上,任人参观。旅顺、大连两地风物,饱览无余。①

对上海组织出版界人士的这次东北之行,中央出版领导部门非常重视,在他们还在东北参观考察的时候,北京的领导陆定一、胡愈之联名给周恩来报告,拟在他们回到北京时,组织出面开座谈会,向他们宣传新中国的出版政策,提出出版要求。因此在他们从东北回到北京以后,出版总署领导专门与上海这些出版家座谈。

此后,坚持专业化的出版路子,在钱君匋的脑子里扎下根,在出版音乐书籍上投入更大的财力与精力。从1950年到1953年万叶书店出版的部分书目中,可以看出钱君匋对专业出版的努力和追求。

1950年:《大众音乐教程》《常识》《绘图鲁迅小说》《万叶乐谱丛刊·儿童节奏乐队》《民间刻纸集》《恶魔的诱惑》《儿童唱歌法》《新图案的理论和做法》《对位法》《大众自然科学》《托尔斯泰儿童故事集》《律学》《唱歌指挥法》《苏联红军歌舞团》《应用图案及美术字》《综合新美术》《狼》《国语》《艺术的社会意义》《口琴吹奏及名曲》《奇怪的故事》《万叶铅笔画》《高加索的俘虏》等。

1951年:《歌曲作法》《我们的朋友》《贝多芬九大交响乐解说》《团体游戏》《中央音乐学院教材丛刊·独唱歌曲集》《应用美术文字编》《民间音乐研究》《美术字手册》《西洋唱歌法译丛》《捷克斯洛伐克的音乐》《乐器法》《巴赫及古典乐派》《儿童爱国故事丛书·臂上的伤疤》《二胡演奏法》《布拉姆斯及现代乐派》《中央音乐学院研究部资料丛刊·我们保卫祖国的天空》《简明艺用人体解剖图》《河北民间歌曲选》《怎样写二部歌曲》《小提琴演奏法》《贝多芬及浪漫

---

① 《钱君匋纪念文集》,中国福利会出版社2007年版,第364页。

乐派》《音乐技术学习业刊(创刊号)》《应用美术人物编》《苏联图案集》《论苏联群众歌曲》《中央音乐学院研究部资料丛刊·苏联歌曲集(第一集)》《世界大作曲家画像》《基本乐理》《钢琴独奏纺车》《中央音乐学院创作丛刊·牧歌》《乐队指挥法》《小英雄抓特务》《军校学生的幸福》《中央音乐学院创作丛刊·全世界人民心一条》《鼓舞》《在蓝色大海边上》《思乡曲》《生产支前歌曲集》《和平青年进行曲》《刘天华创作曲集》《毛泽东颂歌(工农兵歌曲集之五)》《巾舞(钢琴独奏)》《从顿河来的朋友(儿童教育故事丛书)》《杯舞(钢琴独奏)》《中央音乐学院研究部资料丛刊·摇篮曲》《前进吧,船长》《儿童教育故事丛书·赛德的小骆驼》《儿童教育故事丛书·怎样训练乌鸦说话》《儿童教育故事丛书·白天鹅》《铅笔新画册》《新中国独唱歌曲选》《儿童爱国故事丛书·幸运的孩子》《侦察兵》等。

1952年:《亲爱的军队亲爱的人》《中国打击乐器教程》《中国民歌选》《音乐通论》《西洋音乐史》《意大利文艺复兴时期的美术》《中央音乐学院研究部资料丛刊·小提琴演奏法》《应用图案及美术字续编》《西洋歌剧故事全集》《中国革命民歌选》《飞到胜利的最前方》《苏联舞蹈选》《统计图绘制法》《俄罗斯艺术家回忆录》《音乐通论2》《管弦乐法原理(第一册)》《管乐器及打击乐器演奏法》《手风琴演奏法》《英雄的库里申科:叙事歌》《应用美术人物篇》《会场布置法》《木管乐器研究》《中央音乐学院研究部资料丛刊·耶稣歌曲集》《中央音乐学院研究部资料丛刊·定县子位村管乐曲集》《提琴类弦乐器演奏法》《和平鸽飞翔在天空》《音乐通论(东北鲁迅文艺学院编)》《中国民歌钢琴小曲集》《塞外舞曲》《练耳和视唱》《贝多芬及浪漫乐派》《论苏联群众歌曲》《回旋曲》《中国音乐史纲》《新行星》《音乐通论(鲁艺音乐编译丛书之二)》《古曲》《歌曲(第四期)》《调试及其和声法》《中央音乐学院通俗音乐丛书·二胡基础

万叶书店出版的《苏联舞蹈选》

教程》《构图法讲话》等。

1953年:《管乐编曲法》《新疆民间合唱选》《应用美术漫画复制与创作》《万叶乐谱丛刊·钢琴短曲集》《论中国古代艺术》《管弦乐法》《中小学图画教学法》《和声处理法》《中国少年之歌》《浔阳古调》《钢琴小曲集》《苏联音乐发展的道路》《阿伊勃里特医生》《苏联音乐生活》《工农兵歌曲集之七·治淮歌曲集》《工农兵歌曲集之八·不当英雄不下山》《苏联艺术论集》《中央音乐学院研究部资料丛刊·群众口琴曲集》《音乐的基本知识》《幼儿歌曲集》《乐队指挥法》《万叶乐谱丛刊·小提琴练习曲》等。

钱君匋一生都拒绝平庸,无论是艺术还是出版。

当初中央对出版业公私合营的政策十分郑重,而且都是在大量调查研究基础上有选择地推进。不过,当时虽然没有时间表但有路线图,希望私营出版业走联合出版之路,有了一定规模之后再走公私合营的道路。万叶书店十多年来虽然努力,但规模仍然不大。钱君匋为了了解国家有关政策,在新中国成立后连续几年都去北京拜访文化部部长沈雁冰和出版总署署长胡愈之。这两位既是新中国文化出版界的最高负责人,也是钱君匋的老友老乡老同事。当时,钱君匋为了表达对毛泽东主席的敬仰,曾为他刻了"毛泽东印""润之"两方印章,托沈雁冰转呈给毛泽东。

根据先私私联合的出版政策和出版专业特点,钱君匋在万叶书店董事会内部商量,决定在出版工作者协会的协调和牵线下,找同类出版社,走联合出版之路。于是,他们和上海音乐出版社和教育书店三家坐下来商量,一起走联合出版之路。

经过批准,1953年6月15日,新音乐出版社股份有限公司在上海正式宣告成立,社址在南昌路万叶书店的三上三下的楼房里,钱君匋任总编辑,陆海藩任经理,徐鉴堂任副经理。至此,钱君匋的万叶书店完成了它的历史使命。

新音乐出版社存在的时间并不长,从1953年7月至1954年9月,前后大概有14个月,其间出版了不少音乐书籍。

音乐出版社的北京岁月

经过几年调整和清理,新中国出版行业的发展方向和工作思路逐渐清晰起来,管理方面也渐渐走上轨道。出版总署在1953年2月7日专门修订了《第一个出版建设五年计划》(草案),其中有改造私营出版社的计划:"准备在五年内将现有私营出版社基本上改造完竣。对于不正当的毫无编辑力量的、出版有害图书的投机出版社,逐步地予以淘汰。对正当的、稍有编辑力量的、出版有益图书的出版社,采取联营和公私合营办法,逐步地予以归并,最后变成国营或地方国营。准备在五年后,此类出版社有10家保存下来,成为国营、地方国营或公私合营的出版社。"①

1953年12月,出版总署收到上海方面关于《整顿上海私营出版业方案》的报告。这个报告详细分析了上海私营出版社的现状、整顿的原则办法,以及1954年私营出版业改造工作任务。报告写道:由上海音乐出版社、教育书店、万叶书店三家进行合并,并准备由全国音协领导改组为公私合营的新音乐出版社。钱君匋的新音乐出版社被官方列为1954年度与商务印书馆、中华书局、龙门联合书局一起需要公私合营改组的出版社。

1954年初,钱君匋走进北京东总布胡同10号的出版总署,汇报准备公私合营组建国家级音乐出版社的设想。出版总署的王仿子接待了钱君匋。王仿子后来回忆说:"我把要讲的话讲过之后,松了一口气。我发现钱先生似乎也很轻松,他表示决心走社会主义的道路。对于搬迁到北京,成为与文学、美术、戏剧等各类专业的中央级出版社行列中的一员,似乎也很乐意。"②

经过紧锣密鼓的筹备,1954年7月,根据北京、上海6月26日共同商定的新音乐出版社公私合营框架,赵沨主持召开有出版总署、中国音乐家协会、新音乐出版社的人员参加的会议,会议一致同意私营新音乐出版社实行公私合营,改名为"音乐出版社",以出版音乐书籍和刊物为专业,不经营发行业务,音乐出版社由中国音乐家协会和出版总署共同领导,音协负责编辑业务和人事,出版总署负责出版业务和企业经营,社址设在北京,为适应业务需要上

---

① 《中华人民共和国出版史料》第5卷,中国书籍出版社1999年版,第82页。

② 王仿子:《我所知道的钱君匋先生》,载上海鲁迅纪念馆编:《钱君匋纪念集》,中国福利会出版社2007年版,第7页。

海暂设办事处,新音乐出版社原有职工全部由音乐出版社录用。

7月11日,音乐出版社在中国音乐家协会召开第一次筹备会。中国音乐家协会孙慎、章枚,出版总署王仿子、徐德和,新音乐出版社钱君匋、徐鉴堂参加了会议。会议主要讨论筹备处人员的组成,公方指派孙慎、章枚、王仿子、徐德和四人,私方推定钱君匋、徐鉴堂、陆海藩三人。孙慎为筹备处主任,钱君匋为副主任。工作组方面,北京工作组由孙慎任组长,上海方面由上海市人民政府新闻出版处指派等。

10月11日,国家级音乐出版社正式在北京宣告成立。成立大会在音乐出版社的社址——北京东城区沟沿头33号办公楼大厅举行。会上,赵沨首先讲话,并且宣布音乐出版社领导班子名单,社长赵沨(兼),总编辑孙慎(兼),副总编辑章枚、钱君匋,经理徐德和,副经理曹道祥、陆海藩。

公私合营的音乐出版社总资产35万元,其中中国音协现金3万元,一批库存图书、纸张约1万元,共4万元,私方新音乐出版社(万叶书店为主)投资30多万元,纸型、新书约300种,合20万元。

音乐出版社成立之初,以再版中国音协出版的音乐新书和新音乐出版社(主要是万叶书店)的保留书目为主,据说有100余部,其中有杨荫浏的《中国音乐史纲》,缪天瑞的七部音乐译著和著作《律学》,以及《西洋音乐史》《西洋歌剧故事全集》《怎样读简谱》《命运交响曲》《小奏鸣曲》等。

夫人陈学鬐坚决不愿到北京,一直留在上海。钱君匋一个人漂在北京,作为私方代表。

1956年10月,钱君匋回上海任上海音乐出版社副总编辑。此时尽管已经赴任,但其他关系仍在北京的音乐出版社。

同月,上海音乐出版社在原上海福州路677-679号正式挂牌

钱君匋在上海寓所书房中刻印

成立。开张以后,贺绿汀、丁善德、钱君匋他们立即从出版系统和上海音乐家协会调来二十多名干部,另外还从社会上招了一些音乐编辑人才,如丰一吟、沈秉廉等。钱君匋很快开始策划音乐出版的选题。钱君匋毕竟是钱君匋,尤其在上海这个音乐出版高地上,他马上提出《独唱歌曲200首》的选题,结果,这本书一出版,一炮打响,立刻成为上海市场上的畅销书,一印再印!紧接着,钱君匋他们又出版了音乐家黄自的《长恨歌》、贺绿汀的《合唱歌曲集》、贝多芬的《三十二首钢琴曲》、巴哈的《英国组曲》《法国组曲》等等。钱君匋在上海干得得心应手,从开张到这一年的年底,上海音乐出版社上缴的利润"仅次于上海人民美术出版社"。

1957年整风反右运动开始,一时人人自危。然而,在知识分子成堆的上海音乐出版社里,竟没有一个被划为右派,实属罕见,况且像钱君匋这样的资方人员又是多才多艺的艺术家,他曾说:"右派第一人大约为余矣!"①

---

① 上海鲁迅纪念馆编:《钱君匋纪念集》,中国福利会出版社2007年版。第370页。

1957年春夏之交的某一天,钱君匋专程去北京办理调动手续。这次时间充裕,钱君匋专门去走访了北京的一些朋友。时任文化部副部长齐燕铭知道钱君匋来北京后就打电话专门约他到怀仁堂看戏。应老友齐燕铭的邀请,本来没有什么急事的钱君匋便欣然前往。

齐燕铭在门口迎候钱君匋,把他带进了怀仁堂,刚刚坐下,有人忽然鼓起掌来。接着,在场的人好像有人指挥似的,全都站了起来,掌声也骤然热烈起来。钱君匋站起来朝前方望去,不远处,一个身材高大,穿着中山装的男人,举着手向鼓掌者摇动致意。钱君匋猛然发现,这不是毛主席吗?毛主席也来看京剧了!他浑身热乎乎了。幕间休息时,齐燕铭带着钱君匋,看望了毛主席。齐燕铭向毛主席介绍说:"这位是上海的篆刻家钱君匋先生,曾经给毛主席刻过两方印章……"毛主席笑着把手伸向钱君匋,握手的时候,用浓重的湖南口音说:"谢谢你的印章,你刻得很好,非常好。""刻得不好……请主席多加……指点。"钱君匋本来就不善言辞,在这样的场合,更显得语无伦次了。"先生是南方人?""是的,是的……"齐燕铭介绍说,钱君匋先生是浙江人,因为公私合营,在音乐出版社当编辑。毛主席问钱君匋:"在北京还习惯吗?"钱君匋说:"还好,还好。"看着钱君匋局促不安的老实模样,毛主席笑着对一边的齐燕铭说:"刚来北京,一定很不习惯。你们应该对钱先生的生活多加照顾……"钱君匋很激动,一时竟想不出说什么话才好。回到自己的座位上,也是浮想联翩,竟连当天演的什么都记不清了。①

---

① 吴光华:《钱君匋传》,北京美术摄影出版社2001年版,第219—220页。

苦尽甘来　情寄故乡

在文艺出版社的岁月

1958年,创办不到两年的上海音乐出版社与新文艺出版社、文化出版社一起合并成上海文艺出版社。此时,钱君匋虽然没有被划为右派,但是他的副总编辑职务被免去了。1958年6月,钱君匋又从第五编辑室换到文艺出版社的总编室,作为美术顾问闲置起来。钱君匋晚年在年谱中说:"6月,自五编室调至总编室工作,不再作交待,而为美术顾问,实为掩人耳目,仍终日闲坐,无可事事耳。"

1959年3月,钱君匋被推荐为上海市政协委员,参加上海市政协会议。不过,在以后的日子里,钱君匋仍然无所事事。

1966年6月,钱君匋开始蒙受"文革"劫难。刚开始时,钱君匋因为不是党内走资派,还与小青年一起用毛笔抄写大字报。但钱君匋抄写的大字报,贴出去不久,便不翼而飞,有心人在收藏他的书法。他自己曾说:"余最初尚处于革命阵营,每日撰写大字报。"不料这样的日子没有几天,这位花甲老人便成为运动对象,而且批判钱君匋的大字报铺天盖地,罪名竟是从钱君匋的斋名说起,认为钱君匋的"无倦苦斋"就是"无权可抓"的谐音,认为钱君匋从副总编到编审,在发泄自己失去权力的仇恨。几天大字报的批判,很快将这位当代艺术大师列为上海出版系统的专政对象,扫地出门,在出版社园内临时棚内办公。钱君匋虽然莫名其妙懵懵懂懂被赶入"牛棚",但其场景颇有喜剧色彩。他曾说:"第二天到社,有人正式通知,自原座位搬出,迁至园中临时搭建之草棚,人方坐定,转眼即见赵家璧,接踵而至,不一回(会儿),又见包文棣亦至,孙家晋第四人至,李济梁、马云等接续而来,一时牛棚中拥有二三十人之多,顿时空气活跃,声势浩大,但皆正襟危坐,互不相问,绝不交谈,近似五百尊罗汉,遇上满城风雨迎重阳之概。"

此时的钱君匋开始担心自己收藏的书画及积蓄。没过几天,钱君匋的担心变为现实。9月2日晚上七点多,"社中大批红卫兵开至余家,在客厅内画地为牢,中置一椅,囚余于内,不准随意走动,随后将妻及妻妹陈学荟、保姆等三人驱至亭子间查问,真是风声鹤唳,不可终日。红卫兵在余家到处敲墙掘地,欲在黄金500两外,再得一批,但黄金尽于此矣,再敲再掘,不会再有。随将室中所有书画、印章、古玩全部抄没,绝无遗漏,至是,始将余释出画地之牢,可以随意走动矣。"他后来曾记述曰:"余最爱者为书画、刻印、古玩,现将此项财富抄去,心中非常戚戚!临行追赶卡车,以心脏病发踣地,卡车不顾一切,疾驰而走矣。"

1966年10月的一天,造反派突然闯进重庆南路166弄4号钱君匋刚装修不久的家里,勒令他搬出,迁到重庆南路154弄8

钱君匋夫妇

号,由原来的八间房变为一间房。

后来,钱君匋与出版界同仁一起下放奉贤干校劳动。钱君匋清楚地记得,种菜"久亦腰坍背直,一行种毕,人已半瘫矣"。"腰坍背直"是钱君匋家乡的一句土话,意思是累得直不起腰来了。

在干校劳动一直到1972年。经过一段时间磨难,钱君匋在狭仄的居室里又开始操刀弄印。在这非常时期,钱君匋想起了指引自己人生和艺术方向的鲁迅先生,他发愿,要刻一部《鲁迅印谱》。钱君匋在1974年悄悄刻成一部《鲁迅印谱》,共计168方印章。不料后来在批"回潮"的运动中,刻成的《鲁迅印谱》被人搜走。钱君匋悄悄地再刻一部《鲁迅印谱》,并秘不示人,直到粉碎"四人帮"才公开。

情寄故乡

1976年10月,"四人帮"被粉碎,经历过历史风雨的艺术家钱君匋迎来了人生的满天晚霞。为表达当时的心情,他连忙篆刻一方"君匋高兴"的白文印章。后来,政策逐步落实,工资补发了,几年前被抄走的《鲁迅印谱》也发还了,第四次全国文代会也有了钱君匋的身影,西泠印社75周年时,钱君匋当选为西泠印社副社长。1980年,钱君匋苦苦等待的房产政策终于落实,抄没的一栋四层小楼归还了。这一年的6月,钱君匋双手捧着发还的书画、文物,老泪纵横,这些相睽13年的艺术珍品在钱君匋眼里,与自己的亲生儿女一样有感情。据说,发还第一批文物的这一天,74岁的钱君匋兴奋地喝了五斤花雕!当天晚上还刻了一方让人心酸又百感的印章:"与君一别十三年"!刻完后,钱君匋意犹未尽,又刻一方"庚申君匋重得"印,边款刻上一段发自肺腑之言:"余少贫,攻篆刻、书法、花卉,苦无名迹可循,中岁渐裕,乃广收之,得明清书画印

钱君匋印章——
"钟声送尽流光"

千数百件,以为他山之石。1966年9月2日,尽失之浩劫。越十三年,1980年6月27日重归于余,不及其半,我心痛绝!君匋时年七十有五。目眚记于抱华精舍。"钱君匋心头块垒如此,可以想见艺术已与其生命融于一体了。

钱君匋熬过十年"文革",走进了一个绚烂的晚年。他仍像往常一样,将这些劫后幸存的文物,重新整理重新装裱。"钟声送尽流光"。当最后一批文物发还时,钱君匋已是近80岁的人了。1985年初,经过几年的反复考虑,钱君匋在夫人和三个儿子的支持下,作出了一个壮举,决定将自己一生收藏的文物包括自己的作品悉数无偿捐献给国家,由故乡桐乡县作永久保存。

1985年11月10日,君匋艺术院奠基,1987年11月竣工。11月5日,钱君匋将明代、清代以及现代的名家书画、印章、原拓印谱、陶器、石器等,自己的书画作品、印章、封面装帧以及书籍等共计4083件文物,亲手交给桐乡派来的接运人员。

1987年11月10日,是君匋艺术院开院的日子。典礼在县委机关的新会议室举行,仪式隆重而又简朴,国家文物局、浙江省政

钱君匋绘画作品

府副省长、嘉兴市委书记、桐乡的县委县政府的领导,以及上海杭州等地书画艺术界的朋友济济一堂。82岁的钱君匋神采奕奕,他以主人的身份,发表了题为《感想和祝愿》的热情洋溢的讲话:

> 今天,在朋友们和荣誉的面前,感慨很多,讷于言词,无法表达!我是个很平凡的人,有一点微小的成就,全应归功于民族文化的熏陶,师长前辈的教诲,特别怀念弘一大师和丰子恺老师,还有很不出名却同样诲人不倦的孙增禄和徐菊庵先生,没有他们的指点,我也是个与艺术无缘的人,一生将过得更加平庸。

我今天所有的一切,都是艺术的赐予。当然,用不着妄自菲薄,我也勤奋地笔耕过,我把一切还给艺术。生命有限,艺术无涯,第二母亲——艺术哺育了我,我也有义务,为艺术的发展尽一点人子的微力。这完全是应该的,根本不值得赞扬,任何称颂,只会使我汗流浃背。我虽无知,但早已失去了自视过高的勇气,未来的岁月,仍然是个普通的小学生,向古人,向长者、贤者,向后辈恭恭敬敬地学习,求得一点点进步,于愿足矣!记得在少年时代,初出茅庐的岁月,想观摩一件艺术品,认不得收藏家,店里有精品,也不昂贵,可怜衣食迫人,那有收藏的可能?历史是反省旧我的明镜,又是创造新我的动力。我六十年间,一直希望为青少年们做点有益的小事,也就是不忘当初观摩名作之难吧。我希望君匋艺术院开门办院,为专家服务,也为普通读者效劳,这样才能物尽其用,无愧前哲。如果把艺术院办成一把锁,一只保险箱,那就违背我们的初衷!收藏仅仅是为了研究,为了造就新人,这一点恳求领导和朋友们给我以支持。

万事开头难。对于艺术院的计划、设计、施工、布置、促成,许多人付出了时间。时间是生命的细胞。这种道义上的声援,没有衡器能称得出分量。尽管说一句谢谢太没有分量,我还是表示由衷的感谢!

中国的学术处于历史的新时期,生活本身逐渐教会我们清算封建意识和极左的民族虚无主义观点。新事物是不可战胜的,我们愿意为明天的文化事业跑一个龙套。回顾一下艰辛悠长的历程,才知道跑龙套的分量,龙套很渺小,但是有人接力,所以又是不朽的。

1987年11月10日,钱君匋在桐乡君匋艺术院成立大会上。

  我快乐的是有朋友自远方来。真正的朋友不怕利害矛盾和看法分歧,也经得起道德、时间的考验。我衷心地欢迎大家来指教!

  祝愿艺术院越办越踏实!朋友们越活越年轻!

  君匋艺术院的建成开放,让钱君匋彻底放心和放松了。在此后的岁月里,他去日本办书画篆刻展,去香港冯平山的博物馆举办"钱君匋书画艺术展",去新加坡南洋美术专科学院举办"钱君匋书画展",去美国、菲律宾等,80多岁的钱君匋忙且快乐地奔走着,向世人传播着美和境界!此时,钱君匋的书也一本接一本地出版,各种社会头衔也陆续戴在这位耄耋老人头上。92岁那年,钱君匋又捐出一千余件书画文物给自己的祖籍地海宁市,海宁市则建造了"钱君匋艺术研究馆"用于保存这些珍贵文物。1998年5月9日,海宁市钱君匋艺术研究馆开馆。

1998年8月2日10时23分,钱君匋在上海瑞金医院走完了他93岁近一个世纪的人生,他漫长的人生道路上积累起来的财富和精神,永远留在了生他养他的故乡。

1984年,78岁的钱君匋在《略论吴昌硕》文中说:"每一位伟大人物,和我们在同一空间呼吸的时刻,未必能理解他的价值;等到他一朝谢世,时间造成了历史的距离,后辈才能看出他的精光异彩。伟大,不是指地位、财产、浮名,而是指人品和贡献。"①

对钱君匋先生也作如是观。

(作者系原中国茅盾研究会副会长、浙江电视台台长、浙江省新闻出版局党组书记、局长。中国作家协会会员,高级编辑)

参考文献:

[1]马新正主编:《桐乡县志》,上海书店出版社1996年版。

[2]《桐乡文史资料》第6辑(内部资料),桐乡政协文史资料委员会编,1987年12月印行。

[3]《中华人民共和国出版史料》第1-13卷,中国书籍出版社2001年版。

[4]上海鲁迅纪念馆编:《钱君匋纪念文集》,中国福利出版社2007年版。

[5]莫永强主编:《西山抱华——钱君匋艺术研究馆建馆15周年文集》,现代出版社2014年版。

[6]吴光华:《钱君匋传》,北京美术摄影出版社2001年版。

[7]桐乡君匋艺术院编:《君匋艺术》2012年创刊号(内刊)。

[8]钱君匋:《书衣集》,山西人民出版社1986年版。

---

① 钱君匋:《略论吴昌硕》,载《钱君匋散文》,花城出版社1999年版,第142页。

[9]《钱君匋论艺》,西泠印社出版社1990年版。

[10]《追溯历史,缅怀先人——纪念人民音乐出版社创始人之一,著名音乐出版家钱君匋百年诞辰》,人民音乐出版社2007年版。

[11]程天良:《钱君匋及其师友别传》,湖南文艺出版社1998年版。

[12]韦君琳编著:《钱君匋艺谭》,安徽文艺出版社1997年版。

[13]司马陋夫、晓云编:《钱君匋的艺术世界》,上海书店1992年版。

[14]晓云、司马陋夫编:《钱君匋艺术论》,线装书局1999年版。

[15]君匋艺术院编:《君匋艺术院20年》,珠江文艺出版社2007年版。

[16]《西山别馆——钱君匋艺术研究馆建馆十周年文献集》(内部资料)。

[17]钱君匋:《春梦痕》,上海书店1992年版。

[18]陈子善编:《钱君匋散文》,花城出版社1999年版。

[19]陈子善编:《钱君匋艺术随笔》,上海文艺出版社2015年版。

[20]钟桂松、郭亦飞编:《钟声送尽流光》,地震出版社2014年版。

[21]钟桂松:《钱君匋画传》,浙江大学出版社2012年版。

[22]钟桂松:《钱君匋:钟声送尽流光》,大象出版社2006年版。

钱君匋年表

钟桂松

1907年（丁未　清光绪三十三年）　出生

2月12日（农历丙午年除夕），出生在浙江省桐乡县屠甸镇，为家中长子。

1914年（甲寅　民国三年）　9岁

入本镇沈云彬先生办的私塾。读《百家姓》《千字文》《三字经》等。是年起，开始喜欢绘画。

1915年（乙卯　民国四年）　10岁

因与塾师发生争吵，塾师大怒，钱君匋不肯示弱，只好从私塾退学。

1916年（丙辰　民国五年）　11岁

入石泾小学（后改名崇道小学）读书。在寂照寺方丈室上课。

1918年（戊午　民国七年）　13岁

崇道小学从寂照寺迁入寺桥南新校舍。钱君匋老师有钱作民等。

1920 年(庚申　民国九年)　15 岁

因成绩优异,由钱作民老师作主,三年级跳级,直接读五年级。故而改学名为"钱镜塘"。

1921 年(辛酉　民国十年)　16 岁

本年开始弄刀刻印,得徐菊庵、孙增禄等当地名家指点。

1922 年(壬戌　民国十一年)　17 岁

7 月,毕业于屠甸崇道小学,名列第二。

9 月,去桃园头小学教书。月薪 10 元,只得 6 元,其余 4 元被学务委员侵吞。年底,愤而辞去教职。

1923 年(癸亥　民国十二年)　18 岁

春,由屠甸小学老师钱作民介绍,进丰子恺任教的上海专科师范学校。随吴梦非学装帧,随刘质平学音乐,随丰子恺学绘画。与陶元庆同学并成为挚友。

1924 年(甲子　民国十三年)　19 岁

初夏,由老师吕凤子引荐拜访吴昌硕先生。

8 月 25 日,第一次创作新诗《蝶》。

1925 年(乙丑　民国十四年)　20 岁

7 月,从上海艺术师范学校毕业。失业在家,通读《实用学生字典》,国文基础大长。

1926年(丙寅　民国十五年)　21岁

上半年,先后在海宁和诸暨的中小学任教。

8月,第一次在《民国日报·觉悟》上发表《艺术的社会化和社会的艺术化》。

下半年,去台州省立六中任音乐教师,同事有陶元庆、章克标等。

1927年(丁卯　民国十六年)　22岁

春,任杭州私立浙江艺术专门学校图案教师,与沈秉廉、陈啸空、邱望湘等四人发起组织春蜂乐会,开始从事音乐创作,专写歌曲。此时钱君匋与上海的章锡琛联系,在《新女性》上发表歌曲作品,约定每月一首。

秋,进开明书店,担任美术编辑和书籍装帧设计。

10月12日,在开明书店第一次见到鲁迅。

11月4日,与陶元庆一起拜访鲁迅。

1928年(戊辰　民国十七年)　23岁

诗集《水晶座》出版。重新设计《新女性》杂志封面,得到新文学界的好评。开始为鲁迅、茅盾、巴金、陈望道、陈学昭、叶圣陶、周作人等的作品设计封面,"钱封面"声名鹊起。

1929年(己巳　民国十八年)　24岁

进开明书店之后,在编辑之余,先后在复旦大学、同济大学、爱国女学、坤范女子中学等处兼任音乐和美术课,在光华书局、亚东图书馆担任书籍装帧。

3月,新诗集《水晶座》由亚东图书馆出版。

1931年（辛未　民国二十年）　26岁

因为兼职过多，向开明书店章锡琛提出辞职，得到同意后离开开明书店。

1932年（壬申　民国二十一年）　27岁

兼任神州国光社美术编辑。

1933年（癸酉　民国二十二年）　28岁

6月，散文诗集《素描》由神州国光社出版，这是钱君匋第二部作品集。

9月3日，在上海大中华饭店大礼堂，与江阴姑娘陈学馨举行婚礼，证婚人为潘公展。

1935年（乙亥　民国二十四年）　30岁

应邀担任由吴朗西夫妇、巴金等人创办的文化生活出版社美术编辑。

1938年（戊寅　民国二十七年）　33岁

在逃难中应邀去广州参加文化生活出版社广州分社的筹建工作。后来广州战火纷飞，钱君匋转道香港，回到上海，开始在澄衷中学教书，月薪12元。

和同事李楚才、季雪云、顾晓初、陈恭则、陈学馨等人创办万叶书店，钱君匋担任总编辑兼任总经理，出版儿童读物和小学补充读本。

10月16日，文艺月刊《文艺新潮》创刊，钱君匋以"宇文节"的笔名负责杂志编辑事务，以上海野马文艺研究会名义发行，至1940年5月停刊，共出21期，停刊以后，出版"文艺新潮小丛书"等。

1939年（己卯　民国二十八年）　34岁

10月，丰子恺的《子恺漫画》彩色版由万叶书店出版，这是丰子恺漫画第一次彩色印刷出版。此后，丰子恺的不少作品在万叶书店出版。

假借美商美灵登出版公司的名义，编辑出版抗日文集《第一年》，收入上海、广州、汉口等地出版的《烽火》《光明》《救亡日报》《七月》《文艺阵地》等刊物上反映抗战的文章、通讯、报道、报告文学、短篇小说等，大受欢迎。

钱君匋记录自己逃难经历的散文集《战地行脚》由桂林烽火社出版。

1940年（庚辰　民国二十九年）　35岁

《文艺新潮》遭查封。钱君匋随后出版"文艺新潮小丛书"，后来陆续出版巴金的《旅途随笔》、丰子恺的《率真集》、凤子的《八年》、何为的《青弋江》、臧克家的《宝贝儿》、林珏的《鞭笞》，以及茅盾翻译的卡泰耶夫的《团的儿子》、适夷翻译的高尔基的《老板》、瞿秋白翻译的普希金的《茨冈》等。

万叶书店的教材教辅生意十分火爆，如《小学音乐教学法》《中小学图画教学法》等，因为正派、健康、实用、价廉，受到青少年读者的欢迎。

1941年（辛巳　民国三十年）　36岁

钱君匋继续编辑抗日文集《第二年》，收录全国各地反映抗战状况的通讯、报告文学、散文、小说等,还收入了反映抗日根据地生活的文章,如林林的《八百勇士赞》、沙汀的《贺龙将军印象记》、艾思奇的《抗敌文艺的动向》等。

1942年(壬午　民国三十一年)　37岁

年初,万叶书店多次被日本宪兵队搜查,钱君匋也多次被宪兵司令部传唤。

夏,《钱君匋篆刻选》由万叶书店出版。

1943年(癸未　民国三十二年)　38岁

春,钱君匋利用自己在教育界广泛的人脉资源,组织教育专家编写暑假读物,其中有:《暑期国语读本》(八册)、《暑期算术读物》(八册)、《暑期常识读本》(八册),受到读者的欢迎。

1945年(乙酉　民国三十四年)　40岁

在上海文化生活出版社兼任美术编辑。

8月,抗日战争胜利,汪伪政府编辑的教材废止,钱君匋组织编写由万叶书店出版的《国语副课本》《算术副课本》《常识副课本》成为上海各中小学的教材,这套教材,印数在十万套以上。

1946年(丙戌　民国三十五年)　41岁

万叶书店改制为股份有限公司,成为编辑印刷发行一体化的出版企业。

9月,丰子恺从重庆回到上海、杭州,钱君匋在万叶书店为丰子恺出版三部漫画集:《又生画集》《劫余画集》《幼幼画集》。

1947年(丁亥 民国三十六年) 42岁

面对激烈的出版竞争,钱君匋开始重新定位万叶书店的出版方向,决定走音乐出版的专业路子,以出版音乐书籍为主。

万叶书店接到国民政府编译局的通知,允许万叶书店拥有国民政府审定教科书印行权,钱君匋权衡再三,决定放弃这个印行权。

1948年(戊子 民国三十七年) 43岁

转向音乐出版以后,万叶书店大量出版音乐书籍。

1949年(己丑年) 44岁

5月,上海解放,陈毅约见钱君匋。

7月,应邀去北平参加全国第一次文学艺术工作者代表大会。

10月,上海出版界组织钱君匋、吉少甫、赵家璧等二十多人去北京、东北学习考察。

1950年(庚寅年) 45岁

钱君匋组织出版一批歌颂新中国的音乐作品集,如《毛泽东颂歌》《东方红协奏曲》《抗美援朝歌曲集》《亲爱的军队亲爱的人》《和平青年进行曲》等。

3月,为了走音乐出版的专业之路,钱君匋到北京拜访文化部、出版总署、中国音协领导。

在北海公园举办"钱君匋书籍装帧作品展",展出两百余件封面设计作品。

4月,万叶书店出版丰子恺创作的《鲁迅绘画小说》。

1951年（辛卯年） 46岁

继续出版大量歌颂新中国的音乐书籍和作品。如《中国革命民歌选》《十日礼赞》《婚姻法歌曲集》《少年儿童歌曲选》《苏联歌曲集》《钢琴小曲集》《秋收舞曲》等。

专程去编辑出版总署了解公私合营的政策。

1952年（壬辰年） 47岁

"三反""五反"运动开始，万叶书店被评为基本守法户。

1953年（癸巳年） 48岁

6月15日，万叶书店与教育书店、上海音乐出版社合并，正式成立新音乐出版社。钱君匋担任总经理，郭沫若为新音乐出版社题写社名。此为私私合作，是公私合营的前奏。

1954年（甲午年） 49岁

与出版总署和中国音协商量研究新音乐出版社公私合营事项。

9月2日，钱君匋父亲钱希林逝世，享年83岁，钱君匋正在北京出差。

10月，公私合营音乐出版社在北京诞生，钱君匋作为私方代表，担任音乐出版社的副总编辑。此后，钱君匋在北京工作，而夫人则因为不习惯北方生活留在上海。

1956年（丙申年） 51岁

8月，贺绿汀在上海倡议筹建上海音乐出版社，邀请钱君匋回上海参加筹备。钱君匋向音乐出版社提出辞职，音乐出版社不同意,后经文化部长沈雁冰协调,改为借调。

10月,回到上海,就任上海音乐出版社副总编辑并主持出版社工作。同时任副总编辑的还有钱仁康,丁善德为总编辑,社址为上海淮海中路1049号。钱君匋着手编辑出版《独唱歌曲200首》,一炮打响,紧接着又出版黄自的《长恨歌》、贺绿汀的《合唱歌曲选》、贝多芬的《三十二首钢琴曲》、巴哈的《英国组歌》《法国组歌》等。到年底,出版社的利润,仅次于上海人民美术出版社。

1957年(丁酉年)　52岁

3月,回到北京联系调动事,同时拜访章锡琛、顾均正、叶圣陶等老朋友。受齐燕铭邀请,去中南海怀仁堂观看京剧晚会,在怀仁堂意外见到毛泽东主席。在齐燕铭的引荐下,毛泽东对钱君匋说了一些关心和鼓励的话。

6月,反右运动开始,虽然钱君匋在言行上没有"硬伤",但是因为他是私方代表,便成为反右矛头的集中点,大字报铺天盖地。可是经过一年多的运动,上海出版界的不少人打成右派,唯独钱君匋没有划为右派。几十年后才知道,这和毛泽东在怀仁堂对钱君匋说过话有关。

1958年(戊戌年)　53岁

出版社调整,刚刚成立的上海音乐出版社与其他出版社一起合并成立上海文艺出版社,钱君匋的副总编辑职务被免去,没有安排具体工作,成为第五编辑室的一个编辑。在钢琴间写检查,交代问题。

6月,结束钢琴间的交代检查,调总编室,仍没有具体工作任务,担任美术顾问,"仍终日闲坐,无可事事耳"。

1959年(己亥年)　54岁

重新开始设计封面,先后为《文艺月报》《新港》《人民音乐》《人民文学》《收获》等杂志设计封面,为马可的《陕北组曲》,金帆、马思聪的《淮河大合唱》,周立波的《禾场上》等书籍设计封面。

本年,担任上海市政协委员。

1960年(庚子年)　55岁

偶然读到上海音乐学院中国音乐史组编写的《中国近代音乐史》,发现书中对李叔同、丰子恺音乐贡献横加指责,对钱君匋年轻时组织的春蜂乐会的朋友,全部冠以"资产阶级音乐家",让钱君匋不寒而栗,从此,钱君匋决心不再做音乐梦,远离音乐。

1961年(辛丑年)　56岁

经过近半年的努力,《长征印谱》篆刻竣工。

1962年(壬寅年)　57岁

3月开始,与叶潞渊合作,写有关金石篆刻的小散文,发表在香港《大公报》副刊《艺林》上,共70余篇,后来以《中国玺印源流》为书名,由香港上海书局出版单行本。

7月,由茅盾题写书名的《长征印谱》由上海人民美术出版社出版。

1963年(癸卯年)　58岁

8月,《君匋书籍装帧艺术选》由人民美术出版社出版。钱君匋非常满意,认为:"全部分色彩印,硬面精装,精美绝伦,为中国装帧艺术界最先出版之结集,可说独一无二,行销极广,人手一册。"

本年,《中国玺印源流》在日本翻译出版。

1964年(甲辰年)　59岁

3—6月,被安排进郊区的社会主义学院学习,编入第三班。

7月,钱君匋与张纪恩一起同游黄山,这是钱君匋第一次游黄山。

1966年(丙午年)　61岁

6月,上海文艺出版社开始"文化大革命"运动。开始几天,钱君匋因为书法好,还在帮助抄写大字报。不久,造反派发现钱君匋的室名"无倦苦斋"认为是"无权可抓"的谐音,是钱君匋对副总编辑被撤销,怀恨在心。面对造反派,钱君匋百口莫辩。

9月2日晚,造反派到钱君匋家里抄家,用卡车运走钱君匋一生的文物收藏。

11月,钱君匋工资停发,全家被"扫地出门"。此后,钱君匋常常被批斗。

1968年(戊申年)　63岁

10月,母亲逝世。

同月,开始下放劳动改造,交代问题。

1972年(壬子年)　67岁

年初,驻出版社的军宣队向钱君匋宣布,钱君匋犯的是一般性政治错误,属人民内部矛盾,恢复工资级别。

4月,回到上海,办理退休手续。

1979年(己未科)　74岁

1月,《鲁迅印谱》在广东人民出版社出版。
10月,参加全国第四次文代会。
12月,当选为西泠印社副社长。

1980年(庚申年)　75岁

彻底平反,房产和文物陆续归还。

1981年(辛酉年)　76岁

《君匋印选》由香港书画屋图书公司出版。

1982年(壬戌年)　77岁

《钱君匋作品集》由湖南美术出版社出版。

1983年(癸亥年)　78岁

4月,被推荐为上海市第六届政协委员,出席市第六届政协第一次会议。
11月,《战地行脚》由福建人民出版社出版。

1984年(甲子年)　79岁

正式向故乡桐乡县人民政府表达将毕生收藏的书画等文物无偿捐献给故乡的意愿。

1985年(乙丑年)　80岁

3月,桐乡县同意接受钱君匋先生的捐献,并启动相关工作。

11月10日,赴桐乡参加君匋艺术院奠基仪式。

本年,《深巷中》由人民音乐出版社出版。

1986年(丙寅年)　81岁

7月,赴美国探亲、访问和讲学。

7月,《书衣集》由山西人民出版社出版。

1987年(丁卯年)　82岁

11月10日,君匋艺术院落成。协议文物书画等悉数移交桐乡君匋艺术院永久保藏。

本年,《钱君匋篆刻选》《钱君匋篆刻书画家印谱》《冰壶韵墨》出版。

1989年(己巳年)　84岁

本年,《君匋篆刻》在香港出版,《钱君匋书画选》在新加坡出版。

1990年(庚午年)　85岁

5月,《钱君匋论艺》由西泠印社出版社出版。

8月,《钱君匋印存》由上海书店出版社出版。

1991年(辛未年)　86岁

再次赴美国探亲访问。

1992年(壬申年)　87岁

1月,年轻时创作的《恋歌37首》由上海音乐出版社出版。

7月,反映钱君匋70年艺术生活的《钱君匋艺术世界》由上海书店出版。

9月,《春梦痕》由上海书店出版。

1993年(癸酉年)　88岁

2月,《钱君匋篆书千字文》由北京和平出版社出版。

7月,赴日本举办书画篆刻展。

1994年(甲戌年)　89岁

4月,《钱刻文艺家印谱》由上海人民美术出版社出版。

11月,赴新加坡参加上海文史馆馆员书法展。

1996年(丙子年)　91岁

3月,《游黄山记》行书字帖由上海画报出版社出版。

9月15日,赴海宁参加钱君匋艺术研究馆奠基仪式。

11月,赴澳门参加钱君匋书画篆刻展。

1997年(丁丑年)　92岁

2月,赴新加坡参加钱君匋书画展。

10月24日,赴海宁参加钱君匋艺术研究馆落成仪式。

1998年(戊寅年)　93岁

5月9日,赴海宁参加钱君匋艺术研究馆开馆仪式。

7月4日,因病住瑞金医院。

8月2日,一代艺术大师钱君匋在瑞金医院逝世。

名作欣赏

装帧琐谈

小 引

副刊编者要我写些关于书籍装帧的知识性的短文,我想学《晦庵书话》的笔调,试写一些,名之曰《装帧琐谈》,顺便也讲一点这方面的掌故、回忆等。但是我的见识没有晦庵唐兄那样多而且广,恐怕难于写好。古人云:"取法乎上,仅得乎中。"我写的如果能够得乎"下",也就满足了。

一、线装书

谈书籍装帧,不能不先从古书谈起。我国古代的书籍,以木刻水印线装的一种形式最为普遍。这种形式的书籍,其封面大都用深色的纸或织物,书名一般都制成签条,粘在封面的左边,用丝线明订,绢包角。翻开一角,首先见到的是一张双折的衬页,翻过衬页,就出现了印着书名的扉页,它的背面还有印着雕版和印刷的主持者,以及记年等。接着是序目之类,随后才是正文。翻到末了,还是以衬页而终。封底的用料,和封面相同。

木刻水印线装书的版面大都是直行加栏的,每页的书名、页码等,都放在中缝之间,折叠以后,这些文字一半在前页的左边,一半在后页的右边,整个一本书的书口,形成了花白的带状图案,但其中必有一条线是极其直而清楚的。这条直线是由几十页,乃至一百几十页的每页上的一个个小黑点积聚而成的。有了这条直线,版面的定位,可以取得一致。

　　古代的书籍,虽然没有提出装帧设计这个名目来,但是从上面的一些叙述看来,毫无疑义,就可见到其中每一项都是下过一番苦心的。这种苦心,就是装帧设计的具体表现。

　　线装书采用直行,是符合我国方块字直写的特点的。木刻水印,字不能过小,过小则不易刻,因此,它的字一般都比较大,看起来非常适意。纸是手工制的,分量轻,握在手里不费力。因为是直行的,还可以卷着看,就是睡在床上,一卷在手,也方便自然。但是它也有缺点,就是印制费时、费料、费工,大量发行有困难。

　　我国特有的这种线装书的传统形式,爱好它的,大有人在。"五四"以后,直到今天,还有不少人采用它。喜欢以此形式来印书而最著名的,首推鲁迅。他所印的画册如《凯绥·珂勒惠支版画选集》《士敏土之图》以及和郑振铎合编的《北平笺谱》等,都是佼佼者。新近文物出版社出版的《毛主席诗词二十一首》,则更具体地把木刻水印的线装书形式再现了,雅致大方,兼而有之。今后在某些场合之下,线装书的装帧形式还会有人运用。它的装帧设计,也必然要不断地加以探索发展。

（一九六二年十月十一日）

二、封面画的萌芽

　　晚清的一些通俗小说,已采用活字排印,平装形式,在封面上大都印着彩色的绘画。在此以前,在封面上印绘画是从来不曾有过的,因此,把它看作书籍装帧中封面画的萌芽,也未始不可。

民初很有些作者,如沈泊尘、丁悚、但杜宇、郑曼陀等人,他们所作大都是"月份牌"式的。沈泊尘很有国画的底子,人物树石,似乎受有费丹旭(晓楼)的影响,可惜死得太早;没有留下多少作品。丁悚仍健在,他的作品较多,有雅洁质朴的风格,是接受了民族传统技法的结果。但杜宇的作品和丁悚的截然两途,有艳丽清新的风格,线条特别优美流利。他们两人也时常为小说作插图,能曲尽文意;又都曾经出版过《百美图》,风行一时。郑曼陀主要是画月份牌,间亦作封面画。

他们所作的封面画,一般都是时装美女,和书的内容有时不甚相关。书名往往配以书法家或者名人所写的字,与画面总觉得很别扭,不相协调;图案字是很少采用的。由于他们和鸳鸯蝴蝶派的文艺思想有着千丝万缕的关系,他们的作品跟着也染上了无聊的、不健康的作风。

当时商务印书馆所出的林译小说,其封面采用外来形式的花边图案,另有一种风格。

封面画初期之所以形成这种风格,与当时帝国主义者的文化侵略是分不开的,当时西洋末流的绘画作品,附在宣传卷烟、药物等商品用的月份牌,以及教会的宗教宣传品和宣传小册之类的印刷物上,随着帝国主义的侵入,滚滚而来。这些画家没有接触过西洋的绘画,对之不免眼花缭乱,即以为是西洋绘画的妙品正宗,把它奉为至宝,仿之效之。

(一九六二年十一月四日)

三、封面的健康之路

和晚清通俗小说的封面差不多同时出现的,还有一种健康的封面设计。这种封面设计,给后来这方面的事业很大的影响。

这种封面设计，最初是在鲁迅所印的书上出现的。他早年用了文言来翻译的《域外小说集》，这在他的文学事业上，是特别值得珍重的早期文献。此书一九〇九年出版于东京，用的是青灰色的封面纸，上端饰以带状的图案，作一胸像侧面希腊妇女，在迎接初升的太阳，技法颇为雅洁精练。紧靠它的下边，用圆润秀挺的篆书，右起横写书名《域外小说集》五字，下端以较小的字标明册次。这个设计使人感到庄重完美，可以列入佳作之林。

　　除此以外，他在一九〇三年出过一本《月界旅行》，是科学小说。书名用隶书直写，并在其上亦以隶书分两行标明"科学小说"，虽然比较简单了一点，但是很大方，看来与科学小说很相吻合。后而一九〇六年又出了一本《地底旅行》，封面作火山海涛，完全以写实手法出之，又经过一番剪裁，火山与海涛都碰在一起。书名用楷书，右起向下倾斜横行。虽有变化，但是并不理想。这两个设计都没有《域外小说集》来得佳妙。

　　鲁迅的这几本书的封面，尽管是早期的，但在当时书籍装帧弥漫着庸俗作风的情况下，能够特立独行，不与众流，正是他的过人的卓见，过人的魄力，是值得我们敬仰和佩服的。

（一九六二年十一月十二日）

四、立意新颖的《新青年》封面

　　《新青年》月刊，在一九一五年创刊。后来它成为中国共产党的机关刊物，在我国无产阶级革命事业，以及在我国新文学的发展上，所起的作用极为巨大；就是在装帧方面，也起了先行的作用。

　　第一卷的《新青年》，还用《青年杂志》这个名称，其封面为彩色套印。这个设计把书面分作三截，上边的一截，在一个长方的框子里，画了一排坐着念书的青年，以一行五线谱作为框子下边的边缘,中间的一截,用花边作成马蹄铁的形状,其中印了外国名作家等像片;横在最下部的一截,把出版者及其出版地点组织在一行带状花边里。《青年杂志》四字,用红色的图案字,放在中间一截的右边,绚烂夺目,卷数期数放在左边,在这上面加了一个雄鸡报晓的标帜。整个看来,整齐而有变化,不论在结构上、色彩上,都很醒目。

第二卷改名《新青年》后,装帧也随着改变了。《新青年》三字的图案形体很好,用红色印在上端,颇觉庄重稳定;中部用一单纯的黑色花边框子,把要目印在其中。后来又改为"井"形的设计,似嫌简单枯燥了一些。第八卷起又换了一种设计,中间用一平面圆形的地球,两只手从左右两边伸向中心,互相握着,巧妙地表达了"全世界无产者,联合起来!"的意思。

继之出版的四本季刊,以用速写形式来描写的"革命党自狱中庆祝革命之声"的一个画面为骨干,配以北魏书体的《新青年》三字,使这个设计取得协调。这是用绘画形式来设计书面的一个范例。

《新青年》所有的设计,虽然在技法上似乎还有些不足,但大都是立意新颖,含意深长。书籍装帧在当时正处在萌芽时期,这些作品无疑地起了先行的作用。

(一九六三年一月十三日)

五、保持鲜明的民族特色

算来已经是半个世纪以前的事了。一九二八年六月初,同学陶元庆从江湾立达学园来上海开明书店找我,约我同去探望鲁迅。我就跟着他踏着浴在朝阳里的石子马路步行到景云里。记得是许广平来开的门。鲁迅一听见是元庆和我,就急忙让到楼上坐。元庆首先为我介绍,并说如果以后在印刷上有什么事,可以找我。这时元庆为鲁迅的著作已设计了不少书面，在谈话中，话题逐渐转到了书面设计上来。元庆说是不是可以运用一些中国古代的铜器和石刻上的纹样到装帧设计中去。鲁迅对这个意见非常赞同，很感兴趣，认为可以试探一下。他说："我所搜集的汉唐画像石的拓本，其中颇有一些好的东西，可以作为这方面的部分借鉴，现在时间还早，不妨拿出来大家看看。"说着，便端出一大叠拓本来。由于幅面很大，必须铺在地上才可以看到全貌。楼上地方较窄，铺不了多少，便改到楼下客堂里。他把这些拓本铺了一地，随铺随作解释，娓娓动听。铺了一层，上面又铺一层。我们一时目不暇给，只好浮浅地浏览过去。时间很快，一眨眼已经将近十二点钟，只好匆匆结束。我们兴辞而出。后来元庆为鲁迅设计《工人绥惠略夫》和《朝花夕拾》等书面，都得到了铜器和石刻纹样的启示，开了一个新的面貌。我在设计《东方杂志》和《破垒集》书面时，也试探着从这方面发展。这几本书的装帧，看来颇有些民族气派，当时有许多人认为是一条道路。我觉得书面装帧要有东方的、中国的气派，把古为今用这句话体现出来，取法我国古代的铜器和石刻的纹样，是大可为的。不但如此，凡我国古代优秀的绘画、书法、工艺品、服饰等各方面遗留下来的东西，无论是造型、结构、色彩、线条等，都可以在设计书面时，根据实际需要，融会化合到创作中去，成为现代的有民族特色的装帧作品。我们要实现四个现代化，要全面提高我国的文化水平，在书籍装帧上似乎也应该设法抓上去，不要流于像现在常见的某些书籍装帧设计，人云亦云，千篇一律，没有一点特色。

（一九七九年三月二十一日）

（本组随笔系作者为《人民日报》副刊而作，选自 1990 年 5 月杭州西泠印社初版《钱君匋论艺》）

印章和绘画

　　印章是我国传统艺术之一,最初是作为信守之用的。到了后来,画家将印章用到他们的作品上,除了含有原来的信守意义之外,在作品的整体上起了大大超过信守意义的装饰作用,犹如建筑物及其装饰。我国古代建筑,常用雕梁画栋来装饰结构巍峨、四角翼然的造型;希腊建筑,常用巨大的柱子及各种雕刻来装饰结构方整崇伟的造型。这两种装饰,都是各与其建筑造型本身相协调的,二者都各具独特的风格,给人以截然不同的观感。印章在绘画上,和建筑物之与装饰相似,具有密切的配合作用。往往甲的作品,必须用与甲的作品风格相适应的印章,才能够协调,从而增加画面的装饰美。反之,就不能获得这种神秒的效果。如赵之谦、吴昌硕、齐白石三家,他们都是从白阳、青藤、石涛、八大以及扬州画派得到启示,发展成为各自的流派的。吴昌硕除上述诸家外,还接受了赵之谦的影响;齐白石则接受了赵之谦、吴昌硕的影响。赵之谦的绘画,其风格雄健清新,笔墨淋漓,一变当时柔婉纤弱、默然无神的风尚。他所用的自刻印章,都是在汉印的基础上,兼采秦汉六朝金石文字,从浙派而趋向皖派,又不为此两派所囿,开辟了新的天地,雄健清新,走刀如笔,其风格正与其画相一致。他的印章用在他的绘画上,一气呵成,如鱼之得水,非常融洽。吴昌硕作品的风格浑朴厚重,苍劲古拙,一反晚清画坛上因袭的风尚,与赵之谦一样,自辟门户。他在画上所用的印,也都是自刻的。他的印从封泥、汉印中出来,其风格一如其绘画,浑朴厚重,苍劲古拙,创造了前无古人的境地。他的印与画的配合,自是相得益彰,结合无间。齐白石的绘画,则奔放老辣,洗练浓艳,创造了与赵、吴不同的面貌,自成一派,其声誉之远,影响之深,无出其右。他的画与他的印的风格也完全吻合。他所刻的印多单刀直入,不加修饰,奔放洗练。在他的画上用他的印章,真是天衣无缝,好到极点。这三家的画与印配合协调,各有神秒的效果。可见印与画是不能随便移易的。如赵画用吴、齐之印,则清丽与老辣这两者的风格颇不相称,就会觉得印与画之间起了一种矛盾。反之,吴画用赵、齐的印,则画颇浑厚,而印或妍丽或粗犷,亦觉难臻协调;如齐画用赵、吴之印,其效果之不佳,亦因画与印之间的风格不相一致而起。由此可知,印章与绘画的关系非常密切,不能以甲之画用与甲画风格相背之印。不明此道者,往往把与画的风格相反的印章用到画面上去,破坏了画面的整体美,及印章在画面上的装饰美。这是非常可惜的。

　　这里所举的三家,其印都是自刻的。那么,不会刻印的画家怎么办呢?可请与自己绘画风格相适应的篆刻家镌刻,将这样的印用之于画上,也能达到同样的效果。

(一九六一年八月二十五日)

(选自 1990 年 5 月杭州西泠印社初版《钱君匋论艺》)

后　记

《嘉兴文杰》(第三集)在大家的共同努力之下,终于付梓出版了。这也是我们一直以来的夙愿。

时间追溯至 15 年前,2005 年,嘉兴市政协文史资料委员会编辑出版了《嘉兴文杰》第一、二集,作为一部系统记载近现代以来嘉兴籍文化名人在文化学术领域的杰出贡献,并展现嘉兴历史传统和文化底蕴实力的文史专辑,自问世伊始,就以其资料的翔实、叙述的生动、文笔的精妙深受广大读者喜爱,前来索书的文史专家、文史爱好者及其他社会各界人士络绎不绝。时至今日,印刷的 4000 册图书已经所剩无几,又一次证明了一部优秀的文史资料图书所具有的强大生命力。

15 年间,我们也一次次被问起:《嘉兴文杰》的续集何时再出?是的,嘉兴文化名人灿若星河,仅仅第一、二集所辑入的 12 位,显然是不够的;然而,我们也深深知道要征编出版《嘉兴文杰》(第三集)的难度,我们要辑入的这些文化名人,是具有全国影响力(有些甚至是世界影响力)的人物,他们在中华民族的优秀传统文化中成长,又以自己的杰出才华为中华优秀传统文化谱写出新的篇章,要科学而生动地全面反映他们的生平事迹和文化成就,难度还是比较大的。

2017 年恰逢市政协换届,在讨论本届政协文史征编规划时,我们提出组织续编《嘉兴文杰》的想法得到市政协领导的支持和鼓励,编撰《嘉兴文杰》续集正式列入议事日程。为了高质量地完成这项工作，市政协成立了编辑委员会，并特约有关文史专家成立专家指导委员会，在明确征稿任务后，2018年下半年开始，我们开始在各县（市）政协协助下定向约稿，征集有关文化名人史料，并根据征集情况选择5位文化名人史料，辑入《嘉兴文杰》（第三集）。

两年多来，关于《嘉兴文杰》（第三集），我们先后完成了征稿、审稿以及多次修改等工作，工作量是巨大的。在此，我们要特别感谢领导的大力支持，感谢专家指导委员会和各县（市）政协的密切协作，感谢各位作者呕心沥血的无私奉献！

本书的装帧设计延续原有风格。需要说明的是，由于我们水平有限，在编辑、整理过程中，错误和问题在所难免，敬希读者批评指正，以不断改进我们的工作。

编　者

2020年12月